Rolf Berth

ERFOLG

Rolf Berth

ERFOLG

Überlegenheitsmanagement:
12 Mind-Profit Strategien
mit ausführlichem Testprogramm

ECON

Die Deutsche Bibliothek – CIP-Einheitsaufnahme

Berth, Rolf: Erfolg : Überlegenheitsmanagement. 12 Mind-Profit Strategien mit ausführlichem Testprogramm / Rolf Berth., 2. Aufl. – Düsseldorf; ECON 1995. ISBN 3-430-11239-7.

2. Auflage 1995

Lektorat: Dr. Wolfgang Stock. Gesetzt aus der Times, Linotype. Satz: Formsatz GmbH, Diepholz. Papier: Papierfabrik Schleipen GmbH, Bad Dürkheim. Druck und Bindearbeiten: Bercker Graphischer Betrieb GmbH, Kevelaer. Printed in Germany. ISBN 3-430-11239-7.

Inhalt

B. Die Anatomie der Motivation

Die Generalthese des Buches

Die deutsche Industrie und mit ihr die Bundesrepublik in ihrer Gesamtheit durchlaufen eine Systemkrise. Sie ist die eigentliche Krankheit unserer Epoche. Sie ist empirisch nachweisbar und betrifft über 80 % der Industrie und weite Bereiche in Politik und Verwaltung. Sie drückt sich dadurch aus, daß wir

- die Probleme von morgen mit der
- Mentalität von vorgestern und den Werkzeugen der 60er Jahre angehen.

Sämtliche Niederlagen, die wir bereits haben einstecken müssen, hängen mit diesem Defizit zusammen. Ob es die Wiedervereinigung ist, ob es um die Staats- und Parteiverdrossenheit geht oder um den Lärm der neuen Rechten, ob es um unser desolates Erziehungs- und Bildungssystem geht, um die nicht bewältigte japanisch-asiatische Herausforderung oder um die beunruhigende Verschlechterung des Standortes Deutschland, sie alle haben ihre Wurzel in unseren verstaubten Ritualen und unserer Scheu, neue Wege zu gehen. – Zwar setzen sich neue Ideen stets erst langsam durch, aber kann man in einer Epoche stark akzelerierenden Wandels eine »Verspätung« von 30 Jahren akzeptieren? – Angesichts des hier erstmals empirisch nachgewiesenen Niedergangs unseres Erneuerungswillens und unserer Innovationstätigkeit werden wir uns damit abfinden müssen, daß die Bewältigung unserer kardinalen Herausforderungen nur äußerst geringe Chancen hat. Es sei denn wir fänden erneut die Kraft zur Vision und den Mut zu neuen Strukturen. Im Sinne eines wenig gerechtfertigten, aber dennoch ungebrochenen Optimismus will unser Vorschlag Mind-Profit Management zu bereits vorgerückter Stunde für Wirtschaft und Gesellschaft Perspektiven für einen Aufbruch zur Überlegenheit aufzeigen. Dieser aber wird nur gelingen, wenn wir die Bereitschaft aufbringen, unser Denken, unser Verhalten und unsere Systeme ernsthaft in Frage zu stellen und der Veränderung kompromißlos breiten Raum zu geben.

Vorwort

Die Zeiten ungebremsten Wirtschaftswachstum sind vorüber. Auch wenn die Krise bei vielen ganz oder zum Teil überwunden ist, so können wir doch keineswegs aus dem vollen schöpfen, und der Rotstift diktiert auch weiterhin einen Teil unseres Handelns. Diese konjunkturellen Entwicklungen werden durch langfristig wirkende Problemfelder überlagert, die uns in den nächsten Jahren ständige Begleiter sein werden: Aus der Herausforderung Japan ist uns eine noch viel größere Konkurrenz erwachsen. In Asien stehen wir nicht mehr nur einem, sondern mehreren hochindustriealisierten Anbietern gegenüber, deren quantitatives Niveau sich Monat für Monat weiter verbessert.
Gleichzeitig ist der Standort Zentraleuropa mit seinen aufwendigen Sozialsystemen und schmerzlichen Nebenkosten mehr in Gefahr als je zuvor. Dies ist besonders gravierend, weil das Problem der Arbeitslosigkeit als völlig ungelöst gelten muß und ständig zunehmende Industrieverlagerungen einen Aderlaß bedeuten, den wir kaum noch verkraften können. Darüber hinaus sind die Nachwehen unserer Wiedervereinigung noch lange nicht ausgestanden. Und die einstige Technologievormacht Amerika zeigt sich in einer guten Verfassung und Aufbruchmentalität, so daß wir erneut mit starken Konkurrenzimpulsen von dort rechnen müssen.
Angesichts dieser eben skizzierten Situation, die oft kurzfristiges Reagieren erfordert, fragt uns Rolf Berth, ob wir vor lauter kurzfristigen Zwängen und Nöten denn gar nicht sehen, welche gewaltigen, meist ungenutzten Möglichkeiten uns offenstehen, wenn wir bereit sind, eine Reihe ganz neuer wissenschaftlicher Erkenntnisse in unsere Überlegungen einzubeziehen und den Mut zum Umdenken aufbringen.
Der Autor will zunächst einmal nachdenklich machen und ruft dann mit sehr konkreten Maßnahmen zum Handeln auf. Er beginnt damit, die gegenwärtigen Probleme zu beschreiben und

erkennt gefährliche Trends und Fehlentwicklungen. Die kompromißlose, weitsichtige Kritik ist die eine Seite dieser Arbeit. Wichtiger und konstruktiver erscheint mir, daß Berth nicht nur die Kleinmütigkeit unseres Staatswesens, die Halbherzigkeit unserer Demokratie, unser veraltetes Bildungswesen und die Verkrustung unserer Wirtschaft beklagt, sondern daß er – als langjähriger Manager in Spitzenpositionen – mutig konkrete Visionen und praktische Verhaltensweisen als Alternativen formuliert.
Vor allem ist das Buch ein Plädoyer für eine geistige Auseinandersetzung mit uns selber. Die meisten Probleme – so Berths These – sind selbstgemacht. Gerade in der schonungslosen Aufdeckung unserer Innovationsdefizite wird diese Argumentation besonders glaubhaft, und der von ihm entwickelte typologische Ansatz scheint mir ein Weg zu dieser schonungslosen Auseinandersetzung zu sein.
Uns ist stets die Erkenntnis wichtig gewesen, daß unsere Hauptprobleme nicht irgendwo draußen in den großen Weltläufen begründet sind – sie liegen in uns. Wir selbst sind das Problem. Wenn Heilung und Expansion möglich sind – so Berths These, in der wir uns stark wiederfinden –, dann über ein besseres Verständnis für uns, unsere Schwächen, Neurosen und unsere Unbelehrbarkeit.
Erfolgt diese von Schule und Universität vernachlässigte Auseinandersetzung, dann erschließen sich dem Autor zufolge bedeutende Möglichkeiten; verstärkte Expansion, mehr und bessere Innovation und betriebswirtschaftliche Einsparungen werden greifbar, wenn wir umdenken. Wie dies erfolgen kann, schildert der Autor bis hin zu organisatorischen Maßnahmen und bestimmten Führungspraktiken. Gerade in dieser Praxisorientierung liegt der Wert dieses Buches, das neben theoretischem Neuland eben auch dessen operationale Umsetzung aus dem Munde eines Industriepraktikers anbietet.
Drei ungenutzte Expansionsmöglichkeiten sind es vor allem, auf die Berth aufmerksam macht:

- Unsere innovativen Möglichkeiten sind schlecht genutzt; wir vergeuden in unseren Betrieben und Verwaltungen kreatives Potential, anstatt zu neuen Durchbruchsinnovationen anzuregen. Er weist überzeugend nach, warum Innovationen gemieden werden und man statt dessen lieber am Altbewährten festhält.
- Erfolg – so Berths These – ist leichter geworden, seitdem uns

empirisch nachweisbare Erfolgsfaktoren den Weg zeigen. Hierbei knüpft er an die Tradition von Sidney Shoeffler an, der sich mit seiner Untersuchung »Product Impact of Market Strategy« (PIMS) an der Ermittlung allgemeingültiger Erfolgsmerkmale versucht hat. Auf eine den neunziger Jahren gemäße Weise greift Rolf Berth diesen Faden auf und zeigt anhand empirischer Daten, daß wir den Gesetzmäßigkeiten des Erfolges einen großen Schritt näher gekommen sind.

- Letztlich konfrontiert er uns mit dem Szenario einer veränderten Welt, in der der Bürger sich wieder mit dem Staat identifizieren kann, in der die Wirtschaft eine neu definierte Rolle übernimmt und in der unsere Verwaltungen zu zeitgemäßen Formen und Bürgernähe zurückfinden.

In schwierigen Zeiten, in denen wir Gefahr laufen über Sparprogrammen und Lean Management die expansiven Möglichkeiten aus dem Auge zu verlieren, tut ein Buch gut, das uns Mut machen will.

Dr. Clemens Grosche

Dr. Clemens Grosche ist Geschäftsführender Gesellschafter der Matrix GmbH. Die Matrix-Gruppe ist ein Zusammenschluß verschiedener, einander partnerschaftlich verbundener Dienstleistungsunternehmen. Rolf Berths Denkfabrik; Akademie für Innovation, Unternehmensdesign und Politikgestaltung ist Teil dieser Gruppe.

Bittschrift an die (Einfluß-)Reichen

Ersuchen um Mithilfe bei der Verwirklichung einer europäischen Vision

Dieses Buch stellt Forschungsergebnisse aus einer Industrieenquete des Autos vor, die dieser für die Kienbaum-Gruppe durchgeführt hat, und interpretiert sie im Sinne von Botschaften und Handlungsanweisungen. Es will damit zu einem verbesserten Management in allen Bereichen des öffentlichen und privaten Lebens beitragen. Die Notwendigkeit, diese Effizienzverbesserungen schnell und zügig zu realisieren, ergibt sich für uns in der Bundesrepublik Deutschland aus drei großen Herausforderungen:

- der Lösung des innerdeutschen Problems,
- eine Antwort auf die Standortfrage Deutschland zu finden,
- zusammen mit anderen Nationen der japanisch-asiatischen Herausforderung zu begegnen.

Diese Arbeit versteht sich zu gleicher Zeit aber auch als eine Bittschrift. Sie richtet sich an alle Mächtigen in Wirtschaft, Politik und Gesellschaft, die Mäzen sein wollen und können, besonders an jene, die Einfluß haben auf die Mittelvergabe von Stiftungen und Forschungsfonds. Sie richtet sich mit ganz besonderer Dringlichkeit an die Europäische Gemeinschaft und den Ministerrat der EG.

Wir meinen, daß das hier Erforschte und Gedachte für die erfolgreiche Gestaltung der Zukunft Europas bedeutsam ist. Darum möchten wir es nicht nur begrenzt auf Deutschland, sondern auf europäischer Ebene nachprüfen und vertiefen.

Hierzu ist Geld erforderlich, denn diese Arbeit besteht gerade nicht aus dem heute weit verbreiteten Hinausposaunen von Heilsbotschaften, die in Wirklichkeit rein subjektive Vermutungen sind, sondern sie bemüht sich um empirische Beweise. Um solche nachvollziehbare Abprüfung zu ermöglichen, haben wir vier Jahre lang hart gearbeitet. Die Kosten beliefen sich auf 978 284 ECU (etwa 490 000 DM). Die Überprüfung in den wichtigsten europäischen Ländern wird bei gleichem Themenumfang 2,6 Millionen ECU erfordern, bei rigoroser Straffung 1,9 Millionen. Könnte dies eine sinnvolle Zukunftsinvestition sein? Was wäre der Gegenwert für die Europäer? Hier die Antworten:

- *Kreativität und Vision:* Die Zahlen – die Sie noch kennenlernen werden – machen klar, was viele immer schon wußten: Das Freisetzen von mehr Kreativität und das Erträumen und Durchdenken von Zukunftsvisionen ist nachweislich für die Bewältigung der vor uns liegenden Herausforderungen noch viel wichtiger, als wir es uns alle vorgestellt haben. Die Methodik, solche Visionen zu produzieren, wird kaum beherrscht. In Sachen Utopie sind wir Analphabeten.
  Wir fordern mehr Wissen um Visionen, weil unzählige ungelöste Probleme unserem Unwissen gegenüberstehen: Die Tragödie einer kaum noch beherrschbaren Umweltzerstörung, die Frage der Überbevölkerung, das Nord-Süd-Problem mit dem zunehmenden Auseinanderklaffen von arm und reich, der Umgang mit einer sich gespenstisch beschleunigenden Technologie, die Gestaltung einer parlamentarisch kontrollierten europäischen Verwaltung, der Aufbau der östlichen Staaten und deren Integration mit uns, Probleme des Verkehrs, der Revitalisierung unseres demokratischen Systems in Richtung auf mehr Bürgerpartizipation, die zunehmende Kriminalität, der exzessive Drogengebrauch – all dies und noch mehr verlangt im künftigen Europa mehr Visionen als je zuvor, und zwar auf allen Ebenen, in allen Ländern und in fast allen Bereichen unserer Zivilisation.
  Wenn nun aber die von uns erarbeiteten Empfehlungen – und sei es auch nur in bescheidenem Maße – zu ebendiesen Visionen hinführen, dann sollten diese Einsichten, Techniken und Verhaltensregeln allen Europäern in Politik, Wirtschaft und Verwaltung zugänglich gemacht werden.
- *Miteinander können:* Wir meinen, in diesem Buch aufzuzeigen, wie Menschen besser und effizienter miteinander umgehen und wie die Ansätze für eine neue Humanität des Aufeinanderzugehens aussehen können. Es wäre schade, wenn wir den Weg nach Europa und in die Globalisierung ohne dieses Rüstzeug im Tornister antreten würden.
- *Erschwerte Umstände:* Erfolg zu haben, war für den Industrie-

manager im Umfeld der siebziger und achtziger Jahre bereits schwer genug. Zunehmende Konzentration, Internationalisierung, das Hinzutreten neuer Anbieter, die Beschleunigung der technologischen Zyklen, eine zunehmende Anspruchsmentalität bei Industrieabnehmern ebenso wie bei Verbrauchern – all dies wird die Schwelle zum Erfolg nicht gerade niedriger machen. Im Gegenteil: Es wird schwieriger werden.
Wenn unsere Botschaft stimmt, daß mehr Einsicht in die nachgewiesenen Erfolgsfaktoren und in unsere eigene, von uns selbst oft nicht voll begriffene Persönlichkeit unsere Erfolgschancen wesentlich verbessern können, dann sollte niemandem dieses Stück befreiender Selbstentwicklung vorenthalten werden.

- *Die Antiquiertheit der Ansätze:* Was diese Studie bis zum Überdruß bestätigt, ist der Verdacht, daß wir als Staat ebenso wie als einzelne Individuen viele ernste Probleme nicht wahrnehmen, daß wir aber bei der Mehrheit derjenigen Fragestellungen, die wir klar erkannt haben, mit den Methoden, Organisationsformen und geistigen Einstellungen ans Werk gehen, die aus der frühen Nachkriegszeit stammen und längst nicht mehr für eine Bewältigung der heutigen Herausforderungen geeignet sind. Wir halten dies für kein typisch deutsches, sondern für ein europäisches Problem.
- *Japan ante portas:* Nicht nur vor der Tür steht Asien, sondern in vielen Märkten sitzen Japaner, Koreaner und Taiwaner längst mitten im Haus. Um so wichtiger, daß Europa sich besinnt, wie es verhindern kann, daß das schon heute nur mühsam gehaltene Gleichgewicht nicht zur dauernden Niederlage wird. Wir meinen, daß es uns geglückt ist, einige der Wege aufzuzeigen, wie wir Abendländer der potentiellen asiatischen Dominanz Herr werden können. Über solche Möglichkeiten – wenn es sie denn gibt – sollte kein einziger Europäer uninformiert bleiben.

Diese fünf Argumente erscheinen uns gewichtig genug, um daran die Bitte an die Mächtigen und Einflußreichen zu knüpfen, die Mittel bereitzustellen, die es erlauben, die diesem Buch zugrunde liegende Enquete auf europäischer Basis zu wiederholen und zu vertiefen.

A.

Die Anatomie des Erfolgs

I. Der Erfolg als Forschungsgegenstand

Seit Menschen Gruppen bilden, soziale Beziehungen anknüpfen und miteinander rivalisieren, gibt es jene seltsame und schillernde Erscheinung, die wir den *Erfolg* nennen. Es muß etwas sehr Wesentliches sein, denn die Sehnsucht der meisten Menschen, solche Erfolge zu erringen, ist ungeheuer groß; manchmal ist es die Haupttriebkraft hinter einem ganzen Berufsleben. Der Drang, Erfolg zu haben, kann wie eine *Sucht* sein, und nicht wenige sind ganz und gar nicht zimperlich in der Wahl der Mittel, wenn es darum geht, ihn zu erkämpfen. Nicht selten ist der Drang so groß, daß man nicht vor Unwahrheit, Betrug, Bestechung oder Lächerlichkeit, vor Geschmacklosigkeit noch Brüskierung zurückschreckt, damit man als Sieger dasteht. Das Glücksgefühl, das Erfolg vermittelt, ist unzweideutig eines der stärksten Erlebnisse im Dasein eines Menschen.

Ihn andererseits nie zu erreichen ist schmerzlich und schmählich. Am Ende eines Lebens dastehen zu müssen und sich zu sagen: »Du hast nie Erfolg gehabt« ist für viele so unerträglich, daß sie sich dieser Frage erst gar nicht stellen, um sich die bittere Antwort zu ersparen.

Erfolg, das heißt meist Glanz, Applaus, Ehre, Reichtum. »Ruhm«, so sagt Friedrich Nietzsche, »ist die Münze, mit der die Welt zahlt.« Diese Münze des Ansehens und des öffentlichen Beifalls wird dem Erfolgreichen reichlich gespendet. In seltenen Fällen verbindet sich dies mit dem Ruhm, der die Zeiten überdauert, ja bis zur Unsterblichkeit führen kann.

Es gibt wenige, die dem Erfolg ganz gelassen und emotionslos gegenüberstehen. Es sind Gleichgültige oder Heilige, denen er schlichtweg »Wurscht« ist oder die asketisch über der Eitelkeit des Erfolges stehen. Für die meisten von uns – für Geschäftsleute allzumal – ist es etwas, das fast unabdingbar ist. Aber nicht nur für den einzelnen, ebenso für die Gruppe, die Firma, ja für den Staat als Ganzes ist Erfolg von allerhöchster Bedeutung.

Und trotz all dem, was wir gerade über Erfolg gesagt haben: Wissen wir viel darüber? Gibt es Rezepte des Erfolgs? Unterliegt er Regeln und Gesetzen? Ist er planbar oder Geschenk des Zufalls? Muß man – wie viele sagen – eben einfach »Fortüne« haben, oder ist er das Ergebnis von Plan, Anstrengung und Leidenschaft? Schon diese paar doch recht oberflächlichen Fragen offenbaren unser Unwissen und unsere Unsicherheit. Dabei geht es ja nicht nur um das persönliche Schicksal. Ob eine Staatsführung Erfolg hat oder nicht, entscheidet über Wohlstand, Zukunft und nationales Selbstvertrauen. Ob ein Vorstandsvorsitzender Erfolg hat, entscheidet über Arbeit, Job und Aufstieg von vielen.
Wir, die wir in einem System leben, das vom Wettbewerb getragen wird, dem der Glaube an die Nützlichkeit des friedlichen Wettstreits und der Konkurrenz aufs Banner geschrieben ist, müssen im Streben nach Erfolg fast so etwas wie eine Basisvoraussetzung für das Funktionieren unseres Systems erblicken.
Es gibt also mehr als genug Gründe, dem Phänomen Erfolg nachzugehen. Wir haben dies getan, indem wir ihn zum Forschungsgegenstand einer großen, empirischen Enquete gemacht haben. Wir wählten diesen mühevollen Weg, weil wir glauben, daß mehr als genug über Erfolg geschwätzt, aber zuwenig ernsthaft geforscht wurde. Der empirische Hintergrund mit 437 intensiven Interviews ist uns deshalb so wichtig, weil das Anliegen, den Erfolg und seine Regeln besser zu verstehen, für uns alle so entscheidend ist. Das duldet keine oberflächliche oder nur rein persönliche Meinung, sondern nachweisbare, empirische Daten. Was wir hier erarbeiten, ist einfach zu wichtig für Familie, Gruppe, Firma, Stadt und Land, als daß Halbheiten geduldet werden dürfen. Und ist es denn nicht so, daß für die meisten von uns viel auf dem Spiel steht? Haben wir nicht alle ein ganz persönliches Interesse an verläßlichen, abgeprüften Erfolgsregeln, denn wir wollen ihn doch, suchen ihn mit allen Mitteln, und wenn wir ehrlich zu uns selbst sind, wissen wir sattsam um das Stückchen Glück, das wir erleben, wenn Beifall und Anerkennung uns erreichen. Seien Sie ganz ehrlich: Sie sind nicht weniger geil auf Erfolg wie ich und unsere Nachbarn zur Rechten und zur Linken. Dennoch sind wir alle von einer Systematik, mit der wir ihn angehen können, meilenweit entfernt.
Indem wir im Rahmen der Managementtrilogie »Das Ende des linearen Denkens« den Erfolg zum Hauptthema dieses ersten

Bandes gemacht haben, meinen wir, ein Thema aufgegriffen zu haben, das für unsere private Existenz ebenso wie für unsere betrieblichen, nationalen und europäischen Gruppierungen ein wesentliches ist. Sollte Erfolg planbar, berechenbar und erlernbar sein, so ist die Kenntnis dieser Regeln von persönlichem Vorteil, so wie es Konkurrenzvorteile schaffen muß, wenn Betriebe, Verwaltungen, ja die Nation als Ganzes darum wissen.

Erfolgreiche Konsumenten – und Wahlbürgererlebnisse

Wir wollen bewußt hier auf den ersten Seiten vorwegnehmen, was wir erst am Ende dieser Arbeit überblicken und voll verstehen werden, nämlich die Hauptgesetzmäßigkeiten des Erfolges, die wir hoffen, der Komplexität und verwirrenden Vielfalt der Realität abgerungen zu haben.
Erfolg, so werden wir am Ende feststellen, hat sehr viel mit der Harmonie zweier sich entsprechender Erscheinungen zu tun. Als Beispiele für die Notwendigkeit dieser spiegelbildlichen Ergänzung im Erfolgsfall nennen wir drei:

- Konsument und Konsumgut,
- Bürger und Wahlprogramm,
- Mensch und Lebensstrategie.

Wir werden begreifen, daß Erfolg weitgehend eine Resultierende daraus ist, daß die Persönlichkeit des Menschen, Bürgers, Konsumenten Suchenergien aussendet, die im besten Falle auf andere Menschen, Ideen, Philosophien, Berufe und Konsumgüter treffen, die eine möglichst perfekte Antwort darauf darstellen, was der Nachfragende anstrebt. Es geht um die Harmonie zwischen Charakter und Objekt. So wie in Abbildung 1 dargestellt, liegt optimalerweise eine hohe Strukturähnlichkeit vor. Welches die Strukturmerkmale sind, die man hier zweckmäßig heranzieht, wird uns erst später ausführlich beschäftigen, wenn wir über das »soziopsychologische Feld« sprechen.
Hier in Abbildung 1 findet die Persönlichkeit mit den Wunsch- und Bedarfsenergien der Psyche spiegelbildlich wieder, was diesen Energien entspricht. Es findet dann eine optimale Besetzung des Objekts statt – so hätte Freud gesagt. Der Mensch findet sich in einem Objekt seiner Umgebung voll wieder – so sagen wir. Es

kommt zu einer starken Identifikation – würde der Konsumpsychologe formulieren. Es entsteht ein Kaufwunsch – so spräche ganz simpel der Marktforscher.
Ist die Struktur – was wir hier nicht bildlich darstellen, weil es sich ein jeder vorstellen kann – ganz und gar verschieden, finden all diese Identifikationen nicht statt; all diese Bejahung oder sogar Begeisterung, wie sie bei Konstellationen im Sinne unserer Abbildung 1 zustande kommen, entsteht dann erst gar nicht. Erfolg ist nicht angesagt.*
Gehen wir nun einen Schritt weiter: Wollen wir die Gesetze des Erfolgs für das Handeln komplexerer Einheiten, also für Unternehmen, wirtschaftlich tätige Gruppierungen, Parteien, Verbände und Behörden untersuchen, so gesellt sich zu den beiden bereits in Abbildung 1 vorgestellten beiden Grundelementen ein drittes, ganz entscheidendes hinzu. Es sind die sogenannten Erfolgsfaktoren, denen dieser erste Band meiner Trilogie in allererster Linie gewidmet ist.
Es bleibt dabei, daß die Basisbeziehung für Erfolg immer die des Gleichklangs zwischen Mensch und Sache oder Mensch und Mitmensch ist. Auch in Abbildung 2 ist das so. Hier geht es nicht mehr um die Beziehung Konsument – Konsumgut, sondern wir haben es mit Relationen zu tun, wo entweder ein einzelner einem komplexen Gruppengebilde oder eine ganze Gruppe komplexen Phänomenen gegenüberstehen:

- Unternehmer und Strategie für ein Unternehmen,
- alle Mitarbeiter und das Innovationskonzept der Geschäftseinheit,
- Parteichef und Wahlplattform,
- Frauen und Freizeit,
- Führungsmannschaft einer Firma und neue Technologien.

---

* Wir wollen bewußt nicht auf den Fall eingehen, wo sich scheinbar Gegensätze anziehen. Dieser Fall – so läßt sich empirisch nachweisen – ist relativ selten. Sicherlich viel seltener, als das volkstümliche Sprichwort suggeriert. In all diesen natürlich durchaus möglichen Fällen handelt es sich stets um ein positives Ergänzungsbedürfnis und deshalb nur scheinbar um eine echte, konfliktgeladene Gegensätzlichkeit. Obgleich der Einwand häufig kommt, steht die Volksweisheit von den Gegensätzen, die sich besonders bei Eheschließungen anziehen sollen, nicht im Gegensatz zu unserer These, daß Harmonie und Gleichklang die Basis erfolgreicher Beziehungen sind.

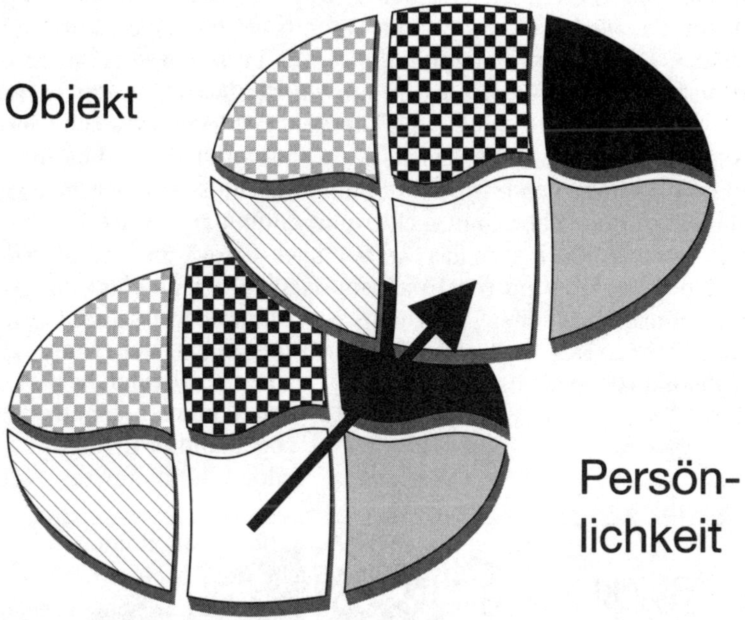

Abb. 1: Harmonie zwischen der Persönlichkeit und einem beliebigen Objekt als Basis einer Erfolgsbeziehung

Die Erfolgsfaktoren in Abbildung 2 sind sozusagen die abgeprüften Schienen, auf denen sich der Zug in Richtung Erfolgsprodukt, Erfolgsstrategie und Erfolgsorganisation in Bewegung setzt. Erfolgsfaktoren sind empirisch als gangbar nachgewiesene Modalitäten, Verhaltensweisen, Einstellungen, durch die es dazu kommt, daß ein neues Konzept mit Begeisterung angenommen, ein Plan mit Leidenschaft verfolgt wird, daß sich eine Belegschaft hinter eine Idee stellt, daß die Öffentlichkeit von einer Maßnahme überzeugt ist.

Es mag Erfolgsfaktoren geben, die für jedermann gelten, gleich, ob Familienvater, Politiker, Manager oder Beichtvater. Wir wissen es nicht. Nur wenn es sich um Manager oder um Wirtschaftsunternehmen handelt, die sich im freien Wettbewerb behaupten müssen, sind die Erfolgsfaktoren nachweisbar, meßbar, nachkontrol-

lierbar. Sie können deshalb den Erfolg auf eine beweisbare Art aufzeigen, weil Verhalten und Rendite miteinander korreliert werden können. Wie wir noch im einzelnen sehen werden, ist es in unserem Gesellschaftssystem nur für den Manager, der seinen Gewinn nachweisen muß, und für den Politiker, der sich einer Wahl stellt, überhaupt möglich, Erfolgsfaktoren zu erarbeiten.
Die Erfolgsfaktoren bringen auf eine ungeahnte, von den meisten Managern noch überhaupt nicht wahrgenommene Weise Planbarkeit, Berechenbarkeit in das Streben nach Erfolg. Sie sind deshalb eine der faszinierendsten Erscheinungen in einer neuen, bislang noch ungeschriebenen ganzheitlichen Betriebswirtschafts- und Politiklehre. Der Entwurf einer solchen findet der Leser als Abschluß dieser Arbeit.

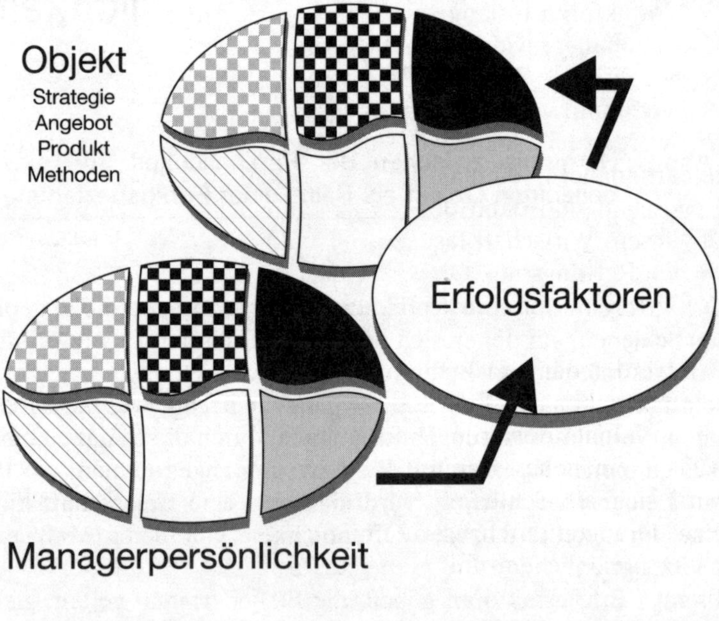

Abb. 2: Harmonie zwischen der Persönlichkeit und einem beliebigen Objekt über die Beachtung der Erfolgsfaktoren

Vorgehen

Der Weg zum Ziel dieser neuen Betriebswirtschaftslehre ist eher steinig, weil er voller neuer Gedanken und Konzepte ist. Man erreicht das Ziel auch nicht ohne größere Umwege. Umdenken ist angesagt. Wir werden bei der weltgeschichtlichen Situation ansetzen, werden uns dann mit der Meßbarkeit von Erfolg auseinandersetzen, um schließlich die »Königswege« des Erfolgs kennenzulernen. Ein Blick auf die »Mißerfolgsfaktoren«, die in unserer Enquete zum Vorschein kamen, gibt Anhaltspunkte über Verhaltensformen, die man meiden sollte, will man reüssieren.

Wir werden dann noch etwas Weiteres, für die meisten ganz und gar Neues erkennen, nämlich daß sich in unserer Wertewelt Erfolgsfaktoren begegnen, deren Problem ihre Unvereinbarkeit ist. Wir werden eine überraschende Lösung für ein seit Anbeginn menschlichen Denkens bestehende Paradoxie kennenlernen, deren Aufhebung der Schlüssel ist, um zu verstehen, warum sich Erfolgsfaktoren bislang so häufig als ineffizient erwiesen haben. Erst wenn diese widersprüchlichen Unvereinbarkeiten gelöst sind, haben wir eine Chance, uns souverän der Success Factors zu bedienen und von ihnen zu profitieren.

Wir werden uns dann zwei entscheidenden praktischen Problemfeldern nähern, einmal der Neugestaltung unserer politischen Landschaft und dann der fundamentalen Frage der Innovation, die unsere Wirtschaft fast so dringend braucht wie der Ertrinkende den Rettungsring. Ob wir beides bewältigen, ist – nach meiner Auffassung – die Kardinalfrage des ausgehenden 20. Jahrhunderts.

Wir werden dann das sozio-psychologische Feld (SPF) kennenlernen, das neben den Erfolgsfaktoren den wichtigsten Beitrag dieses ersten Bandes der Trilogie darstellt. Seine praktische Anwendung schlägt ein neues Kapitel der Betriebswirtschaftslehre auf und wird sich als Schlüssel erweisen, um die Veränderungen und Erneuerungen durchzusetzen, die diese Arbeit auf dem Wege zu mehr persönlichem und mehr betrieblichem Erfolg in Vorschlag bringt.

Zwei Tests und zahlreiche Fragen zur kritischen Selbstüberprüfung sollen Ihnen die Möglichkeit geben, mit den hier vorgestellten Konzepten Ernst zu machen, sich mit ihnen anzufreunden und Ihren eigenen geistigen Standort zu hinterfragen.

II. Botschaften

1. Standortbestimmung

Noch nie hat die Weltgeschichte so unzweideutig, so dramatisch und so vernichtend ein Grundsatzurteil gesprochen wie in der Auseinandersetzung zwischen West und Ost, zwischen dem Kapitalismus auf der einen und dem Kommunismus auf der anderen Seite. Wir durften teilhaben an einer Lektion, wie sie der Menschheit nur ganz selten erteilt wird.

Nur der sehr oberflächliche Betrachter vermochte bei dieser Auseinandersetzung nichts anderes zu erkennen als zwei verfeindete Machtblöcke, von denen der schlauere und listenreichere letztendlich obsiegen mußte. Wer sich diese vereinfachende Sicht der Dinge zu eigen macht, verkennt, um was es eigentlich ging. »Machtblock-Spiele«, bei denen einer von zweien untergeht, hat die Geschichte reichlich inszeniert, ohne daß dadurch immer das Denken der Menschen oder die Struktur dieser Welt grundlegend verändert wurden.

Das ägyptische Reich unter dem Ansturm der Hyksos, Rom unter der Germaneninvasion, Byzanz und Großdeutschland waren irgendwann einmal plötzlich nicht mehr da. Irgendeiner hatte im Schlachtengetümmel die bessere Taktik, die überlegeneren Waffen oder schlichtweg das Glück auf seiner Seite. Meist dauerte es nicht lange, und der Brötchenjunge und der Milchmann kamen wieder pünktlich wie immer.

Was wir erlebt haben, ist von anderer Machart. Das Einmalige am Niedergang des Kommunismus liegt nicht darin, daß sich bei diesem Existenzkampf einfach zwei machthungrige Wölfe einander gegenüberstanden, sondern daß sich hier zwei Erfolgslehren begegneten, zwei Strategien für Gewinner, zwei Visionen vom Glücklichsein, zwei über mehrere Generationen entwickelte Lebens-, Staats- und Sinnphilosophien.

So unterschiedlich beide Heilsbotschaften auch waren, so verband sie doch vieles. Sie waren beide angetreten, der Menschen Wohlstand zu mehren. Beiden ging es darum, der industriellen Herausforderung mit ihren dramatischen Veränderungen wie Landflucht und rechtlosen Arbeitermassen irgendwie zu begegnen. Wieviel Irrtum, Menschenverachtung und Dummheit in dieser gigantischen Auseinandersetzung auch mitgespielt haben mögen, so ging es doch beiden darum, den Menschen in eine deutlich bessere Welt zu führen. Beide wollten den Aufstand gegen eine Ordnung, die zur industriellen Revolution nicht mehr recht paßte. Ursprünglich liefen beide Sturm gegen menschenverachtende Ausbeutung, gegen die unerträgliche Machtfülle des Adels, gegen die Leibeigenschaft. Beide waren »Aufstände« gegen Armut und Unzulänglichkeit, der eine hin zum individualistischen Unternehmertum, der andere zum sozialistischen Kollektiv.

Letztlich waren es zwei »Propheten« des Erfolgs, die sich gegenüberstanden. Hier Adam Smith, der Moralphilosoph, den die Sorge um Ethik und Menschlichkeit umtrieb und der als erster einen Zusammenhang von ungeheurer Sprengkraft entdeckte, der die Welt drastisch veränderte. Er begriff die allgemeine Nützlichkeit des Egoismus, den Sinn des Wohlstand bringenden, wenn auch ganz und gar selbstbezogenen und deshalb ursprünglich vielen als verwerflich erscheinenden Gewinnstrebens. Auf der anderen Seite Karl Marx und vor allem sein geistiger Schüler Wladimir Iljitsch Lenin, der den geknechteten Proletariern ein humaneres Umfeld zu schaffen gedachte, indem er die Raffgier des einzelnen durch den kollektiven Gemeinnutz einer klassenlosen Gesellschaft ersetzen wollte.

Die Frage war nicht der philosophische Wert der Botschaften, vielmehr ging es darum, wessen System als Ganzes die bessere Effizienz bot, lebenstüchtiger war im Strudel der sich immer schneller wandelnden Technologien, anpassungsfähiger an die gigantische Logistik moderner Staatswesen. Es ging um den richtigen Weg zum Erfolg. Dies beinhaltete einerseits die Frage, welche Ordnung besser und glaubwürdiger jenes Stück Geborgenheit und Identität zu schaffen vermochte, das es dem Bürger erlaubt, mit einem System halbwegs in Frieden zu leben, aber es umfaßte ebenso die meßbaren Erfolgswerte wie Sozialprodukt, Handelsbilanz, die Zahl der Kühlschränke und die Quadratmeterzahl der Durchschnittswohnung. Es ging letztlich um das private Glück des Menschen.

Gewiß, die Schlacht ist noch nicht ganz geschlagen. Noch immer

kann es gefährliche Todeszuckungen geben, die irreparablen Schaden anrichten können – im atomaren Bereich mehr als irgendwo anders. China ist ein noch völlig unbewältigtes Kapitel Weltgeschichte. Und dennoch: Der totale Zusammenbruch der UdSSR, der Abfall der Brudersatelliten, das an die Schmerzgrenze des Erträglichen reichende Chaos russischer Wirtschaft, dies alles sind geschichtliche Ereignisse, die Teil des aktuellen Weltbewußtseins geworden sind. Das »Gottesurteil« – wie man früher einmal gesagt hätte – ist gefällt, der Wettstreit ist drastisch entschieden worden. Schon schicken sich die Besiegten zum Überlaufen an, noch etwas linkisch machen sie vor dem Altar des Kapitalismus ihren Kotau und bringen der von ihnen noch kaum verstandenen Heilsbotschaft das Opfer ihres Sinneswandels dar.
Soweit ein kurzer Blick zurück in die jüngste Vergangenheit. Bei ihr wollen wir natürlich nicht stehenbleiben, sondern uns der Zukunft zuwenden. Das führt uns zu der Frage: Was machen wir aus dieser einmaligen Lektion über Erfolg und Mißerfolg? Welche Konsequenzen werden wir ziehen? Welche neuen Impulse für den Erfolg unserer eigenen Nation hat dieses gewaltige Ereignis freigesetzt? Um wieviel weiser und geläuterter sind wir aus alldem hervorgegangen?
Hier setzt dieses Buch an. Es will mit seinen bescheidenen Kräften dazu beitragen, daß zwei gefährliche Wendungen nicht eintreten, die wir deutlich auf uns zukommen sehen und die – wenn sie denn eintreten sollten – all den Zynikern recht geben würden, die da sagen, daß die Menschheit noch nie aus der Geschichte gelernt habe:
Die eine Gefahr, von der wir hier sprechen, besteht darin, daß viele die tiefere Botschaft, die hinter dem überraschenden Untergang einer sich selbst ad absurdum führenden Großmacht steht, nicht verstehen.
Die Botschaft dieses Untergangs scheint mir darin zu liegen, daß das System, das sich die Menschen entweder selbst auferlegen oder das ihnen durch autoritäre Führung auferlegt wird, die wahre Gretchenfrage gesellschaftlichen und wirtschaftlichen Lebens darstellt. Die Lektion des kommunistischen Untergangs ist für mich in erster Linie der nachdrückliche Hinweis auf die alles überragende Rolle der Ordnungsregeln einer Gemeinschaft. Es ist eben nicht so, daß der Mensch sich schon irgendwie durchwurstelt und so oder so zurechtkommt, gleich, ob ihn Könige oder Dikta-

toren oder demokratische Präsidenten regieren. Ganz im Gegenteil: Das System, das über die Sowjetmenschen ausgebreitet war, korrumpierte sie; nicht mangelnde Anstrengung oder fehlender Fleiß, sondern ihre Gemeinschaftsstruktur stürzten sie in erbarmungswürdige Armut. Nichts spricht dafür, daß diese Menschen dümmer, unmoralischer, von Natur aus fauler sind als wir. Niemand unterschätze auch den Idealismus, der im Kommunismus in der Anfangszeit vorhanden war. Und dennoch löste sich das Riesenreich – obgleich unbesiegt, wohlgerüstet und unter Freund und Feind weitgehend respektiert – in nichts auf.

Eigentlich sollten wir es ja aus der Hitlerzeit wissen. Eigentlich sollte es uns das Wirtschaftswunder eines Ludwig Erhard gelehrt haben: Weitgehender als wir denken, entscheidet meist das System darüber, ob Arbeit fruchtbar, Fleiß segensreich, Einsatz ergebnisträchtig, Begeisterung erfolgreich ist.

Das deutsche Wirtschaftswunder war nicht die Folge davon, daß sich eine Nation plötzlich enorm anstrengte – denn die Sowjetmenschen haben sich summa summarum nicht weniger angestrengt. Die lähmende Entscheidungslosigkeit der Menschen, von der alle Bürger kommunistischer Staaten so erschreckend geprägt wurden, liegt nicht in der Gefühlsduseligkeit oder in der verquasten Seele slawischer Völker – dies alles und vieles mehr ist Ausfluß eines Systems, ist Ausfluß – wie Ludwig Erhard es formuliert hätte – einer Ordnungspolitik.

Fazit: Erfolg ist eine Funktion des Systems oder: $E = f\ (Sy)$.

Unser Verhalten reflektiert diese Einsicht überhaupt nicht. Soweit es unsere neuen »Freunde« im Osten betrifft, wird sich der Westen wahrscheinlich darin erschöpfen, die »Segnungen« unseres Systems unbesehen und unkritisch in das Vakuum hineinzutragen, das im Osten entstanden ist. Die solchermaßen Beglückten dürfen nun McDonald's-Klopse statt russischer Bitoks verzehren und Cola Light statt Kwaß trinken – sehr viel mehr wird's vermutlich nicht werden. Noch unbefriedigender als das, was wir dort bewirken, sind die Konsequenzen, die wir für uns selbst, unseren Staat, unsere Wirtschaft aus dem dramatischen Wandel der Dinge ziehen. Sollten wir den Wunsch haben, eine der entscheidenden Lektionen der Geschichte nicht zu verschlafen, so scheint mir

nun Handlungsbedarf zu bestehen. Die große Ost-West-Schlacht ist geschlagen. Der Rauch hat sich verzogen. Adam Smith hat gesiegt. Was muß nun geschehen?
Ich meine, daß wir gefordert sind wie nie zuvor, unser eigenes System mit allergrößter Aufmerksamkeit unter die Lupe zu nehmen. Wir benötigen kritische Selbstanalyse, um zu erforschen, inwieweit wir unser eigenes, westliches Credo wirklich leben oder nur noch als Aushängeschild mit uns schleppen. Systemkritik und der Wille zur Systemkorrektur sind für mich die unabdingbaren Konsequenzen aus der Situation.
Und dies um so mehr, als die Ordnung, in der wir leben, verdächtige Verkrustungserscheinungen aufweist. Seit über vierzig Jahren haben sich unsere Strukturen nicht in nennenswerter Weise weiterentwickelt. Unsere Verfassung, unsere demokratische Ordnung, die Struktur unseres Bildungswesens, unser soziales Netz – um nur einige wenige Bereiche von großer Bedeutung zu nennen – sind auf dem Stand von etwa 1950 stehengeblieben – kleinere Retuschen einmal ausgeklammert.

Fazit: Aus dieser Erkenntnis mangelnder Wandlungsfähigkeit erwächst der begründete Verdacht, daß wir vielleicht ganz generell unsere Probleme mit den Mitteln von gestern angehen – oder gar nicht.

Wie anders läßt sich verstehen, daß wir es unseren Kindern antun, die Schule Humboldts prinzipiell unverändert ins 20. Jahrhundert mitzuschleppen, und ihre unter Adolf Hitler ausgeprägte Form seitdem nicht mehr modifiziert zu haben. Oder wie kann es angehen, daß uns für unser System sozialer Absicherung seit fünfzig Jahren nichts Neues eingefallen ist, ja, daß wir es dem zahlenden Bürger gegenüber unübersichtlicher und unfairer gemacht haben? Hier nun liegt die Gefahr: Auf der einen Seite müßte doch ein jeder begreifen, daß Strukturen, die vor einem halben Jahrhundert einmal vermutlich richtig waren, fünfzig Jahre später wohl kaum noch in gleicher Weise Gültigkeit und Bestand haben können. Entgegen dieser kaum glaublichen Vernachlässigung hat uns andererseits die Geschichte bestätigt, daß wir prinzipiell mit Freiheit, Demokratie und Individualismus richtig liegen. Aber wie weit kann es mit diesen Werten her sein, wenn wir die Reformfreudigkeit sträflich erlahmen lassen, den innovativen Erneuerungswillen im Tiefkühlfach unserer Unbeweglichkeit ablegen und dabei sind, die Kraft der Selbstkritik zu Grabe zu tragen? Freiheit, Demokratie und Individualismus sind tot, wenn Reform, Innovation und Selbstkritik müde werden!

Die zweite Gefahr, die ich sehe, ist selbstgefällige Überheblichkeit, der Dünkel des Gewinners. »Wir sind die Sieger«, sagen sie. »Wir haben von jeher auf das richtigere Pferd gesetzt! Die Geschichte hat es doch ein für alle Male bestätigt. Machen wir weiter Business as usual, und damit basta.«

Was aber hat denn die Geschichte uns wirklich bestätigt? Dies klar zu erkennen beschäftigt leider nur sehr wenige, genauso wie Nachdenklichkeit über das, was da geschehen ist, Seltenheitswert besitzt. Der kurzfristige Aspekt, wie man die neuen Bundesländer und vielleicht später einmal die anderen Länder des Ostens sanieren und aufräumen kann, steht im Vordergrund. Alles, was nach der Wiedervereinigung geschehen ist, zeigt pragmatische Kurzatmigkeit und die Mentalität des Siegers, der weder verstehen noch lernen, sondern unterwerfen will.

Die Kaltschnäuzigkeit, mit der wir mit unseren eigenen »Ossis« umgehen, ist weder für uns noch für unsere Politiker ein Ruhmesblatt deutscher Kultur. Wir sind nicht auf sie zugegangen, haben nicht auf sie gehört, wir haben uns zum Richter über unser ehemaliges Nachbarland aufgeworfen. Wir haben uns geweigert, auch nur das Geringste von ihnen anzunehmen – und sei es die vorbildhafte Müllverwertung. Der zu Beginn aufflackernde Wille, auch vom Unterlegenen etwas zu lernen, wurde schnell ausgetreten.

Aber zurück zu unserer Frage, welche Gewißheiten wir denn nun aus den Ereignissen ableiten und getrost nach Hause tragen können. Ich meine, daß uns dreierlei bestätigt wurde:

Zum einen, daß **Freiheit** – selbst wenn sie gelegentlich in Zügellosigkeit ausartet – der bürokratischen Unterwerfung unter Plan und Apparat haushoch überlegen ist. Es war die größte Ermunterung für den zentralen Wert abendländischer Kultur, die es je gegeben hat. Die Freiheitsgrade, die wir mühsam erreicht haben, nun zu erweitern und alle Hemmnisse, die dem entgegenstehen, mutig beiseite zu räumen, dies scheint mir die erste und wichtigste Aufforderung, die man aus dem Geschehen ableiten sollte.

Zum zweiten wurde uns verdeutlicht, daß in der **Bürokratie,** die sich wie eine paralysierende Krankheit in der Gestalt der Nomenklatura über das sowjetische Reich ausbreitete, geradezu tödliche Kräfte stecken. Gewiß war die sowjetische Bürokratie extremer als das, was wir im allgemeinen bei uns kennen. Dennoch ist unserem Staatswesen ja Bürokratie nicht gerade fremd. Ihrem Ausufern mit allen Mitteln entgegenzutreten und bürokratische Engstirnigkeit einzudämmen, sie vielleicht dem Wind des Konkurrenzkampfs auszusetzen und Alternativen zu Amtsschimmel und Obrigkeitsdenken zu entwickeln, dies scheint mir die unabdingbare Forderung, die sich aus dem ergibt, was wir viele Jahrzehnte in allen kommunistischen Staaten beobachten konnten.

Der Untergang der UdSSR war das Todesurteil für den Gedanken einer effizienten Verwaltung, wenn diese nicht leistungs- und erfolgsbezogen arbeitet. Dies sollte Anlaß sein, das Unwesen der Bürokratie mindestens so entschieden anzugehen, wie wir versuchen, die Umwelt zu schützen.

Diese Kriegserklärung an die Bürokratie darf auf keinen Fall zu Lasten der beamteten Verwalter gehen, denn es ist ja keineswegs deren Untüchtigkeit oder gar Unfähigkeit, die das »Amt« diskreditiert, sondern es ist das System, für das kein einzelner Beamter haftbar zu machen ist. Haftbar ist höchstens der Bürger und seine Vertretung, die noch nicht begriffen haben, daß wir vorsintflutliche Ordnungsstrukturen mitschleppen, in denen Effizienz und Leistung nicht einmal vom Hörensagen her bekannt sind. Die Marktwirtschaft in die Amtsstuben zu tragen ist eine der großen Herausforderungen seit langem. Das Schauspiel einer von Bürokratie vergifteten UdSSR kann uns vielleicht ein wenig stärker motivieren, diesen Schritt ordnungspolitischer Weitsicht bald und möglichst radikal zu gehen.

Die dritte und letzte der bedeutsamen Lektionen, die uns erteilt wurden, scheint mir in dem Umstand zu liegen, daß wir in jenem jetzt untergegangenen Machtbereich etwas ganz Erstaunliches erlebten. Dort, wo freier Wille in Ketten lag, gab es Parlamente, dort gab es Wahlen, dort gingen Menschen – für den Außenstehenden offenbar mit Begeisterung – auf die Straße, klatschten den Diktatoren mit von Ernsthaftigkeit kaum zu unterscheidender Hingabe Beifall, vergossen Menschen beim Tode eines Josef Stalin Tränen, die offensichtlich echt waren.

Die Geschehnisse im Osten – so meine ich – sind eine Aufforderung, dem äußeren Erscheinungsbild des öffentlichen Lebens eine

gehörige Portion Mißtrauen entgegenzubringen. Die Gefahr, daß es Potemkinsche Dörfer sind, ist stets gegeben. Scheinwelten wurden in den ehemals kommunistischen Ländern perfekt inszeniert.
Sind wir frei davon? Gibt es dergleichen bei uns nicht? Ein paar unbotmäßige Fragen klären die Situation schnell: Lebt und handelt unser Parlament wirklich und wahrhaftig aus der dienenden Verpflichtung dem Volke gegenüber? Oder wird uns hier möglicherweise ein »Volkstheater« vorgespielt, das von dem der früheren Volksrepubliken gar nicht so unendlich weit entfernt ist? Entscheidungsbereiche liegen unkontrolliert im dunkeln, so daß vorgefertigte Entscheidungen zustande kommen, die nie der freien Diskussion ausgesetzt waren und sich clever öffentlichem Einfluß entziehen? Wo verdichtet sich Macht zu Konstellationen, die jener grenzenlosen Willkür sowjetischer Funktionäre und Kommissare nahekommen – und sei es auch nur ein ganz klein wenig? Oder sind solche Gedanken nur böswillige Unterstellungen? Die Studie von Erwin K. Scheuch über den politischen Filz in Köln läßt die Vermutung zu, daß unser Staat voll solcher »Verheimlichungen«, voll von »Öffentlichkeitsentzug« und voll unlegitimierter Erbhöfe ist, die den Gedanken der Demokratie beleidigen.

Fazit: Die Frage nach unserer eigenen Befindlichkeit kritisch zu stellen will uns als die entscheidende Aufforderung erscheinen, die uns die jüngste Geschichte nahelegt.

Diese Aufforderung scheint uns um so wichtiger, als wir unter dem Eindruck stehen, daß wir auf vielen Feldern im Begriff sind, das, was uns zum Sieg über den Kommunismus geführt hat, gründlich und vielleicht für immer zu verraten oder gedankenlos und leichtfertig zu vertun. Analysieren wir nur einmal vier besonders wichtige Erfolgsfaktoren, die den Westen zu seiner Überlegenheit geführt haben:

① der Staat als Diener, nicht Beherrscher des Souveräns,
② die individuelle Vielfalt eigenverantwortlicher Entscheidungen in einer pluralistischen Gesellschaft, der ganz persönliche Weg zum Glück,

③ der Gedanke einer sozialen Abfederung des Konkurrenzkampfes,
④ die Duldung utopischer Alternativ-Visionen.

Schauen wir uns an, wo wir heute stehen:

- *Ist der Staat noch Diener des Souveräns?* Wenn wir sehen, wie bürokratische Kräfte ohne den geringsten Bürgereinfluß ihr Unwesen treiben, wie im verfilzten Unterholz der miteinander kungelnden Parteifreunde diese nach noch mehr Macht und Einfluß streben, wie abgesprochen anstatt transparent gemacht und zur Diskussion gestellt wird – dann muß man sich doch fragen, ob dieser Sumpf noch im Sinne der Menschen ist, die durch ihn verwaltet werden. Wenn Bundestagsabgeordnete nach China reisen, um dort die Müllbeseitigung zu studieren oder ähnlich fadenscheinig begründbare Kosten verursachen, ohne daß dies bei knappster Kasse des Staats einen Aufstand hervorruft, dann stimmt etwas nicht. Oder wenn die Mahnungen von Wächterinstitutionen wie der des um Redlichkeit und Angemessenheit bemühten Bundesrechnungshofs wie lästiges Geschwätz ungestraft mißachtet werden dürfen, selbst wenn sträflichste Mißwirtschaft nachgewiesen wird – dann kann man sich nicht abwenden und singen: »Lieb Vaterland, magst ruhig sein.«
- *Abschied vom Wettbewerb*: Ganz offen wird heute das Ende des wirtschaftlichen Wettbewerbs so nonchalant konstatiert, als ob es sich um eine Bagatelle unwichtigster Art handele. Die zunehmende Konzentration, wo jeder mit jedem spricht und aus dem kämpferischen, herausfordernden Gegeneinander ein saturiertes Miteinander wird, zersetzt jenes kostbare Gut des Wettbewerbs, das uns immerhin unser deutsches Wirtschaftswunder bescherte, das Amerika zu seiner Größe in den fünfziger und sechziger Jahren geführt hat und das unsere Politiker und Wirtschaftler munter auf den Lippen haben, wenn es gilt, tumbe Ostmenschen mit unserer Weltsicht zu beglücken. Wenn sich die Unternehmen zu immer gigantischeren Gruppen verdichten und die kleineren in zunehmendem Maße aufgeben, dann schwindet jener mittelständische Unternehmergeist, in dem wir wohl nicht ganz zu Unrecht den Quell unseres Wohlstandes erblicken. Auf eine fast zynische Weise wird beiseite

gedrängt, was wir lange als Wunderwaffe und westliche Stärke begriffen. Vielleicht ist meine Trauer um den Verlust gestriger Tugenden altmodisch, aber was sind die neuen Tugenden? Oder könnte es sein, daß wir im Begriff sind, den Ast, auf dem wir noch reichlich komfortabel sitzen, mutwillig und sehenden Auges abzusägen?

- *Soziale Unfähigkeit:* Wenn man als Berater die unterschiedlichsten Organisationen kennenlernt, dann sieht man, mit welchem Ungeschick Menschen mit Menschen umgehen, wie Vorgesetzte schlecht und aller bestehenden Einsicht zuwider handelnd andere in Betrieb und Behörde führen. Man erkennt, wie partnerschaftliches Denken noch immer der Machtdemonstration der Abzeichenträger weichen muß. Da gibt es nicht unwesentliche Anklänge an jene gescheiterte Führung östlicher Systeme, der wir heute so überheblich Versagen ankreiden. Daß unsere Schule auch nicht im Traum daran denkt, solche soziale Fähigkeit zu lehren oder einzuüben, ist ein Indiz für erschreckende Blauäugigkeit und gesellschaftliche Blindheit.
- *Mangel an Utopie:* Ohne Visionen und mutige Utopien werden wir nicht überleben. Darüber sind sich viele einig. Dennoch scheint es niemanden sonderlich aufzuregen, daß alle Beobachter, Publizisten, Sozio- und Politologen feststellen, daß unser parlamentarisches System so beschaffen ist, daß für derartigen Luxus kaum noch Raum ist. Der nächste Wahlkampf, die nächste Parlamentsdebatte, wo man Sieger sein will, das ist es, was die Verantwortlichen interessiert und fast völlig absorbiert. Das, was die Zukunft prägt, was unsere Kinder in zehn oder zwanzig Jahren auszustehen haben, scheint niemanden hinter dem Ofen seiner Kurzsichtigkeit hervorzulocken. Wenn wir also zu kühneren Zukunftsbildern nicht mehr die Fähigkeit haben und die Großen des Staats mit Bagatellen ihre kostbare Zeit vertun, dann muß die Frage erlaubt sein, ob wir wirklich so meilenweit von jener kommunistischen Nomenklatura entfernt sind, die zu überhaupt keinem zukunftsträchtigen Gedanken mehr fähig war und an ihrer eigenen Erstarrung zugrunde ging.

Und wer immer noch zweifelt, ob unser Aufruf zur Selbstbesinnung auf die wirklichen Faktoren des Erfolgs notwendig sei und ob man sich denn wirklich mit so tiefsinnigen Fragen wie der nach der eigenen Ordnung beschäftigen müsse, der sei an jene drei Probleme erinnert, die uns mehr als alles andere Motiv zu diesem Buch waren:

- Wir haben die Wiedervereinigung allesamt dilettantisch und unprofessionell betrieben. Da ich es genauso wie die meisten versäumt habe, die richtigen und klugen Alternativen zur rechten Stunde zu äußern, erlege ich mir in dieser Frage Zurückhaltung auf. Hinterher ist man immer klüger. Aber es ist nun einmal – nolens volens – so gelaufen, wie wir es nicht besser verdient haben, und wir müssen – ob wir es wollen oder nicht – ein bis zwei Jahrzehnte der Einschränkung durchleiden, bis unser Osten wieder erblüht ist. Nichts führt darum herum. Wir werden diese Durststrecke aber nur dann unbeschadet hinter uns bringen, wenn wir die Effizienz unserer Wirtschaft, unserer sozialen Errungenschaften und unserer Verwaltungen wesentlich steigern. Mit dem verkrusteten Apparat, dessen Mängel schon anklangen, werden wir es nicht schaffen. Neue Flexibilität ist unabdingbar.
- Während uns unsere neuen Bundesländer im Nacken sitzen, bedroht uns die Überteuerung des Standorts Deutschland. Selbst der ökonomisch völlig Ungebildete erkennt langsam – und hinter vorgehaltener Hand konzidieren es selbst Gewerkschaftsbosse –, daß sich das Land der größten Faulenzer dieser Welt, mit den meisten Feiertagen dieser Welt, mit der geringsten Arbeitszeit dieser Welt und dem teuersten Sozialsystem dieser Welt nicht mehr lange halten kann. Es gehört kein Zweites Gesicht dazu, mit Sicherheit vorherzusagen, daß die Erosion des Standorts Deutschland – die ja bereits begonnen hat – nun weiter fortschreiten wird, wenn wir unsere bisherigen Strukturen unverändert beibehalten und keine wirksamen Gegenmaßnahmen einleiten. Immer noch Zweifel, daß etwas Drastisches geschehen muß?
- Sollten Sie diese immer noch hegen, so lassen Sie mich das Problem aller Probleme anführen, das uns die Frage nach dem besseren System nur so um die Ohren fetzen sollte: Japan. Diese Nation und mit ihr einige andere asiatische Länder haben uns zutiefst verunsichert. Wir tun uns immer noch schwer zu verstehen, warum wir unsere stolze optische Industrie abgeben mußten, warum wir erst die Unterhaltungselek-

tronik, dann weitgehend die elektronische Bildindustrie verloren haben und warum Giganten wie General Motors vor japanischen »Knirpsen« in die Knie gehen mußten. Wer dies wie ich mit Unbehagen beobachtet, der sollte eigentlich wissen, daß die geforderte Selbstbesinnung mehr als überfällig ist. Neue Verwundungen durch weiteres asiatisches Vordringen sind vorprogrammiert. Unsere Niederlagen sind schmerzliche Realität geworden, weil eine andere Ordnung, ein anderes System mit uns in Konkurrenz getreten ist. Ich wiederhole noch einmal, was ich weiter oben in ähnlichem Zusammenhang bereits über die Russen gesagt habe: Die Menschen in jenen asiatischen Zonen sind bestimmt nicht von Natur aus klüger, besser oder fleißiger als wir. Nein, es ist eine andere Lebens-, Verhaltens- und Wertestruktur, die uns Probleme schafft und unsere Erfolgschancen drastisch einzuschränken scheint.

Fazit: Die Frage nach der optimalen gesellschaftlichen Ordnungsstruktur für Nationen, die Gewinner sein wollen, ist die Frage des Jahres 2000 schlechthin. Ihre Beantwortung drängt. Wir sollten wissen, wie wir unsere innerdeutschen Herausforderungen, wie wir die Frage des Standorts und wie wir Nippon begegnen können. Verändert sich nichts Wesentliches und lernen wir nicht, auf sehr vielen Gebieten entschieden erfolgreicher zu werden, so schätze ich die Chancen, daß wir es schaffen, auf nicht mehr als 25 Prozent ein. Mir scheint, daß der Ausgang dieser schicksalhaften Bewährungsprobe von nichts so sehr abhängt wie vom Erkennen der Selbstbefindlichkeit unseres Systems und seiner Verbesserungsmöglichkeiten.

2. Erfolg bei Gruppe und Individuum

Kehren wir von unserem Ausflug in die Weltgeschichte zurück in die kleinere Welt des persönlichen Schicksals. Wie wir gesehen haben, hat die Frage nach dem richtigen System die jüngere

Geschichte ungewöhnlich stark beeinflußt. Wir wollen diese Perspektive nicht aus dem Auge verlieren, weil ihr hohe Aktualität zukommt. Aber wenn Menschen normalerweise an Erfolg denken, so ist ihnen das Hemd näher als der Rock. Wir sind keine Heiligen noch selbstlose Weltverbesserer, die nur das Wohl der Gemeinschaft als Ganzes im Sinne haben. Nein, wir sind kleine Egoisten, die für sich ganz persönlich nach Erfolg trachten. Geht es um dieses persönliche Glück, dann lassen uns Nation und Völkergemeinschaft ziemlich kalt. 15 Zentimeter mehr Dienstwagen, ein größerer Swimmingpool oder ein schöner Titel zählen dann meist mehr als der Untergang des Abendlandes.

Und überdies: Was ist eine erfolgreiche Nation? Doch wohl immer nur die Summe erfolgreicher Gruppen wie Betriebe, Verwaltungen, Parteien, Verbände. Und wie werden solche Gruppen erfolgreich? Gewiß nur dadurch, daß das einzelne Individuum erfolgreich handelt. Wir können also versuchen, Aussagen über den Staat und seine Erfolgsregeln zu machen, wir können versuchen, über Gruppen etwas auszusagen, aber dabei dürfen wir nicht stehenbleiben. Wenn wir den Erfolg fördern wollen, dann brauchen wir Rezepte für den einzelnen, und diese müssen generelle Gültigkeit besitzen.

So es denn solche Erfolgsregeln überhaupt gibt, müssen sie taugen für Menschen der verschiedensten Berufe, der unterschiedlichsten Neigungen, für Junge und Alte, Männern wie Frauen, Kaufleute, Angestellte, Verwalter und Freiberufler, Intelligente und weniger Intelligente. Nur wenn wir aufzuzeigen vermögen, wie alle diese unterschiedlichen Menschen das Design ihrer eigenen Zukunft erfolgreicher gestalten können, wird Sieg erlernbar und lehrbar. Gibt es die gesuchten Regeln, dann ist allerdings kaum eine Mühe zu groß, sie zu entdecken, denn wir wissen es alle aus eigenem, manchmal leidgeprüftem Erleben: Vom Verlierer zum Gewinner zu werden, das bestimmt wie sonst kaum etwas die Qualität unserer Existenz.

Welche Methode kann aber nun für das Auffinden der ersehnten Regeln für Nationen, Gruppen und Einzelpersonen herangezogen werden? Oder noch kritischer gefragt: Wie kann man feststellen, ob es überhaupt systematische Antworten auf die Erfolgsfrage gibt?

Wir glauben, daß es nur eine einzige, wissenschaftlich akzeptable Methode gibt. Sie besteht darin,

- bestimmte Verhaltensweisen
- bestimmten Meßgrößen

gegenüberzustellen. Genau diesen Weg werden wir einschlagen. Und ist es nicht genau diese einfache Methode, die wir stets anwenden, wenn wir uns zum Beispiel Rechenschaft darüber ablegen wollen, ob ein bestimmtes Land erfolgreich ist oder nicht, und wenn wir darüber hinaus wissen wollen, warum das so ist?

So zeigen die jährlichen Veröffentlichungen der UNO, daß das durchschnittliche Pro-Kopf-Sozialprodukt aller Staaten, die eine Demokratie mit freiheitlicher Rechtsordnung besitzen, volle 46 Prozent über dem Sozialprodukt derjenigen Länder liegt, die dergleichen entbehren.

»Gemach!« werden Sie mit Recht einwenden, denn dies ist ein Indiz, aber sicher kein Beweis dafür, daß Demokratie ein Erfolgsfaktor auf dem Wege zu Reichtum ist. Unter den reichen Demokratien sind Länder wie die USA, und unter den Armen rangiert vielleicht Simbabwe, und für den unterschiedlichen Wohlstand beider könnten hundert andere Faktoren wichtiger sein als ausgerechnet die Demokratie.

Nun gelangt man meist zu mehr Klarheit, wenn man mit Hilfe des statistischen Materials weitere Nachprüfungen vornimmt. So könnte man in diesem Fall die ärmeren Staaten zusammenfassen und sie den reicheren gegenüberstellen und nachforschen, ob sich in diesen Untergruppen dann immer noch Demokratie als Helfer zum Wohlstand entpuppt. Und siehe da, sie tut es. Auch innerhalb der Teilstichprobe der armen und meist zivilisatorisch weniger entwickelten Länder triumphieren wiederum die demokratischen und freiheitlichen Länder mit einem Plus von 34 Prozent beim Sozialprodukt pro Kopf.

Welche Schlußfolgerung können wir aus diesen statistischen »Spielereien« ziehen? Wie es scheint, kommt es offensichtlich auf drei Dinge ganz entscheidend an, damit wir so etwas wie einen »Erfolgsfaktor« identifizieren können:

① Es muß objektive Meßwerte geben, hier also das Sozialprodukt pro Kopf.

② Zwischen denen, die sich in ihrem Verhalten von einem bestimmten Erfolgsfaktor bestimmen lassen, und denen, die das nicht tun, muß bei den Meßwerten ein signifikanter Unterschied bestehen. Eine Differenz von 46 oder 36 Prozentpunkten beim Sozialprodukt pro Kopf ist beeindruckend. Wenn es im obigen Demokratiebeispiel nur 4 oder 5 Prozentpunkte wären, würde man gewiß keine Schlüsse daraus ziehen wollen, denn dann könnte es sich um reine Redundanz handeln, das heißt um Störungen ohne Aussagekraft.

③ Der auslösende Erfolgsfaktor sollte bedeutsam sein, das heißt, es muß sich um eine die gesamte Persönlichkeit oder den ganzen Staat prägende Haltung handeln. Die Hinwendung zu einer freiheitsorientierten Gesellschaftsform ist eine solche fundamentale, das gesamte Staatsleben verändernde Entscheidung.

Fazit: Mit der entsprechenden Vorsicht und unter den genannten drei Voraussetzungen kann man Erfolgsfaktoren im Leben von Staaten durchaus bestimmen. Dies ist ein erster wichtiger Schritt in Richtung auf die prinzipielle Legitimität individueller Erfolgsfaktoren.

Erfolg bei kleineren Einheiten

Verlassen wir nun die Gesamtheit des Staats, und wenden wir uns dessen Elementen zu. Prüfen wir einmal die Frage der Erfolgsmeßbarkeit bei sozialen Untergruppen wie Betrieb, Behörde, Partei, Kirche. Konkret: Wir wählen ein Einwohnermeldeamt, die SPD und die katholische Kirche als Beispiele aus.
Bei der Kirche ist es ganz schwierig. Das Geld, der schnöde Mammon, ist ohnehin Teufelswerk und zählt deshalb wenig gegenüber den ideellen Werten, für die die Kirche eigentlich da ist. Die dürren Finanzzahlen sind also wenig aussagekräftig. Aber was dann? Die Zahl derer, die sie in den himmlischen Frieden einziehen läßt, ist uns leider verborgen, und die Zahl bekehrter, bußfertiger Sünder ist auch nicht greifbar.
Beim Einwohnermeldeamt geht es uns nun auch nicht besser. Hier scharrt zwar Satanas nicht mit seinem Bocksfuß aber die Meßbarkeit ist dennoch verteufelt schwierig. Sollte man die Sparsamkeit im Umgang mit dem Kostenbudget messen? Sollte man als Meßgröße ermitteln, wie viele Einwohner registriert wurden? Wie

viele Auskunftsuchende Antwort erhalten haben? Die Sparsamkeit macht noch am ehesten Sinn, aber auch nur dann, wenn man dieser Ersparnis eine zumindest gleichbleibende, meßbare Leistung gegenüberstellen kann. Doch daran hapert es.
Ich fürchte, wir müssen sowohl bei der Kirche als auch bei der Behörde passen. Wie man es auch dreht und wendet, es gibt keine rechte Meßlatte, die wirklich tauglich wäre.
Kommen wir zur Partei. Hier stehen wir besser da! Sie muß sich alle vier Jahre zur Wahl stellen, und es scheint vertretbar, das Wählervotum als eine Gütebeurteilung der Leistung einer Partei anzusehen. Darüber hinaus ist es ein relatives Votum, bei dem der Wähler jedes Angebot mit jedem anderen vergleichen kann. Es ist fast wie beim Markt, dessen Segnungen uns ja seit der Währungsreform deutlich geworden sind.
Nun zum Wirtschaftsunternehmen: Die Antwort fällt leicht. Die Bilanz, die Gewinn- und Erfolgsrechnung und eine Reihe anderer Daten wie Marktanteile und Innovationserfolge verhelfen zu einem Urteil über die Leistung. Natürlich müssen die verschiedenen Daten gegeneinander abgewogen werden, und ein wenig ist das abschließende Urteil eine Frage der Interpretation, aber im großen und ganzen dürften die Meinungen da nicht allzuweit auseinandergehen. Allein darum nicht, weil es einen Generalnenner gibt, der das wichtigste Datum ist: die Rendite. Sie ist zwar nicht mehr – wie früher einmal – das einzige Kriterium, das man heute an ein Unternehmen anlegt, aber doch immer noch das wichtigste. Gleich, ob man Schuhwichse herstellt oder Lastwagen, Hafenanlagen baut oder Häuser, ob man ein Restaurant oder einen Straßenkiosk betreibt, bei der Renditefrage werden alle über einen einzigen Leisten geschlagen. Ob man Siemens heißt oder Meiers Tätowiersalon, vor der Rendite sind sie beide gleich – und vergleichbar.

Fazit: Bei Gruppen erleben wir also zwei unterschiedliche Welten, die man klar sehen muß, wenn man sich an die Erfolgsfrage herantasten will: Es stehen meß- und vergleichbare Institutionen solchen gegenüber, die man nicht messen und vergleichen kann.

Erfolgsmessung möglich:	Erfolgsmessung nicht möglich:
Wirtschaftsunternehmen, Parteien.	Behörden, Kirchen, Vereine, Krankenhäuser.
Grund: Markt und Rendite beziehungsweise das Nutzervotum der Wähler erlauben Erfolgsmessung.	Grund: Fehlender Markt und fehlendes Nutzervotum machen Erfolgsmessung unmöglich.

Menschen wie ich und du

Kommen wir nun zum Individuum, also zu Ihnen und zu mir. Ist unser Erfolg meßbar? Auf Anhieb muß das verneint werden. Oder doch nicht?

Die Antwort auf diese Frage verdeutlicht das Dilemma einer jeden Suche nach Erfolgsfaktoren für den einzelnen. Ähnlich wie bei den Institutionen sind wir gezwungen, unsere Untersuchung einzugrenzen. Ähnlich, wie wir es vorher bei den Gruppen getan haben, wo wir nur Parteien und Wirtschaftsunternehmen als meßbar gelten lassen konnten, müssen wir uns auch hier konzentrieren, und zwar auf einen einzigen »Stand«, einen einzigen Personenkreis, der unter dem unausweichlichen Zwang steht, Jahr für Jahr exakt meßbare Erfolge zu produzieren, die sich in Heller und Pfennig auszahlen. Daß diese gnadenlose Forderung nicht alle Menschen trifft, sondern nur eine einzige Gruppe, ist die »Zwangsjacke« all derer, die die Gesetze des Erfolgs oder Mißerfolgs einzelner Individuen aufzeigen wollen. Dennoch ist dieser Weg gangbarer und vielversprechender, als es auf den ersten Blick scheinen mag.

3. Ausrichtung an Manager und Wirtschaft

Dieses Buch möchte einer sehr breiten Zielgruppe Erfolgsanleitungen geben; es will alle Entscheidungsträger beziehungsweise potentiellen Führer von morgen ansprechen, gleich, ob sie am Dirigentenpult stehen, im Präsidentensessel thronen, im weißen Kittel forschend oder helfend tätig sind oder am Vorstandsschreibtisch sitzen. Trotz des Wunsches nach universellen Aussagen bleibt nichts anderes übrig, als sich zunächst einer bestimmten Personengruppe ganz besonders intensiv anzunehmen. Im Zentrum unserer Überlegungen stehen der selbständige Kaufmann und der gewinnverantwortliche Manager.
Diese ganz besondere Perspektive hat nichts damit zu tun, daß wir etwa kommerziellen Handel und Wandel über alles stellen und den Arbeiter, Angestellten, beamteten Staatsdiener oder gar den Politiker im Vergleich zum Werte schöpfenden Kaufmann gering achten. Nein, es hängt vielmehr damit zusammen, daß Kaufmann und Manager – ohne daß das ihr Verdienst wäre – durch einen ganz besonderen Mechanismus in zweierlei Hinsicht eine herausragende, einmalige Sonderrolle spielen:

① Wie man es dreht und wendet: In unserem industriell geprägten Zeitalter hängt das Wohl und Wehe aller Menschen in einem Staatswesen von der Produktivität der Wirtschaft ab. Ministerialräte, Politiker, Gewerkschafter, ja selbst Kirchenführer sind in diesem Sinne nicht produktiv. Sie mögen noch so großartige Ideen haben – wenn Industrie, Handwerk und Landwirtschaft nicht die dazu notwendigen Mittel erwirtschaften, sind ihre Projekte Makulatur. Die Tüchtigkeit und Effizienz von Kaufmann und Manager entscheiden also in besonderem Maße über Wohlergehen und soziale Errungenschaften. Aber das ist noch nicht alles.

② Der selbständige Kaufmann und der gewinnverantwortliche Manager nehmen im gesellschaftlichen Umfeld eine einmalige Stellung ein, weil sie die einzigen Bürger sind, die zum Ende eines jeden Jahres gemessen und eventuell zu leicht befunden werden. Wenn ihre Bilanz keinen Gewinn, sondern einen Verlust ausweist, so hat dies sehr ernste Konsequenzen; geschieht dies häufiger und ist weder Gesundung in Sicht noch ein freundlicher Kapitalgeber, dann muß der Unternehmer als

Selbständiger aufgeben. Zyniker sagen dann, er geht »pleite«. Dabei übersehen sie, daß dieser Vorgang wohl nicht dergleichen hämische Kommentare erfahren sollte, denn hier geht ein Ausleseprozeß vor sich, dessen Härte und oft existenzvernichtende Konsequenz allen Nichtkaufleuten erspart bleibt. Der Unternehmer ist der einzige, der auf diese gnadenlose Weise eine unnachgiebige Beurteilung erfährt – und dies Jahr für Jahr. Den Konzernangestellten, der eine Tochtergesellschaft leitet, für deren Ergebnis er einstehen muß, trifft es nicht ganz so hart, weil ihn seine starke Organisation abfedern kann. Aber wenn die Zahl mißglückter Ansätze eine bestimmte Schwelle überschreitet, dann schwankt auch seine berufliche Existenz: Er wird entlassen. Einen neuen Wirkungskreis zu finden ist für ihn dann schwer bis unmöglich. Arbeiter, Angestellte, Verwalter, Kirchenmänner, ja selbst Politiker müssen sich nicht diesem jährlichen Tribunal der Bilanzen unterwerfen. Ihnen bleibt erspart, nach eisernen Regeln nachweisen zu müssen, daß sie auch effizient genug mit dem Pfunde gewuchert und für das eingesetzte Kapital eine ausreichende Verzinsung erwirtschaftet haben.

Diese Sonderstellung, die unsere Gesellschaft für keine anderen Bürger vorgesehen hat, begrenzt unsere Untersuchungsmöglichkeiten; gleichzeitig eröffnet sie eine ganz einzigartige Chance.

Fazit: Wenn es irgend jemanden gibt, bei dem es möglich sein muß, sein persönliches Verhalten mit einem objektiv feststellbaren Erfolgsresultat zu korrelieren, dann ist dies beim gewinnverantwortlichen Manager und beim selbständigen Kaufmann gegeben.

Dies macht beide fast automatisch zum Ziel unserer Neugier, und zwar in viel höherem Maße als alle anderen Berufsgruppen, weil überhaupt nur bei ihnen der Schlüssel zu nachvollziehbaren, meßbaren und vor allem vergleichbaren Erfolgskriterien liegen kann. Bei den Nicht-Gewinnverantwortlichen würde das Unterfangen einer Korrelation von Erfolg und Verhalten fast immer scheitern, weil es keine verläßlichen, vergleichbaren Erfolgsmaßstäbe gibt, mit denen unterschiedliche Verhaltensmuster in Bezug gesetzt

werden könnten. Hausfrauen, Studenten, Ministerialdirektoren, Arbeiter oder Bundestagsabgeordnete machen keine Jahresschlußbilanz. Vielleicht sollten sie, aber das ist eine Vision von morgen. Hier und heute gilt es festzuhalten, daß dergleichen dort eben nicht erfolgt. Gewiß könnte man die Stärke des Beifalls beim Schauspieler messen, die Vorgesetztenbeurteilung beim Katasterbeamten, die Zahl der »Bützchen« beim Karnevalsprinzen oder die eingetriebenen Summen beim Parteischatzmeister – aber bei Vorgesetztenbeurteilungen, Bützchen und Applaus sind Objektivität und Vergleichbarkeit der Urteile einfach nicht gegeben.
Die Bilanz andererseits ist der große Zauberer, der alle Betroffenen bei unverändertem Prüfsystem vergleichbar macht, egal, ob sie Würstchen in Dosen packen, Panzerwagen herstellen oder Versicherungsdienstleistungen verkaufen. Wer 20 Prozent Rendite einfährt, ist König, gleich, womit er dies geschafft hat. Und wer fünf Jahre hintereinander Minus macht, ist mausetot, egal, ob er Sargdeckel fertigt, die guten Dienste einer Großbank anbietet oder raffinierte Dessous zusammennäht. So übernehmen Kaufleute und Manager eine Schlüssel- und Vorreiterrolle für jeden Versuch der Ermittlung von Erfolgsrezepten.

Fazit: Die totale Unmöglichkeit, mit einem gesellschaftlich anerkannten, präzisen Maßstab die Leistungen von Nicht-Managern beziehungsweise Nicht-Unternehmern messen zu können, ist eine wichtige soziale Einsicht.

Dies heißt natürlich nicht, daß wir diejenigen Menschen und Institutionen, die wir zunächst einmal ausschließen, weil ihr Erfolg nicht regelmäßig und verläßlich gemessen wird, völlig außen vor lassen. Sicherlich können wir sie immer dann einbeziehen, wenn der Charakter ihrer Aufgaben denen von Kaufmann oder Manager ähnelt. In der Tat sind die Zielsetzungen eines Ministerialen und eines Kirmesbudenbesitzers weitgehend unterschiedlich; beim Staatssekretär und dem Chefmanager eines Konzerns nähern sich die Dinge aber schon wieder an und sind gar nicht mehr so diametral verschieden. Dort wird man also eher von den Unternehmern auf verwalterische Tätigen schließen dürfen. Wir werden das später immer wieder versuchen. Aber wir wollen es nicht leichtfertig tun, denn es bleibt der Mangel der unbestech-

lichen Beurteilung nach absolut gleicher Regel als Problem bestehen.
Dennoch wollen wir gerade deshalb nicht die Flinte ins Korn werfen. Im Gegenteil: Machen wir erst einmal bei den »Kommerziellen« unsere Hausaufgaben, und sehen wir dann weiter! Was nun haben wir bei den von uns zwangsläufig bevorzugten Managern korreliert, vermessen, gewogen?

4. Die sieben Botschaften des Buches

Dieses Buch will ein »Kursbuch für Gewinner« sein. Es gibt sieben Antworten auf die Frage nach der Planbarkeit und Machbarkeit von Erfolg.

Botschaft 1: Siege sind kalkulierbarer, Gewinnen ist erlernbarer geworden

Beginnen wir mit einer Ironie, einem Widerspruch: Während wir eben noch sagten: »Schaut auf die Manager!«, denn nur diese weisen ihre Erfolge auch nach, so müssen wir gerade bei diesen Managern feststellen, daß sie große Skepsis hegen, ob es so etwas wie Erfolgsregeln überhaupt geben könnte. Tabelle 3 zeigt uns diese erstaunliche Haltung der deutschen Manager.
Wir erkennen aus diesen Daten, daß die von uns gehegte Vermutung, daß man Erfolgsrezepte mit offenen Armen aufnehmen würde, weit gefehlt war. Deutsche Manager halten nicht viel davon, und es gibt nur eine Handvoll, die an solche Regeln glaubt und wirklich danach handelt.
Entgegen dieser weitverbreiteten Einstellung zeigt unser empirisches Material: Es gibt Erfolgsrezepte. Wir werden den Nachweis führen, daß sie von großem Nutzen sind. Dies aber nur, solange man ihre Relativität bedenkt und sie nicht verabsolutiert. Diese Vorsicht einmal unterstellt, erfährt der Leser die annähernd repräsentativen Resultate unserer Enquete bei der deutschen Industrie. Er erkennt, welche 27 Werte sich dabei als wichtige oder weniger wichtige Erfolgsgaranten entpuppt haben. Einiges stimmt mit heute mehrheitlich gehegten Erwartungen überein; anderes

Fragen	Ja	Nein
1. Gibt es für das Leben im allgemeinen so etwas wie Erfolgsregeln?	19 %	81 %
2. Gibt es für Manager Erfolgsregeln?	11 %	89 %
3. Gibt es für Unternehmen Erfolgsregeln? ...	16 %	84 %
Nur an die, die die Fragen 2 und 3 bejahten:		
4. Können Sie uns zumindest eine einzige solche Regel benennen?	9 %	91 %
Nur an die, die auf Frage 4 eine solche Regel nennen konnten:		
5. Welche Bedeutung hat die von Ihnen genannte Regel für Sie? Hat sie eine maßgebliche, Ihr Handeln stark bestimmende Bedeutung? ..	78 %	22 %
Anmerkung: Unentschiedene Antworten (»Weiß nicht«) wurden eliminiert.		

Tabelle 3: Fragen nach Existenz und Rolle von Erfolgsregeln

wird mit Sicherheit schockieren und entweder zu ziemlich drastischem Umdenken oder zu vehementer Ablehnung führen.
Zugleich kommen wir leider nicht um die Mitteilung herum, daß die von uns ermittelten Erfolgsfaktoren mit der Wertewelt des Topmanagements wenig gemein haben. Die Lenker unserer Industrie stehen zu einem nicht unbeträchtlichen Teil denjenigen Werten, deren Verinnerlichung und Verwirklichung die größten Erfolgschancen bieten, skeptisch bis ablehnend gegenüber. Dahingegen genießen Verfahren, Organisationsmuster und Verhaltensformen, auf die es – laut unserer Resultate – wenig oder gar nicht ankommt, eminent hohes Ansehen. Dieser Zusammenhang wird in Abbildung 4 in seiner Tendenz vorgestellt. Während diese Tendenzdarstellung lediglich die Richtung andeutet, folgen später die präzisen Zahlen, die Ihnen die Richtigkeit unserer Trendindikation nachweisen. Dieses eher deprimierende Bild verleiht unserer Aussage eine gewisse Dramatik. Entweder ist dieses Buch ein Irrweg, oder aber die Mehrheit der Manager in den Spitzenpositionen befindet sich auf einem solchen. Nur eines davon kann stimmen.

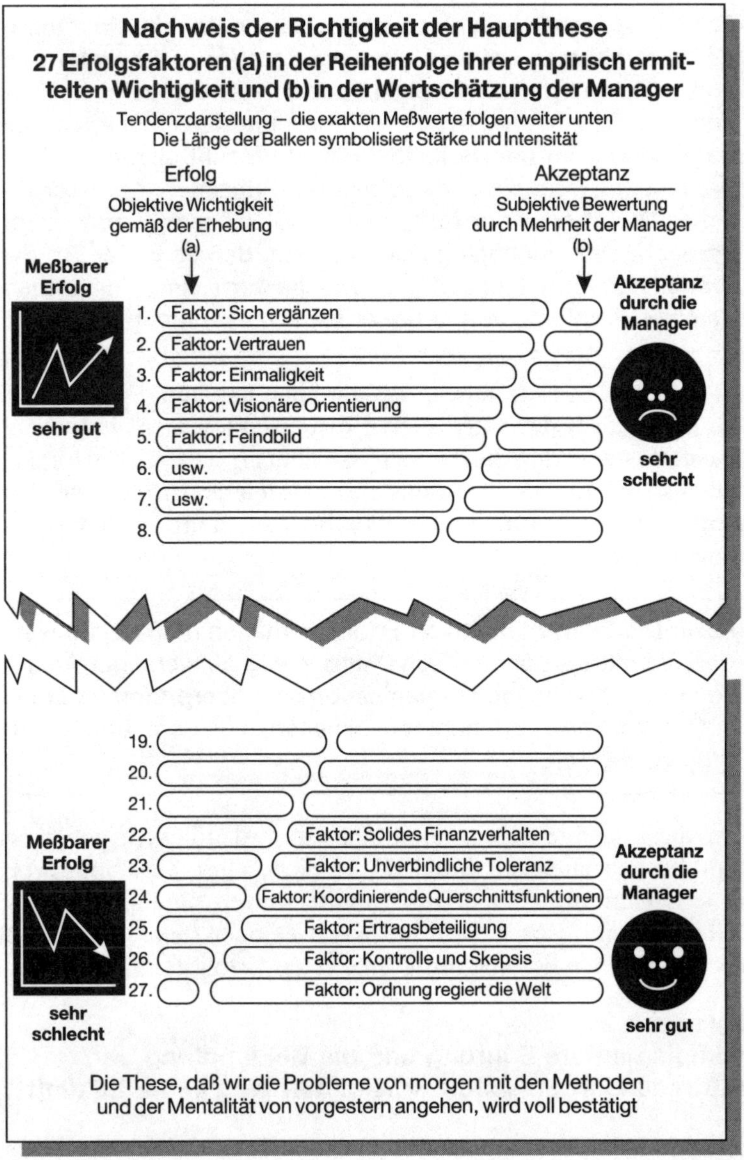

Abb. 4: 27 Erfolgsfaktoren – ihre Bedeutung und ihre Wertschätzung beim Management

Fazit: Abgesehen von einer relativ kleinen Zahl herausragender Vorbildfirmen ist die Akzeptanz der Werte, die hinter den von uns ermittelten Erfolgsfaktoren stehen, sehr enttäuschend: Das Wertebewußtsein der meisten Manager, die gegenwärtig an den Schalthebeln der Macht sitzen, ist fundamental anders als die erarbeiteten Prinzipien. Ein bedrohliches Defizit harrt der Aufarbeitung. Gleichzeitig erhält unser Verdacht eine nachhaltige Bestätigung, daß es in der Tat die Werkzeuge und Mentalitäten von gestern sind, mit denen man die Probleme von heute anzugehen versucht.

Andererseits ist es tröstlich, daß die hohe Klarheit, Eindeutigkeit und Einfachheit der aufgezeigten Erfolgsfaktoren es relativ leicht macht, das angedeutete Defizit zu beheben, ja, es ist erfreulich, daß es so scheint, als ob wir uns die aufgezeigten Erfolgsregeln wie mathematische Formeln oder ethische Verhaltensregeln aneignen können.

Fazit: Die Erlernbarkeit von Erfolgsverhalten muß bejaht werden. Vermittels sehr einfacher und wenig aufwendiger Analyseverfahren kann jede Organisation sich überprüfen und daraufhin konkrete Maßnahmen einleiten, um dem Erfolg den Weg zu bahnen.

Um diese leichte Überprüfbarkeit zu verdeutlichen, geben wir dem Leser später die Möglichkeit, sich selbst beziehungsweise seine Organisation einem Test zu unterwerfen, um im Sinne einer Selbstprüfung festzustellen, inwieweit er oder seine Gesellschaft sich im Rahmen der von uns erarbeiteten Erfolgsfaktoren bewegt.

Botschaft 2:
Komplementäre Führung und die Bekämpfung der Mißtrauensorganisation weisen den Weg in die Zukunft

Seit jeher ist das Denken der abendländischen Welt stark vom Konzept der Gegensätzlichkeit oder Polarität bestimmt. Eines unserer wichtigsten Bücher, die Bibel, lebt geradezu von diesen Schwarzweißkontrasten. Will ich Wärme besser verstehen, dann sollte ich mich mit dem Gegensatz der Kälte beschäftigen. Ein

Begriff wie Schönheit ist ohne die Vorstellung von etwas Häßlichem nicht recht faßbar. Polarisierende Gegensätzlichkeit – so sehen es nicht eben wenige Wissenschaftler – könnte das Grundmuster unserer Lernfähigkeit darstellen.
Auch wir haben ein solches polarisierendes Gegensatzpaar herausgearbeitet, das so etwas wie eine Richtschnur für die Führungsprinzipien und Organisationsentwicklung des nächsten Jahrzehnts darstellen könnte.
Wir haben in unserer Enquete herausgefunden, daß es unter den verschiedenen Verhaltensweisen, die Niederlage oder Triumph im Gefolge haben, einen eindeutigen Sieger gibt und einen eindeutigen Verlierer. Das wichtigste Erfolgsprinzip, dessen Chancen für höhere Effizienz, Leistung und berufliche Befriedigung alles andere bei weitem in den Schatten stellen, ist das **komplementäre** oder **ergänzende Management.** Es ist eine Weiterentwicklung von Gedanken der beiden Amerikaner Harold Leavitt und John Kotter unter Heranziehung dessen, was uns die Psychologie seit hundert Jahren zur Frage der Persönlichkeit gelehrt hat. Komplementäres Management schlägt ein neues Kapitel der Betriebswirtschaftslehre auf. Die Realisierung dieses Konzepts ist nicht ganz einfach, die fast unglaublich hohe Erfolgswahrscheinlichkeit entschädigt jedoch überreichlich für die Mühe.
Komplementäres Management heißt: in Ansehung der eigenen Unvollkommenheit die Nähe des anderen suchen, um sich selbst in den eigenen Schwächepunkten zu ergänzen und dem anderen mit den eigenen Stärken zu Hilfe zu kommen. Es baut nicht auf der Sentimentalität des »Seid schön lieb zueinander« auf, sondern wird auf der Basis der rationalen Einsicht entwickelt, daß es eine optimale Art und Weise gibt, in der wir Menschen miteinander vernünftig und konfliktmindernd umgehen können.

Fazit: Könnte sich komplementäres Management auf breiter Front durchsetzen, würde es eine neue Form von Humanität und sozialer Effizienz begründen. Wer komplementäres Aufeinanderzugehen erlebt hat, für den ist dies ein Abenteuer tiefgreifender Art, das an niemandem spurlos vorübergeht.

In totalem Gegensatz zu der frohen Botschaft des komplementären Managements steht als schlimmster Feind zukünftigen Erfolgs

die Mißtrauensorganisation. Es handelt sich hierbei um Firmen, die bei den Denkklischees der sechziger Jahre stehengeblieben sind. Hier paaren sich eine fast krankhafte Orientierung an Ordnung und Regel mit einer unaufrichtigen Pseudotoleranz. »Wir sind doch eine große Familie«, wird gebetsmühlenartig in jeder Festrede deklamiert, während Gleichgültigkeit im Verein mit absoluter Humorlosigkeit die Handlungen bestimmt. Eine vermeintliche Kreativität überkleistert die tatsächliche Unbeweglichkeit. Niemand traut dem anderen über den Weg.
Komplementäres Management öffnet die Türen und läßt frischen Wind herein. In der Mißtrauensorganisation kapseln sich die Menschen ängstlich voneinander ab.
Leider sind Mißtrauensorganisationen ein Phänomen, das viel verbreiteter ist, als man denken möchte; es gibt sie zehnmal so oft wie das Modell der komplementären Führung. Wir stellten fest, daß etwa 22 Prozent der Industrie von der überwiegenden Mehrheit ihrer Führungskräfte als Mißtrauensorganisationen eingestuft werden. Dabei ist die Tarnung dieser Firmen mit scheinbarer Honorigkeit und biederer Anständigkeit nicht immer ganz leicht zu entschleiern.
Die von gegenseitigem Mißtrauen vergiftete Organisation stellte sich in unserer Untersuchung als der »sicherste« Weg in die längerfristige Erfolglosigkeit heraus. Daß diese Firmen trotzdem nicht wie die Fliegen sterben, sondern zäh und unbekehrbar oft relativ lange leben, hängt mit der eisernen Beharrlichkeit zusammen, mit der sie die Grundsätze von gestern und die Irrtümer von vorgestern verteidigen. Erst wenn sich das Umfeld oder die Technologie oder die Verbraucherpräferenzen rasch verändern, ist ihr Exitus nicht mehr weit. Ihr Tod tritt mit vorherzusehender Sicherheit ein, wenn sie mit einer neuen, andersartigen Spezies von Produkten – etwa japanischen – konfrontiert oder von heiklen Standortfragen heimgesucht werden, die beide ein Umdenken erfordern.

Botschaft 3: Der Umgang mit Visionen ist lebenswichtig und muß eingeübt werden

Einer der Charakterzüge, durch die sich progressive Firmen sehr stark von Mißtrauensorganisationen unterscheiden, ist ihr funda-

mental anderer Umgang mit Visionen. Allein dies macht es notwendig, sich dieser vielzitierten Erscheinung der utopischen Zukunftsvorwegnahme besonders anzunehmen, zumal wir den Nachweis führen werden, daß die Vision eine der wenigen wirklich scharfen Waffen ist, mit denen wir Asien schlagen können.
Wenige Vokabeln werden so mißbraucht wie das Wort Vision. Fast jedes noch so mittelmäßige Wirtschaftslehrbuch benutzt es, Festredner führen es ständig im Gepäck mit sich, ja selbst Bundeskanzler schmücken sich schamhaft lächelnd mit diesem Popanz der Moderne, so als ginge es um eine wohlfeile Wundermedizin. Eine Vision ist aber der hochexplosivste Sprengstoff, den Menschen anfassen können. Nicht selten verbrennen sie daran, denn während die Großkopferten eitel mit dieser Vokabel spielen, steckt jeder, der wirklich Utopisches produziert, den Kopf in die Schlinge, die die mittelmäßigen Besserwisser und extrem Konservativen schadenfroh lachend schon mit Hingabe geknüpft haben. Vision ist die unblutige Revolution des Geistes, die nicht selten ihre Kinder frißt, weil diese wagemutig die heiligen Kühe der Mehrheit antasten. Die Visionäre stellen liebgewordene Gewohnheiten in Frage und sich selbst mit dem Mut der Verzweiflung außerhalb der Gemeinschaft all jener, die die Welt zerreden, aber nicht konstruktiv erneuern können.

Fazit: Wer der heutigen Situation das Gegenbild einer veränderten Welt entgegensetzt, zieht sich nicht nur Befremden, sondern Aggressivität zu, nicht selten Haß und Verachtung.

Dabei geht die Gesellschaft durchaus nicht immer so glimpflich mit den Utopisten um, wie sie das mit Galileo Galilei tat, der zwar abschwören mußte, aber sonst nichts Wesentliches einbüßte. Ein Blick in die Geschichte: Im Wien des Jahres 1870 starb jede dritte Wöchnerin am Kindbettfieber. Aids ist nichts, verglichen mit diesem unheimlichen Sterben, das selbst die Pest bei weitem übertraf. Da trat der Arzt Ignaz Semmelweis auf. Er verlangte von den Studenten, die aus der Anatomie ins Krankenhaus kamen, daß sie ihre Hände desinfizierten. In wenigen Wochen erfaßte die furchtbare Krankheit statt 30 nur noch 1 Prozent der

Entbindenden. Wien und mit dieser Stadt zugleich die ganze Welt atmeten auf. Heute würde das Nobelpreiskomitee keine fünf Minuten brauchen, um zu entscheiden, wem der Preis gebührt. Oder – vielleicht doch nicht? Die Wiener Ärzteschaft nämlich verjagte den Retter. Semmelweis starb einen elenden, verzweifelten Tod in Armut und Verachtung, weil der Standesdünkel der Ärzte stärker war als alles andere. Es durfte einfach nicht sein, daß es die eigenen Zunftbrüder waren, die dieses Sterben verursacht hatten.

Soweit die Vergangenheit, die scheinbar hinter uns liegt. Wir werden zeigen, daß es auch heute noch Fälle gibt, die zwar nicht ganz so grob und ungerecht sind wie das Schicksal des Ignaz Semmelweis, aber auf subtilere Weise wird der Stab über die Kreativen auch heute noch gebrochen. Das Beiseiteschieben auf ein Abstellgleis ist die verbreitetste Methode – und sie ist tödlich für einen Hochkreativen.

Und trotz oder gerade wegen dieser besonderen Bewandtnis, die es mit der Vision hat, ist sie das Lebenselixier jeder Zivilisation, jeder Firmenkultur und jeder Persönlichkeit. Dies war schon immer so, aber in unseren Tagen kommt der Vision eine völlig neue, zusätzliche Rolle zu. Sie allein ist es, die die Möglichkeit bietet, die ganze Kompliziertheit unserer Welt, die Eingefahrenheit unserer Gewohnheiten, die Vernetzung, den Klüngel der Konservativen, die Phantasielosigkeit der Betulichen und die Kurzsichtigkeit der um die nächste Wahl besorgten Politiker zu überwinden. Mit der Vision vermögen wir etwas ganz Phantastisches zu tun: uns abzukoppeln vom Heute. Ohne Vision wird sich in unserer Welt kaum noch etwas bewegen. Der Plan, das Lieblingskind der Strategen der siebziger Jahre, schafft es nicht, weil der in den klebrigen Spinnennetzen der eben genannten Meisterbremser hängenbleibt. Nur der befreiende Sprung, den jede Vision anstrebt, führt zur Veränderung. Die geplante Evolution, so vernünftig sie uns auch anmutet, bringt es heute kaum noch.

Darüber hinaus fördert die Vision ein Klima, eine Stimmung, die unerläßlich ist, wenn Kreatives entstehen soll. Eine Firma, eine Organisation, eine Verwaltung – so hat Gertrud Höhler sehr treffend analysiert – bedarf eines »Überschusses der Alternativen«, wenn sie nicht versauern soll. Gerade junge Menschen können ohne diese Vielgestaltigkeit zukünftiger Möglichkeiten schwer auskommen. Wenn wir sie in unserem Boot haben wollen, führt nichts um die Vision herum. Sie ist das einzige Instrument, mit dem wir aus der Enge von heute aufbrechen können.

Botschaft 4:
Mensch und Strategie müssen als untrennbare Einheit verstanden werden

Ein wichtiger Aspekt dieser Arbeit ist der der Untrennbarkeit von Strategie und Charakter. Wir werden im Zuge dieser Diskussion den Nachweis führen, daß – wenn immer es um erfolgsorientiertes Handeln im sozialen Raum geht – die Frage der Persönlichkeitswahl auf der einen und die einer als objektiv richtig angesehenen Strategie auf der anderen Seite untrennbar verbunden sind.

Fazit: Ein strategisches Konzept ist nur machbar mit der dafür geeigneten Persönlichkeit, und eine gegebene Persönlichkeit ist nur in der Lage, eine sehr begrenzte Zahl strategischer Konzepte zu fahren.

Unser Zahlenmaterial bestätigt, daß Versagen, Scheitern, Firmenzusammenbrüche überwiegend durch Unstimmigkeiten zwischen Aufgabe und Charakter bedingt sind. Ist dieser Befund richtig, so erfordert er ein drastisches Umdenken in den Köpfen aller Entscheidungsträger, denn ein guter Teil der bisherigen personalpolitischen Konzepte – so etwa die gängigen Auswahlkriterien – kommt durch unsere Einsicht ins Wanken.
Da wir hier eine ebenso wichtige wie brisante Frage berühren, gibt ein Selbsttest jedem Leser später in diesem Buch die Möglichkeit, seine eigene Rollen- und Neigungsstruktur mit dem ihm gestellten oder von ihm später einmal angestrebten Aufgabenbereich in Vergleich zu setzen. Daß hier Fragen des Selbstwerts und der intimsten Karriere- und Lebensplanung angesprochen werden, versteht sich aus der Natur der Sache. Um so hilfreicher wird die kritische Nabelschau durch den Test sein. Im günstigsten Falle ist es eine Selbstbegegnung, die zu einer neuen Selbstorientierung führt.

Botschaft 5: Wir müssen uns der Begegnung mit kranken Funktionären und Managern stellen

Wenn wir schon den schwierigen Weg zu einer persönlichkeitsorientierten Wirtschaftslehre einschlagen, dann sollten wir ihn bis zum bitteren Ende gehen und die Frage nach der Beziehung zwischen Neurose und Erfolg nicht aussparen. Betriebswirte und Ingenieure kennen keine Neurosen. Selbst in so subtilen Bereichen wie Personalmanagement, Werbeforschung oder Imageanalyse weiß man mit ihr meist nicht viel anzufangen. Dabei empfindet doch bereits der von Psychologie überhaupt nicht angekränkelte Normalbürger, daß Gelassenheit des Geistes und Ausgeglichenheit des Gemüts offenbar für die Bewältigung schwieriger unternehmerischer und organisatorischer Aufgaben von Vorteil sind. Wir werden nachweisen, daß die Neurosen unsere ständigen Begleiter sind und daß sie mit Erfolg vermutlich ebensoviel, wenn nicht gar mehr zu tun haben als Bilanzsicherheit, Kostenbewußtsein und Verkaufstalent. Deshalb bieten wir jedem Leser an, sein neurotisches Potential durch einen Selbsttest im Sinn einer ersten Kurzeinschau abzuprüfen. Er macht sich auf diese ganz persönliche Weise mit dem ungewohnten Thema vertraut und lernt, sich damit umfassender zu begreifen.

Fazit: Eine starke Korrelation zwischen Mißerfolg und Neurose muß unterstellt werden. Die empirischen Daten sprechen dafür, daß es um so schwieriger wird, langfristig gute Renditen und innovative Neuerungen zu erzielen, je größer das neurotische Potential eines Führungsteams ist. Wird dies richtig erkannt, so folgert daraus für alle Organisationen, daß eine auf das neurotische Potential abzielende Überprüfung von Führungsmannschaften einen hohen Stellenwert haben sollte und Zusammenhänge aufzeigen kann, die sonst unerklärbar blieben.

Die von Sigmund Freud begründete abendländische Tradition der Bereitschaft zur Selbsterkundung beinhaltet ein großes Potential an Überlegenheit, dem nach meinem Dafürhalten Asien nichts entgegenzusetzen hat. Im Gegenteil: Nehmen wir zum Beispiel den japanischen Hierarchiekult mit seiner Unterwerfung vor den Vatergestalten, dann erscheint mir dies als eine einzige große neurotische Störung. Wir kennen sie gut, denn sie hat auch unsere Regionen stark beherrscht, aber wir haben sie Mitte dieses Jahrhunderts überwunden. In Japan harrt sie noch der Aufarbeitung und wird sicher nicht ohne Turbulenzen abgebaut werden.

Botschaft 6: Die Feldtheorie erleichtert Strategien intensiverer Kundenkommunikation und verstärkter Marktbeeinflussung

Wir haben uns bis hierher mit der Kraft der Vision, mit Erfolgsfaktoren und deren Meßbarkeit, mit komplementärem Management und mit Neurosen befaßt. Diese Konzepte kann man zwar einleuchtend vortragen, aber es fehlt bislang an einer knappen, bildhaften Darstellungsweise. Zum Vergleich: Marktwirtschaft kann man verbal schildern; wenn man jedoch die berühmten beiden Kurven von Angebot und Nachfrage mit dem Gleichgewichtspreis zeichnet, dann ist eine Form der visuellen Vermittlung erreicht, die sehr Kompliziertes auf einfache und elegante Weise kommunizierbar macht. Solche formellen Aspekte sind heute ebenso wichtig wie der Inhalt. Darum spielt es eine gewichtige Rolle, ob wir ein Medium haben, über das Verständnis und Glaubwürdigkeit unserer Botschaften leichter erreicht werden.
Der rote Faden und erkenntnistheoretische Beitrag dieses Buchs ist die Theorie des sozialen Feldes, die Professor Bernt Spiegel und der Verfasser bereits 1970/71 als Denkmodell für sozio-psychologische Markt- und Imageprobleme vorgeschlagen haben. Wir erhielten seinerzeit viel Zuspruch und Anerkennung, aber die Selbstsicherheit und der Optimismus in die Machbarkeit aller Dinge, die die Jahre nach 1970 stark geprägt haben, waren nicht der richtige Nährboden für diesen Denkansatz. Erst die Verunsicherungen unserer Tage, das hohe Maß an Hilflosigkeit, mit der wir vor den Schicksalsproblemen unseres Jahrzehnts und unseres Planeten stehen, haben die Zeit für dieses Konzept reif gemacht. Das Feldkonzept ist Ausdruck der Einschränkungen und Unvollkommenheiten, die unserem Denken Grenzen setzen. Auf der anderen Seite zeigt es auf, was uns trotz dieser Begrenzungen an denkerischen und planerischen Möglichkeiten offensteht.

Fazit: Das Feldmodell ist eine verdichtete Kommunikationsform, die durch ihre Einfachheit besticht. Sie empfiehlt sich für alle Stufen des Managements. Es ist eine der wenigen Darstellungsformen konzeptioneller und strategischer Überlegungen, die unsere Unfähigkeit deutlich macht, vollständige Wahrheit zu erkennen, und gleichzeitig demonstriert, daß alle Einsichten stets nur relative Gültigkeit besitzen.

Es ist die perfekte graphische Wiedergabe von Situationen, wo bei unvollständiger Information Entscheidungen gefällt werden müssen.
Das Feld ist die durchgängige Darstellungsform fast aller in diesem Buch besprochenen Probleme. Besonders hilfreich war diese Technik bei dem Versuch, Beeinflussungsmöglichkeiten von Kunden und Mitarbeitern mit Hilfe des Feldes darzustellen und damit eine der eindrucksvollsten Stärken von Mind-Profit Management ins Spiel zu bringen. Wir werden sie noch ausführlich kennenlernen.

Botschaft 7: Mind-Profit Management als Ausdruck eines neuen Denkens und einer neuen Führungsverfassung

Was wir hier vortragen, stützt sich – wie könnte es auch anders sein – auf tausenderlei Anregungen von Autoren und Praktikern, die uns im letzten Jahrzehnt untergekommen sind. Sie sind Teil eines Denkens, das in vielen Publikationen als »neues Denken« oder »neuer Managementgeist« vorgestellt wird. Ich habe den Eindruck, daß es derzeit keinen nennenswerten Versuch gibt, diese vielgestaltigen neuen Ansätze auf einen Nenner zu bringen, sie in eine Formel zu integrieren. Im Gegenteil: Die ständig neu erscheinenden Bücher sind dicker geworden, aber deshalb nicht inhaltsreicher, sondern »redseliger«, unsicherer und geistig ausgefranster, sie lassen es mehr und mehr an Griffigkeit in der Hilfestellung fehlen.
Darum klingt dieses Buch aus mit einer griffigen, praktisch unmittelbar umsetzbaren Zusammenschau von zwölf Strategien, die – nimmt man sie ernst – nach einem gewandelten Management rufen und nach einer anders orientierten Betriebswirtschafts- und

Organisationslehre. Der Begriff *Mind-Profit Management* versucht, diese geläuterten Auffassungen vom Führen und Verwalten im sozialen und ökonomischen Umfeld zusammenzufassen. Dieses Konzept ist nicht mehr nur begrenzt auf den Bereich des klassischen industriellen Managens, sondern ist voll auf alle Organisationsformen anwendbar, gleich, ob Verband, Ministerium, Partei, Lobby oder Forschungsgemeinschaft. Die sternförmige Darstellung in Abbildung 5 deutet die zwölf Strategien an.

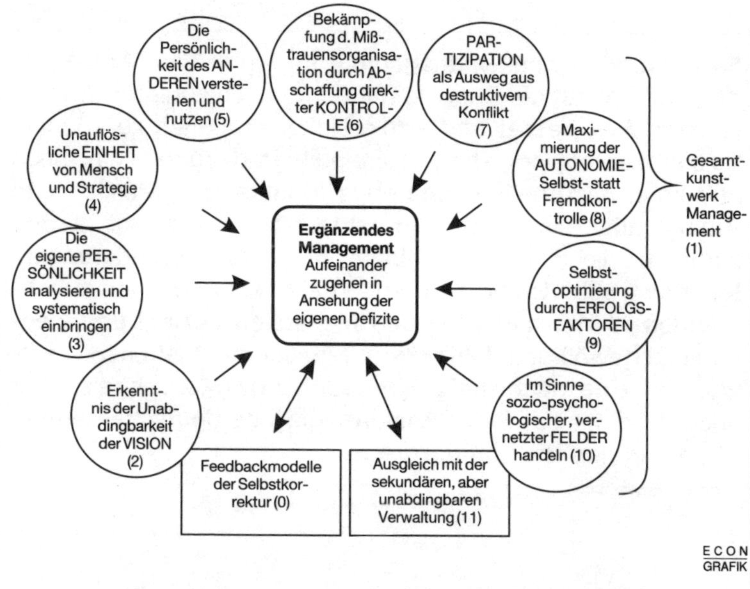

Abb. 5: Die zwölf Elemente von Mind-Profit Management

Mind-Profit Überlegenheitsmanagement will sicherstellen, daß das klassische, im Kern gesunde Denken in Gewinn und Wettbewerb nicht Schaden nimmt, während es fundamentale, weiterreichende Ergänzungen erfährt. Diese Ergänzungen wollen der Tatsache Rechnung tragen, daß Wirtschaften durch Zahlen und Geldströme nur höchst unvollkommen ausgedrückt werden kann und dringend einer breiteren Grundlage bedarf.
Darum das Wort »Mind«. Es steht dafür, daß wir die seelenlose Ökonomie von gestern überwinden und durch eine auf den Menschen ausgerichtete, sozio-psychologische Betriebs- und Gruppen-

dynamik ersetzen wollen, in der Sinn, Kultur und Begeisterung keine Fremdwörter sind. Das Mind-Profit Konzept will das linear-mechanistische Verwalten im Interesse von Individuum und Gesellschaft überwinden.

Wie dies geschehen kann, wird uns nun beschäftigen; am Ende dieses Buchs faßt die gleiche Abbildung 5 das Gesamtkonzept zusammen, dann allerdings ergänzt um die zwölf Werkzeuge und methodischen Ansätze, die diese zwölf Strategien zu überlegenem Erfolg führen.

Fazit: Überlegenheitsmanagement im Sinne des Mind-Profit Konzepts bietet die Chance, mit dem beschleunigten Wandel unserer Welt besser und erfolgreicher umgehen zu können. Es bietet entschieden höhere Freiheitsgrade für den einzelnen und kann dazu helfen, jene enge Identität von Mensch und Arbeit, Mitarbeiter und Unternehmung beschleunigt herbeizuführen, die allein in der Lage ist, starke Veränderungen, technologische Umbrüche, Krisen aller Art und einen zunehmenden Wertewandel bei den Menschen flexibel und siegreich zu bewältigen. Mind-Profit Management ist unsere Antwort für eine nach mehr Sinn suchende Menschheit, aber auch auf den asiatischen Ansturm, die innerdeutsche Herausforderung und die Standortfrage.

III. Die fünf Königswege zum Erfolg

Wir wollen nun in die fünf wichtigsten Erfolgsfaktoren von Mind-Profit Management und den Modus ihrer Benutzung einführen. Vorher ist es jedoch notwendig, einige Informationen zum Vorgehen bei der Ermittlung eben dieser Faktoren zu geben, damit völlige Klarheit darüber besteht, was denn ein solcher Faktor wirklich aussagt.

1. Meßgrößen für die Ermittlung von Erfolgsfaktoren

Um überhaupt zu Erfolgsfaktoren zu gelangen, war es erforderlich, zwei völlig unterschiedliche Elemente miteinander in Verbindung zu bringen oder – wie es Mathematiker lieber ausdrücken – sie miteinander zu korrelieren. Die zwei Elemente, von denen wir hier sprechen, sind

① Selbstaussagen der Befragten über sich und die Geschäftseinheit, für die sie tätig sind,
② Meßgrößen der betrieblichen Leistungsfähigkeit der unter 1 ausgewählten Geschäftseinheiten.

Was verbirgt sich hinter den beiden Elementen? Beide waren Hauptziel unserer befragenden Enquete. Bei den Selbstaussagen handelt es sich um Feststellungen – in der Meinungsforschung »Statements« genannt –, zu denen sich die interviewten 437 Manager bejahend oder verneinend geäußert haben. Zum Beispiel könnte es sich um die Feststellung handeln: »Unsere Geschäftseinheit hat ein klar definiertes Feindbild.« Oder die Aussage könnte lauten: »Wir haben eine Gewinnbeteiligung, das heißt, alle Mitarbeiter erhalten einen Anteil an den jährlich er-

wirtschafteten Überschüssen.« Im ersteren Falle wäre das untersuchte Wertelement das sogenannte »Feindbild«, im zweiten Falle hieße es »Gewinnbeteiligung«.
Diese zwei – ebenso wie alle übrigen 189 Statements – spiegeln den Wertekosmos der Befragten wider. Ein Wert steht zunächst einmal gleichsam neutral im Raum. Aber dabei soll es natürlich nicht sein Bewenden haben. Der Wert wird zum Zielfaktor, sobald ich hinterfrage, was er bei Beherzigung und Anwendung bewirkt. Damit betreten wir den Bereich B der Meßgrößen, die uns helfen, einen Wert als Wirtschaftsfaktor zu interpretieren.
Nun interessieren uns aber letztlich nicht »irgendwelche« Faktoren, sondern solche, die das Prädikat Erfolgsfaktor tragen. Einen Erfolgsfaktor haben wir aber immer erst dann vor uns, wenn diejenigen durch besonders herausragende Leistungen auffallen, die an diese Strukturen glauben, diese Denkrichtung durch ihr Handeln bejahen und zur Verwirklichung der Werte konkrete Maßnahmen einleiten. Da alles in dieser Welt relativ ist und Urteile erst im Vergleich gefällt werden können, ergänzen und präzisieren wir: Die Anhänger eines **Erfolgs**faktors müssen bedeutend bessere Effizienzwerte haben als diejenigen, die diesen Faktor vernachlässigen, für unwichtig halten oder bewußt ablehnen.

Dies ist also der stufenweise Ablauf und seine innere Logik:

- von den Statements zur Wert-Analyse,
- von den Werten zu Zielfaktoren, die man zu messen versucht,
- von den gemessenen und kritisch bewerteten Zielfaktoren zu den nachweislich, geglaubten und gelebten Erfolgsfaktoren.
- Fassen wir alle oder zumindest die wichtigsten gelebten Erfolgsfaktoren einer Geschäftseinheit zu einem Gesamtbild zusammen, so sprechen wir vom Erfolgshorizont.

In diesem Ermittlungsverfahren spielt das Meßverfahren der Leistung eine entscheidende Rolle. Dies führt zur nächsten Frage: Welche Meßgrößen der betrieblichen Leistungsfähigkeit haben wir ermittelt und den Werten gegenübergestellt? Es handelt sich um sieben Daten. Um Zufallsschwankungen auszuschalten, haben wir für jeden Meßwert den Siebenjahresdurchschnitt jeder untersuchten Geschäftseinheit ermittelt. Unsere Untersu-

chung fragte also nicht kurzatmig danach, was heute unter den kurzfristig relevanten Umfeldbedingungen geleistet wird, sondern wie eine Geschäftseinheit über einen längeren Zeitraum agiert hat.
Auch der beste Manager und das beste Unternehmen können kurzfristig in ein Tief geraten, das nicht unbedingt zu einem generellen Werturteil berechtigt. Mit sieben Geschäftsjahren haben wir dieser Zufälligkeit Paroli geboten. Wer aber dann über einen so langen Zeitraum ganz ohne Fortune gearbeitet hat, muß sich fairerweise ein negatives Urteil gefallen lassen.
Mit Ausnahme der berühmten PIMS-Studie kenne ich nur eine einzige Untersuchung, die dieser Sorgfaltspflicht einer langjährigen Zeitreihenermittlung Genüge getan hat. Diese Gründlichkeit erschien uns wichtiger als eine vermutlich weniger kostspielige Ausdehnung der Stichprobe, denn starke Repräsentanz schlägt nicht mangelnde Relevanz.
Unser hoher Anspruch war nicht gerade vereinfachend für die Durchführung der Enquete. Es war mühevoll, die sieben Werte über volle sieben Jahre zu erhalten. Mancher Kandidat mußte abbrechen. Hinzu kamen Systemprobleme. Da es nicht selten an der Vergleichbarkeit der verwendeten Rechnungssysteme haperte, mußte manches Unternehmen ausscheiden und konnte nicht in unsere Stichprobe aufgenommen werden. Folgende sieben Durchschnittswerte der Leistung wurden ermittelt:

- *Kapitalrendite:* durchschnittlicher operationaler Gewinn vor Steuern in Prozent vom eingesetzten durchschnittlichen Kapital.
- *Umsatzgewinn:* durchschnittlicher operationaler Gewinn vor Steuern in Prozent vom Umsatz.
- *Liquidität:* Wir berechneten hier eine Größe, die unter Finanzfachleuten als »dynamischer Verschuldungsgrad« bezeichnet wird. In der Definition des bekannten Unternehmensberaters Klaus-Dietrich Kahl wird er so definiert: »Der dynamische Verschuldungsgrad bringt zum Ausdruck, in wieviel Jahren die Effektivverschuldung durch den Cash-flow – also durch die aus dem Umsatzprozeß gewonnene Liquidität – getilgt werden kann.« Es ist dies keine ganz unumstrittene Größe, aber da sie in Analytikerkreisen gern verwendet wird, haben wir sie guten Gewissens in unser Arsenal aufgenommen. Der

Fachmann sei auf die schematische Darstellung in der Fußnote verwiesen.*

- *Innovationszeitraum:* Zahl der Monate, die durchschnittlich benötigt wurden, damit Innovationen schwarze Zahlen schrieben (Erreichen des Break-even-Punktes).
- *Innovationsanteil:* Anteil der »innovativen Neulancierungen« (IN) in Prozent am Gesamtumsatz; als IN wurden nur Erzeugnisse oder Dienstleistungen gezählt, die fünf oder weniger Jahre am Markt waren (Aktualitätskriterium).
- *Innovationsgewinn:* durchschnittlicher Gewinn vor Steuern in Prozent vom Umsatz, den alle Innovationen im fünften Jahr nach der nationalen Lancierung erzielten.
- *Floprate:* Wieviel Prozent des Innovationsumsatzes der letzten sieben Jahre sind »Flops« zuzurechnen, Produkten und Dienstleistungen also, die wegen Mißerfolgs vom Markt zurückgezogen werden mußten?

Jeder kann nun kritisch fragen, ob die Auswahl der Meßfaktoren der Leistung einer jeden Geschäftseinheit so wie eben beschrieben oder auch ganz anders hätte getroffen werden müssen. Diese Kriterienauswahl war lange Gegenstand interner Diskussionen. Schließlich wurde eine Entscheidung gefällt, nachdem uns Manager, Banker und Wirtschaftsprüfer darin bestätigt hatten, daß diese sieben Indikatoren mit Sicherheit zu den entscheidend wichtigen zählen. Die ersten zwei sind die klassischen Zahlen für gute betriebliche Leistung, die in allen Gesprächen über Effizienz seit langem im Vordergrund stehen.

Der Kapitalrendite beziehungsweise dem angelsächsischen Return on Investment (ROI) kommt dabei die Stellung eines Primus inter pares zu, denn dieser Wert ist die stärkste Rechtfertigung eines wirtschaftlichen Engagements. Nicht viel weniger ausschlaggebend ist die Umsatzrendite.

---

* Dynamischer Verschuldungsgrad: Die langfristigen Darlehen und das kurzfristige Fremdkapital werden zum wirtschaftlichen Fremdkapital zusammengefaßt. Hiervon werden abgezogen: a) die Hälfte des Warenbestandes, b) zwei Drittel der Kundenforderungen, c) die sogenannten flüssigen Mittel und d) das sonstige Umlaufvermögen. Dies ergibt die Effektivverschuldung. Letztere wird durch den Netto-Cash-flow geteilt und ergibt dann den Entschuldungsgrad. Wenn dieser 1 beträgt, heißt das, daß das Unternehmen in etwa einem Jahr seine Schulden tilgen kann. Die in der Enquete ermittelten Werte schwankten zwischen 2,7 Jahren und 4 Monaten.

Als drittes folgt ein Meßwert der Liquidität im weitesten Sinne dieses Wortes. Die Liquidität einer Geschäftseinheit ist ein schwieriges Thema, und die Fachwelt ist sich nicht sonderlich einig darüber, wie man sie am zweckmäßigsten mißt. Wir haben uns für die obige Formel entschieden, weil sie etwas darüber aussagt, wie schnell eine Geschäftseinheit im Auflösungsfalle »abgewickelt« werden kann. Die dann folgenden letzten vier Werte kommen erst seit zwei Jahrzehnten regelmäßig ins Spiel. Die Innovationsleistung eines Unternehmens hat heute einen sehr hohen Stellenwert, denn sie stützt sich zwar auf vergangene Zahlen, weist aber doch inhaltlich mehr als Renditewerte und Liquidität in die Zukunft. Die vier innovationsorientierten Werte geben ein abgerundetes Bild der Erneuerungskraft. Sie werden von etwas progressiveren Bankern heute schon recht häufig herangezogen. Zusammenfassend meinen wir, daß alle sieben Meßwerte bei Finanzfachleuten wohlgelitten sind und deshalb eine brauchbare Basis abgeben, um Korrelationen mit Verhaltensdaten anzustellen.

Fazit: Firmen, die bei mehr als vier dieser Kriterien weit unterdurchschnittliche Meßwerte ausweisen, müssen als leistungsschwach beurteilt werden; solchen, die bei mehr als vier dieser Kriterien weit überdurchschnittlich abschneiden, muß ein gutes Zeugnis ihrer Leistungsfähigkeit ausgestellt werden. Alle sieben in ihrer Gesamtheit scheinen uns ein brauchbares Indiz für die Leistungsfähigkeit der untersuchten Geschäftseinheiten abzugeben und können deshalb als Schlüssel für die Ermittlung von Erfolgsfaktoren dienen.

Kehren wir zur Frage des Vorgehens bei der Ermittlung solcher Erfolgsfaktoren zurück. In diesem Zusammenhang sei auf die Verwechslungsgefahr von Meßzahl einerseits und Erfolgsfaktor andererseits aufmerksam gemacht. In unserer Diktion ist die Meßzahl eine Hilfsgröße, um Werte interpretieren zu können und um damit zu Erfolgsfaktoren vordringen zu können. Die letzteren sind das Komplexere. Wie wir schon sahen, bestand die Methodik darin, daß wir zu Erfolgsfaktoren gelangten, indem wir alle Aussagen mit den soeben besprochenen Meßgrößen in Beziehung setzten. Wir müssen das noch ein wenig vertiefen, denn dies geschah in einer Weise, auf die wir in besonderem Maße das Augenmerk des Lesers lenken möchten. Es wurden jeweils zwei Gruppen von Firmen gebildet:

① Einmal die Firmen, wo die Befürworter oder Gefolgsleute dieses Faktors eine deutliche Mehrheit von über 70 Prozent besaßen; hier handelte es sich also um die entschiedenen Anhänger* des Wertes, der zur Diskussion stand (also etwa Gewinnbeteiligung).

② Zum anderen wurden diejenigen Firmen zu einer Gruppe zusammengefaßt, bei denen die Gegner** oder Ablehner dieses Faktors in der Mehrheit von über 70 Prozent waren.

Die hier angewandte Analyse stellt also darauf ab, die Anhänger und Gegner miteinander zu vergleichen. Die für die Anhänger- und die Gegnerfirmen jeweils ermittelten Durchschnittswerte gestatten diesen Vergleich. Tabelle 6 verdeutlicht nochmals schematisch den Modus des Vorgehens.

Die Logik, die hinter diesen Vergleichen steht, ist die folgende: Wenn »abgrundtiefe« Welten zwischen den Bejahern und den Verneinern liegen – wie es im Beispiel »Feindbild« der Fall ist –, wenn also die Befürworter eines Wertes in signifikanter Weise erfolgreicher sind als der Durchschnitt und sogar ganz extrem erfolgreicher sind als diejenigen, die diesen Wert verneinen, dann ist die Vermutung gerechtfertigt, daß hier ein Zusammenhang zwischen Verhalten und Erfolg besteht.

Wenn darüber hinaus noch sehr sorgfältig abgeprüft wird, ob die Befürworter nicht nur tönende Bekenner sind, sondern den betreffenden Wert realisiert haben, dann erhält die Vermutung eines

---

* Definition der »Anhängerfirmen«. Die Definition beinhaltet zwei Aspekte: a) Die Mitarbeiter dieser Geschäftseinheiten hatten sich mit starker Mehrheit dafür entschieden, daß der Faktor (also etwa die Existenz eines Feindbildes) »stark« oder »sehr stark« auf das eigene Unternehmen zuträfe. b) Ferner mußte dieser Faktor zu den neun wichtigsten gehören, für die sich die befragten Mitarbeiter bei einer Beurteilung der Wichtigkeit von vierzig vorgegebenen Faktoren entschieden hatten.

** Definition der »Gegnerfirmen«. Auch diese Definition beinhaltet zwei Aspekte: a) Hier hatten die befragten Mitarbeiter mehrheitlich gesagt, daß der jeweilige Faktor (also etwa Existenz eines Feindbildes) »nur sehr gering« oder »gar nicht« auf die betreffende Geschäftseinheit zuträfe. b) Außerdem durfte dieser Faktor nicht zu den neun wichtigsten zählen, für die sich die befragten Mitarbeiter bei einer Beurteilung von vierzig Faktoren entschieden hatten.

1. Grundsätzliches Vorgehen

(1)		(2)
(1) Alle Firmen, wo sich die Mehrheit sehr positiv zu dem Faktor stellte und ihn nachweislich realisierte		(2) Alle Firmen, wo sich die Mehrheit sehr negativ zu dem Faktor stellte
▼		▼
Wie waren die Meßwerte, also: Kapitalrendite, Umsatzgewinn, Liquidität, Innovationszeitraum, Innovationsanteil, Innovationsgewinn, Floprate?	**Vergleich**	Wie waren die Meßwerte, also: Kapitalrendite, Umsatzgewinn, Liquidität, Innovationszeitraum, Innovationsanteil, Innovationsgewinn, Floprate?

2. Beispiel: Faktor »Existenz eines Feindbildes«

(1)		(2)
(1) Alle Firmen, wo sich die Mehrheit sehr positiv zum Feindbild stellte		(2) Alle Firmen, wo sich die Mehrheit sehr negativ zum Feindbild stellte
▼		▼
Kap.-Rendite 10,3 % Umsatzgewinn 9,9 % Liquidität 1,2 Innovationszeitraum 31 Monate Innovationsanteil 60 % Innovationsgewinn 6,8 % Floprate 28 %	**Vergleich: Links ist 209 % besser als rechts**	Kap.-Rendite 3,6 % Umsatzgewinn 2,3 % Liquidität 2,7 Innovationszeitraum 58 Monate Innovationsanteil 13 % Innovationsgewinn 1,7 % Floprate 50 %

Tabelle 6: Ermittlung der Erfolgsfaktoren

Zusammenhangs noch stärkeren Auftrieb. In diesem Sinne wurden nur solche Firmen in die Gruppe der Bejaher aufgenommen, die mindestens drei Entscheidungen oder konkrete organisatorische Vorkehrungen vorweisen konnten, die eine Verwirklichung des betreffenden Wertes dokumentierten.

Fazit: Wenn die Leistungen der Anhänger eines Faktors denjenigen der Gegner haushoch überlegen sind, dann ist die Wahrscheinlichkeit groß, daß dieser Faktor einen Einfluß auf den Erfolg hat. Er scheint etwas »zu bewegen«. Wie bei allen Korrelationen ist dies kein unabdingbarer Wahrheitsbeweis. Aus der Beherzigung eines bestimmten Faktors kann nicht mit Sicherheit geschlossen werden, daß man dadurch zwangsläufig zu guten betriebswirtschaftlichen Leistungen gelangt. Wir müssen uns mit einer hohen Wahrscheinlichkeit zufriedengeben.

Da wir aber grundsätzlich mit Popper der Auffassung sind, daß ohnehin jede menschliche Erkenntnis nur eine Wahrscheinlichkeit und nie eine Gewißheit darstellt, können wir mit unseren Erfolgsfaktoren leben. Sie sind nicht besser und nicht schlechter als mathematische, physikalische und andere naturwissenschaftliche Regeln, die wir irrtümlicherweise immer noch als »Gesetze« bezeichnen, obgleich wir seit über fünfzig Jahren wissen, daß es eherne Gesetze, die unverrückbar feststehen, nie gegeben hat und auch nie geben wird.
Wie bei allen Verhaltensentscheidungen, denen eine Korrelation zugrunde liegt, stellen wir die aufgezeigte Beziehung vor den Gesamthorizont unserer Lebenserfahrung. Erst wenn hier kein Widerspruch deutlich wird, neigen wir dazu, unser Verhalten auch tatsächlich an der Korrelation auszurichten. Ist der Widerspruch aber eklatant, so können uns noch so schöne mathematische Beziehungen kaum zum Handeln bewegen.

Fazit: Steht unseren Empfehlungen bei Ihnen kein tiefer Widerspruch aus anderweitig gemachten Erfahrungen entgegen, so meinen wir, unsere Aufforderung, an den abgeleiteten Faktoren das Handeln auszurichten, mit gutem Gewissen geben zu dürfen.

2. Gibt es Patentrezepte?

Lassen wir unsere konkreten Ermittlungen noch einen Moment beiseite, und stellen wir uns einer grundsätzlichen Frage, der wir nicht ausweichen wollen, wenn wir dafür eintreten, daß man den von uns ermittelten Erfolgsfaktoren nicht nur theoretisch Glauben schenken, sondern danach handeln sollte. Gibt es in unserem komplexen Zeitalter überhaupt so etwas wie Erfolgsrezepte? Ist das nicht von banaler Naivität? Denn daran darf kein Zweifel aufkommen: Wenn wir solche Faktoren ermitteln und sie als Handlungsleitlinien herausstellen, dann sind dies Gebrauchsanweisungen, Arbeitsanleitungen im Sinne von »Tu dies« und »Lasse jenes«. Solche Instruktionen akzeptieren wir vielleicht gerade noch für eine Waschmaschine, aber bei einer derart vernetzten, von unendlich vielen Einwirkungen geprägten Erscheinung, wie der des Erfolgs, kann einem schon der Verdacht kommen, ob da nicht Gesundbeter, Quacksalber oder gar Hochstapler am Werke sind. Den Weg zum Erfolg mit einiger Sicherheit aufzuzeigen wäre zwar extrem wünschenswert, aber wenn es möglich wäre, grenzte es in der Tat fast an ein kleines Wunder.
Wir müssen uns also dieser Grundsatzfrage stellen: Gibt es wirklich solch sichere Regeln, wie wir sie gleich in großer Zahl vorstellen werden? Gibt es Anhaltspunkte, die der handelnde Manager, Verwalter, Politiker vor jeder Entscheidung in seinem klugen Buch nachschlagen kann und von denen er Hilfe bekommt, wie er sich am besten verhält?
Gerade weil ein solches »Tischleindeckdich« einerseits so erwünscht, andererseits so unwahrscheinlich ist, muß sich jeder, der heute mit dem Anspruch auftritt, er hätte ein solches Regelwerk, auf harsche Kritik und Ungläubigkeit gefaßt machen. Dem wollen wir gelassen ins Auge sehen. Daß überdies die Annahme

einer weitverbreiteten Skepsis zu Recht besteht, wurde deutlich, als wir im Rahmen unserer Kienbaum-Enquete 437 Managern die Fragen aus Tabelle 7 vorlegten und dabei die dort ausgewiesenen Antworten erhielten.

Fragen	Ja	Nein
1. Gibt es für das Leben im allgemeinen so etwas wie Erfolgsregeln?	19 %	81 %
2. Gibt es für Manager Erfolgsregeln?	11 %	89 %
An alle, die die Frage 2 verneinten		
3. Halten Sie solche Regeln schlichtweg für Scharlatanerie?	81 %	18 %
Nur an die, die die Frage 2 bejahten:		
4. Können Sie uns zumindest eine einzige solche Regel benennen?	9 %	91 %
Nur an die, die auf Frage 3 eine solche Regel nennen konnten:		
5. Welche Bedeutung hat die von Ihnen genannte Regel für Sie? Hat sie eine maßgebliche, Ihr Handeln stark bestimmende Bedeutung?	78 %	22 %

Tabelle 7: Fragen nach Existenz und Rolle von Erfolgsregeln

Wir sehen, daß die Erwartung, derartige Regeln würden vielleicht unbesehen und ohne Skepsis mit offenen Armen aufgenommen, in der Tat falsch wäre.

Fazit: Deutsche Manager halten nicht viel von Erfolgsrezepten. Es gibt nur eine Handvoll, die wirklich nach solchen Regeln handelt. Diese sehr kleine Gruppe glaubt allerdings fest daran und macht ihr Verhalten stark davon abhängig. Selbst die glaubwürdigste Regel für hochwahrscheinlichen Sieg wird also zunächst einmal auf Widerstand stoßen. Ihre Gültigkeit muß erst einmal daraufhin verkauft werden, daß so etwas grundsätzlich existiert und wirksam ist.

Warum und wofür lernen wir eigentlich?

Die eben festgestellte Skepsis der Manager steht in einem schwer erklärlichen Gegensatz zu zwei Tatsachen. Eine hängt mit dem zusammen, was die heute recht verfeinerte und empirisch gut fundierte Wissenschaft von den menschlichen Lernprozessen ermittelt hat. Wir wollen in diesen komplexen Bereich nicht sehr tief einsteigen, sondern nur zusammenfassend sagen, was die Lernpsychologie summa summarum herausgefunden hat. Auch wenn wir die Dinge zugegebenermaßen ein wenig vereinfachen, so dürfte die folgende Feststellung doch vom überwiegenden Teil der Fachleute akzeptiert werden:

Fazit: Unser gesamtes Lernen, vom Kindergarten bis zum Rigorosum, hat ein ganz eindeutig im Vordergrund stehendes Lernziel, nämlich das Erarbeiten von grundsätzlichen Erkennens- und Verhaltensrezepten mit möglichst universeller Gültigkeit.

Wenn die erfolgreiche Bewältigung unserer Existenz, in deren Umfeld uns das Schicksal geworfen hat, der Sinn unseres Lebens ist, dann kann es sich eigentlich nur so und nicht viel anders verhalten. Nur die Universalität eines Handlungsgrundsatzes gibt Sicherheit in der Vielfalt der Begegnungen. Diese Sicherheit steht uns zu Gebote, auch wenn die Lernpsychologie herausgefunden hat, daß Erfolgsregeln stets nur ungefähre Gültigkeit haben im Sinne von »Meist ist es so«, aber nie im Sinne von »100prozentig und unbedingt«.
Was meinen wir damit? Am besten kann man es am Erlernen von Begriffen deutlich machen. Wenn wir als Kinder lernen, was ein Stuhl ist, dann wissen wir keineswegs genau, was wir uns darunter vorzustellen haben, denn es kann ein hölzerner oder ein metallener, es kann ein weißer oder ein schwarzer, einer mit oder ohne Armlehne sein, und dennoch – wir wissen sehr wohl, von was wir bei »Stuhl« sprechen. Es liegt also in diesem Begreifen der Sache Stuhl stets eine beträchtliche Unschärfe. Gleichwohl scheint uns das nicht so schrecklich zu stören; ständig arbeiten wir mit solchen unscharfen, nur in der Tendenz richtigen Begriffen.

Fazit: Der überwiegende Teil der Lerninhalte besteht beim Menschen keinesfalls darin, daß wir sagen können: »Wenn a, dann mit Sicherheit immer b«, sondern vielmehr in der Vermutung, daß wenn a, die Wahrscheinlichkeit von b mehr oder weniger groß ist.

Dies verhält sich so bei allem, was wir lernen, auch und gerade bei den Leitlinien für unser Verhalten. Wenn wir unsere erste Fahrstunde absolvieren, so lernen wir, daß die Bremsbetätigung grundsätzlich sinnvoll ist, wenn man verlangsamen will, aber damit wissen wir keineswegs genau, wann wir das Pedal betätigen müssen, und schon gar nicht, wie stark wir in einem jeden Fall zu bremsen haben. Wenn wir unser erstes Liebesabenteuer bestanden haben, ist uns vielleicht bewußt geworden, daß man im allgemeinen mit Vorsicht und Zärtlichkeit einen Menschen langsam für sich gewinnen muß. Das ist ein ungefährer, aber kein präziser Inhalt – und dennoch ein höchst wichtiger und brauchbarer.
Angesichts der Tatsache, daß unser ganzer Erfahrungsschatz weitgehend eine unscharfe, bestenfalls in Richtung und Tendenz korrekte Rezeptesammlung ist, muß man sich fragen, warum die interviewten Manager so negativ Stellung nehmen, so ganz und gar nichts von Verhaltensmaximen wissen wollen.

Die große Irreführung

Der Umstand, daß unsere 437 Manager mit ihrer Ablehnung von Rezepten in so eklatantem Gegensatz zu unserem Lernverhalten stehen, das von der Suche nach ebensolchen Verhaltensregeln bestimmt wird, hängt vermutlich mit der Art und Weise zusammen, wie Wirtschaftler – und nicht nur diese – ausgebildet werden. Unser Ausbildungssystem für Manager sitzt ja seit geraumer Zeit auf der Anklagebank. Seit einem knappen Jahrzehnt mehren sich die Stimmen, die es an den Pranger stellen und ihm eine kaum zu verantwortende Einseitigkeit sowie falsche Prioritäten vorwerfen. Es sind immerhin große Namen wie Harold Leavitt, Charles Handy, John F. Kotter, Peter Drucker, die darauf hingewiesen haben, daß unsere Ausbildung für Betriebswirte fast ausschließlich auf das Antrainieren rationaler, »geradliniger« (linearer) Problemlösungsansätze abzielt. Von der Bilanzanalyse und Kostenrechnung bis zur Durchforstung einer Verwaltung oder einer Vertriebsorganisation wird eine Schematik übergestülpt, die fast ausschließlich mechanistisch-logischer Natur ist. Wenn sie dann noch leicht überschaubare, quantitativ-numerische Daten liefert, macht alle Welt große Freudensprünge.

Harold Leavitt von der Stanford University beklagt, daß dabei völlig außer acht gelassen wird, daß der Prozeß des Managens mit rationalen Schemata nur sehr unzureichend erfaßt wird, weil er sehr viel mit Eifersucht, Irrationalität, Neid, Gekränktsein und Eitelkeit zu tun hat. Davon wird in unseren Hörsälen aber kaum gesprochen. Die Fülle irrationaler, menschlicher, allzu menschlicher Probleme auf der einen Seite und eine außerordentlich große Komplexität und unübersichtliche Vernetztheit auf der anderen sind es, die streng rationale, rein lineare Ansätze im Alltagsgeschehen ad absurdum führen. Andere Autoren rufen nach mehr Ganzheitlichkeit, weil die Detailanalyse, die trainiert wird, sich als untauglich für ganzheitliche Erfassung erweist, zumal die zur Managemententscheidung notwendigen Informationen in der Praxis regelmäßig viel zu gering sind, um so etwas wie eine streng rationale Entscheidung überhaupt zu ermöglichen.

Ich glaube zwar, daß all diese Mahner viel Richtiges erkannt haben, dennoch trifft es die Problematik nur zum Teil. Mir scheint ein Urmißverständnis vorzuliegen, dem ein Vergleich vielleicht zum Verständnis verhelfen kann: Die Natur kennt keine gerade Linie, nur Menschen können so etwas fabrizieren; in der Natur entspricht kein rundes Gebilde einem exakten Kreis, sondern nur einem »ungefähren« Kreis. Mit anderen Worten: Unsere betriebswirtschaftlich-akademische Ausbildung bewegt sich zu einem großen Teil in linearen, geradlinigen, geometrischen Beziehungen, die – wenn das Wortspiel erlaubt ist – »unnatürlich« sind. Genau dies aber wird in der Natur und damit auch in der Lebenswirklichkeit praktischen Managens nie angetroffen. Erst wenn man sich diesen grundlegenden Unterschied zwischen Hörsaaltheorie und Lebenswirklichkeit klarmacht, kann man mit dem berühmten englischen Forscher und Bestsellerautor Charles Handy wirklich vollen Herzens übereinstimmen, wenn er in seinem Buch »The Age of Unreason« folgendes ausführt: Daß »wir den angehenden Firmenlenkern ein ungutes, rational gefärbtes Märchen von Wirklichkeit vorgaukeln, grenzt an Betrug. Deshalb muß man nicht auf methodisch-rationales Werkzeug verzichten, aber man sollte endlich aufhören, jene glattgeleckten MBAs hervorzubringen, die mit dem Irrglauben durch die Welt ziehen, sie könnten mit dem Klimperkasten ihrer Analysewerkzeuge – wohlgeordnet griffbereit im Briefcase – das wirkliche Leben bewältigen.« Kotters Wort von den »deformierten MBAs« schlägt genau in die gleiche Kerbe wie Handys Äußerung. Auch wenn beide sich mehr auf die Angelsachsen beziehen, dürfte ihre Kritik auf deutsche Betriebswirte voll und ganz zutreffen.

Genau diese in Schule und Studium erfolgte Deformation, von der sich der reifere Manager ja keineswegs so ohne weiteres erholt, begegnet uns wieder, wenn es um unser Problem der Erfolgsrezepte geht. Weil unsere Professoren uns meist einseitig ratiolinear beeinflußt haben, weil die Lehrpläne der Ministerien gerade diese Einseitigkeit fördern, darum führt unsere Ausbildung nicht selten zu einem Sichverschließen vor allem und jedem, was eben jene Unschärfe hat, die wir für typisch halten, wenn es sich um das wirkliche Leben und seine inneren Zusammenhänge handelt. So kann es sein, daß viele den Wald vor lauter Bäumen nicht mehr sehen.

Fazit: Aus der Einseitigkeit der Orientierung erklärt sich, daß sich viele Manager in puncto Erfolgsleitlinien vor lauter Rationalität und durch ihr lineares Grundraster so schwer tun, viele einfache Zusammenhänge und deren Orientierungshilfe überhaupt zu erkennen.

Lassen Sie mich das noch ein wenig verdeutlichen. Wer in der präzisen, mathematisch-statistischen Regressionsanalyse geschult wurde, aber von der unscharfen, unwägbaren Verdrängung, die uns Sigmund Freud gelehrt hat, ganz und gar nichts weiß, wer in Management by objectives eingeübt, aber völlig unerfahren darin ist, wie man mit den Intrigen des paranoiden Managers (Kets de Vries) umgeht, wer die »Product contribution« millimeterscharf errechnen, aber von regressiver Verweigerungshaltung nie in seinem Leben etwas gehört hat, wird sich von den vagen, unscharfen Regeln, wie sie den entscheidenden Einsichten der Psychologie und Soziologie (übrigens auch der Medizin!) zugrunde liegen, wenig angesprochen fühlen, denn nur jene grade Linie, die die Natur für uns eben gerade nicht parat hält, die reines Menschen-

werk ist, sie und nur sie mag der scheinbar gut ausgebildete Manager wirklich leiden.
»Wer sich« – um mit Fritjof Capra zu sprechen – »noch immer dem Irrglauben an ein festgefügtes, unverrückbares, sicheres Fundament der Wissenschaft hingibt«, findet schwer Zugang zu Regeln, die nicht mehr sagen als »Es könnte wohl so sein« oder »Vieles spricht dafür«. Dies aber – und nicht mehr – ist die Aussage unserer Erfolgsregeln. Denkern wie Popper, Capra, Prigogine und anderen verdanken wir die Einsicht, daß jede naturwissenschaftliche Formel auch nicht mehr zu bieten vermag. Einstein hat dies für die Naturwissenschaften klargelegt. Werner Heisenberg hat es leichter verständlich als Einstein gesagt, wenn er von den vermeintlichen Natur-»Gesetzen« meinte: »Der Boden ist uns jetzt unter den Füßen weggezogen worden; sie gelten nicht von Ewigkeit zu Ewigkeit; damit müssen wir leben.«

Das heimliche Liebäugeln

Aus der Tabelle 7 ist eindeutig abzuleiten, daß unser Vorhaben, allgemeingültige Erfolgsregeln zu erarbeiten, auf erhebliche Skepsis treffen muß. Aber es sind eben diese überkritischen Skeptiker, die sich andererseits höchst unkritisch, aber offenbar durchaus lustvoll auf wenig glaubwürdige Angebote stürzen, die gerade als letzte Mode offeriert werden. Ein konkretes Beispiel: In starkem Maße auffällig und widersprüchlich ist, daß die gleichen, die da so reserviert Stellung nehmen, in Tabelle 8 zu einer extrem positiven Beurteilung eines Buchs gelangen, dem ein solides empirisches Fundament weitgehend abgeht. Wir sprechen von Peters und Watermans Welterfolg *Auf der Suche nach Spitzenleistungen.*
Ich persönlich halte den Beitrag der beiden für hochinteressant; es ist kreative, praktische Vermutung. Spekulation ist etwas Gutes, wir brauchen sie. Legt man aber strenge Maßstäbe an und fragt nach empirischer Beweisführung, dann ist diese anregende Arbeit ziemlich »windig«, was ihrem Wert meines Erachtens keinen Abbruch tut, wenn man um diese unübersehbare Schwäche weiß. Tabelle 8 zeigt uns, daß bei den Kritischen die alles andere als wissenschaftsorientierten Autoren Peters und Waterman ungewöhnlich hoch im Kurs stehen, ja geradezu gefeiert werden.

An die 89 %, die sagten, daß sie nicht an Managementerfolgsregeln glauben:
1. Haben Sie Peters und Watermans *Auf der Suche nach Spitzenleistungen* gelesen? .... 72 % ja   28 % nein *An alle »Leser« aus Frage 1:* 2. Haben Sie die darin enthaltenen Regeln a) sehr stark beeindruckt .... 81 % b) stark beeindruckt .... 13 % c) weniger/gar nicht beeindruckt? ... 6 % *An alle, die mit 2a oder 2b geantwortet haben:* 3. Kann man an diesen Regeln uneingeschränkt sein Managerverhalten ausrichten? .... 73 % weitgehend 21 % etwas 6 % nein, gar nicht
Tabelle 8: Die Wirkung von Peters und Waterman

Fazit: Bedenkt man, daß Peters und Waterman für jede ihrer Leitlinien nicht mehr als fünf bis allerhöchstens acht Fälle vorweisen können, an denen sie ihre berühmten acht Regeln* ableiten, dann erscheint die Haltung der Manager auch bei milder Beurteilung reichlich schizophren. Man kann nicht auf der einen Seite Erfolgsregeln total ablehnen und andererseits im gleichen Atemzug die empirisch schwachen, dazu noch widersprüchlichen Spekulationen von Peters und Waterman ziemlich unbesehen akzeptieren. Erklärlich wird dies nur, wenn man unterstellt, daß der heimliche Wunsch nach solchen leicht faßlichen, fast naiven Erfolgsrezepten doch latent vorhanden und stark empfunden wird.

* 1. Aktionsorientierung, 2. Kundennähe, 3. Unternehmerische Freiheit, 4. Der Mensch steht im Mittelpunkt, 5. Pragmatische Wertorientierung, 6. Schuster, bleib bei Deinem Leisten, 7. Flache Organisationspyramiden, 8. Bei harter Kontrolle am losen Zügel führen.

Daß die spontane Ablehnung eher eine antrainierte Erziehungs- und Wertefrage ist, haben wir aufzuzeigen versucht. Vielleicht hilft aber noch eine andere Überlegung zum Verständnis der großen Skepsis und der ganz offensichtlichen Verdrängung der Rezeptsuche.

Das Formelwerk der Naturwissenschaften

Ein weiterer Übelstand unserer Schul- und Universitätsausbildung, der schon oft dargelegt wurde, besteht in dem Umstand, daß sie weitgehend nachvollziehend arbeitet und sich nur ganz selten mit kreativen Schöpfungsprozessen auseinandersetzt. Dies betrifft besonders die Naturwissenschaften mit ihren Formeln und »Gesetzen«, und hier am stärksten die der Physik.

Fazit: Wir lernen zwar, eine Fülle von Formeln auswendig herbeten zu können und sie anzuwenden, was jedoch in den Schöpfern dieser oft faszinierend einfachen Kürzel vorgegangen ist, was sie durchleiden und erfahren mußten und wie es letztlich zur Entdeckung kam, ist überhaupt nicht oder viel zu selten Gegenstand der Betrachtung. Aufgrund dieses Defizits stehen die meisten Manager ungeübt jener großen Kunst gegenüber, aus dem Chaos der Vielfalt kurze Formeln herauszudestillieren, so wie wir dies bei den großen Physikern antreffen.

Isaac Newtons Basisformel

Kraft = (träge) Masse x Beschleunigung $F = m \times a$

bringt eine großartige, faszinierende Ordnung in das Chaos des Ineinanderwirkens von Energie, Masse und Bewegung, das nicht minder konfus ist als der Alltag eines Unternehmers oder die Vielfalt von Marktfaktoren. Es ist dabei in unserem Zusammenhang nicht ohne Reiz, daß man bei so berufenen Newtoninterpreten wie Fritz Wagner (*Im Zwielicht zwischen Mythos und Forschung*) und J. Wickert (*Ansichten eines universalen Geistes*) nachlesen kann, daß Newtons Zeitgenossen eine solch elegante und gleichzeitig fast simplistische Formel für absolut unmöglich

gehalten haben. Wohlgemerkt: Sie sagten nicht: »Das ist falsch«, sondern: »Etwas derart Komprimiertes kann es bei so komplexen Zusammenhängen prinzipiell nicht geben!«
Albert Einstein entwickelte ein Denkgebäude, das ebenfalls wieder in einer Kurzformel seinen Ausdruck fand. Sein Erkenntnisgegenstand ist so schwierig, daß ein Großteil der dahinterstehenden Theorien sich der Mehrheit von uns nie und nimmer erschließt. Dennoch hatte Einstein den Titanenmut und die Zuversicht, selbst da, wo die Dinge an Schwierigkeit und Komplexität nicht mehr zu überbieten waren, auf eine ganz unscheinbare, winzige Formel hinzuarbeiten – die seine Kollegen in ihrer überwältigenden Mehrheit nicht für denkbar hielten:

$E = mc^2$

Die Energie entspricht der Masse, multipliziert mit dem Quadrat der Lichtgeschwindigkeit. In das simple Deutsch des Nichtphysikers gebracht: Ein bißchen Masse enthält eine gigantische Energiemenge.
Auch die frühen Nationalökonomen, etwa um die Jahrhundertwende, standen solchen Kurzformeln aufgeschlossener gegenüber. Denken wir nur an die beiden Kurven, die darstellen, wie im freien Markt Angebot und Nachfrage bei einem Gleichgewichtspreis zum Ausgleich kommen. Wir stellen diesen Zusammenhang meist graphisch dar, aber es ist eine ökonomisch-mathematische Kurzformel, die dahintersteht. Sie ist einem Chaos abgetrotzt, das bis dahin niemand entwirren konnte. Als sie gefunden war, gab es Ordnung, Gesetz. Wir fingen an, die Marktwirtschaft zu begreifen – und zwar als eins der besten Patentrezepte, die es je gegeben hat. Trotz dieser Triumphe menschlichen Denkens scheint der Glaube an derart knappe, die Welt bewegende Einsichten von formelhafter Kürze eher zu schwinden. Eine empirische Untersuchung zeigte unlängst, daß selbst die Naturwissenschaftler skeptischer geworden sind. Befragt, ob sie es für möglich halten, daß die Physik in der nächsten Zeit noch einmal ein Genie hervorbringt, das eine derart einfache Weltformel wie die von Einstein entdeckt, antworteten 78 Prozent aller befragten Physiker mit Nein. Der Mut und der Glaube an Einfachstrukturen scheint uns abhanden gekommen zu sein. In diesem großen Zusammenhang muß auch die große Skepsis gegenüber unserer Management-Kurzformeln für Erfolg gesehen werden.

Fazit: Der Boden ist ganz und gar nicht bereitet. Im Gegenteil, unsere Bemühungen im Management-Erfolgsfaktoren werden eher auf Skepsis treffen. Daß ein solches Regelwerk fertig und einsatzbereit vorliegt, trifft die Zielgruppe sehr unvorbereitet, oder wie es der Nestor dieser Bemühungen, Sidney Shoeffler, gesagt hat: »Sie sind auf einem Auge blind; so blind, daß ihnen auch die überzeugendsten Argumente nicht einleuchten, weil sie sich innerlich dagegen wehren.«

3. Die Revolutionäre von Boston und die Kienbaumenquete

Die ersten, die der Ungläubigkeit widersprachen und ganz einfache Erfolgsregeln für Manager denkbar und erstrebenswert hielten, waren die Männer und Frauen um Sidney Shoeffler, die gegen tausend Widerstände die großangelegte PIMS-Datensammlung* begannen, die heute zu den ökonomischen Großtaten gerechnet werden muß.

Auf diese Arbeit, die an der berühmten Harvard Business School ihre Wurzeln hat, soll hier nicht in aller Breite eingegangen werden. Festzuhalten ist, daß sie sich heute auf die Daten von über 2 000 Firmen weltweit stützt. Es wird hauptsächlich damit gearbeitet, die Kapitalrenditen mit bestimmten Verhaltensweisen der Marktstrategie zu korrelieren. Man hat über fünfzig Faktoren dieser Behandlung unterworfen, wobei die wichtigsten und besonders signifikanten Korrelationen vor allem in drei Gesetzmäßigkeiten ihren Ausdruck finden. Man kann diese drei Regeln, die ein Meilenstein in der Geschichte der Betriebswirtschaftslehre sind, mühelos auf einen einzigen Satz komprimieren:

Wenn ich zwischen mehreren Projekten zu wählen habe, so bin ich stets gut beraten, demjenigen den Vorzug zu geben,

① das die vergleichsweise höhere Marktanteilserwartung hat,
② das über das vergleichsweise höhere Qualitätsniveau verfügt

---

* PIMS = Profit Impact on Marketing Strategy

③ und das das vergleichsweise geringere Investitionsvolumen beansprucht.

Fazit: PIMS lehrt: Umsatzgewinn und Kapitalrendite steigen drastisch 1. mit höherem »relativem« Marktanteil, 2. mit höherer »relativer« Qualität und 3. mit niedrigerem Kapitalbedarf für die notwendigen Investitionen.

Wir wollen zwei der Regeln, nämlich die, die sich mit Marktanteil und Qualität beschäftigen, hier graphisch wiedergeben. Die Abbildung 9 zeigt, wie die Rendite (ROI) steigt – und zwar sehr dramatisch, wenn sich der relative Marktanteil oder die relative Qualität oder beides erhöhen.

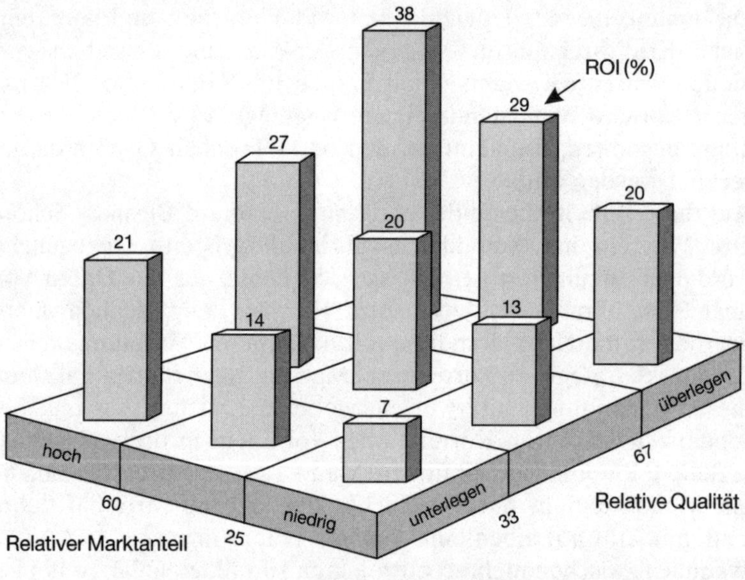

Abb. 9: PIMS-Regeln in bezug auf Marktanteil und Qualität

Das historische Verdienst der PIMS-Leute besteht darin, daß sie Pioniere eines geglückten Versuchs waren, dessen theoretisches Konzept und praktische Durchführbarkeit von sehr vielen anfänglich stark angezweifelt wurden. Daß es trotz der Vielfalt und

Komplexität möglich war, das Streben nach Marktanteil und Qualität und das Vermeiden hohen Investitionsbedarfs als Patentrezepte des Unternehmerverhaltens herauszukristallisieren, grenzt an ein kleines Wunder. Man muß sich dabei folgendes klarmachen: Die jeweilige Tendenz – also daß zum Beispiel bei höherem relativem Marktanteil die Renditen steigen – gilt stets und unter allen Umständen. Ob es in Japan ist, in den USA oder in Buxtehude, ob es ein aufstrebendes, junges Unternehmen in einem Wachstumsmarkt ist oder eine Gesellschaft in einem alten, schrumpfenden Markt, ob es ein Mittelständler mit 50 Millionen DM Umsatz ist oder die Geschäftseinheit eines Großkonzerns mit vielen Milliarden DM Umsatz – der Zusammenhang gilt, und zwar immer. Aber es ist eine Tendenz, keine Gesetzmäßigkeit.
An dieser prinzipiellen und universellen Gültigkeit stößt sich so mancher. Um hier ein wenig den Weg zu ebnen, hat der Lausanner Professor Neubauer, der als einer der maßgeblichen Interpreten von PIMS in Europa gilt, sehr zutreffend den Vergleich mit der Medizin angestellt. Wir alle, so lehrt Neubauer, sind ganz und gar individuelle Menschen, gleichsam Unikate. Trotzdem gilt für alle Menschen, daß, wenn ein bestimmter Grippeerreger auftritt, sie alle bestimmte Reaktionen zeigen. Diese sind nicht genau gleich, aber haben die gleiche Tendenz, so wie etwa Aspirin die Tendenz besitzt, Fieber zu senken, beim einen mehr, beim anderen weniger. Die ganze Medizin, der wir uns trotz aller individueller Verschiedenheit beruhigt anvertrauen, arbeitet mit solchen Tendenzen, nie mit Gewißheiten. So wie das Aspirin wirkt, sollte man auch die Effizienz der PIMS-Regeln einschätzen: von Fall zu Fall ein wenig anders. Unter ganz extremen Bedingungen kann die Wirkung durch andere Einflüsse auch einmal völlig überspielt werden, aber in der Tendenz bleibt es bei ein und demselben Effekt.
PIMS ist heute aus den Boardrooms der meisten Weltfirmen bei Strategiediskussionen kaum noch wegzudenken. Wir halten PIMS für eine bedeutende praktische Hilfe und eine erkenntnistheoretische Großtat, der schon längst der Wirtschaftsnobelpreis angemessen wäre.
Aber selbst wenn man den PIMS-Prinzipien mit großer Achtung und Anerkennung begegnet und ihren praktischen Wert gar nicht hoch genug preisen kann, so sollte man natürlich auch die Schwächen und Ergänzungsbedürftigkeit von PIMS nicht übersehen. Genau hier hat Kienbaum versucht, den Hebel anzusetzen;

wir sind angetreten, das durch PIMS vorhandene Wissen zu erweitern und auszubauen.
Weil PIMS von Ökonomen und nicht von Psychologen entwickelt und außerdem bereits vor Jahrzehnten konzipiert wurde, trägt es die Handschrift der Betriebswirtschaftslehre der frühen siebziger Jahre. So bedeutsam die Resultate auch sein mögen: Aussagen, die mit den Führungsprinzipien, dem Arbeitsstil, der Firmenkultur, dem Selbstverständnis, der Entscheidungsmethodik und dem Klima zusammenhängen, fehlen oder sind zu schwach ausgeprägt – jedenfalls aus der Sicht von heute.
Im Gegensatz zu den frühen siebziger Jahren wissen wir heute, daß die »Software« des Managements, also Fragen der verinnerlichten Werte, des Verhaltens, der Identifizierung und der Spielregeln, von sehr großer Bedeutung sind. Wir haben deshalb schon in den frühen achtziger Jahren angefangen, über eine sinnvolle Ergänzung von PIMS im eben beschriebenen Sinne nachzudenken. Die Notwendigkeit liegt auf der Hand. Sie vorzunehmen ist keine Reduzierung der Verdienste dieser Pioniertat. Ich selbst betrachte es als einen wichtigen Bestandteil meines Lebenswerks, mit dieser vorliegenden Arbeit einen gewissen Beitrag dazu geleistet zu haben, der bewährten Untersuchung neuen Auftrieb zu geben.

Fazit: Wenn das Anliegen von Unternehmen, Städten, Ländern und Nationen der Erfolg ist, dann sollten Wissenschaften und Industrie ein vitales Interesse daran haben, daß der kühne Gedanke von PIMS sich nicht in den vorliegenden Ergebnissen erschöpft, sondern kreativ weiterentwickelt wird. Durch die Übertragbarkeit der Resultate auf andere Bereiche, ja auf die Gesellschaft als Ganzes, erfährt dieses Anliegen noch mehr Dringlichkeit.

Genau in diesem Sinne haben wir uns an die Arbeit gemacht. Was aber erbrachte unsere Enquete? Was sind die konkreten Ergebnisse, die PIMS ergänzen und vervollständigen können?
Von den 27 nachgewiesenen Erfolgsfaktoren wollen wir uns im folgenden mit den fünf wichtigsten auseinandersetzen. Sie sind deshalb so entscheidend und können als Königswege zum Erfolg angesprochen werden, weil bei ihnen die Resultate der Anhänger

dieser Werte in krassem Gegensatz stehen zu den Meßzahlen derjenigen, die nichts von diesen Werten halten, sie ablehnen oder einfach nicht beachten. Wir wollen die fünf nacheinander besprechen, wobei wir mit dem nicht ganz so dominierenden, aber dennoch außerordentlich wichtigen Faktor 5 anfangen, um uns dann zum entscheidenden Faktor 1 hochzuarbeiten.

4. Viel Feind, viel Ehr

Wenn es bei der Durchführung dieser Enquete eine Überraschung gab, dann war es sicherlich dieser Faktor 5, »Existenz eines Feindbildes«, den wir eher im Bereich des Exotischen beziehungsweise weniger Wichtigen gesehen hatten.
Natürlich war diese für uns »Abendländer« eher etwas befremdliche Existenz eines Feindbildes bei zahlreichen japanischen Firmen registriert worden. Aber wie viele andere waren auch wir eher geneigt, solche Praktiken als unserer Kultur weniger gemäß und in unseren Breiten als doch vielleicht nicht so entscheidend einzustufen. Um so größer war unser Erstaunen, als wir die Auswertung sahen. Der Faktor »Existenz eines Feindbildes« entpuppte sich als ein Erfolgselement von großer Bedeutung.

Feindbilder in der Wirtschaft

Noch ist die Zahl von Firmen, die eine solche aggressive Marktgegnerschaft bewußt pflegen, recht gering. Im Durchschnitt* sind es 16 Prozent, bei den sogenannten »Vorbildfirmen«** sind es 26 Prozent. Unsere Befragungsergebnisse drängen jedoch die Frage auf, ob diese Seltenheit richtig ist und ob sie es bleiben sollte.

---

* Durchschnitt meint die Gesamtheit unserer Stichprobe, also 116 Geschäftseinheiten beziehungsweise 437 Manager.

** Die Vorbildfirmen spielen eine wichtige Rolle und werden im nachfolgenden Text immer wieder angeführt. Es handelt sich um die dreißig Geschäftseinheiten (von insgesamt 116), die am besten abschnitten, das heißt, deren Meßwerte die positivsten Resultate erbrachten. Sie stellen in dieser Arbeit so etwas wie die »Elite« dar und sind für denjenigen als Vergleich interessant, der nicht nur über dem Durchschnitt liegen möchte, sondern zu den Guten und Besten zählen möchte.

Stellt man in Übersicht 10 die Firmen, wo es ein solches Feindbild gibt und wo man sich bewußt darauf einschießt, denjenigen gegenüber, wo dies nicht der Fall ist beziehungsweise sogar entrüstet abgelehnt wird, dann gibt es Anlaß zum Staunen: Die Kapitalverzinsung erreicht bei den Feindbildfirmen über die letzten sieben Jahre im Schnitt 10,3 Prozent vor Steuern, bei den Feindbildgegnern nur 3,6 Prozent. Die Umsatzgewinne vor Steuern liegen bei den Firmen mit Feindbild bei 9,9 Prozent vom Umsatz, bei denjenigen ohne bei nur 2,3 Prozent. Die Liquidität unserer Feindbildfreunde ist doppelt so hoch. Bei den Feindbildbefürwortern dauert es im Durchschnitt nur 31 Monate, bis bei neuen Produkten der Break-even-Punkt erreicht ist, während dies bei den Feindbildgegnern volle 58 Monate in Anspruch nimmt. Um das Bild abzurunden: Der Anteil neuer, innovativer Produkte liegt bei Feindbildbefürwortern bei 60 Prozent, bei den anderen nur bei 13 Prozent, Last but not least: Im fünften Jahr haben die Innovationen der Feindbildleute 6,8 Prozent Umsatzrendite, die Feindbildgegner nur 1,7. Die Floprate bei neuen Produkten ist bei den Unternehmen ohne Erzfeind doppelt so hoch wie bei denen mit.

Diese Liste eindeutig stark unterschiedlicher Meßwerte kann nicht einfach abgetan werden. Wir müssen uns damit abfinden, daß Firmen mit Feindbild dreimal so erfolgreich sind wie solche ohne. Ganz genau sind sie 209 % besser

Wenn nun ein Feindbild so wichtig ist: Was kann firmenpolitisch und strategisch geschehen in einer Zeit, die von führenden Soziologen eher als pazifistisch und kompromißbereit interpretiert wird? Schließlich kann man nicht plötzlich auf Aggressivität umschalten, wenn einem gar nicht nach »totaler Vernichtung« zumute ist. Aufgrund unserer Analyse ist zu dieser Problematik zweierlei zu sagen:

- Es gibt zahlreiche andere, unserer Kultur weitaus besser angepaßte Erfolgsfaktoren, die man pflegen und entwickeln kann. Das Feindbild ist keine unabdingbare Notwendigkeit.
- Andererseits kann sich kein Unternehmen um eine bewußte Entscheidung dafür oder dagegen herumdrücken. Wir haben gesehen, daß zwischen den Ergebnissen von Firmen, die eine solche Feindvorstellung pflegen, und solchen, wo es keine gibt, erhebliche Differenzen liegen. Man muß sich folglich fragen:

Die sieben Meßwerte des Erfolgsfaktors »Feindbild«

Sämtliche Zahlenwerte wurden über sieben Jahre ermittelt

> Feindbild: Wir haben ein eindeutig definiertes Bild unseres Hauptgegners. Diesen zu übertrumpfen ist das Anliegen aller.

Trifft mehrheitlich stark zu	Trifft mehrheitlich nicht zu	Bessersein in %
10,3 % RI	3,6 % RI	186
9,9 % UR	2,3 % UR	330
1,2 LIQ	2,7 LIQ	125
31 M	58 M	87
60 % AN	13 % AN	361
6,8 % RN	1,7 % RN	300
28 % FR	50 % FR	78
		209*

Der Erfolgsfaktor »Feindbild« wird von durchschnittlich 16 % der Manager gelebt und realisiert. Bei den Vorbildfirmen sind es 26 %.

Legende: RI = ROI, Kapitalrendite vor Steuern und Zinsen; UR = Umsatzrendite v. St.; LIQ = dynamischer Entschuldungsgrad; M = Monate bis zum Erreichen schwarzer Zahlen (Break-even aller Innovationen); AN = Anteil neuer Produkte am Sortiment; RN = Umsatzrendite aller neuen Lancierungen im Jahr fünf; FR = Anteil der Flops an allen Neulancierungen

* Ungewichtetes Mittel aus den sieben Prozentwerten

Übersicht 10: Firmen mit und ohne Feindbild

Soll man bewußt an einem wichtigen »Potential« vorbeigehen, oder soll man es positiv aufgreifen?

Kommt der Unternehmer zu dem Schluß, daß man sich konstruktiv mit dem Problem Feindbild auseinandersetzen sollte, so gilt:

- Aggressivität ist keineswegs in allen Bereichen unserer Gesellschaft geächtet. Im Gegenteil: Verpackt in den sportlichen Wettkampf zum Beispiel, ist sie völlig legitim.
- Ferner ist der Gedanke eines Angriffs auch dann kulturkonform, wenn man auf das strategische Vermächtnis von Militärs

wie Scharnhorst oder Gneisenau zurückgreift. Seit den Arbeiten des Salzburger Professors Hinterhuber, der die Manager wie kein anderer an die klassischen Militärs herangeführt hat, kann ein Feindbild unter der Überschrift »Angriffsstrategie« beruhigt aufgebaut werden.

Man kann also durchaus zugunsten eines Feindbildes argumentieren. Will man dies, dann bieten sich zweierlei Maßnahmen an:

- Man macht das aggressive Bezwingen eines bestimmten »Gegners« zum Bestandteil der Firmenstrategie, wobei dies eine gewisse Fairneß nicht ausschließt.
- Man kann es in einem Unternehmen zum »sportlichen« Ziel erheben, es in allem und jedem ein »Stück besser zu machen« als ein bestimmter Marktgegner.

Beides ist nicht neu und wurde uns in der Mietwagenbranche durch die bekannte Auseinandersetzung Avis gegen Hertz exemplarisch vorgeführt: »We try a little harder« war die liebenswürdig verbrämte Generalattacke, die die Mitarbeiter des kleineren der beiden auf ein leicht kommunizierbares Ziel ausrichtete.
Damit sind wir bei dem angelangt, was uns sehr für ein Feindbild einnimmt: Wer daran glaubt, daß leicht faßliche Einfachformeln des Verhaltens Kernelemente einer guten Unternehmenspolitik sein sollten, der kann vermittels eines Feindbildes in fast schon idealer Weise seine gesamte Organisation ausrichten. Die Fokussierung aller Kräfte auf ein Ziel wird mit einem Feindbild sicherlich weit besser erreicht als mit einem langatmigen strategischen Dokument. Deshalb stehen wir vor der Frage, ob wir eine solche Feindorientierung angesichts einer eher härter werdenden Konkurrenz nicht vielleicht ganz gut gebrauchen könnten. Ein kleines Stückchen Samurai stünde deutschen Managern vielleicht gar nicht so übel an.

Fazit: Ein Feindbild im Sinne der langfristigen Ausrichtung und als eher »sportliches« Wettkampfziel scheint geboten. Es steht bei geschickter Handhabung nicht mit den Werten unserer Ethik in Konflikt und hat hohe Erfolgswahrscheinlichkeit.

Feindbilder in der Politik

In der Wirtschaft ist der Gedanke eines Feindbildes eher noch etwas Ungewöhnliches; in der Politik hat das Feindbild von jeher eine gewaltige Bedeutung gehabt. Ich erinnere daran, daß wir zu einem europäischen und atlantischen Zusammenrücken wohl kaum gekommen wären, hätte nicht im Osten der grimme Feind gestanden, vor dem wir uns alle fürchteten und bedroht glaubten. Seitdem dieser einigende Gegner nicht mehr existiert, konstatieren viele sensiblere Journalisten und Publizisten eine gewisse Leere, eine fehlende, bislang so selbstverständliche Ausrichtung. Nicht als ob wir den kalten Krieg wieder herbeireden wollten, aber wir werden uns bewußt, daß das Gute vermutlich besser verständlich ist, wenn das Schlechte perfekt definiert ist und seine abschreckende Wirkung tun kann.

Damit kommen wir zu einer Frage, die für die Zukunft der Demokratie sehr entscheidend sein wird. Solange wir uns gegenüber dem östlichen Giganten und seinem unmenschlichen System zusammenschließen konnten, wußten wir alle sehr viel besser, warum wir Demokraten waren: eben weil wir nicht so sein wollten, nicht so leben wollten, nicht so miteinander umgehen wollten, wie uns das damals im Ostblock tagtäglich abschreckend vorgelebt wurde.

Das ist vorbei, und damit entsteht ein Vakuum. Ich halte es für ein sehr gefährliches, denn die Demokratie hat der Diktatur gegenüber eine Schwäche, die vermutlich stark verantwortlich dafür war, daß sich das deutsche Volk von Weimar so entschieden abwandte und Hitler zustrebte. Diktaturen schweißen die Menschen zusammen, haben es leichter mit ihren demagogischen Mitteln, Paraden und Führerreden, dem Volk das Gefühl der Zusammengehörigkeit zu vermitteln. Die pluralistische Demokratie tut sich da viel schwerer.

Gerade darum sei nachstehend die erste »Vision« dieses Buches formuliert. Wir werden eine ganze Reihe davon formulieren, weil wir es nicht bei unverbindlichem Zukunftsgerede bewenden lassen möchten, sondern uns bewußt auf den nicht ungefährlichen Weg begeben wollen, Zukunftsalternativen ohne Wenn und Aber auszusprechen, denn nur so können sie zum Diskussionsgegenstand werden. Damit exponiert man sich sehr stark, aber es ist immer noch besser, etwas vielleicht Unausgereiftes oder gar Falsches

auszusprechen, als in vager Unverbindlichkeit ängstlich zu verharren.
Darum folgende Vision, für die ich Martin Luther Kings unvergeßliche Worte ausleihen möchte: »I have a dream.« Von Nachfolgendem sind wir noch weit entfernt, aber es wäre ein gewaltiger Fortschritt, wenn dieser Traum wahr würde.

Vision No. 1
Eine Kommission aus CDU/CSU, SPD und FDP formuliert das Feindbild des undemokratischen Mitmenschen und definiert damit, was wir von einem guten Bürger erwarten. Es wird ein Verhaltenskodex festgelegt, der mit Demokratie, Freiheit und Selbstbestimmung in Einklang steht.
Ein solches Dokument, das vom Bundestag mehrheitlich verabschiedet wird, würde jene Lücke füllen, die zwischen den trockenen und für den einfachen Bürger doch letztlich »toten« Paragraphen von Gesetz und Verfassung klafft und die ausgefüllt werden muß, wenn wir Demokratie zum Anfassen wollen, wenn wir sie in den Schulen lernbar machen wollen und wenn wir vor uns selbst Klarheit wünschen, wohin die Reise eigentlich gehen soll.
Wir werden den Problemen randalierender Jugend, dem wiederauflebenden Rassismus, fehlender Motivation zum Mitmachen in unserem Staat und der Lethargie in Ostdeutschland kaum beikommen, wenn es neben den juristischen Paragraphen nicht auch Bekenntnisse gibt. Davon hat die Diktatur im Überfluß, in der Demokratie sind sie Mangelware. Die Formulierung eines Feindbildes des »Anti-Demokraten« wäre ein Stück Weisheit. Daß diese selten ist, wissen Sie und ich sehr wohl, aber das sollte uns nicht davon abhalten, an Visionen zu glauben und sie zu formulieren.

5. Strategische Visionen

Daß das Vorhandensein einer strategischen Vision ein wichtiger Erfolgsfaktor ist, wird nicht wundernehmen. Wer über eine strategische Vision verfügt, ist sogar noch ein wenig besser dran als der mit einem Feindbild. Firmen mit einer solchen Vision erwirtschaften merklich höhere Renditen, verdienen wesentlich mehr an jeder Mark Umsatz, erreichen wesentlich schneller schwarze Zahlen bei ihren Innovationen, und ihre Floprate ist merklich niedriger. Die Zahlen der Übersicht 11 dokumentieren diese Vorteile nachdrücklich.

Visionen in Unternehmen

Was aber heißt »strategische Vision«? Stellt man diese Frage, dann wird es bedenklich für die Mehrzahl der Firmen, die offenbar weniger strenge Maßstäbe anlegen, als wir für richtig halten. Die Kriterien dafür, daß ein Unternehmen in den Kreis dieser erfolgreichen Gruppe einbezogen wurde, waren bei unserer Enquete die folgenden:

- Die strategische Vision mußte schriftlich vorliegen.
- Sie mußte einem größeren Kreis – weit über den Vorstand hinaus – zugänglich sein. Ein reines »Geheimpapier« nur für Vorstand und Aufsichtsrat ist nach unserer Auffassung keine strategische Vision, weil ihm die entscheidende Funktion der Motivierung und Fokussierung aller Mitarbeiter abgeht.
- Sie durfte sich nicht darauf beschränken, nur eine Extrapolation heutiger Daten zu sein. Eine Vision muß Neugestaltung und Neustrukturierung enthalten und deren Verwirklichung zumindest ansatzweise aufzeigen.
- Die Vision mußte ein ziemlich umfassendes Bild des Unternehmens zeichnen, wie es fünf Jahre von heute oder später aussehen soll. Wer nur zwei Jahre in die Zukunft schauen wollte, wurde ausgeschlossen.
- Die Vision mußte Aussagen über alle wichtigen heutigen Geschäftseinheiten machen und deutlich aufzeigen, was aus heutiger Sicht so aussieht, als ob es in fünf oder mehr Jahren weniger, bzw. mehr Bedeutung haben wird.
- Intentionen hinsichtlich Firmenübernahmen, Allianzen oder Kooperationen mußten nicht unbedingt in der für viele Mitar-

beiter gedachten Version enthalten sein. Aus Gründen der Vertraulichkeit war hier ein Geheimpapier akzeptabel. Dieses mußte dann aber die Absichten erkennbar machen.

Die sieben Meßwerte des Erfolgsfaktors »Visionäre Orientierung«

Trifft mehrheitlich stark zu	Visionäre Orientierung: Wir verfügen über eine klare, schriftliche strategische Vision.	Trifft mehrheitlich nicht zu	Bessersein in %
9,5 % RI		2,8 % RI	239
10,9 % UR		3,2 % UR	240
1,3 LIQ		2,9 LIQ	123
37 M		66 M	78
59 % AN		11 % AN	436
9,6 % RN		2,3 % RN	317
21 % FR		47 % FR	123
			222*

Der Erfolgsfaktor »Visionäre Orientierung« wird von durchschnittlich 12 % der Manager gelebt und realisiert. Bei den Vorbildfirmen sind es 47 %.

Legende: RI = ROI, Kapitalrendite vor Steuern und Zinsen; UR = Umsatzrendite v. St.; LIQ = dynamischer Entschuldungsgrad; M = Monate bis zum Erreichen schwarzer Zahlen (Break-even aller Innovationen); AN = Anteil neuer Produkte am Sortiment; RN = Umsatzrendite aller neuen Lancierungen im Jahr fünf; FR = Anteil der Flops an allen Neulancierungen

* Ungewichtetes Mittel aus den sieben Prozentwerten

Übersicht 11: Firmen mit und ohne visionäre Orientierung

- Ungefähre Größenverhältnisse und Investitionsbedürfnisse der wichtigsten geplanten Geschäftszweige mußten angegeben sein.
- Angestrebte Wettbewerbsvorteile für alle wichtigen Märkte mußten beschrieben, beziehungsweise deren Fehlen mußte in die Überlegungen eingebaut sein.

- Das Zukunftsbild mußte so deutlich sein, daß es in merklicher Weise das Handeln der heutigen Manager prägen und ihnen Richtung und Leitlinie sein konnte.

Man könnte sehr wohl argumentieren, daß diese hier gestellten Anforderungen nicht genügen und viel fordernder hätten gestellt werden müssen. Die Vision im engeren Sinne dieses Wortes ist zweifellos der große Wurf in die Zukunft. Das Konzept der Swatch war eine solche dramatische und extrem innovative Zukunftsvision. Hätten wir aber auf solch genialen Vorbildlösungen bestanden, so wären lediglich zwei Firmen aus unserer Stichprobe in die Gruppe der Visionäre aufgenommen worden. Dies hätte dann keine stichhaltigen Aussagen erlaubt. Auch wenn wir uns bewußt sind, daß visionäre Orientierung eigentlich mehr meint als das, was wir hier forderten, so haben wir uns trotzdem aus diesen sehr praktischen Gründen mit wesentlich bescheideneren Anforderungen begnügt.

Da die Werte von Anhängern und Gegnern trotz dieses Schönheitsfehlers hoch signifikant differieren, kann geschlossen werden, daß selbst in dieser moderaten Form der Faktor der visionären Orientierung wichtig ist. Daß bei echten Visionen wie Swatch dieser Faktor vielleicht sogar alle anderen übertrumpft hätte, kann spekulativ angenommen, aber nicht mit Gewißheit festgestellt werden.

Aber kehren wir zu der Analyse dessen zurück, was wir vorfanden. Es war bezeichnend, daß zunächst einmal über 50 Prozent der Manager in unserer Stichprobe im Brustton tiefster Überzeugung erklärten, daß sie so etwas wie eine visionäre Strategie sehr wohl besäßen. Die Mehrheit hielt den obigen Kriterien allerdings nicht stand. Ganze 12 Prozent blieben übrig – eine erschreckend niedrige Zahl. Auch wenn es bei den Vorbildfirmen mit 47 Prozent ganz anders aussieht, so hat das auf das desolate Durchschnittsbild doch nur wenig Einfluß. Dabei legt jedes Anfängerlehrbuch, wie man es im ersten Semester liest, dem angehenden Betriebswirt nahe, daß eine solche strategische Vision von höchster Wichtigkeit ist. Doch nur 12 Prozent schaffen es. Warum?

Das Geheimnis des offensichtlichen Versagens in einer so wichtigen Sache ist nicht so einfach zu ergründen. Amerikas *Harvard Business Review (HBR)* gab vor Jahren einmal eine sehr unkonventionelle, aber vermutlich teilweise zutreffende Antwort auf diese Frage.

Kein Chief Executive, so schrieb *HBR* mit leichtem Zynismus, kann sich eine solche Vision wirklich wünschen. Im Gegenteil – er wird alles in seiner Macht Stehende versuchen, um eine schriftliche Vision zu verhindern. Das läßt einen zunächst einmal den Kopf schütteln. Aber schnell wird klar, daß eine solche Vision – so sie denn schriftlich festliegt – ein arges Gefängnis für den obersten Lenker eines Industrieimperiums ist. Wenn man einmal an viele große Namen der deutschen Industrie denkt, ob sie nun Herrhausen oder Spethmann oder Reuter oder von Kuenheim oder ganz anders heißen oder hießen – meist hatten sie ein eher gebrochenes Verhältnis zu solchen schriftlichen Dokumenten, nicht zur Vision als solcher! Kein Wunder, denn eine solche strategische Festlegung kann man seinem Boß jederzeit wie eine Bibel vorhalten und ihn sogar daran messen.

Wir meinen deshalb in Anlehnung an die Harvard Business Review: Schriftlich festgehaltene strategische Visionen sind hervorragend, wenn sie eine Art gemeinsamer »Rütlischwur« sind. Sie setzen ein außerordentliches Aufeinanderzugehen und ein Minimum an Feindseligkeit voraus. Eine niedergelegte Strategie als gemeinsame Verpflichtung ruft nach einem hohen Wertekonsens und setzt einen starken moralischen Anspruch. Wenn jedoch die Führung ihre Mitarbeiter gegeneinander ausspielt, wenn man sich gegenseitig um des besseren Arguments willen die langfristigen Zielsetzungen böswillig um die Ohren fetzt, dann doch vielleicht lieber keine schriftliche Vision.

Daß man sich bei Ablehnung der schriftlichen Festlegung einer Vision eines der interessantesten Faktoren begibt, die einem zum Erfolg verhelfen können, soll natürlich nicht verschwiegen werden. Die bereits in Übersicht 11 genannten Zahlen müßten eigentlich jeden überzeugen.

Fazit: Die Lehrbücher haben recht: Eine schriftlich niedergelegte Vision ist und bleibt ein wichtiges Werkzeug auf dem Weg zum Erfolg. Ähnlich wie ein Feindbild fokussiert sie die Kräfte der Mannschaft. Die Unterschiede der Meßzahlen von Anhängern und Gegnern dieser strategischen Festlegung sind noch krasser als beim Feindbild und machen einen Zusammenhang zwischen dokumentierter Vision und überdurchschnittlichem Erfolg hoch wahrscheinlich.

Es ist als Nachtrag zu unserem Thema nicht uninteressant, daß wir ergänzend einen Faktor »mündliche Vision« in der Untersuchung überprüft haben. Wer in diese Kategorie fiel, dessen Firma besaß zwar eine einigermaßen scharf umrissene Vision – aber eben nur im Kopf und nicht auf dem Papier. Zwischen denjenigen, die keine Vision haben, und denjenigen, die nur eine mündliche besitzen, zeigten die Meßzahlen **keine** merklichen Differenzen. Ergo: In der schriftlichen Fixierung liegt offenbar der besondere Wert. Visionen nutzen nur, wenn sie ein niedergeschriebenes Bekenntnis sind; das unverbindliche Herumschwirren in den Köpfen bringt nur wenig.

Auch der politischen Vision eine Gasse

Daß wir auch im öffentlichen Leben Visionen bitter nötig hätten, daß sie ganz eindeutig zu kurz kommen, sind so oft festgestellte Tatsachen, daß ich sie als selbstverständlich voraussetze. Worüber man sich als wacher Demokrat und um dieses System Besorgter Gedanken machen sollte, das wäre, das berechtigte Lamentieren hinter sich zu lassen und sich zu fragen, was denn – um der Bewahrung dieses Systems willen – konkret geschehen könnte, um der Vision jene Gasse zu bahnen, die derzeit nicht existiert.
Mein Vorschlag knüpft an eine der erfreulichsten Entwicklungen an, die ich in diesem an positiven Überraschungen nicht gerade überfließenden Staat mit großer Genugtuung vermerkt habe: Der Bundespräsident – jene nicht recht glückliche Position von Bedeutung, aber ohne Einfluß, die jeden engagierten Amtsinhaber zur Verzweiflung treiben muß – hat sich unter Richard von Weizsäcker zu etwas gemausert, das ich einmal mit »Warner im Lande« bezeichnen möchte. Weizsäcker hat verschiedentlich in Dingen, die die ganze Nation angingen und bei denen man weniger parteipolitische Richtungsargumente, sondern Vorschläge hören möchte, die von der Sorge ums Ganze getragen sind, deutliche Meinungen artikuliert. Bezeichnend, daß er dafür angefeindet wurde. Aber das tut dem Umstand keinen Abbruch, daß er hier mit sicherem Instinkt eine Lücke in unserem System aufgespürt hat: Wir brauchen Leute, die von Amts wegen nicht in die Einseitigkeit einer Partei eingebunden sind, sondern aus eben jener Besorgnis um die gesamte Nation konstruktive Aussagen machen.

Vision No. 2
Ich schlage vor, im Rahmen des Bundespräsidialamtes eine »Akademie für Zukunftssicherung, Gesellschaft für Führung und Innovation in Politik und Wirtschaft« zu etablieren.
Der Bundespräsident sollte durch einen Verfassungszusatz (vermutlich ginge es auch ohne dies) dazu bestimmt werden, die wirtschaftlichen und gesellschaftlichen Tendenzen zu beobachten, und von Amts wegen verpflichtet sein, auf Fehlentwicklungen aufmerksam zu machen. Die Akademie sollte ihm zur Seite stehen. Ein jährlicher Bericht, wie er sonst bei Parlamentskommissionen (etwa der Monopolkommission) üblich ist, wird vorgelegt und vom Parlament diskutiert. Dies würde uns aus Langweilern nicht plötzlich allesamt zu engagierten Zukunftsvisionären machen, aber es wäre eine Gasse, die man schlagen, ein Weg, den man beschreiten könnte.

6. Einmaligkeit

Erfordert eine verbindliche visionäre Strategie schon sehr viel Reife und soziales Verständnis, so ist dies noch mehr der Fall, wenn wir vom drittwichtigsten Erfolgsfaktor sprechen, nämlich dem nachdrücklichen Streben nach Einmaligkeit.
Eigentlich sollte es in einer auf Konkurrenzkampf angelegten Wirtschaft eine Selbstverständlichkeit sein, daß man sich so stark profiliert wie eben möglich. Michael Porter hat in seinem Standardwerk *Competitive Advantages* überdeutlich gesagt, daß es darauf wie auf nichts sonst ankommt. Und wir wissen es eigentlich schon, seit Vilfredo Pareto 1895 die Wichtigkeit zeitweiser, relativer (komparativer) Wettbewerbsvorteile als entscheidend beschrieb.
Damit kam zu dem eher naiven statischen Streben nach guter Qualität ein dynamisches Element hinzu, das gar nicht so selbstverständlich ist, wie es vielleicht klingen mag, und das nachdenklich, ja betroffen macht, wenn man es einmal gründlich durchdenkt. Wenn nämlich nur der relative Vorteil über den anderen zählt, also nicht der volle Wert, sondern nur das, womit man der

Konkurrenz voraus ist, so tritt eine ungeheure Entwertung der eigenen Leistung ein, die für viele kaum zu verkraften ist.
Machen wir uns dies an einem Beispiel klar: Felix Wankel hatte sich sein Leben lang der Idee des Kreiskolbenmotors verschrieben. 1957 war es soweit, daß die Welt aufzuhorchen begann. Man begriff, daß hier kein Sonderling eine exotische Maschine entwickelt hatte, sondern daß ein kühner Geist drei Generationen von Ottomotor-Gläubigen in die Schranken forderte. Es gab damals kaum einen namhaften Hersteller, der sich nicht für den Fall Rechte zu sichern versuchte, daß es der neue Motor schaffen würde.
Dann geschah, was im Leben des Felix Wankel wohl eine der bittersten Erfahrungen gewesen sein muß: Der Spritverbrauch, der in der Zeit, als wir 60 oder 70 Pfennig pro Liter zahlten, eine recht untergeordnete Bedeutung hatte, wurde durch die Ölverteuerungen zu einem immer wichtigeren Faktor. Die Ökowelle tat das Ihrige, denn hoher Verbrauch wurde nun als Umweltgefahr begriffen. Als es zum Schwur kam, sah die Situation etwa so aus: Dem Ottomotor und dem Diesel stand der Wankel gegenüber, der per saldo seinen Konkurrenten nur wenig unterlegen war. Sein starker Benzindurst, der nicht mehr in die Landschaft paßte, wurde zwar von den bekannten Vorteilen der Verschleißarmut, der geringeren Abmessungen und weniger aufwendigeren Mechanik teilweise kompensiert – aber nicht stark genug, um den Wankel marktfähig zu machen.

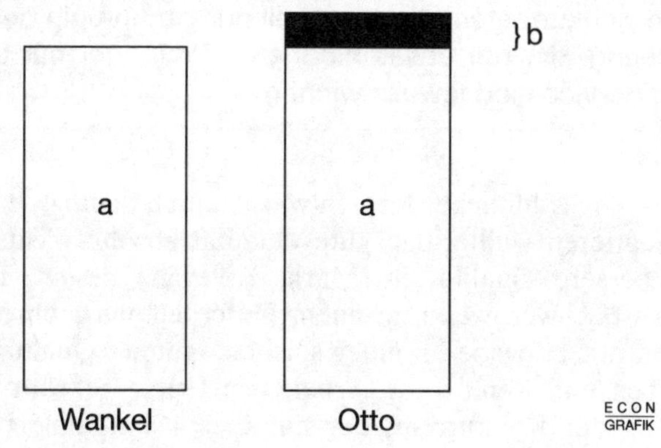

Abb. 12: Wankel unterliegt Otto

Was kann dieser Fall aussagen? Er weist ein Problem aus, das man so formulieren kann: Felix Wankel hatte etwas ungewöhnlich Originelles und qualitativ Gutes entwickelt. Vieles gab seiner Idee recht, aber die Crux des Wettbewerbs ist, daß nur das marginale Stückchen b über die Akzeptanz entscheidet.
Man muß sich dies einmal ganz klarmachen: Das ganze Lebenswerk von Wankel, das ein sehr vernünftiges, kreatives Konzept hervorgebracht hatte, war für die Katz! Die zahllosen Stunden hingebungsvoller Arbeit, die endlose Geduld mit den Versuchen, die ganz Energie, mit der Wankel seine Idee in der Fachwelt propagiert hatte, all diese über Jahrzehnte entfaltete Mühe zählte – nichts!
Dies ist die ganze Härte des Wettbewerbs, die schwer zu verstehen ist, denn unser »normales« Denken sieht das Ganze, also a plus b. Aber nur auf das winzige b kommt es an. Dieser Ansatz, den die Nationalökonomen marginales Denken nennen, ist trotz vieler Jahre Wettbewerbswirtschaft vielen Managern, besonders den Ingenieuren, noch nicht vertraut.

Fazit: Die Tatsache, daß im Konkurrenzkampf nur die Differenz des marginalen Vorteils entscheidet, widerspricht der »normalen« Sicht der Dinge. Für den betroffenen Verlierer ist das schwer zu begreifen. Weder Verschleißarmut noch Preis, noch schöne Aufmachung, noch guter Service entscheiden im Wettbewerb, sondern das kleine Stück weniger Verschleiß als beim Konkurrenten, die eventuell nur geringfügig bessere Aufmachung, der nur etwas niedrigere Preis, der nur etwas bessere Service sind jeweils wichtig.

Der Untergang zahlreicher Firmen war dadurch bedingt, daß man nicht akzeptieren wollte, daß gute Qualität absolut nichts zählt, daß nur bessere Qualität im Markt Relevanz besitzt. Das zu begreifen ist schwer, wenn in einem Unternehmen mehrere Generationen mit Hingabe an einer solchen »guten« Qualität gearbeitet haben und wenn diese Arbeit von Erfolg gekrönt wurde. Wenn dann der Konkurrent, der nur dieses marginale bißchen »besser« ist, einen Auftrag bekommt, dann ist dies für die betroffenen Verlierer fast nicht zu verkraften.

Die Relativität des Marktangebots ist eine vertrackte, oft tragische Angelegenheit, weil ganz geringe, eben marginale Unterschiede den Ausschlag geben. Da wir uns alle mit dieser Relativität schwertun, stellt sich die Frage, ob es neben diesem Kampf um die oft winzigen, aber so entscheidenden marginalen Wettbewerbsvorteile etwas anderes, etwas vielleicht Überlegenes, eine bessere Alternative mit weniger Gefahr und Risiko gibt. Wir meinen ja: Es ist die Einmaligkeit, mit der wir uns dem soeben aufgezeigten Zusammenhang entziehen können.

Wenn wir das Konzept der Einmaligkeit verstehen wollen, dann müssen wir uns klarmachen, wodurch sich Einmaligkeit von marginalem Konkurrenzvorteil unterscheidet. Beide laufen auf eine Überlegenheit gegenüber dem Widersacher im Markt hinaus. Insofern marschieren beide in die gleiche Richtung. Aber Einmaligkeit meint sehr viel mehr als der marginale Konkurrenzvorteil. Letzterer ist der kleinere Bruder der Einmaligkeit. Beide überschneiden sich, aber es gibt doch einen erheblichen Unterschied: Der marginale Vorteil ist etwas Sachliches. Wenn mein Motor A erst nach 10 000 Laufstunden schlappmacht, während der meines Konkurrenten B bereits bei 7 000 Stunden aufgibt, dann ist das eine schöne Sache für mich. Der marginale Vorteil sind die 3 000 Stunden. Wenn ich hingegen etwas als einmalig bezeichne, dann muß da ein Erlebnis vorliegen, Emotion kommt ins Spiel. Einmaligkeit ist ein Adel, der uns mehr beeindruckt als ein paar zusätzliche Laufstunden – so wichtig diese auch sein mögen. Einmaligkeit schaltet den marginalen Konkurrenzvorteil aus. Warum?

Das Geheimnis und die große Überlegenheit der Einmaligkeit liegt darin begründet, daß sie eine neue Dimension schafft. Einmaligkeit ist stärker, weil sie etwas im Betrachter auslöst, indem sie ihm etwas Ungewöhnliches vorstellt.

Einmaligkeit beinhaltet etwas Seltenes. Wenn etwas häufiger vorkommt, ist es schon nicht mehr einmalig. Ikea, Aldi, Swatch und Benetton sind einmalig. Alle diese Beispiele haben die erwähnte neue Dimension als gemeinsames Element. Ikea bot als erster Möbel so an, wie man Verbrauchsartikel mit Cash-and-carry-Charakter im Supermarkt anbietet. Bei Ikea kann man Möbel sogar spontan kaufen. So hatte man vorher noch nie Einrichtungen gekauft. Aldi war und ist der einzige Billiganbieter, der diese Angebotsstrategie eisern durchhielt, ohne der Versuchung von Uptrading und feineren Qualitäten zu erliegen. Die Swatch

war so ungewöhnlich, daß die am Gestern orientierten Wirtschaftsbosse der Schweiz dem neuen Produkt fast einstimmig keinerlei Chance gaben. Benetton ist ein ähnliches Unikum: Ich selbst – als gestandener Textilit – kann eigentlich nur staunen, recht begreifen kann ich den Erfolg nicht. Aber das ist ja vielleicht gerade das Einmalige daran. Die Schockwerbung, die Benetton 1991 einleitete, paßt in dieses schwerverständliche Bild; beim Begreifen von Einmaligkeit tut man sich halt immer schwer.
Normale Konkurrenzvorteile erhalten Respekt – Einmaligkeit ruft Bewunderung, Erstaunen, manchmal Ungläubigkeit hervor (im Falle der Benetton-Werbung vielleicht sogar Abscheu, aber immerhin doch starke Emotion). Einmaligkeit ist kreativ, langweilig ist sie nie. Aber die Conditio sine qua non, die unabdingbare Voraussetzung, ist das Erschließen einer ganz neuen Dimension – neu zumindest in dem betreffenden Markt.
Ich werde oft gefragt, ob denn der Wankelmotor nicht ebendiese Einmaligkeit besaß, die ihn hätte unschlagbar machen müssen. Dazu ist zweierlei zu sagen:

① Auch Einmaligkeit ist nicht ganz und gar unverwundbar (Benzinverteuerung).
② Dieser Motor brachte zwar technisch gesehen etwas Einmaliges, aber für den Käufer, der nun einmal im Gegensatz zum produzierenden Ingenieur Nutzen und Vorteil erwerben will, hatte dieser Motor keine starke neue Dimension. Das Hauptargument des geringen Verschleißes ist eine Denkschiene, auf der auch jeder Ottomotor, der damals auch schon mühelos 200 000 Kilometer erreichte, etwas annähernd Gleichwertiges zu bieten hat. Anders ausgedrückt: Die Entscheidung gegen Wankel lief über den Vergleich marginaler Vorteile. Seine konstruktive Einmaligkeit ließ sich eben gerade nicht in emotionale Konsum-Einmaligkeit übersetzen.

Fazit: Einmaligkeit ist selten und hat eine starke emotionale Seite. Darum kann sie unnachahmlich sein und deshalb dem Anbieter Sicherheit bieten. Einmaliges hat einen Schuß Verrücktheit und Anomalität an sich. Das bewirkt, daß man Einmaligkeit nur sehr mühselig imitieren kann. Gewiß, es ist nicht ganz und gar unmöglich, aber es dauert meist sehr lange. Der Konkurrenzvorteil ist dadurch bei weitem größer und tragfähiger. Wer Einmaligkeit erreicht hat, besitzt so etwas wie ein befristetes Monopol.

Kein Zweifel, daß wir bei Einmaligkeit stark an die Vision erinnert werden. Auch sie hat jenes Element der Verrücktheit, besitzt jenes Charisma, das der Plan eben nicht hat. Es gibt aber trotz aller Ähnlichkeit dennoch erhebliche Unterschiede: Visionen sind schwerer herbeizuführen, sie sind ein Stückchen Gnade. Nach Einmaligkeit zu streben kann man seiner Organisation als Ziel mitgeben. »Wir wollen Einmaligkeit« könnte durchaus in einer Firmenleitlinie stehen. »Wir wollen visionär sein«, das würde man nur zögernd so hinschreiben, schon eher: »Wir wollen für die Vision offen sein.« Die Vision definieren wir als das Umfassendere, das vorweggenommene Bild der Zukunft; Einmaligkeit kann sich in einer kleinen Facette ausdrücken. Visionen dürften fast immer einmalig sein, aber Einmaligkeiten sind durchaus nicht immer visionär.

Wie stark ist nun der Drang nach Einmaligkeit unter deutschen Managern? In allem und jedem Einmaligkeit anzustreben ist bei der Mehrheit deutscher Wirtschaftsführer nur schwach ausgeprägt. Durchschnittlich sind es ganze 8 Prozent der Manager, die sich diesem Credo wirklich stark verpflichtet fühlen. Bei den Mitarbeitern von Vorbildfirmen sind es immerhin 30 Prozent. Logisch: Ganz ohne Einmaligkeit wird man kaum Vorbild! Einmaligkeit wird also von einer Minderheit angestrebt, während die Differenzierung von der Konkurrenz, also die Suche nach dem marginalen Vorteil, eine Selbstverständlichkeit ist. So wurde das Statement »Wir bemühen uns sehr stark, auf allen Gebieten – also in Angebot, Service, innerer Organisation, Einkauf und Controlling – der Konkurrenz zwei Nasenlängen voraus zu sein« von immerhin 72 Prozent als stark zutreffend für die eigene Firma beurteilt. Reduziert man den Umfang der Bemühungen und fragt lediglich nach dem »Streben nach Konkurrenzvorteilen im Produktbereich«, so sprechen sich 99 Prozent dafür aus.

Fazit: Das tiefere Geheimnis des Konkurrenzkampfes heißt Einmaligkeit und wird von der überwiegenden Mehrheit der Manager offensichtlich nicht durchschaut. Konfrontiert man diese mit den Zahlen der Übersicht 13, so äußern sie unglaubwürdiges Staunen. Es ist in der Tat kaum zu fassen, wie 92 Prozent unserer Wirtschaftslenker an dem gewaltigen Potential der Einmaligkeit fast achtlos vorbeigehen. Die Botschaft der Einmaligkeit ist logisch und nachvollziehbar, und doch scheint ihr eine intellektuelle oder emotionale Schwierigkeit anzuhaften.

Und was sind das für prächtige Zahlen, die die um Einmaligkeit Besorgten da aufweisen können! Um 191 Prozentpunkte sind die Kapitalrenditen bei ihnen besser als bei denen, die Einmaligkeit nicht anstreben. Sie haben 251 Prozentpunkte stärkere Umsatzrenditen. Unsere »Einmaligen« erreichen bei Innovationen die schwarzen Zahlen 86 Prozentpunkte schneller; sie haben einen um 357 Prozentpunkte höheren Anteil neuer Produkte am Gesamtumsatz als die Einmaligkeitsmuffel; ihre Innovationen sind um 371 Prozentpunkte besser im Ertrag. Flops sind bei weitem seltener.

Erlauben Sie mir eine ganz persönliche Frage: Sind Sie immer noch skeptisch, daß es Einmaligkeit ist, die angestrebt, gelernt, begriffen werden muß? »Aber«, so entgegnen mir in Beratungsgesprächen immer wieder viele Manager, »wir streben doch nach Qualität – reicht das denn nicht?«

Avon mit seinem Tür-zu-Tür-Konzept, Ikea mit seinen Möbeln à la cash and carry, Tupperware mit seinen Verkaufsparties, Volvo mit seiner Produktionspolitik in den Siebzigern, Mercedes-Benz mit seinem von so vielen geringgeschätzten Airbag, sie alle stehen dafür, herrschende Werte auf den Kopf gestellt zu haben. Damit waren sie dann aber auch für andere – zumindest über einen längeren Zeitraum – unerreichbar geworden.

Die sieben Meßwerte des Erfolgsfaktors »Einmaligkeit«

Sämtliche Zahlenwerte wurden über sieben Jahre ermittelt

Trifft mehrheitlich stark zu	Einmaligkeit: Wir wollen in allem, was wir intern und extern tun, Einmaligkeit erreichen.	Trifft mehrheitlich nicht zu	Bessersein in %
10,5 % RI		3,6 % RI	191
10,9 % UR		3,1 % UR	251
1 LIQ		2,8 LIQ	180
36 M		67 M	86
64 % AN		14 % AN	357
9,9 % RN		2,1 % RN	371
16 % FR		51 % FR	219
			236*

Faktor wird von 8 % der Manager gelebt;
bei Vorbildfirmen 30 %

Legende: RI = ROI, Kapitalrendite vor Steuern und Zinsen; UR = Umsatzrendite v. St.; LIQ = dynamischer Entschuldungsgrad; M = Monate bis zum Erreichen schwarzer Zahlen (Break-even aller Innovationen); AN = Anteil neuer Produkte am Sortiment; RN = Umsatzrendite aller neuen Lancierungen im Jahr fünf; FR = Anteil der Flops an allen Neulancierungen

* Ungewichtetes Mittel aus den sieben Prozentwerten

Übersicht 13: Firmen mit und ohne Streben nach Einmaligkeit

Fazit: Qualitätsstreben reicht nicht: Einmaliges muß her.

Hinter den gewaltigen Energien, die mit dem Faktor Einmaligkeit ausgelöst werden können, stehen weitere Sachverhalte. Die Notwendigkeit, sich möglichst einmalig und unverwechselbar zu profilieren, hängt unter anderem sicherlich auch mit der Informationsüberfütterung zusammen, die es schwermacht, sich im Konzert der Informierenden und Werbenden überhaupt Gehör zu verschaffen. Einmaligkeit schafft dies.

Fazit: Originalität ist eine der wenigen Möglichkeiten, auch dann gehört zu werden, wenn das Geld nicht für eine Dampfwalzenkampagne ausreicht. Einmaligkeit ist die geistvollere Art, mit wenig Geld und viel Grips jedweder Ellbogenpolitik zuvorzukommen.

Man sollte die immensen Vorteile der Einmaligkeit aber auch im Zusammenhang mit der immer härter werdenden Konkurrenz sehen. Diese ruft nach einer starken Identifikation zwischen Angebot und Nachfrager. Diese ist allemal leichter erreichbar über Einmaligkeit als über ein Quäntchen phantasielosen Qualitätsvorsprungs.

Abschließend möchten wir noch einen Zusammenhang herausstellen, der hier erstmalig empirisch nachgewiesen werden konnte und der bislang meist übersehen wurde. Einmaligkeit, so fanden wir heraus, hat sehr viel mit der Persönlichkeit des Managers zu tun. Es gibt bei vielen einen deutlichen Widerstand dagegen, der sehr tief sitzt. Die in Tabelle 14 ausgewiesene Korrelation darf vermutlich so interpretiert werden und gibt einen ersten Hinweis auf die Mechanismen, die hier am Werke sind.

Um zu diesen Ergebnissen zu gelangen, haben wir alle 437 befragten Manager unserer Stichprobe nach einem Persönlichkeitsschema unterteilt, das auf den Stanford-Professor Harold Leavitt zurückgeht und sich in vieler Hinsicht als auch für Nichtpsychologen leicht verständliche Wirtschaftstypologie bewährt hat. Leavitt leitet aus den drei Basisvorgängen des Managens, nämlich Ideen haben, Lösungen analysieren und Beschlossenes durchsetzen, drei Managertypen ab, die wir

#1 visionärer Pionier,
#2 ordnungsorientierter Analytiker,
#3 sozial geschickter Realisierer

nennen. Während der Visionär der Erneuerung und der Analytiker der Ratio verpflichtet ist, glaubt der Realisierer an die Tat und den unbeugsamen Willen hierzu.

Leavitts Typologie haben wir benutzt, um in Tabelle 14 die Neigung zur Einmaligkeit damit zu korrelieren.

Statement: »Der Wunsch nach Qualität ist gut, aber das Streben nach Einmaligkeit in allem und jedem, was ein Unternehmen anfaßt, ist von viel entscheidenderer Bedeutung für den langfristigen Erfolg.«

	Sehr richtig	Ziemlich richtig	Übertrieben, falsch	Total
#1 Visionäre Pioniere	83 %	14 %	3 %	100 %
#2 Ordnungsorientierte Analytiker	12 %	21 %	67 %	100 %
#3 Sozial geschickte Realisierer	19 %	24 %	57 %	100 %

Tabelle 14: Streben nach Einmaligkeit und Persönlichkeit

Es scheint also nur einer der drei Typen zu sein, der sich mit unserem drittwichtigsten Erfolgsfaktor leicht identifiziert. Wenn man außerdem weiß, daß die Problemlöser und Realisierer zusammen 84 Prozent aller Manager ausmachen, während es von den Visionären nur 16 Prozent gibt, dann wird einem noch ein wenig klarer, warum das Streben nach Einmaligkeit etwas recht Seltenes ist.

Fazit: Der Drang nach oder das Bemühen um Einmaligkeit ist der Mehrheit der Persönlichkeiten, die die Vorstandskorridore bevölkern, fremd und suspekt. Einmaligkeit ist der Königsweg des Visionärs. Ordnungsorientierte Analytiker und Buchhalterseelen sowie kumpelhafte Macher tun sich damit schwer. Selbst wenn der Verstand ihnen zurät – tief in ihrem Inneren wehrt sich etwas gegen Einmaligkeit.

Es hat eine gewisse Logik, daß der Phantasievolle, der leicht Zugang zu Visionen hat, die Einmaligkeit schätzt, denn seine

ganze Psyche will das Ungewöhnliche. Routine und »Business as usual« nerven ihn. Warum aber wird sie von den beiden anderen Typen so ängstlich gemieden oder gar abgelehnt?
Tabelle 15 gibt eine partielle Antwort. Wir gelangten zu ihr über den Kienbaum-Rollentest (Sie können diesen Test später für sich selbst durchführen). Darin gibt es ein Statement, das lautet: »Wenn Dinge auf mich zukommen, die sehr neu und unerwartet sind, dann empfinde ich oft Unbehagen«; ferner: »Alles Neue muß an Althergebrachtes anknüpfen, sonst erschreckt es die Menschen.« Schauen Sie sich nun in Tabelle 15 an, wie die drei bereits definierten Persönlichkeiten auf diese Statements reagieren.

Statement 1: »Wenn Dinge auf mich zukommen, die sehr neu und unerwartet sind, dann empfinde ich oft Unbehagen.«
Statement 2: »Alles Neue muß an Althergebrachtes anknüpfen, sonst erschreckt es die Menschen.«

	Sehr richtig, beide stimmen	Ziemlich richtig, nur eines richtig	Übertrieben, beides falsch	Total
#1 Visionäre Pioniere	13 %	14 %	73 %	100 %
#2 Ordnungsorientierte Analytiker	81 %	12 %	7 %	100 %
#3 Sozial geschickte Realisierer	63 %	26 %	11 %	100 %

Tabelle 15: Die meisten erschreckt Einmaligkeit

Daß Einmaligkeit auf viele zunächst fast abstoßend wirkt, ist keine ganz neue Erkenntnis. Die Kreativitätsforschung weiß seit langem darum. Sie wird hier auf das deutlichste bestätigt.

Fazit: Die meisten Menschen schrecken vor Neuem zunächst einmal zurück, und Leute, die vor neuen Ideen nur so sprühen, erschrecken die anderen ebenso wie die Einmaligkeit selber. Die eher konservative Einstellung der Typen 2 und 3 (im schroffen Gegensatz zu 1) macht diese Haltung verständlich.

Die Tiefenpsychologie hält als Erklärung hierfür die einleuchtende These eines Mangels an Urvertrauen in die Welt bereit. In der Tat hat man wieder und wieder festgestellt, daß der Visionär dieses Urvertrauen in ganz besonderem Maße besitzt und daraus die Kraft bezieht, relativ unbeschwert in neue Territorien aufzubrechen.

Aber kommen wir zu unserer Ausgangsfrage nach der so geringen Akzeptanz dieses überaus wichtigen Faktors zurück: Wenn man vor Neuem erschreckt, wenn es einen zutiefst beunruhigt, dann kann man Einmaligkeit gar nicht wünschen. Dies scheint uns denn auch die schlüssigste Erklärung dafür, daß Einmaligkeit ein ungeliebtes Kind ist, daß der »Segen«, der an ihr hängt, nicht freudig ergriffen wird, sondern daß man sich lieber in den Niederungen der »gutbürgerlichen« Liebe zu Qualität tummelt.

Für die, die sich auf den Weg ins Land der Einmaligkeit machen wollen, sei noch folgendes angemerkt: Wir haben in der Diskussion bislang einen sehr typischen Fehler begangen, der weit verbreitet ist. Wir haben viel über Produkte, ein wenig auch noch über das Firmenimage gesprochen, aber das war's denn auch. Sicher ist es einfacher, Einmaligkeit zu suchen, wenn man Produkte konzipiert, das ist schon beinahe selbstverständlich. Aber dies ist eine törichte Beschränkung. Firmen, wo nur der Produktmanager kreativ sein und Einmaligkeit im Visier haben darf, sind diesem Wert nicht eigentlich verpflichtet. Menschen, die ihn wirklich verinnerlicht haben, streben in **allem und jedem** nach diesem kostbaren Gut.

Fazit: Das Streben nach Einmaligkeit muß alles umfassen – Organisation, Produktion, Wahl von Materialien, Vertrieb, Möblierung der Büros, Gestaltung von Formularen, Finanzwesen, Auftreten gegenüber Kunden, Werbung, PR und CI. Daß dieser Ruf nach dem ganz breiten Ansatz nicht nur Wunschdenken ist, sondern daß nur dies die Vorteile einbringt, die Einmaligkeit zu bieten hat, kann empirisch nachgewiesen werden.

Diese These wäre durch Tabelle 16 voll bestätigt.

Durchschnittliche Kapitalrendite über die letzten sieben Jahre in % v. St. bei allen Firmen, wo jeweils eins der nachfolgenden Statements mehrheitlich als stark oder sehr stark zutreffend beurteilt wurde

	ROI
• Wir bemühen uns um Einmaligkeit auf allen Gebieten, in allen Abteilungen und bei allen Leistungen, sei es im Inneren (Führung, Organisation etc.), sei es nach außen (Kundenbeziehungen, Produkte, Werbung, PR, CI).	11,9 %
• Bei der Gestaltung unserer Produkte und im Marketing ist den meisten unserer Mitarbeiter Einmaligkeit ein echtes Anliegen. Aber auf anderen Gebieten ist eine solche Sonderstellung sehr schwierig bis unmöglich und selten erfolgreich.	7,8 %
• Einmaligkeit ist ja ganz schön, aber wir sind Realisten und bleiben auf dem Teppich: Kleine und kleinste Konkurrenzvorteile suchen wir intensiv, aber von Einmaligkeit träumen wir nicht.	3,9 %
• Einmaligkeit, Originalität, Vision – das sind doch alles Vokabeln, mit denen man nach den Sternen greift. Also, ich meine, daß sich eine anständige Durchschnittsqualität doch noch immer verkauft hat.	2,4 %

Tabelle 16: Erzielte Kapitalrendite bei unterschiedlichen Einstellungen zu Einmaligkeit

Schlußendlich kann man noch so nachhaltig zur Einmaligkeit aufrufen – der Ruf ist zum Scheitern verurteilt, wenn (wie leider bei den meisten Nationalökonomen und Managern) psychologisches Einfühlungsvermögen nur schwach ausgeprägt ist und Visionäre in der Firmenleitung keinen Platz haben. Der Wunsch nach Einmaligkeit ist eins der ganz wichtigen Teilelemente von Mind-Profit Management, dem neuen Denken, das wir hier propagieren. Dabei ist uns durchaus bewußt, daß das richtige Erkennen eben noch lange nicht heißt, das Richtige auch zu tun.
Daß wir Einmaligkeit nicht nur aus Emotionen heraus oder weil es gerade en vogue ist, so stark herausstellen, sondern aus ganz nüchternen, finanziellen Gründen, das untermauern unter anderem die verblüffenden Zahlen der Übersicht 13. Sie müßten eigentlich jedem deutlich machen: Der Einmalige ist zum Sieger prädestiniert.
Lassen Sie mich deshalb meine eigene kleine Reaktion auf diese wirklich große Herausforderung vorstellen.

Vision No. 3
Eigentlich hatte ja niemand damit gerechnet, aber der Bundeskanzler hatte eine Erleuchtung; ja, er gab zu verstehen, daß eine Vision ihn heimgesucht habe. Nachdem die Leibärzte eine gesundheitliche Störung mit Sicherheit ausgeschlossen hatten und auch sein unverändert leutseliges Verhalten keinen weiteren Anlaß zur Besorgnis gab, wurde beobachtet, wie er sich mit Industriellen und Gewerkschaften traf, um folgenden Plan zu realisieren: Eine Stiftung wurde ins Leben gerufen, die jährlich an zehn Einzelpersonen oder Firmen oder Organisationen den »Deutschen Preis für Einmaligkeit« verleihen sollte. Die Ehrung wird denjenigen zuteil, denen es gelingt, Positionen der Einmaligkeit in Wirtschaft und Gesellschaft zu erringen.
Der Satzungsparagraph, daß die Auszeichnung insbesondere an kritische, aufmüpfige Querdenker verliehen werden sollte, die mutig an verstaubten Traditionen rütteln, wurde zwar auf sein, des Kanzlers, Betreiben wieder gestrichen, aber es war dennoch ein großer Wurf, auch wenn es jedes Jahr schwieriger wurde, geeignete Kandidaten zu finden.
Merke: Auch bei Visionen muß in Deutschland Maß gehalten werden.

7. Vertrauensorganisation

Eigentlich sollte es sich angesichts unserer abendländisch-christlichen beziehungsweise humanistischen Kultur von selbst verstehen: Vertrauen ist die Basis eines kultivierten Zusammenlebens! Aber wir alle wissen, daß der Weg zu diesem Utopia ein weiter ist, wenn immer Menschen miteinander auskommen müssen. Die Wirtschaft nimmt da keine Sonderstellung ein. Ist dieser Weg überhaupt gangbar? Scheitert er nicht am Primat der Effizienz und an der Notwendigkeit der Kontrolle und Auslese von Menschen?

Für den Unternehmer wie für den Berater ist eine klare Antwort fast unabdingbar. Um so erfreuter sind wir, vermittels unserer Enquete den empirischen Nachweis dafür erbracht zu haben, daß das anspruchsvolle Ziel einer Vertrauensgemeinschaft im Unternehmen nicht modisches Gerede ist, sondern ein auch und gerade unter Leistungs-und Ertragsgesichtspunkten erstrebenswertes Führungsziel darstellen sollte.

Warum dies so ist, wird klar, wenn wir im nächsten Kapitel jene Werte – besser gesagt: Unwerte – durchsprechen, die fast unausweichlich zum Mißerfolg führen. Um den Hintergrund für ein Plädoyer für Vertrauen zu zeichnen, sei aus diesem späteren Kapitel hier schon einmal folgendes vorweggenommen: Eine satte Mehrheit deutscher Manager glaubt, daß Ordnung unser oberstes Gebot zu sein habe. Sie glaubt – und sagt dies mit einem leichten Zynismus in der Stimme –, daß Vertrauen zwar ganz schön und gut sei, daß aber – und da werden sie ganz ernst – Kontrolle eben doch viel, viel besser, ja eigentlich überhaupt ganz und gar unverzichtbar sei, wenn man nicht das sichere Chaos heraufbeschwören wolle. Nicht selten wird dies mit dem Hinweis ergänzt, daß man »langes Herumquatschen« wenig, »zügiges Handeln« dahingegen um so mehr schätze. Diese eher repressive Haltung, die für Vertrauen kaum Raum läßt, ist weit verbreitet. Über den nachweisbaren Gewinn, den man aus Vertrauen ziehen kann, herrscht keineswegs Klarheit.

Dies ist die wenig tröstliche Ausgangslage. Sie wird auch nicht dadurch besser, daß sich diese befremdlich einseitig und altmodisch orientierten Entscheidungsträger dafür aussprechen, daß man »nett zueinander« sein und freundlich »miteinander umgehen« solle, was sie dann allerdings im selben Atemzug auch gleich wieder mit dem Hinweis einschränken, beim Nettsein doch eine gewisse Zurückhaltung zu wahren. Letztlich müsse jeder nach seiner Fasson selig werden. Sich bedeckt halten und um des lieben Himmels willen nicht die Nase in des anderen Angelegenheiten stecken gilt als hohe Tugend.

Man ahnt, daß dies alles von Vertrauen weit weg ist. Daß dementsprechend die Vertrauensorganisation selten vorkommt, nimmt also nicht wunder. Wenn man sich vor Augen hält, welchen Verständnisses und welcher Reife tolerante Einfühlsamkeit bedarf, dann ist klar: Eine Vertrauensorganisation bekommt man weder für einen Appel und ein Ei und schon gar nicht gegen wohlfeile Sonntagsreden und schöntuerische Kulturheuchelei. Wer sie wirklich will, muß täglich und immer wieder neu darum ringen. Martin Luther sagt, daß das Böse, das uns immer wieder vom rechten Wege wegführen will, »täglich neu ersäufet werden muß«. Oder um es vielleicht weniger drastisch zu sagen als der knorrige Reformator: »Seid schön lieb zueinander« reicht nicht aus.

Was aber ist erforderlich? Worauf kommt es an, um das hohe Ziel zu erreichen, daß Menschen mit Zuversicht, mit der Gewißheit des Verständnisses, mit der Sicherheit, daß keine Böswilligkeit sie erwartet, des Morgens in ihre Betriebe eilen? Da sind natürlich viele Faktoren zu nennen, aber je weiter unsere Enquete fortschritt, um so deutlicher machte sie, daß Kontrolle der entscheidende Gegenspieler einer auf Vertrauen aufgebauten Organisation ist.

Fazit: Das übermäßige Bauen auf Kontrolle und nichts anderes unterminiert die so wünschenswerte Vertrauensorganisation. Wie Kontrolle richtig gehandhabt, vor allem eingedämmt wird, wie sie vermenschlicht und in vielen Fällen auf Teilgebieten überhaupt ganz abgeschafft wird – dies ist es, worauf es ankommt, wenn man Vertrauen wirklich will.

Unsere Auffassung von der Abträglichkeit überzogener Kontrolle wurde uns von den wenigen bestätigt, die – allen Schwierigkeiten zum Trotz – eine echte Vertrauensorganisation durchgesetzt und verwirklicht haben. Befragt, was denn der schlimmste Gegner gewesen sei, den man habe »überwinden« müssen, antworteten

78 Prozent der interviewten Mitarbeiter, daß es das kontrollierende Eingreifen des Vorgesetzten in Leben und Arbeit der Mitarbeiter sei.

Fazit: Es ist diese so überschätzte und falsch beurteilte Kontrolle, die alles verdirbt, was Menschen mit Idealismus an Vertrauensbildung verwirklichen möchten.

Um hier weiterzukommen und zu Empfehlungen vorzustoßen, haben wir uns jenen noch kleinen Kreis von Firmen angesehen, die Kontrollen anders handhaben, sie menschlicher machen oder ganz abgeschafft haben. Am Anfang des Kampfes gegen unnötige Kontrolle stehen oft so geringfügige Dinge wie die Abschaffung von Stechuhren oder anderen Anwesenheitskontrollen. Dabei lassen es die Progressiven aber selten bewenden. Sie versuchen, bei allem, was irgendwie mit Überwachung zu tun hat, einen neuen Weg einzuschlagen.

Und dies ist nun die Antwort aller Antworten, wenn man Vertrauen zur Managementbasis machen will. Es ist der entscheidende Akt, dessen Gelingen darüber befindet, ob dumpfes Mißtrauen fortlebt oder endlich Wandel eintritt. Man versucht, den alten Mechanismus der Vorgesetzten-Kontrolle durch die **Selbst**-Kontrolle zu ersetzen. Dies geschieht dadurch, daß die Kontroll-Information, die ja das Rückgrat jeder Auseinandersetzung mit dem Vorgesetzten sein sollte, rechtzeitig, großzügig und unaufgefordert den Mitarbeitern zur Selbstkorrektur zugänglich gemacht wird.

Vision No. 4

Dies ist ein weitgehend neues, ziemlich revolutionäres Verständnis von Überwachung. Bei Licht besehen, ist es überhaupt nicht mehr eine solche, sondern unter den Händen so vorbildhafter Manager verwandelt sich der Akt der Kontrolle in einen Akt tätiger Hilfe, unterstützender Lenkung. Dabei bedarf es seitens des Vorgesetzten einer dauernden, zähen Willensanstrengung, nicht ins alte Gleis ewig nörgelnder Bevormundung zurückzufallen, die alles aufkeimende Vertrauen gründlich und lang anhaltend vernichtet. Würde die Mehrheit der Unternehmer sich dieser neuen Auffassung anschließen, wir hätten eine neue, bessere Gesellschaft.

Um dem Gedanken der Selbstkontrolle zum Durchbruch zu verhelfen, biete ich in meiner Eigenschaft als Leiter der »Akademie für Führung und Innovation«, Düsseldorf, an, mit allen Personalchefs guten Willens eine Arbeitsgemeinschaft zu gründen und zu managen, die sich diesem Thema widmet und für einen intensiven Erfahrungsaustausch über die praktische Realisierung sorgt.

Wieviel guter Wille durch unreflektierte Kontrolleinmischung seitens Vorgesetzter zerstört wird und wie quälend dies von den Betroffenen, den Kreativen noch mehr als den anderen, empfunden wird, darüber gibt uns Tabelle 17 einhellige Auskunft. Sie zeigt die Relevanz unserer Feststellungen. Sie läßt aber auch vermuten, daß man ein sehr hohes Menschenbild in sich tragen muß, um jene Selbstkontrolle, die den meisten uns überkommenen Vorgesetztenvorstellungen so ganz und gar widerspricht, wirklich zu wollen. Andererseits steht am Ende der Abbau oder die teilweise Beseitigung eines Problems, das zu den energieraubendsten und übelsten des betrieblichen Miteinanders zählt: das viele gute Kräfte aufzehrende, die Motivation zersetzende Mißtrauen.
In diesem Zusammenhang sei die Aufmerksamkeit auch auf den Erfolgsfaktor 6 (Übersicht 29) – »Vorgesetzte dienen ihren Mitarbeitern« – gelenkt. Diese dienende Haltung des Vorgesetzten stellt ein Verhalten dar, das sich auf den Erfolg eines Unternehmens sehr stark auswirkt. Wer Mühe hat, das Wort »dienend« zu interpretieren, der führe sich das nachstehend schematisch skizzierte Beispiel der Übersicht 18 vor Augen, wo der Vorgesetzte (Spalte links) den Untergebenen zu sich zitiert, um ihm eine Standpauke zu halten. Daß der Mitarbeiter dann mit Sicherheit in die innere Emigration oder sogar aggressive Opposition geht, wissen wir alle zur Genüge. Bei einer dienenden Haltung ist der Vorgesetzte dem Mitarbeiter behilflich, eigene Fehler selbst einzusehen. Diese Einstellung und nicht ein süßliches und schlappes Laisser-faire, ist der neue Geist des Führens. Diese helfende Haltung ist es, die wir meinen, wenn wir so große Worte wie neue Menschlichkeit im Munde führen, denn hier bekommt die Zuwendung zum anderen eine machbare Ausformung, die die Disziplin ja gerade nicht über Bord wirft, die nicht Chaos

schafft, sondern Verhaltens- und Persönlichkeitskultur neu und – wie wir meinen – großartig und befreiend definiert.

Frage: Wir haben über viele gute Seiten Ihres Unternehmens gesprochen. Erlauben Sie nun bitte eine recht persönliche Frage: Was ist denn das Unerfreulichste, Negativste, Sie vielleicht Bedrückendste, das Sie im letzten Jahr erlebt haben?

Die Frage wurde ausschließlich an Mitarbeiter gestellt, die nicht selbst einem Vorstand oder einer Geschäftsleitung angehörten.

	Bei allen	Bei Kreativen und Visionären	Bei Analytikern	Bei Machern
• Intrigenspiel und rücksichtsloser Machtkampf	Rang 1	Rang 3	Rang 4	Rang 1
• Nörgelndes, kleinkariertes Eingreifen von Vorgesetzten, überzogene Kontrolle	Rang 2	Rang 1	Rang 2	Rang 2
• Fehlendes Vertrauen	Rang 3	Rang 2	Rang 1	Rang 4
• Ungenügende Entwicklungsmöglichkeiten	Rang 4	Rang 4	Rang 3	Rang 3

Tabelle 17: Was quält und bedrückt Manager?

Ereignis	**Kontrolle** Traditionelles Vorgehen des Vorgesetzten Klima eher negativ getönt	**Selbstkontrolle** Vertrauensorientiertes Verhalten Klima eher konstruktiv, positiv getönt
1. Wöchentliches Reviewmeeting	a) V nimmt als erster Stellung, häufig Kritik mit Anschuldigungen b) MA reagiert darauf, meist in der Defensive	a) MA nimmt zunächst selbst zu seinen Problemen Stellung und macht Aktionsvorschläge b) V korrigiert lediglich die Selbstkritik
2. Eine negative Information trifft unerwartet ein	a) MA wird zu V zitiert, V fordert b) MA reagiert gezwungenermaßen	a) M meldet sich unaufgefordert bei V, entwickelt ungefragt Gegenpläne b) V kritisiert fehlende Eigeninitiative von MA oder beeinflußt die Vorschläge
3. Jahresendgespräch	a) V spielt die aktive Rolle b) MA reagiert mit seinen Gegenvorschlägen	a) Hauptpart liegt bei MA, er entwickelt eine Selbstkritik, schlägt Bonus vor, macht eine Gehaltsempfehlung b) V korrigiert lediglich

V = Vorgesetzter; MA = Mitarbeiter

Übersicht 18: Traditionelles und neues vertrauensorientiertes Vorgesetztenverhalten

Fazit: Die Vertrauensorganisation erfordert zur Realisierung eine Fülle von Maßnahmen und neuen Werten und Haltungen. Der Eckstein ist jedoch die neue Form der Kontrolle, die zur Selbstkontrolle wird. Geht man diesen indirekten, helfenden Weg der Selbstkontrolle, dann muß der Vorgesetzte seine Überwachungsaufgabe nur da in jenem traditionellen (oft die Würde des Betroffenen verletzenden, scheltenden) Sinne wahrnehmen, wo ihm die kritische Selbsteinschätzung des Mitarbeiters ungenügend erscheint.

Gehen wir der Vertrauensorganisation noch etwas weiter nach, und fragen wir uns: Was verändert sich bei Einführung weitgehender Selbstkontrolle? Um dies zu klären, waren wir an eine Gruppe von Managern herangetreten, in deren Unternehmen die Fremdkontrolle durch Selbstkontrolle ersetzt worden war. Wir baten sie, über den Zeitraum eines Monats die kritischen, verurteilenden, ätzenden Interventionen durch die Vorgesetzten vor und nach Einführung der Selbstkontrolle zu zählen. Wir fanden heraus, daß man davon ausgehen darf, daß sich die Zahl »scheltender« Interventionen etwa auf ein Fünftel reduziert. Das ist fünfmal weniger Spannung und Verletzung, das ist fünfmal mehr gutes Klima, fünfmal soviel würdevolle Begegnung statt Standpauke, fünfmal soviel konstruktives Miteinander.
Die Effizienzverbesserungen durch eine Vertrauensorganisation – das wissen wir jetzt – werden maßgeblich durch die Handhabung von Kontrollmaßnahmen und das Verhalten diesen gegenüber bestimmt. Die gute Bilanz der Selbstkontrolle verbessert sich aber noch weiter, wenn zusätzliche Maßnahmen in Richtung Vertrauen hinzukommen. Übersicht 19 zeigt in der absteigenden Reihenfolge gemäß ihrer Bedeutung einige der besonders wirksamen, weiteren Elemente einer Vertrauensorganisation.
Wie verbreitet ist nun die Vertrauensorganisation? Sie ist erst bei 7 Prozent der Firmen realisiert. Auch wenn die Vorbildfirmen mit 26 Prozent ein ganzes Stück besser abschneiden, so dokumentiert dies doch: Es ist noch eine lange Strecke zu gehen, bis wir sagen können, daß in deutschen Unternehmen wirklich Vertrauen herrscht. So viele Firmenchefs dies auch treffen mag, weil es in der Tat ein Armutszeugnis ist, so realistisch sollte man auch einsehen, daß Vertrauenschenken schwierig ist. Man muß es tief

aus sich heraus wollen. Es verlangt ein Stückchen von der dienenden Haltung, von der wir gesprochen haben.

Organisatorische Vorkehrungen, Praktiken, Haltungen, die eine Vertrauensorganisation fördern

1. Reduzierung der Kontrolle; weniger Hineinreden der Vorgesetzten; weitgehende Selbstkontrolle; interne Fortbildungsprogramme im Sinne der Selbstkontrolle; reichliche und großzügige Information für Selbstkontrolle; Veränderung der Informationsstruktur und -formatierung zu diesem Zweck.
2. Kultur der Konfliktbehandlung: Man begreift Konflikte nicht als schlimme Irritationen, sondern als Herausforderungen; Konfliktmanagement wird zum Lernfach erhoben, das für jeden Mitarbeiter Pflicht ist.
3. Ergänzend aufeinander zugehen; die natürliche Bescheidenheit, die aus der Erkenntnis der eigenen Unzulänglichkeit kommt, wird zur geachteten Tugend; sie tritt an die Stelle der aus Unsicherheit stammenden Überheblichkeit vermeintlicher Alleskönner (siehe auch unseren Erfolgsfaktor 1, »Management via Complement«).
4. Die Firma wird als Lernwerkstatt begriffen; Fehler sind nicht Verschuldensfälle, sondern Verhaltenskorrektive; begangene Fehler stehen in einem positiven Sinn im Zentrum des allgemeinen Interesses und werden grundsätzlich in offener Diskussion aufgearbeitet.
5. Vermeidung aller bürokratischen Regeln, soweit diese reduzierbar oder ganz abschaffbar sind; bewußtes Arrangieren von »Feldzügen gegen Bürokratie«; Bürokratiereduzierung wird wie das Vorschlagswesen gehandhabt und belohnt.
6. Institutionalisierte Vorgesetztenkritik (siehe auch entsprechender Erfolgsfaktor); regelmäßige, partnerschaftliche Gespräche mit Vorgesetzten zum Thema »Was haben wir beide falsch gemacht?«
7. Strategische Regeln, möglichst von visionärem Zuschnitt, stehen allen Mitarbeitern so deutlich vor Augen, daß direkte Anweisungen des Vorgesetzten immer weniger notwendig sind, weil das Handeln der Unterstellten automatisch von der Strategie her gelenkt wird.

Übersicht 19: Auf dem Weg zur Vertrauensorganisation

Was aber gewinnt man durch eine Vertrauensorganisation? Übersicht 20 zeigt die Effizienzzahlen, die deutlich machen, daß diejenigen, die dem Gedanken der Vertrauensorganisation eine Chance geben, beträchtliche Vorteile haben und denen haushoch überlegen sind, die diesen Eckwert abendländischer Kultur ignorieren oder ihn ganz einfach vernachlässigen. Diese Firmen erreichen eine mehr als dreimal so hohe Kapitalverzinsung. Gleiches gilt für die Umsatzrendite. Fünfmal mehr neue Produkte sind für die Anhänger typisch, ihre Innovationen kommen doppelt so schnell in die schwarzen Zahlen, und die Durchschnittsrenditen der Innovationen im fünften Jahr nach der Lancierung sind über fünfmal höher als bei den Ignoranten. Die Liquidität ist über fünfmal so gut, und die Floprate ist bei den Gegnern beziehungsweise Ignoranten der Vertrauensorganisation dreimal so hoch wie bei den Befürwortern.

Fazit: Es ist tröstlich, daß einer der ganz großen Werte unseres humanistischen ebenso wie christlichen Erbes bei der nüchternen, kommerziellen Betrachtung der Fehlerverringerung und der Effizienzsteigerung glänzend abschneidet. Vertrauen hier und Kommerz dort müssen keine Gegensätze sein. Daraus erwächst für alle Manager von Niveau und ethischer Verantwortung eine Aufgabe, wie man sie sich befriedigender und schöner in der Phantasie kaum ausmalen kann. Diese Chance ist nichts weit Hergeholtes, künstlich Herbeigeredetes – nein, wir haben es mit empirisch nachweisbaren Vorteilen zu tun. Wir dürfen feststellen, daß Vertrauen alles Geschäftliche adelt. Das ahnten wir vielleicht schon immer; aber was hier empirisch bewiesen werden kann, ist die hohe Effizienz von Rücksichtnahme, Duldung und Toleranz. Der schnöde Mammon ist nicht ganz so schnöde, wenn man sich ihm menschlich nähert.

Die sieben Meßwerte des Erfolgsfaktors »Vertrauensorganisation«

Sämtliche Zahlenwerte wurden über sieben Jahre ermittelt

Trifft mehrheitlich stark zu	Vertrauensorganisation mit wenig Kontrolle: Auf das Wichtigste beschränkt, ist Kontrolle nicht schlecht, aber Vertrauen ist bei weitem besser und effizienter.	Trifft mehrheitlich nicht zu	Bessersein in %
10,3 % RI		3,1 % RI	232
9,9 % UR		3,3 % UR	200
0,6 LIQ		3,4 LIQ	466
32 M		68 M	112
65 % AN		13 % AN	400
9,9 % RN		2,0 % RN	395
21 % FR		63 % FR	200
			286*

Der Erfolgsfaktor »Vertrauensorganisation« wird von durchschnittlich 7 % der Manager gelebt und realisiert. Bei den Vorbildfirmen sind es 26 %.

Legende: RI = ROI, Kapitalrendite vor Steuern und Zinsen; UR = Umsatzrendite v. St.; LIQ = dynamischer Entschuldungsgrad; M = Monate bis zum Erreichen schwarzer Zahlen (Break-even aller Innovationen); AN = Anteil neuer Produkte am Sortiment; RN = Umsatzrendite aller neuen Lancierungen im Jahr fünf; FR = Anteil der Flops an allen Neulancierungen

* Ungewichtetes Mittel aus den sieben Prozentwerten

Übersicht 20: Firmen mit und ohne Vertrauensorganisation

8. Ergänzendes Management

Nicht eben wenigen Lesern wird das Abschneiden des Faktors Nr. 1, »Management via Complement« (MVC), als unübertroffener »Sieger« unter den Management-Erfolgsfaktoren erstaunlich anmuten. Darüber hinaus könnte dieser Faktor unverständlich sein, weil es diesen Begriff bislang nicht gab. Wir haben ihn neu geprägt. Seine deutsche Version könnte lauten »Führen unter Zuhilfenahme des ergänzenden Aufeinanderzugehens« oder etwas einfacher »ergänzendes Management«.
Zunächst soll das »via« anstelle des üblichen »by« erklärt werden. »Managements by...« (by Objectives, by Error, by Chaos und so weiter) kennen wir zur Genüge, und viele Kritiker rümpfen stets ein wenig die Nase, wenn wieder einmal jemand auf den Plan tritt, um ein neues »Management by...« anzubieten. Das »by« will sagen: Verwende diese Technik, diesen Approach, und du bist erfolgreich. Unser »via« will anderes kommunizieren. »Via« bedeutet: Bediene Dich dieses Zugangs zu anderen Menschen als einer Brücke. Und wenn Du diese Menschen erreicht und gewonnen hast, so tu das Richtige. In sich selbst ist MVC deshalb keine Erfolgstechnik im engeren Sinne.
Es ist vielmehr ein soziales Glaubensbekenntnis, eine Lebensphilosophie. Das »via Complement« läßt alle anderen Managementtechniken – also auch die vielen »Managements by...« – unbeschadet im Raum stehen, verschließt sich keiner davon, aber hält es für richtig, diese in Kombination mit einer bestimmten Haltung dem Mitmenschen und Kollegen gegenüber zu praktizieren. Man könnte von einer übergeordneten Metastrategie sprechen. Unter dem Dach von MVC kann sich eine bunte Vielfalt spezifischer Techniken ansiedeln, soweit diese den Grundgedanken des Aufeinanderzugehens nicht in Frage stellen.
Warum nun kommt dem Management via Complement eine so herausragende Rolle zu? Warum fallen den Jüngern dieser Botschaft glanzvolle Renditen und atemberaubende Innovationen förmlich in den Schoß? Nachdenkliche Stimmen wie etwa Gertrud Höhler, Harold Leavitt oder John Kotter haben die Bedeutung dieser hier besprochenen Haltung in ihren Arbeiten angedeutet, und ich fühle mich diesen Hinweisen dankbar verpflichtet. Dennoch wage ich zu sagen: Kaum jemand hätte dafür, daß wir mit diesem Element den entscheidenden Erfolgsfaktor vor uns

haben, seine Hand ins Feuer legen wollen. Was für ein ungereimtes Wunder erwartet uns nun hier?
Denkt man in philosophischer Gelassenheit darüber nach, so offenbart sich einem, daß sich MVC eigentlich aus einer ganz simplen, jedermann begreiflichen Tatsache ableitet: Wir allesamt sind einseitig begabte Menschen. Wer könnte schon von sich sagen, er sei ein Allroundgenie, das alles und jedes mit gleicher Perfektion beherrscht?

Fazit: Wir sind Menschen mit sehr spezifischen, eben und gerade ungleichen Neigungen, unerträglichen Marotten und Vorlieben, die sehr persönlich und auch oft sehr beschränkt sind. Der Homo sapiens mit Schieflage und Einseitigkeit ist die Regel, nicht der universelle Alleskönner.

Benutzt man die bereits vorgestellte Typologie Harold Leavitts, der die Menschen in Pioniere, Analytiker und Realisierer einteilt, oder nimmt man irgendeinen der anderen Versuche von Jung bis DeBono, Menschen zu gruppieren, so zeigt sich – trotz aller Schwächen dieser Systeme –, daß bei deren Anwendung und Überprüfung am Menschen eine interessante Gemeinsamkeit herauskommt: Fast immer ist das Gesamtergebnis einer Persönlichkeit eine Mischung aus Schwächen und Stärken. Und dieses Profil aus Höhen und Tiefen ist keineswegs ein Resultat, auf das nur diplomierte Psychologen kommen. Nein, jeder Laie wird bei kritischer Selbstsicht zu der korrekten Vermutung gelangen, daß er irgendwo brilliert und anderswo eher unzulänglich ist.
Tabelle 21 bestätigt diese Vermutung. Sie macht uns deutlich, daß es kaum Menschen gibt, die ernsthaft behaupten, in allen Sätteln gleich perfekt zu sitzen und alles in gleicher Güte zu beherrschen. Im Gegenteil, wie wir alle wissen, liegen uns bestimmte Tätigkeiten oder Arbeiten weniger, während wir andere perfekt und mit Begeisterung und Hingabe – und dann meist auch qualitativ sehr gut – verrichten.

- Sie kennen nun die Typologie nach Leavitt. Sagen Sie uns bitte, ob Sie glauben, diese drei Neigungen alle etwa gleich stark in sich zu vereinigen (A), oder ob Sie glauben, daß eher ein Ungleichgewicht (B) besteht.
- Wenn Ungleichgewicht, ist es dann eher so, daß
  ① eines Ihre große Stärke ist und die beiden anderen eher schwach ausgeprägt sind?
  ② Oder sind zwei Neigungen etwa gleich stark und die dritte eher unterentwickelt?
  ③ Oder trifft eine andere Konfiguration zu, weder 1 noch 2?

Gleichgewicht A	Ungleichgewicht B		
Alle drei Neigungen gleich stark	Eine Neigung dominiert	Zwei dominieren	Andere Struktur
0,2 %	83,4 %	3,4 %	13,0 %

Tabelle 21: Die Struktur der menschlichen Neigungen in der Selbstbeurteilung

Fazit: Unterstellt man einmal, daß das vor uns liegende Jahrzehnt mit seinen vielen Herausforderungen an Manager, aber genauso an Verwalter, an Behörden, an Verbandsfunktionäre, genauso wie an Pädagogen und Professoren außerordentlich hohe Ansprüche an Kreativität, Flexibilität und Anpassungsfähigkeit stellen wird, dann ergibt sich angesichts der Charakterstruktur der Menschen eigentlich fast zwangsläufig: Wir müssen aufeinander zugehen, wir müssen unsere Stärken sozusagen poolen, sie gegenseitig ergänzen.

Die Logik dieser Forderung liegt darin, daß wir sie ja alle drei unabdingbar brauchen: die visionären Ideen der Pioniere, die kritische Prüfung mit scharf entwickelter Ratio, die den Analytikern so liegt, und letztlich den Mut und Willen der Realisierer. Wir können auf keine dieser drei Facetten verzichten. Diese Unverzichtbarkeit erheischt unabwendbar das Aufeinanderzugehen, denn nur so erreichen wir als Team die Höchstform, in allen drei Sätteln Spitzenleistung zu verwirklichen, und die werden wir im nächsten Jahrzehnt brauchen können. Management via Complement heißt deshalb die Formel, die uns vielleicht helfen kann, mit der komplexen Last von Problemen des Konkurrenzkampfs, mit dem Gemeinsamen Markt, der ökologischen Misere, mit dem akzelerierenden technologischen Wandel, mit unseren innerdeutschen Problemen, mit der japanischen Herausforderung, dem nationalen Zusammenwachsen und der Frage unseres Standorts annähernd fertig zu werden.

Eigentlich legen schon gesunder Menschenverstand und vernünftiges Nachdenken diesen Ansatz nahe. Von unserer Enquete aber war natürlich mehr zu verlangen. Sie muß handfeste, objektive Beweise liefern, daß unser Credo mehr ist als ein Glaubensbekenntnis. Leider vermag sie diesen Nachweis nicht für Politiker, Beamte, Funktionäre und Professoren zu erbringen, denn diese kann man nicht – oder noch nicht – an einer halbwegs objektiven Meßlatte bewerten. Den Kaufmann aber können wir messen, denn im Gegensatz zu seinen vorher genannten Kollegen steht er vor der unabwendbaren Notwendigkeit, irgendwann einmal einen Gewinn abzuliefern. Schauen wir uns also diejenigen Kaufleute an, die MVC praktizieren, und jene, die es nicht tun.

Übersicht 22 zeigt, daß die Pflege eines Management via Complement oder dessen totale Abwesenheit einen ungewöhnlich drastischen Unterschied ausmacht. Nichts differenzierte in unserer Enquete so stark wie dieser Faktor. Wir erkennen, daß sich zwischen denjenigen mit MVC und denjenigen, die davon nichts halten, ein tiefer Graben auftut, auf dessen einer Seite der Erfolg, auf dessen anderer Seite die Mittelmäßigkeit liegt. Betrachten wir die Kapitalrendite: stolze 12,7 Prozent bei den Freunden, nur 3,6 Prozent bei den Gegnern von MVC. Die einen schafften im Durchschnitt während des letzten Jahrzehnts 11,2 Prozent Umsatzgewinn vor Steuern, diejenigen ohne MVC nur 2,3. Die Freunde von MVC erreichen bei neuen Produkten die Gewinnschwelle bereits nach nur 21 Monaten, die anderen brauchten sage und schreibe 63 Monate dazu – fast so etwas wie ein Todesurteil für eine Neulancierung. Die MVC-Anhänger fahren im fünften Jahr mit ihren neuen Produkten satte 10,1 Prozent Gewinn ein; wie schlecht schneiden dagegen die anderen ab, nämlich mit nur 1,2! Auch bei der Floprate und der Liquidität sind die Unterschiede außerordentlich dramatisch.

Die sieben Meßwerte des Erfolgsfaktors »Management via Complement«

Sämtliche Zahlenwerte wurden über sieben Jahre ermittelt

Trifft mehrheitlich stark zu	Trifft mehrheitlich nicht zu	Bessersein in %
12,7 % RI	3,6 % RI	252
11,2 % UR	2,3 % UR	386
0,7 LIQ	3,1 LIQ	342
21 M	63 M	200
73 % AN	12 % AN	508
10,1 % RN	2,0 % RN	405
12 % FR	53 % FR	341
		347*

Ergänzendes Aufeinanderzugehen: Alle Menschen sind einseitig und erbringen nur auf wenigen Feldern Spitzenleistungen. Deshalb braucht einer den anderen: gegenseitige Optimierung in Ansehung der eigenen, überprüften Unvollkommenheit.

Der Erfolgsfaktor »Management via Complement« wird von durchschnittlich 5 % der Manager gelebt und realisiert. Bei den Vorbildfirmen sind es 14 %.

Legende: RI = ROI, Kapitalrendite vor Steuern und Zinsen; UR = Umsatzrendite v. St.; LIQ = dynamischer Entschuldungsgrad; M = Monate bis zum Erreichen schwarzer Zahlen (Break-even aller Innovationen); AN = Anteil neuer Produkte am Sortiment; RN = Umsatzrendite aller neuen Lancierungen im Jahr fünf; FR = Anteil der Flops an allen Neulancierungen

* Ungewichtetes Mittel aus den sieben Prozentwerten

Übersicht 22: Firmen mit und ohne Management via Complement

Fazit: Die Anhänger von Management via Complement sind – etwas vergröbert gesagt – viermal so gut wie diejenigen, die diese Idee gleichgültig läßt. Wir meinen, dies ist eine frappierende Aussage. Man kann darüber nicht zur Tagesordnung übergehen.

Wollen wir von den meist ungehobenen Schätzen dieser Metastrategie profitieren, so müssen wir uns klarmachen, daß unser Ziel keineswegs leicht zu erreichen ist. Wir müssen uns vor Augen halten, daß das, was uns hier mit solcher Vehemenz entgegentritt, nur in der Realisierung einer neuen Humanität Wirklichkeit werden kann. Dabei sollte man deutlich erkennen, daß wir hier nicht über das dümmliche »Seid nett zueinander« oder den Unfug des »Wir sind doch eine große Familie« reden.

Fazit: Um Management via Complement zu realisieren, brauchen wir eine neue Spielart des Umgehens miteinander. Ohne eine gewisse »stolze Demut« geht es nicht. Nicht nur ein Aufeinanderzugehen, sondern eines in der Erkenntnis der eigenen Unzulänglichkeit muß es sein. Dieser Unterschied ist gravierend.

Es wäre auch ein Irrtum zu glauben, in einigen asiatischen Kulturen sei dieses Modell bereits perfekt vorweggenommen. In der Tat gibt es dort einige Anklänge. Diese mögen darin liegen, daß MVC eine gewisse Abkehr von allzu krassem Individualismus anmahnt. Wir werden für MVC ein kleines Stück Hemdsärmeligkeit ablegen und ein wenig mehr Solidarität zusetzen müssen. Aber das Vorbild für MVC ist nicht der japanische »Ameisenstaat« mit seiner Armut an originärer Kreativität. Es geht um eine Modifikation unseres abendländischen Selbstverständnisses, nicht um eine Abkehr davon. Management via Complement erfordert ein durchaus selbstbewußtes, aktives, ja – streitbares (nicht japanisch-devotes) und innovatives »Sicheinbringen«, nicht Unterordnung.

Fazit: Ich möchte behaupten, daß Japaner von MVC überfordert wären und daß es ihrem Selbstverständnis wenig läge. Dies gerade ist die ungeheure Chance, die ich in Management via Complement im Zusammenhang mit der asiatischen Herausforderung erblicke. Mit MVC halten wir einen Trumpf ohnegleichen in Händen.

Ein wichtiger Teil der hier formulierten Botschaft ist aber auch dies: Wer MVC praktizieren will, kommt nicht umhin, sich selbst und seine Mitmenschen besser kennenzulernen. Nur wer in sich selbst hineingeschaut und diese Nabelschau zu einer selbstverständlichen Pflichtübung gemacht hat, schafft MVC. Psychologische Tests, das Gespräch über Persönlichkeitstypen und Charaktere, auch und gerade Assessment Centres, sind mögliche Wege zu sich selbst, die tatkräftig beschritten werden müssen. Dies ist unabdingbar.

Vision No. 5

Wenn wir nicht einem Irrtum unterlegen sind und wenn die von uns vorgelegten Zahlen der Wirklichkeit nahe kommen, dann ist Training und Unterweisung in Management via Complement eins der wichtigsten Themen für alle Programme der Personalentwicklung. Dies betrifft alle Hierarchieebenen, aber wie keine sonst die des Vorstandes bei Industrieunternehmen beziehungsweise der obersten Leitung von Ministerien und Verbänden.

Als Reaktion auf dieses Buch regen mehr und mehr Manager an, ein Programm zu entwickeln, das in seiner ersten Stufe exklusiv Vorsitzenden und Mitgliedern von Vorständen und Geschäftsführungen zur Verfügung steht und im Rahmen mehrtägiger Seminare den Hintergrund und die tägliche Praxis »ergänzenden Managements« vermittelt. Ab Herbst 1993 werden zahlreichen Vorständen die Vorteile ergänzenden Managements nahegebracht. Der Geist des Aufeinander-Zugehens breitet sich in der deutschen Wirtschaft zunehmend aus.

Wir sind damit bereits auf dem Wege vom Grundsätzlichen zu Fragen der praktischen Verwirklichung. Da eines meiner für mich ganz entscheidenden Anliegen darin besteht, einen Beitrag zur Realisierung von Management via Complement zu leisten, würde es mich sehr reizen, jetzt auf die dazu notwendigen Konzepte und Regeln einzugehen.
Andererseits darf man MVC nicht isoliert sehen, sondern nur in einem größeren Zusammenhang. Dieser Zusammenhang heißt Mind-Profit Management und ist das Gesamtkonzept, das ich hier vorzutragen versuche. Da wir noch weiter unten über die praktische Implementierung des Konzepts sprechen werden, bitte ich also den Leser bis dahin um Geduld. Dies nicht zuletzt, weil die jetzt folgenden Überlegungen im Anschluß an die Besprechung der ersten fünf Faktoren besonderen Vorrang haben. Es soll unter allen Umständen vermieden werden, daß die vorgestellten Erfolgsregeln falsch eingeschätzt werden – vor allem, daß nicht mehr in sie hineingeheimnist wird, als ihnen zukommt.

9. Anwendbarkeit und Aussagekraft

Fragen wir uns – bevor wir weitere, ebenfalls für die praktische Managementarbeit hochinteressante Erfolgsfaktoren durchsprechen –, was die bisher präsentierten, für viele überraschenden Ergebnisse wirklich besagen. Haben wir Patentrezepte vor uns, die es nur umzusetzen gilt, um dann garantiert zu reüssieren? Ist es ein Selbstbedienungsladen, ein Cash and carry des Erfolgs?

Empirische Trendregeln

Kein Mißverständnis wäre ärger als die obige Vermutung, und wir hoffen, in der ausführlichen Einleitung diesem bereits entgegengewirkt zu haben. Die Unterstellung von Patentrezepten wäre genau im Sinne jenes falschen, mechanistischen Denkens, das unserer Kultur vermutlich mehr schadet als nützt und das der Managementausbildung unserer Söhne und Töchter leider meist immer noch zugrunde liegt.

Fazit: Was wir von den Resultaten der fünf Königswege mitnehmen dürfen, sind bestätigte Vermutungen, wie sie aller menschlichen Erkenntnis zugrunde liegen: Ist ein Prinzip stark ausgeprägt, so wie unsere Faktoren 1 bis 5, dann besagt dies, daß die Wahrscheinlichkeit, erfolgreich zu sein, in der Tat bei deren Beachtung steigt.

Aber Wahrscheinlichkeit darf man nie und nimmer mit Gewißheit gleichsetzen. Wir haben es mit der Unschärfe zu tun, die für Erkenntnisse dieser Art generell gilt. Die fünf Faktoren begründen kein klares Verhältnis Ursache – Wirkung.
Was offeriert werden kann, sind keine Knallfrösche, die man anzündet – und dann knallt es. Es handelt sich auch nicht um eine Taschenlampe, die man einfach einschaltet – und dann wird's Licht. Diese Werte kann man nicht herbeikommandieren, man kann lediglich versuchen, sie zu leben, sie Gestalt werden lassen. Diese Faktoren sagen nicht: »Mach's!«, sondern: »Arbeite darauf hin, versuche, ein Umfeld zu schaffen, in dem solche Werte kultiviert werden können.« Das ist etwas ganz anderes als jenes Ursache-Wirkungs-Verhältnis, dessen Simplizität zwar schlichtweg falsch ist, das uns aber andererseits höchst willkommen wäre, denn wir sind in linearen Ursache-Folge-Relationen eingeübt und fühlen uns deshalb dort sofort zu Hause. Aber mit unscharfen Tendenzen leben zu müssen ist unser Schicksal.
Diese Schwierigkeit wird jedoch kompensiert durch die Dramatik, Einhelligkeit und innere Konsistenz der Daten. Darum meinen wir im Sinne von Poppers »Logik der Forschung« sagen zu dürfen: Bis jemand den Hinweis erbringt, daß unsere Behauptungen unlogisch, falsch interpretiert, von Mängeln behaftet oder durch Besseres zu ersetzen sind, spricht alles dafür, daß diese Regeln als Bestandteil einer modernen Management-Konzeption Einzug in die Vorstandsetagen und die Hörsäle der Universitäten halten. Nicht mehr, aber auch nicht weniger.

Geringe Wertschätzung

Wieviel wir uns damit vornehmen, wird uns aus Übersicht 23 deutlich. Es stimmt nachdenklich und besorgt, daß die Mehrheit unserer Manager gerade den besonders wichtigen Erfolgsfaktoren

Die fünf wichtigsten Erfolgsfaktoren für innovatives Management

Frage: Inwieweit werden diese Werte gelebt, d. h., bei wieviel Prozent der Unternehmen glaubt man daran und verwirklicht nachweisbar diese Regeln? Die Antwort ist untergliedert a. nach dem allgemeinen Durchschnitt aller Teilnehmer, b. nach dem Durchschnitt der Vorbildfirmen, die sich im oberen Drittel der Meßwerte befinden, also weit überdurchschnittliche Ergebnisse erzielen.	Prozentsatz a. bei allen Firmen b. bei Vorbildfirmen
1. Ergänzendes Aufeinanderzugehen Alle Menschen sind einseitig und erbringen nur auf wenigen Feldern Spitzenleistungen. Deshalb braucht einer den anderen. Gegenseitige Optimierung in Ansehung der eigenen, überprüften Unvollkommenheit ist gefordert.	a. 5 % b. 14 %
2. Vertrauensorganisation mit wenig Kontrolle Auf das Wichtigste beschränkt, ist Kontrolle nicht schlecht, aber Vertrauen ist bei weitem besser und effizienter.	a. 7 % b. 26 %
3. Einmaligkeit Wir wollen in allem, was wir intern und extern tun, Einmaligkeit erreichen.	a. 8 % b. 30 %
4. Visionäre Orientierung Wir verfügen über eine klare, schriftliche strategische Vision.	a. 12 % b. 47 %
5. Feindbild Wir haben ein eindeutig definiertes Bild unseres Hauptgegners. Diesen zu übertrumpfen ist Anliegen aller.	a. 16 % b. 26 %

Übersicht 23: Inwieweit werden die fünf stärksten Erfolgsfaktoren praktiziert?

wenig abgewinnen kann. Übersicht 23 zeigt uns, inwieweit sie akzeptiert sind und in der Realität gelebt und verwirklicht werden. Kommt ihnen die Bedeutung zu, die wir vermuten, dann ist dieses Bild ziemlich trostlos.

Die wirklich entscheidenden Faktoren erhalten eine Wertschätzung, die unerwartet gering ist. Hingegen werden wir noch sehen, daß diejenigen Werte, die entweder bedeutungslos sind oder gar abträglich, bei unseren Führungsteams mehrheitlich hoch im Kurs stehen.

Formulieren wir es ganz hart: Was wir hier als Leitlinien vortragen, ist vom gegenwärtigen Denken des Durchschnitts deutscher Manager meilenweit entfernt. Keine andere Darstellung bestätigt unsere Hauptthese so nachhaltig wie Übersicht 23 und macht deutlich, welche gewaltige Aufgabe sich Mind-Profit Management gestellt hat, nämlich die Werkzeuge und Mentalitäten der sechziger Jahre mit dreißigjähriger Verspätung endlich durch moderne Methodik und zukunftsweisendes Denken zu ersetzen.

Bei den Vorbildfirmen sieht es etwas besser aus. Dort ist unsere Botschaft bereits vielfach Realität geworden, und man darf zumindest große Offenheit für unsere Überlegungen erwarten. Aber eine Volkswirtschaft kann nicht allein von einem knappen Drittel Vorbildern leben.

Dennoch ist das Bild auch wiederum nicht so entmutigend, wie es auf den ersten Blick aussieht. Die Aufgeschlossenheit der Vorbildfirmen wurde bereits erwähnt. Erfreulicherweise gibt es noch einen weiteren Grund, nicht in Pessimismus zu verfallen: Wir haben die interviewten 437 Manager in zwei Altersgruppen eingeteilt. Dabei zeigte sich, daß die Mehrheit der über 48jährigen mit dieser neuen Mentalität und dem Management via Complement wenig anzufangen wußte. Anders dagegen die unter 48jährigen. Dort bejahten 61 Prozent das Aufeinanderzugehen und Sichergänzen, 37 Prozent waren sogar enthusiastisch dafür. Damit ist noch kein Krieg gewonnen, aber eine erste Schlacht ist geschlagen, und das gibt eine Menge Hoffnung. Ob wir allerdings Zeit haben, abzuwarten, bis diese jüngere Generation die Vorstandssessel besetzt hat, ist mir angesichts der Herausforderungen, die das nächste Jahrzehnt für uns bereithält, ein wenig fraglich. Ein schneller Lernprozeß – gerade der Älteren – täte not.

10. Empirischer Ansatz und Stichprobe

Bevor wir uns anschicken, in der Auswertung der gefundenen Daten fortzufahren, soll noch eine Anmerkung zum Grundsatz der Empirie gemacht werden, also zu dem Versuch, verläßliches, die Realität widerspiegelndes Material zu sammeln.
Dieser Versuch ist deshalb so wichtig, weil sich Vorschlägen für mehr Effizienz und Lebensqualität, für besseres Wirtschaften und bessere Politik zuhauf bei vielen Denkern, Publizisten, Wirtschaftstheoretikern, Philosophen und Visionären finden. Täglich überfluten uns in den Gazetten eine ganze Armada neunmalkluger Kommentare, Meinungen, Kritiken, und die Buchindustrie wirft jährlich Hunderte Bücher auf den Markt, die sich mit Themen wie dem unseren befassen.
Darum die Frage: Was unterscheidet dieses Buch von der Mehrheit dieser anderen Ansätze? Es ist der Härtetest der empirischen Nachprüfung, dem wir unsere Meinung ausgesetzt haben. Was wir hier an Empfehlungen aussprechen, ist Gegenstand einer empirischen Untersuchung gewesen: 437 Intensivkontakte, die meisten mehrmalig und viele Stunden lang, stehen hinter unseren Thesen.
Wenn wir aber schon einmal das Thema der Sicherheit und Verläßlichkeit unserer Aussagen anschneiden, dann sollte man sich folgenden Zusammenhang in Erinnerung rufen: Seit Karl Popper und seinen epochemachenden Arbeiten, wie etwa »Logik der Forschung«, wissen wir, daß es uns Menschen nicht beschieden ist, jemals Wahrheit zu erreichen. Das Höchste, was wir erzielen können, ist ein hoher Grad von Wahrscheinlichkeit, von Plausibilität. Aber es gibt keine endgültige Wahrheit, auf deren Lorbeeren wir uns ausruhen können. Wir werden uns lediglich in einem Prozeß endlosen Irrens an die Wahrheit der Dinge herantasten können.
Dieser Einsicht, die wir für eine der wichtigsten dieses Jahrhunderts halten – und die heute als von der Wissenschaft weitgehend akzeptiert angesehen werden kann –, gilt es, sich bewußt zu sein, wenn wir hier von Erfolgsregeln sprechen: Sie sind Leitlinien, die uns dazu verhelfen können, uns besser, schneller, eleganter an den Erfolg heranzutasten, seine Eintrittswahrscheinlichkeit zu erhöhen. Nicht mehr, aber auch nicht weniger ist das Versprechen dieses Buchs.
Aber Popper hat uns ebenfalls und mit nicht weniger Nachdruck

beigebracht, daß trotz bleibender Ungewißheit der empirische Versuch einer Überprüfung unserer Thesen durch nichts ersetzt werden kann. Die empirische Hinterfragung ist unabdingbar. Und in diesem Punkt möchten wir uns deutlich von allen Schöngeistern und Erfolgsphilosophen abheben, die sich der Mühe und Kleinarbeit des Versuchs empirischer Abstützung nicht unterzogen haben.

Fazit: Ausschließlich auf der eigenen Erfahrung fußende Anregungen mögen oft kreativer, logischer, einleuchtender oder mitreißender sein. Dennoch trennt uns von ihnen ein dramatischer Unterschied: Ohne das Experiment, das uns sagt, ob sie überhaupt Gültigkeit haben können, sind sie nicht mehr als die ganz persönlichen Meinungen von einzelnen. So gut und überzeugend und phantasievoll sie auch sein mögen, so autoritätsvoll ein Kommentar im ZDF oder ein Leitartikel in der FAZ sich auch immer schmückt, sie sind doch nur Konstruktionen ohne Verbindlichkeit, Anregungen ohne Beweis, Erklärungen ohne Absicherung.

Soweit es Spielregeln für Unternehmer und Manager sind, fehlt ihnen die Überzeugungskraft des Nachprüfbaren, die Stichhaltigkeit des Realitätsbeweises, und damit fehlt ihnen auch die Hoffnung auf Sicherheit bei der Anwendung.
Damit sollen spekulative Meinungsbeiträge keineswegs leichtfertig verurteilt werden, denn Poppers Philosophie hat nicht nur eine, sondern gleich zweierlei Konsequenzen:

① Sie rechtfertigt, daß Autoren ihrer Phantasie auf höchst kreative Weise freien Lauf lassen. »Spinnen« ist erlaubt, ja geboten, denn die Breite des Ansatzes bietet – laut Popper – zusätzliche Sicherheit, wenn ich doch schon ohnehin weiß, daß mir definitive Gewißheit grundsätzlich versagt bleiben muß. Das phantasievolle Schweifen des Geistes ist eines der fruchtbarsten Elemente der Forschung, der Philosophie und der Realitätsbewältigung. Wir brauchen dieses »laterale« Denken – wie es DeBono nannte – wie das Salz in der Suppe.

② Wenn es aber darum geht, das Ergebnis unseres Nachdenkens an andere Menschen nicht nur im Sinne einer kreativen Anregung, sondern als empfehlende Problemlösung weiterzureichen, dann ist es eine unserem Wissensstand unangemessene, eher mittelalterliche Praxis, es allein beim schönen Gedanken bewenden zu lassen.

Fazit: Trotz aller Wertschätzung der Spekulation steht es uns und unserer Kultur schlecht an, ungeprüft und leichtfertig subjektive Meinungen so zu verkünden, als handle es sich um abgesicherte Erkenntnis. Die Frage, wie man bestimmte Managementprobleme lösen, wie man in den Organisationen und Verwaltungen zweckmäßig und effizient miteinander umgehen sollte und wie wir uns ein klein wenig mehr Lebensqualität verschaffen sollten, kann also entweder als klar gekennzeichnete Spekulation vorgetragen werden, oder aber man will diese »Vorstufe« hinter sich lassen; dann ist es unabdingbar, daß eine empirische Verifikation stattfindet.

Wir haben dies mit den uns zur Verfügung stehenden Ressourcen nach bestem Wissen und Gewissen versucht. Dabei stehen sich Forscherwille und vorhandene Mittel häufig als feindliche Brüder gegenüber. Der Versuch, auch mit relativ kleinen Stichproben zu arbeiten, sollte uns dann aber immer noch willkommener sein als ein genereller Verzicht auf Abprüfung. Wir verteidigen nachdrücklich die eher etwas zu knapp geratene, empirische Basis, weil es zu den großen Verantwortungslosigkeiten unserer Zeit gehört, daß ein nicht unerheblicher Teil der betriebswirtschaftlichen Literatur die bloße Vermutung oder ungeprüfte Hypothese so »handelt«, als trüge sie das Gütesiegel der empirischen Überprüfung.

Vision No. 6

Ende des 20. Jahrhunderts fiel es den Menschen wie Schuppen von den Augen, und sie begriffen, daß über aller Diskussion wirtschaftlicher und sozialer Fragen eine intellektuelle Unredlichkeit lag. Stets hatte man – bewußt oder unbewußt – persönliche Meinung mit nachweisbaren Thesen verquickt. Man empfand es plötzlich als schmerzlich und moralisch ungut, nicht ganz sauber zu trennen zwischen These und empirisch Unter-

mauertem. Das Wort Beweis wurde aus dem Vokabular gestrichen, weil es unserem Denken nicht mehr entspricht. Man unterschied zwischen Hinweis (unbestätigte Meinung) und Nachweis (empirische Daten verbanden), und die Menschen entwickelten eine große Sensibilität für die Unterscheidung für beides. Es wurde auch zunehmend als degoutant empfunden, häufig zu sagen: »Ich weiß« oder: »Es kann doch kein Zweifel bestehen, daß . . .« Ja, sie folgten dem großen Popper, und es wurde mehr und mehr üblich zu sagen: »Ich schlage vor, dem Hinweis von X zu folgen . . .«
Dies alles waren Formalitäten, aber es stand doch mehr dahinter, nämlich die Erkenntnis mit dem permanenten Irrtum leben zu müssen und sich dennoch davon nicht entmutigen zu lassen.

Die Stichprobe

Nun noch ein Wort zu den teilnehmenden Firmen. Die Tabelle 24 wird den kritischen Leser vermutlich überzeugen, daß hier eine gut gemischte und vielseitige Stichprobe gegeben ist. Alle befragten Geschäftseinheiten dieser Stichprobe hatten ihren Sitz in den »alten« Ländern der Bundesrepublik. Die neuen Länder sind nicht berücksichtigt; ihre fehlende Kontinuität macht sie derzeit für die Ermittlung von Erfolgsregeln ungeeignet. Auf eine vielfältige Branchenauswahl wurde großer Wert gelegt; konzerntypische Geschäftseinheiten sind ebenso vertreten wie typisch mittelständische Strukturen.
Um nicht Äpfel und Birnen zu addieren, wurden stets nur in sich geschlossene Geschäftseinheiten analysiert, die einen einzigen, gut definierten Markt bedienen und eine überschaubare Palette ähnlicher Produkte anbieten. Unsere Geschäftseinheiten sind mit dem in der Literatur häufig verwandten Begriff der »strategischen Geschäftseinheit« identisch.
Der Untersuchung liegen 437 Kontakte zugrunde, 3,8 pro strategische Geschäftseinheit. Die Kontakte beinhalteten Interviews, Intensivgespräche und Fragebögen. Von den Gesprächspartnern waren 173 Vorstände oder Geschäftsführer, davon 71 Vorsitzende der Leitung der Geschäftseinheit oder der gesamten Firma. 148 Mitarbeiter gehörte der zweiten Ebene unterhalb des Vorstands

Branchenaufteilung von 116 Geschäftseinheiten				
Branchen	Anzahl Insgesamt	Aufteilung nach Firmengröße		
		Mittelstand	Großunternehmen	Multinationale Konzerne
Kurzlebige Konsumgüter	30	11	10	9
davon Nahrung und Genuß	13	4	6	3
Langlebige Konsumgüter	23	8	11	4
davon Pharma	9	2	5	2
Automobilzulieferer	10	4	5	1
Andere Industriezulieferer	17	10	4	3
davon Chemie	9	4	3	2
Investitionsgüter Elektrotechnik/Elektronik	10	6	3	1
Investitionsgüter Maschinenbau	12	5	4	3
Investitionsgüter Regeltechnik	6	2	3	1
Investitionsgüter Anlagenbau	8	2	4	2
Summe	116	48	44	24

Tabelle 24: Stichprobe der Enquete

an; häufig waren es die Leiter von Vertrieb, Produktion oder Forschung und Entwicklung. 116 Interviewte gehörten der dritten Ebene unterhalb des Vorstands an.

Die altersmäßige Zusammensetzung ergab ein Durchschnittsalter von 48,9 Jahren. Von den 437 Befragten waren 211 unter 48 Jahre alt, während 226 das 48. Lebensjahr überschritten hatten.
Soweit einige Fakten zur Stichprobe, die natürlich zu der entscheidenden Frage führen, ob wir hier eine Struktur vor uns haben, deren Ergebnisse repräsentativ und damit allgemeingültig sein können. Mit anderen Worten: Können wir das, was wir bei den 437 Managern und 116 Geschäftseinheiten herausgefunden haben, bedenkenlos auf die deutsche Industrie in ihrer Gesamtheit übertragen?
Gewiß: Hätten mehr Mittel, mehr Zeit, mehr qualifizierte Assistenten zur Verfügung gestanden, wäre eine Verdoppelung der Stichprobe wünschenswert gewesen. Deshalb müssen gewisse, allerdings nicht sehr erhebliche Toleranzen in Kauf genommen werden. Trotzdem erlaubt die soeben beschriebene Form der empirischen Absicherung, daß dieses Buch und sein Autor mit folgendem Anspruch auftreten dürfen: Wir befinden uns im Bereich der »annähernden« Repräsentation. Dies bedeutet:

Fazit: Man sollte nicht jede Zahl in diesem Buch auf die Goldwaage legen, aber um aussagefähige Tendenzen aufzeigen zu können, reicht die Breite der Stichprobe aus. Wir glauben deshalb, genügend Sicherheit im Gepäck zu haben, um denjenigen, die unseren Empfehlungen Folge leisten, eine gute Erfolgschance versprechen zu können.

Wer steht dahinter?

Auch wenn es uns gelungen ist, von der Güte der Stichprobe zu überzeugen, so ist die Frage nach den dahinterstehenden Unternehmen nur zu berechtigt.
Hier sind uns weitgehend die Hände gebunden, weil diese Enquete ursprünglich eine andere Zielsetzung hatte. Ich habe sie als Fakultätsmitglied des Internationalen Management Institutes in Genf begonnen, und zwar als reines Forschungsprojekt, nur für die interne Anwendung im Rahmen der Seminare für unsere Mitgliedsfirmen und ohne die Absicht einer kommerziellen Nutzung.

Zudem lag der Schwerpunkt am Anfang besonders auf dem Gebiet der Innovation. Deshalb wurden die teilnehmenden Firmen gebeten, für diese Enquete auch sehr vertrauliche, strenger Geheimhaltung unterliegende Innovationsprojekte freizugeben. Sie haben dies in einer ungewöhnlich offenherzigen Weise getan. Ich fühle mich dieser Großzügigkeit sehr stark verpflichtet, habe ich doch Einblick nehmen dürfen in Projekte, deren »Verrat« an die Konkurrenz auch noch heute beachtliche Vorteile für diese und eine erhebliche Schädigung der Urheber darstellen würde.
Als ich dann von dem gemeinnützigen akademischen Institut in die kommerzielle Welt des Unternehmensberaters bei der Kienbaumgruppe überwechselte, hat die überwiegende Zahl der teilnehmenden Firmen der Veröffentlichung und kaufmännischen Nutzung nur unter der Bedingung zugestimmt, daß Namen auf keinen Fall genannt und praktische Beispiele verfremdet werden. Mit einigen Firmen wurden hohe Konventionalstrafen für den Fall der Zuwiderhandlung vereinbart.
Dennoch seien hier einige der 116 Geschäftseinheiten aufgezählt, und zwar in Gestalt der Namen der jeweiligen Mutterfirmen. Von den drei Schwerpunkten der Enquete – Auswahl der Führungskräfte, Innovation und Prinzipien der Unternehmensführung – ist zumindest einer dieser drei Befragungsteile im Sinne einer systematischen Enquete bei einer der Untergeschäftseinheiten des jeweiligen Hauses durchgeführt worden:

Aga Ab, Alcan Aluminium Limited, Bayer AG, N.V. Bekaert SA, The Boc Group, BP – The British Petroleum Company PLC, Ciba-Geigy AG, Daimler-Benz AG, Dow Chemical Europe, Du Pont de Nemours International SA, Henkel KG, Hewlett Packard SA, Honeywell INC., IBM Europe SA, ICI – Imperial Chemical Industries PLC, National Westminster Bank PLC, Nestlé OY, Nokia Corporation, Pilkington Brothers PLC, The Rio Tinto Zink Corporation PLC, Schneider SA, Shell International Petroleum Company Limited, Société Nationale Elf Aquitaine, Unilever PLC, Vickers PLC, Volkswagen AG, AB Volvo.

Die Auswahl dieser Firmen geschah unter dem Gesichtspunkt der in Tabelle 24 dargestellten Branchen- und Größenvielfalt, aber auch unter dem Gesichtspunkt, eine gewisse Zahl besonders innovativer, progressiver Unternehmen präsent zu haben, um gerade die Gruppe der sogenannten »Vorbildfirmen« aussagefähig zu machen und sicherzustellen, daß genügend Firmen teilnehmen, denen man eine gewisse Führungsrolle zusprechen kann.

Das Porträt von Vorbildern und Versagern

Da wir im weiteren Verlauf sehr häufig auf die folgenden zwei Referenzgruppen anspielen beziehungsweise bestimmte Teilgruppen mit ihnen in quantitative Vergleiche setzen werden, sei nachfolgend in Tabelle 25 das Porträt der dreißig Vorbildfirmen und der als »Versager« eingestuften dreißig Firmen dargestellt. Wir rufen hierzu nochmals in Erinnerung, daß wir im einen Fall die dreißig besten, im andern die dreißig schlechtesten aus den 116 Geschäftseinheiten zusammengefaßt haben. Maßstab der Auswahl waren die sieben Meßwerte aus Tabelle 25.

Methode der Enquete

Es kam ein vielfältiges Bouquet empirischer Methoden zur Anwendung:

- Interviews anhand strenger, vorgegebener Fragebögen, von denen nicht abgewichen werden durfte,
- Gespräche mit Interviewleitfaden,
- eine Batterie der verschiedensten psychologischen Tests,
- schriftliche Fragebögen, wenn es um die Ermittlung von Zahlen, besonders Finanzzahlen ging.

Die Befragung wurde in der Zeit von 1986 bis 1992 durchgeführt. Die Vorarbeiten und Erstkontakte reichen noch weiter zurück. Eine Überprüfung der meisten Daten – ganz besonders derjenigen, die der Veränderung unterliegen und nicht nur auf die Vergangenheit bezogen sind – fand 1992 statt, so daß man sagen kann, daß die Ergebnisse weitgehend dem Stande des Jahres 1992 entsprechen.
Die Frage- und Test-Technik wurde seit 1980 erarbeitet und stellt ein Kapital dar, das aus Konkurrenzgründen hier nicht preisgegeben werden kann. Wo immer möglich und sinnvoll, sind die gestellten Fragen im Text und in den Tabellen wörtlich wiedergegeben.

Meßwerte	30 Vorbildfirmen	30 Versagerfirmen
• Kapitalrendite. Durchschnittlicher operationaler Gewinn vor Steuern in % vom eingesetzten durchschnittlichen Kapital	9,3 %	1,3 %
• Umsatzgewinn. Durchschnittlicher operationaler Gewinn vor Steuern in % vom Umsatz	9,1 %	1,1 %
• Liquidität. Dynamischer Verschuldungsgrad; er bringt zum Ausdruck, in wieviel Jahren die Effektivverschuldung durch den Cash-flow – also durch die aus dem Umsatzprozeß gewonnene Liquidität – getilgt werden kann	1,2	2,9
• Innovationszeitraum. Monate, die durchschnittlich benötigt wurden, damit Innovationen schwarze Zahlen schreiben, d. h. also den Break-even-Punkt erreichen	30 Monate	93 Monate
• Innovationsanteil. Anteil der innovativen Neulancierungen (IN) in % am Gesamtumsatz; als IN wurden nur Erzeugnisse oder Dienstleistungen gezählt, die fünf oder weniger Jahre am Markt waren	56 %	14 %
• Innovationsgewinn. Durchschnittlicher Gewinn vor Steuern in % vom Umsatz, den alle Innovationen im fünften Jahr nach der nationalen Lancierung erzielten	7,8 %	– 3,9 %
• Floprate. Wieviel % der Innovationen der letzten sieben Jahre mußten vom Markt zurückgezogen werden?	28 %	59 %

Tabelle 25: Das Porträt der sogenannten Vorbildfirmen und der Versagerunternehmen

Ein wichtiger Teil der Methodik ist die nachfolgend beschriebene Konzentration der Enquete.

Konzentration auf die produzierende Industrie

Man mag es bedauern, aber die begrenzten Mittel, die für diese Enquete zur Verfügung standen, ließen es nicht zu, auch den großen Dienstleistungsbereich samt Handel zu erfassen. Außerdem gab es methodische Gründe, sich auf die produzierende Industrie zu beschränken.
Man mag dies angesichts des großen Wachstums der Dienstleistungen in unserer Wirtschaft bedauern, andererseits waren wir der Auffassung, daß unsere innovative Kraft derzeit im Bereich der produzierenden Wirtschaft eher Ermüdungserscheinungen zeigt, eher veränderungsbedürftig ist. Die großen Niederlagen, die wir gegenüber Japan/Asien erlitten haben, wo Teile unserer Industrie vernichtet wurden, haben sich im Bereich der Produkte, weniger in dem der Dienstleistungen und des Handels abgespielt. Auch die Branchen, wo große Herausforderungen anstehen, schienen uns noch stärker im Produktionsbereich zu liegen. Da wir uns aus erhebungstechnischen Gründen für eines von beidem, also entweder Dienstleister oder Produktion, entscheiden mußten – beides war finanziell nicht vertretbar –, haben wir, keineswegs leichten Herzens, die Entscheidung zugunsten der produzierenden Industrie gefällt.
Wir streben danach, die Enquete auf europäischer Ebene und unter Ausnutzung aller gewonnenen Erfahrung noch einmal durchzuführen. Gelingt es, die dafür erforderlichen Mittel bereitzustellen, so werden wir mit Sicherheit die Dienstleister einschließlich Handel in die Untersuchung einbeziehen. Daß die Analyse von physisch greifbaren Produktinnovationen erhebungstechnisch einfacher ist als die von Dienstleistungsangeboten, sei hier am Rande erwähnt. Ein entsprechendes Instrumentarium läßt sich jedoch entwickeln und ist bereits in Vorbereitung.

Verallgemeinerungsfähigkeit

Es stellt sich natürlich die Frage, ob das, was hier in bezug auf Produkte und produzierende Industrie ermittelt wurde, verallgemeinerungsfähig ist oder ob wir uns irgendwelcher Aussagen über die innovative Situation bei Dienstleistern völlig enthalten sollten. Hierzu ist zu sagen, daß die allererste Erhebungsstufe noch mit der Intention durchgeführt wurde, beide Industriesektoren abzudecken. Was damals ermittelt wurde, ist nicht ausgereift noch statistisch relevant genug, um es zu veröffentlichen, jedoch kann folgendes festgehalten werden.

Fazit: Es ergibt sich aus den gesammelten, aber nicht vollständigen Daten, daß die Vermutung große Wahrscheinlichkeit hat, daß die Dinge bei den Dienstleistern nicht grundsätzlich anders liegen. Die soweit ermittelten quantitativen Daten, mehr noch die qualitativen Aussagen über Innovation sind vermutlich weitgehend auf den Dienstleistungsbereich übertragbar. Im Prinzip haben wir bei Innovation ein soziopsychologisches Problem vor uns, das zuvörderst von Werten und Haltungen bestimmt wird, also von Gegebenheiten, die bereits zwischen den untersuchten Branchen keine signifikanten Unterschiede zeigten und bei denen es dem gesunden Menschenverstand völlig widersprechen würde, daß Innovation bei einem Versicherer oder bei einem großen Handelsunternehmen grundlegend anders ist.

Wir empfehlen also den Lesern, die aus der Dienstleistung kommen, davon auszugehen, daß die hier gemachten Aussagen weitgehend übertragbar sind, weil wir meinen, daß es absolut falsch wäre, eine rigorose Trennlinie zu ziehen. Da fast alle betriebswirtschaftlichen Gesetze auf beide Sektoren zutreffen, wäre es völlig unverständlich, wenn eine Übertragung unserer Daten auf die Dienstleistungsindustrie völlig unsinnig oder gar gefährlich wäre. Dies soll uns dennoch nicht dazu verleiten, es uns hier gar zu leicht zu machen. Im Sinne strenger Empirie war der Dienstleistungssektor nicht Gegenstand der Untersuchung. Die Übertragbarkeit hat ein hohes Maß von Wahrscheinlichkeit – mehr aber nicht.

Die Branchenunabhängigkeit der Ergebnisse

Eine der wichtigsten Einsichten, zu der wir auch erst im Verlauf der Untersuchung kamen, ist die, daß eigentlich fast alles, was mit Erfolg, Innovation und Erneuerung und mit Ideen- und Projekt-

schicksalen zu tun hat, in sehr unterschiedlichen Industrien dennoch sehr ähnlich ist, ja oft identische Strukturen aufweist.
Diese Einsicht ist deshalb so wichtig, weil wir – um zu allgemeingültigen Aussagen zu gelangen – natürlich Daten zusammenfassen müssen. Wir haben vom Stahlkocher bis zum Würstchenabpacker alles in einen einzigen Topf getan. Geht das? Wir hatten zu Beginn der Enquete sehr große Zweifel hieran.
Wir glauben, diese Zusammenschau heute voll bejahen zu dürfen, denn wir haben folgendes festgestellt, was eine der großen und nicht erwarteten Überraschungen der Enquete war: Zwischen den konsumnahen Industrien (Uhren, Lebensmittel, Waschmaschinen) und den konsumfernen Industrien (Maschinenbau, Anlagenbau, Basisprodukte) bestehen trotz aller gravierender Unterschiede außerordentlich ähnliche Erfolgsrelationen. Wir meinen deshalb, daß eine globale Erfassung – an die wir ex ante nie und nimmer geglaubt hatten – völlig legitim ist. Beispiel: Die Serienfertigung schwerer Elektromotoren und die Zigarettenherstellung weisen fast identische Relationen zwischen der benötigten Zahl von Projektideen und Erfolgschancen auf. Die typologische Zusammensetzung ist zwar von Betrieb zu Betrieb recht unterschiedlich, die Branchenunterschiede zeigen dahingegen lediglich ein Viertel der Schwankungsbreite.
Um dies noch ein wenig zu substantiieren, zeigen wir nachstehend den Vergleich von drei in der Stichprobe ziemlich gut vertretenen Firmengruppen. Tabelle 26 stellt zunächst die drei Branchen und ihren Anteil an der Enquete vor.

Branchen	Anzahl Insgesamt	Aufteilung nach Firmengröße		
		Mittelstand	Großunternehmen	Multinationale Konzerne
1. Kurzlebige Konsumgüter	30	11	10	9
2. Investitionsgüter Elektrotechnik/Elektronik	10	6	3	1
3. Investitionsgüter Maschinenbau	12	5	4	3
Summe	52	22	17	13
Zum Vergleich Gesamtheit der ganzen Enquete	116	48	44	24

Tabelle 26: Teil der Stichprobe, für den verschiedene Erfolgs- und Akzeptanzrelationen gesondert ausgewertet wurden

In Tabelle 27 zeigen wir, inwieweit die ersten drei Erfolgsfaktoren gelebt und akzeptiert sind. Die große Ähnlichkeit der Resultate ist frappierend.

Branchen	Akzeptanz Erfolgsfaktor 1	Akzeptanz Erfolgsfaktor 2	Akzeptanz Erfolgsfaktor 3
1. Kurzlebige Konsumgüter	6,3 %	10,3 %	9,7 %
2. Investitionsgüter Elektrotechnik/Elektronik	7,1 %	9,8 %	9,3 %
3. Investitionsgüter Maschinenbau	4,4 %	6,2 %	7,9 %
Zum Vergleich Gesamtheit der ganzen Enquete	5,1 %	7,3 %	8,4 %

Tabelle 27: Überraschende Ähnlichkeiten zwischen völlig unterschiedlichen Industrien

Oder in Tabelle 28 noch ein weiteres Beispiel. Es geht darum, wieviel Innovationsalternativen das Stadium der Präsentation vor dem Board (Vorstand) erreichen müssen, damit ein einziges Erfolgsprodukt zustande kommt, das sich mindestens fünf Jahre am Markt hält und nach dieser Zeit eine Rendite abwirft, die höher ist als die gegenwärtige Rendite der lancierenden Geschäftseinheit als Ganzes. Ferner ging es darum, wieviel Produktlancierungen erforderlich sind, wenn es zu einem solchen Erfolgsprodukt kommen soll. Es ist auch hier wieder frappierend, wie ähnlich diese doch wahrlich unterschiedlichen Branchen abschnitten.

Branchen	Pro Erfolgsprodukt benötigte Boardpräsentationen	Pro Erfolgsprodukt benötigte Lancierungen
1. Kurzlebige Konsumgüter	36	14
2. Investitionsgüter Elektrotechnik/Elektronik	29	17
3. Investitionsgüter Maschinenbau	31	20
Zum Vergleich Gesamtheit der ganzen Enquete	34	16

Tabelle 28: Pro Erfolgsprodukt in verschiedenen Branchen benötigte innovative Vorleistungen

Wir geben hier nicht die zahllosen weiteren Korrelationen wieder, die uns alle zu der Schlußfolgerung einer weitgehenden Branchenunabhängigkeit führten.

Fazit: Alle Ermittlungen beinhalteten, so wie die Tabellen 27 und 28, die Botschaft, daß die Regeln des Erfolges, das innovative Geschehen und die Führungsprobleme sich von Branche zu Branche im Durchschnitt nicht drastisch unterscheiden. Dies ist zunächst erstaunlich, wenn man jedoch die in diesem Buch dargestellten »Gesetzmäßigkeiten« betrachtet, wird es glaubhafter, weil es offensichtlich bei Erfolg, Führung und Innovation auf ganz andere und viel wichtigere Parameter ankommt, so daß der Einfluß der Branche zurücktritt und schließlich bei den meisten Fragestellungen vernachlässigt werden darf.

IV. Die Gegenwelt der Mittelmäßigkeit

1. Ordnung regiert die Welt – oder was?

Wir wollen nun eine Kehrtwendung vornehmen, den Blick von den ganz besonders wichtigen – weil extrem positiven – Erfolgsfaktoren abwenden und uns jene Werte anschauen, die die Schattenseite des Managements darstellen. Dazu betrachten wir die Gesamtübersicht 29 mit der Auflistung aller Faktoren.

Die Gesamtübersicht aller Erfolgsfaktoren

In der Reihenfolge ihrer von Stufe zu Stufe abnehmenden Bedeutung angeordnet, reicht diese Übersicht vom Faktor No. 1, Management via Complement (MVC), über die fünf »Königswege« bis zu den »sehr wichtigen Faktoren«. Daran schließen sich die lediglich als »wichtig« eingestuften Faktoren 13 bis 21 an; weiter geht es mit den »schwachen Faktoren«, bis wir schließlich am Ende zu den sogenannten »Negativwerten« gelangen. Über die gesamte Länge der Übersicht 29 sind auf der rechten Seite neben jedem Faktor dessen spezielle Erfolgswerte in Prozent eingetragen. Diese Zahlen bedürfen einer Erklärung.
Im Gegensatz zu den vorhergehenden Tabellen haben wir die Darstellung der Erfolgsmeßwerte in der Übersicht 29 ein wenig vereinfacht: Anstatt jedesmal sämtliche sieben Meßwerte, von der Kapitalrendite bis zur Floprate für die Anhänger und die Gegner voll darzustellen, haben wir siebenmal für jeden Meßwert ausgerechnet, um wieviel Prozent die Anhänger besser sind als die Gegner. Aus diesen Prozentzahlen errechneten wir dann den ungewichteten Mittelwert für den Faktor als Ganzes.
Steht also in Übersicht 29 beim Faktor »Markt und Qualitätsführerschaft« die Zahl 170, so bedeutet dies, daß die Anhänger dieses Wertes 170 Prozent besser abschneiden als die Gegner. Damit ist eine Fülle von Einzeldaten auf einen einzigen Nenner gebracht, was Übersichtlichkeit und Interpretation erleichtert.

Fragestellung: Sind die Anhänger und Verwirklicher dieser Werte leistungsstärker als die Gegner dieser Verhaltensweisen?	Dezidierte Anhänger sind x % besser als Ablehner
1. Ergänzendes Aufeinanderzugehen Alle Menschen sind einseitig und erbringen nur auf wenigen Feldern Spitzenleistung. Deshalb braucht einer den anderen. Gegenseitige Optimierung in Ansehung der eigenen, überprüften Unvollkommenheit.	1. Königswege **347** besser
2. Vertrauensorganisation mit wenig Kontrolle Auf das Wichtigste beschränkt, ist Kontrolle nicht schlecht, aber Vertrauen ist bei weitem besser und effizienter.	**286**
3. Einmaligkeit Wir wollen in allem, was wir intern und extern tun, Einmaligkeit erreichen.	**236**
4. Visionäre Orientierung Wir verfügen über eine klare, schriftliche strategische Vision.	**222**
5. Feindbild Wir haben ein eindeutig definiertes Bild unseres Hauptgegners, den zu übertrumpfen aller Anliegen ist.	**209**
6. Vorgesetzte dienen ihren Mitarbeitern Bei uns zählen Hilfe und Förderung der Mitarbeiter mehr als Macht und Status. Wir üben richtiges Kundenverhalten an den Mitarbeitern. Wir versuchen, gemeinsam zu entscheiden.	2. Sehr wichtige Faktoren **181**
7. Innovation Wir sind eine kreative Entdecker-Company; Innovation zählt mehr als alles andere.	**180**
Nicht repräsentativer Sonderfaktor: **Einsatz moderner Mentaltechniken** Autogenes Training, NLP, Selbstprogrammierung werden regelmäßig angewandt.	**176**
8. Leistungsdenken dominiert Die Mehrheit will sich mit anderen messen und überdurchschnittlich sein.	**175**
9. Die Sache, nicht die Form zählt Unsere Organisation ist völlig unbürokratisch, und nur das Allernotwendigste ist geregelt (gemäßigtes Chaos).	**171**
10. Markt- und Qualitätsführerschaft Wir betätigen uns nur in Märkten, wo wir bei hoher Qualität sehr gute Marktanteile erzielen können. Qualitäts- und Marktführerschaft sind unsere Ziele.	**170**
11. Die meisten von uns sind Technologiefans Dies gilt auch für Nichttechniker. Oft geht die Begeisterung für neue Technik mit uns durch, und wir vernachlässigen darüber kaufmännische Aspekte.	**169**
12. Humor; Leichtigkeit Bei uns wird gelacht und herumgealbert; wir nehmen uns nicht so furchtbar wichtig.	**158**
13. Neue Technologien Mehr als 50 % unserer Produkte/Dienstleistungen werden durch Technologien ermöglicht, die es vor 15 Jahren noch nicht gab.	3. Wichtige Faktoren **138**
14. Vergütungsrelevantes Management by Objectives Mehr als 15 % der Vergütung hängt vom Erreichen der Ziele ab.	**133**

15. Extreme Kundennähe Systematische Überprüfung der Kundenzufriedenheit; Customer Satisfaction ist höchster Wert.	132
16. Institutionalisierte Vorgesetztenkritik Regelmäßige offene oder vertrauliche Kritikmöglichkeit.	119
17. Small is beautiful Begrenzung der Mitarbeiterzahl bei Fabriken, Verwaltungen, Headquarters.	105
18. Betreuung Fürsorgliche Begleitung durch Karriereplan, Tests und Job-rotation. Eingehen auf persönliche Neigungen.	111
19. Lernkultur Unsere Geschäftseinheit ist eine Lernwerkstatt, wo Fehler gemacht werden dürfen. Über 15 % der Mitarbeiter sind in Qualitätszirkeln organisiert.	99
20. Delegation und kurze Entscheidungswege Wir glauben an Dezentralisierung und flache Hierarchie.	97
21. Sonderstatus Krise Wir glauben an Teams, Konsens, Partizipation, Menschlichkeit, aber in Krisensituationen wird notfalls autoritär entschieden.	55
	4. Schwache Faktoren
22. Solides Finanzgebaren Zügige Begleichung von Kreditoren; Anlagen mit Eigenkapital finanziert; gute Liquidität.	17
23. Ertragspartizipation Bei uns partizipieren über 30 % der Mitarbeiter am Gewinn (unabhängig von ihrer Leistung).	11
24. Wir glauben an koordinierende Querschnittsverantwortung Produktmanager/Matrixorganisation.	7
	5. Negativwerte
25. Unverbindliche Toleranz Es herrscht ein entspanntes Klima; man ist nett, ohne sich zu nahe zu kommen.	– 11 %
26. Bei uns herrscht ein gesundes Mißtrauen Man muß sich rechtfertigen; jeder kontrolliert jeden.	– 34 %
27. Ordnung regiert die Welt Bei uns herrscht Ordnung, und dabei soll es auch bleiben. Jeder muß haargenau wissen, was er soll und darf. Bei uns wird nicht lange gequatscht, sondern angeordnet und gehandelt. Eigenmächtigkeiten und Schlamperei sind verpönt.	– 67 %

Die hier ausgewiesenen Zahlen basieren gegenüber früher veröffentlichten Versionen auf einer wesentlich vergrößerten Stichprobe und unterscheiden sich deshalb von diesen geringfügig.

Übersicht 29: Die Erfolgsfaktoren für innovative Zukunftsbewältigung

Bei der nun folgenden Betrachtung greifen wir einen ganz bestimmten Teil aus der Übersicht 29 heraus. Die Faktoren 1 bis 5 haben wir bereits ausführlich besprochen; die folgenden Faktoren 6 bis 24 überschlagen wir, weil sie sich weitgehend von selbst erklären und beschäftigen uns mit den »Schlußlichtern«, also mit den Faktoren, die am schlechtesten abschnitten.
Haben wir im vorhergehenden Kapitel das glanzvolle Bild der so positiv herausragenden Erfolgswerte skizziert, so schauen wir nun bei den Faktoren 25, 26 und 27 gleichsam in den »Hades« des Managements. Was also ist abschreckend und muß gemieden werden?

Gute und schlechte Verteilungen

Bevor wir diese Frage beantworten, ist ein Wort zu dem Vorgehen am Platze, das uns diese Negativwerte beschert hat. Wir sind an die Untersuchung so herangegangen, daß wir zunächst einmal aus der betriebswirtschaftlichen Literatur achtzig mutmaßlich erfolgversprechende Verhaltensweisen herausgefiltert haben, die bei zumindest einem Autor als mögliche Erfolgsfaktoren beschrieben worden sind. Dann wurden diese achtzig »Items« in die Untersuchung eingegeben; die Manager wurden mit allen achtzig konfrontiert. Jede der 437 befragten Personen nahm zu der Frage Stellung, wie stark jeder Wert bei seiner eigenen Geschäftseinheit angesehen und verwirklicht war. Daraufhin korrelierten wir die Werte mit den sieben Erfolgsmeßzahlen, die wir bereits ausführlich besprochen haben.
Das Ergebnis dieser Korrelationen fiel – wie bei jeder empirischen Untersuchung – sehr unterschiedlich aus. Teilweise waren die Ergebnisse besonders eindeutig – wenn zum Beispiel die Anhänger eines »Feindbilds« ziemlich einheitlich sehr gute, hohe Erfolgsmeßwerte aufwiesen. Dann konnte dieser Wert als Erfolgsfaktor identifiziert und ausgewiesen werden. Solche »klaren« Fälle sind stets durch eine »Gaußsche Normalverteilung« gekennzeichnet, wie sie Abbildung 30 wiedergibt. Hier scharen sich Fälle sehr harmonisch und fast symmetrisch um einen Mittelwert. Eine dieser Struktur sehr nahe kommende Verteilung lag bei allen von uns ausgewiesenen Faktoren vor.
So leicht wie bei diesen klaren Fällen macht es uns die Wirklichkeit aber nicht immer. Oft ist die Verteilung so, daß man nichts Rechtes mit den Ergebnissen anfangen kann. So war unter an-

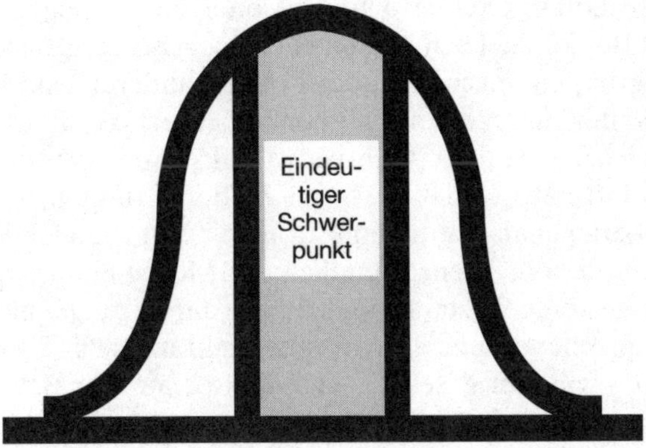

Abb. 30: Gaußsche Normalverteilung

derem der Faktor »Unsere EDV ist der Konkurrenz merklich überlegen« in der ursprünglichen Werteliste enthalten. Warum findet er sich nicht unter den Erfolgsfaktoren?
Das ist ganz einfach zu erklären: Wir mußten ihn beiseite lassen, weil die Verteilung völlig unharmonisch und widersprüchlich war. Abbildung 31 zeigt, was uns da begegnete: Etwa die Hälfte der Befragten wies bei der Frage nach überlegener EDV sehr hohe Erfolgsmeßwerte aus, aber die andere Hälfte zeigte sehr niedrige Werte.

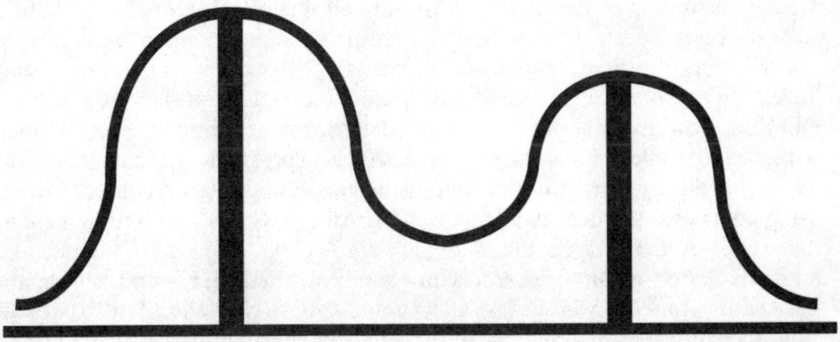

Abb. 31: Unharmonische Verteilung mit zwei Schwerpunkten

In einem derartigen Fall muß man sich fragen: Was stimmt denn nun? Sind die Firmen, die ihre EDV für gut und der Konkurrenz überlegen halten, eher erfolgreiche oder eher erfolglose Unternehmen? Beides zugleich kann nicht sein. Also vergleicht man die zwei Teilgruppen hinsichtlich der Präsenz anderer Faktoren. (Wir werden weiter unten einen Fall kennenlernen, wo diese Methode erfolgreich zu einer der wichtigsten Einsichten der ganzen Enquete geführt hat.) So haben wir die beiden Gruppen, nämlich die »EDV-Überlegenen mit guten Erfolgen« und die »EDV-Überlegenen ohne Erfolg«, sehr gründlich auf Merkmale überprüft, die diese festgestellte Unterschiedlichkeit der Erfolge hätten verständlich machen können. Wird man dann **nicht** fündig, so eliminiert man – wie hier gesehen – den Faktor aus der Bewertung. Der Leser, der empirische Sozialforschung nicht kennt, sollte aus dieser Praxis keine falschen Schlußfolgerungen ziehen: Solche nicht interpretierbare Resultate und die Ausklammerung von schwer interpretierbaren Fakten sind keineswegs Zeichen schlechter Arbeit oder mangelnder Qualität der Untersuchung. Dieses Phänomen ist etwas völlig Normales, in jeder Untersuchung stößt man darauf. Wir begegnen hier einer »Grauzone«, bei der jeder Forscher seine Grenzen eingestehen sollte; irgendwelche gequälten Versuche einer Aussage wären Unsinn.*

---

* Diese Notwendigkeit, Elemente mit widersprüchlichen Resultaten auszuscheiden, ist der Grund, warum viele technisch orientierte Faktoren in unserer Analyse nicht auftauchen. Die zwei Ausnahmen sind die Faktoren 12 und 13, die den Einzug neuer Technologien und die Haltung gegenüber neuen Technologien hinterfragen. Weitere elf technisch-naturwissenschaftlich ausgerichtete Werte und Verhaltensweisen zeigten die eben beschriebene, nicht interpretierbare, »schlechte« Verteilung. Trotz des Hinzuziehens mehrerer angesehener Ingenieure und zweier Technologieprofessoren sind wir über das Warum zu keiner schlüssigen Erklärung gekommen. Diese Anmerkung sei vor allem für naturwissenschaftlich geprägte Leser und Ingenieure gemacht, die es vermutlich meiner mehr geisteswissenschaftlichen Orientierung ankreiden werden, daß technische Erfolgsfaktoren – bis auf die genannten zwei – fehlen. Sie waren anfänglich ein wichtiger Teil der Untersuchung, und wir hatten uns interessante Hinweise erhofft. Leider – und ich bedaure dies sehr – mußten wir sie fast alle »unter den Tisch« fallen lassen, weil die Schlüssigkeit fehlte. Sollte sich für eine Wiederholung der Enquete auf europäischer Ebene die Möglichkeit finden, werden wir diesem Problembereich ganz besondere Aufmerksamkeit widmen. In ihrer jetzigen Form hat die Enquete in der Tat ein gewisses kaufmännisch-soziologisches Übergewicht. Andererseits ergaben die zwei ermittelten Faktoren 12 und 13 wichtige und klare Hinweise: Technologiebesessenheit und innovative Technologie bei den Neulancierungen der letzten zwanzig Jahre sind starke Erfolgsfaktoren.

Abschreckendes

Zurück zu den Negativwerten, also den Faktoren mit den Nummern 25, 26 und 27. Wie alle anderen waren sie zunächst der Literatur entnommen, und wir haben sie mit der Arbeitshypothese überprüft, daß auch sie vielleicht zu den Erfolgsgaranten zählen könnten. Dann aber kam das überraschende Ergebnis: Während wir noch mit einem mittelmäßig befriedigenden Abschneiden rechneten, zeigten die Zahlen unübersehbar zwei Resultate:

① Diese Faktoren »arbeiten« anders als die restlichen 24. Bei den drei Negativwerten sind die Anhänger nicht – wie sonst üblich – besser als die Gegner. Nein, umgekehrt wird ein Schuh daraus: Die Anhänger erzielen schlechtere Resultate als die Gegner! Anders ausgedrückt: Man meide diese Faktoren besser; sie bedeuten Gefahr.
② Die drei Negativfaktoren weisen alle drei ganz besonders gute, harmonische Verteilungen auf. Das Ergebnis ist also eindeutig und eine Verallgemeinerung zulässig.

Als wir den Teilnehmern an unserer Enquete den negativen Einfluß dieser Werte vortrugen, gab es Erstaunen, dann Unglauben und teilweise sogar Beschimpfungen. »Sie rühren hier an Dinge, die mir heilig sind«, sagte ein eher konservativer Manager. Hier werden also offenbar sensible Punkte berührt.

Fazit: Das Abschneiden der drei Negativwerte ist eine Überraschung, für nicht wenige ist es eine Verunglimpfung übelster Sorte. Es ist in der Tat nicht ganz leicht einzusehen, daß das Bekenntnis zu Ordnung (Faktor 27), das Eintreten für ein gesundes Mißtrauen (Faktor 26) und das Befürworten einer unverbindlichen Toleranz (Faktor 25) unbedingt so schlecht abschneiden müssen. Dies ruft nach einer Erklärung.

Werfen wir erst einen Blick auf die (Miß-)Erfolgszahlen der Übersicht 32, bevor wir die Frage des Inhalts dieser Werte erläutern.

Drei negative Faktoren

Frage 1: Inwieweit sind die Anhänger und Verwirklicher dieser Werte/Unwerte leistungsstärker oder leistungsschwächer als die Gegner dieser Verhaltensweisen? Frage 2: Inwieweit werden diese Werte/Unwerte gelebt, d.h. bei wieviel Prozent der Unternehmen glaubt man daran und verwirklicht nachweislich diese Regeln? Frage 2 unterteilt nach a. allgemeinem Durchschnitt aller Teilnehmer, b. nach dem Durchschnitt der Vorbildfirmen.	Frage 1: Dezidierte Anhänger sind X % schlechter als Ablehner	Frage 2: Prozentsatz a. bei allen Firmen, b. bei Vorbildfirmen
25. Unverbindliche Toleranz Es herrscht ein entspanntes Klima; man ist nett, ohne sich zu nahe zu kommen.	–11 %	a. 64 % b. 16 %
26. Bei uns herrscht ein gesundes Mißtrauen Man muß sich rechtfertigen; jeder kontrolliert jeden.	– 34 %	a. 73 % b. 14 %
27. Ordnung regiert die Welt Bei uns herrscht Ordnung, und dabei soll es auch bleiben. Jeder muß haargenau wissen, was er soll und darf. Bei uns wird nicht lange gequatscht, sondern angeordnet und gehandelt. Eigenmächtigkeiten und Schlamperei sind verpönt.	– 67 %	a. 78 % b. 13 %

Übersicht 32: Die Faktoren 25, 26 und 27 und deren Meßwerte und Akzeptanz

Im Gegensatz zu den fünf Königswegen haben wir es hier mit Verhalten zu tun, die abträglich zu sein scheinen. Dieser Schlußfolgerung kann man sich nicht verschließen, wenn man die jeweiligen Leistungskennzahlen betrachtet. Alle drei liegen im negativen Bereich, will sagen, die Meßwerte der Anhänger dieser Werte schneiden um 11, 34 bzw. 67 Prozent schlechter ab als diejenigen, die diesen Werten nicht anhängen.
Die Übersicht 32 sagt aber noch etwas Zweites aus, nämlich daß diese offenbar nicht gerade vorbildhaften Werte oder eher »Unwerte« von einer nicht unerheblichen Zahl von Firmen befolgt, hochgehalten und als **Tugenden** empfunden werden. 73, 64 beziehungsweise 87 Prozent aller Befragten hängen jeweils diesen Vorstellungen an, also in jedem Falle eine satte Mehrheit.
Kann das sein? Drei Werte, die offensichtlich nichts bringen, die im Gegenteil sogar negativen Einfluß auf die Unternehmensleistung haben und die Ertrags- und Erfolgschancen mindern, werden von so vielen hochgepriesen? Und: Sind denn Ordnung, gesundes Mißtrauen und unverbindliche Toleranz wirklich Untugenden? Man hat das doch auch schon ganz anders gehört.
Wenden wir uns nun den Inhalten dieser Werte zu, bevor wir versuchen herauszufinden, warum sie Schaden anrichten können.

Süchtig nach Ordnung und Struktur

Ob es die Amtsstuben der Beamten, die Hörsäle unserer Universitäten, die Kommandozentralen der Konzerne oder die Labors der Forscher sind – überall in deutschen Landen steht Ordnungschaffen in sehr hohem Kurs. Die strukturgebende Kraft einer rationalen Durchdringung der Welt und ihrer Probleme ist für die Mehrheit der Gebildeten ein höchster Wert. Ihm nachzustreben und Chaos und Unordnung zu überwinden ist löblich, kulturvoll und des Schweißes der Edlen wert. Ordnung, so die weitverbreitete Annahme, ist vor allem für jegliche soziale Organisation wie Unternehmen, Hochschule, aber ebenso für Verein, Partei, Behörde, Pressure-groups, ja selbst für die Familie ganz und gar unerläßlich. Daß sich volle 78 Prozent so vehement zum Ordnungsgedanken bekennen, dürfte genug Beweis für dessen Wertschätzung sein. Viele sozio-psychologischen Studien lassen darüber hinaus die Vermutung zu, daß die Anhängerzahl außerhalb der Wirtschaft eher noch stärker ausfällt. Alles spricht dafür, daß

wir ein Phänomen vor uns haben, das gleichermaßen für die Gesamtbevölkerung typisch ist.
Das ist freilich nicht so sehr erstaunlich, denn das Streben nach physischer oder geistiger Ordnung läßt sich allemal rechtfertigen: Was ist Zivilisation schon anderes, als daß an die Stelle der Zufälligkeit und des Wunders das Gesetz und die Erklärbarkeit treten? Seit die Griechen in ihren antiken Blütetagen zu erster Wissenschaftlichkeit ansetzten, seit die Rolle und Aufgabe eines Philosophen erstmalig definiert und vorgelebt wurde und der kühne Gedanke der Demokratie das Licht der Welt erblickte, seitdem ist die Ratio Inbegriff des Menschseins. Ein vernünftiges Strukturieren unseres physischen und geistigen Umfelds, gepaart mit strenger Selbstkontrolle, sind hervorstechende Merkmale der Kultur, der preußisch-deutschen ganz besonders.
Aus diesem Weltverständnis können wir uns nur schwer lösen. Auch wenn sich der Optimismus in die Möglichkeiten der Vernunft ein wenig abgekühlt hat, so bleiben wir dennoch im Bann dieses Vermächtnisses. Zwar ist es in Mode gekommen, sich durch fernöstliche Techniken der Ratio ein wenig zu entziehen, aber dies ist doch eher ein reizvolles Abenteuer, vielleicht eine exotische Horizonterweiterung, doch keine wirkliche Alternative zur reinen Vernunft. So jedenfalls sieht es die Mehrheit. Und haben sie, die so denken, etwa unrecht?

Fazit: Der Wunsch, daß Ordnung die Welt regieren möge, ist fast allen Managern höchstes Anliegen. Eine Fülle soziologischer Studien in der westlichen Welt bestätigt diese Haltung auch als mehrheitlich typisch für die mittleren und oberen Bevölkerungsschichten. Nur in der sozialen Unterschicht fehlt dieses eindeutige Bekenntnis häufiger. Auch wenn die Jüngeren nicht gar so stark im Bann dieser Ausrichtung stehen, so hat uns unsere Enquete doch auch gezeigt, daß der Unterschied zwischen den Generationen ziemlich gering ist, so daß man im Wert der Ordnung nicht nur heute, sondern auch morgen eine der stärksten Prägekräfte unserer Welt erblicken darf.

Gegen diese mehrheitlich sehr tief sitzende Überzeugung Sturm zu laufen muß zwangsläufig Unverständnis herausfordern. Nur wer die intellektuelle Größe besitzt, alles, aber auch wirklich kompromißlos alles in die Möglichkeit des Irrens einzubeziehen, wird der weiteren Diskussion gelassen folgen.

Sie stellen jeden dritten

Schon sehr früh in der Geistesgeschichte wurde der um Ordnung ringende Mensch im Sinne eines Typus personifiziert – sei es der forschende Denker, der Struktur in unsere Welt bringt, sei es der Staatsmann, der nach Prinzipien handelt, sei es der moralisch Gefestigte, der Sittlichkeit verkörpert. Sie alle treten bereits im frühen griechischen Theater als gut gezeichnete Typen auf. Mindestens so bedeutsam ist die volkstümlichere Gestalt dessen, der sich im Übermaß um Ordnung bemüht, der sie zum Fetisch macht, sie kritiklos über alles stellt. Der Pedant und kleinliche Erbsenzähler, der Ordnung und Sitte auf die Spitze treibt und uns allen auf die Nerven fällt, hat seit es Komödien gibt, stets eine große Rolle gespielt.

Die Psychologie steht dem Theater nicht nach. Alle uns bekannten Typologien – und es gibt deren sehr viele – kennen diesen auffälligen, dazu leicht beschreibbaren Typus, der vom Drang, Ordnung zu realisieren, dominierend geprägt wird. Nirgends fehlt dieser Ausbund an Ordnung und Disziplin, der analytisch Begabte, der pedantische Kleinkrämer, der reine Zahlenmensch, der moralinsaure Paragraphenmensch, der blinde Gefolgsmann, der Gefühllose, der nicht akzeptiert, was über Zahlen und Vernunftargumente hinausgeht, der Ordnungsfanatiker, den es krank macht, wenn das Lineal auf dem Schreibtisch ein wenig verrutscht ist, und der völlig fassungslos dasteht, wenn in Menschen Gefühle durchbrechen und das Chaos einmal um die Ecke lugt. Sein stetes Auftauchen in fast allen Typologien könnte darauf schließen lassen, daß er sehr wichtig ist und daß es ihn häufig gibt – sei es in seiner ernsthaft-disziplinierten Form, sei es in der eher belustigenden Spielart des kleinlichen Pedanten.

Wir sind dieser Frage nachgegangen und haben die Bedeutung dieses Typus ermittelt, indem wir – zumindest für Manager – durch entsprechende Tests festgestellt haben, daß etwa 32 Prozent der Menschen diesem Typus zugehören. Zählt man noch diejenigen mit, die zwar anderen Persönlichkeitstypen zuzurechnen sind, aber doch ebenfalls starke Neigungen zu Ordnung und Struktur besitzen, so kommt man mühelos auf etwa 40 Prozent.

Fazit: Alle Überlegungen in Richtung Kommunikation und Werbung, jeder Zeitungsartikel, jede politische Botschaft, kurz: jegliches Auftreten im sozialen Bereich – sie alle müssen davon ausgehen, daß der Typus des ordnungsorientierten Analytikers die größte Bevölkerungsgruppe darstellt. Sie fühlt sich in ihrem Credo durch Jahrhunderte wissenschaftlichen Fortschritts, durch Jahrtausende militärischer Disziplin und letztendlich von der christlichen Tradition (der katholischen Kirche allemal) nachhaltig bestätigt.

Diese strategisch wichtigen Resultate wurden in unserer Enquete nochmals drastisch verstärkt durch eine Bewertung, die unsere 437 befragten Manager alle vornehmen mußten: Von 27 vorgegebenen Werten, die ihnen in Form von 27 Spielkarten vorlagen, mußten sie den allerwichtigsten aussuchen und an die Spitze legen, dann den zweitwichtigsten darunter, den dritten an die dritte Stelle etc. Der Wert, der in Übersicht 32 als Faktor 27 – also als schlechtester – ausgewiesen ist, schnitt als eindeutiger Sieger ab. 78 Prozent sahen in ihm den wichtigsten Garanten des Erfolgs! Ihre Entscheidung erfolgte ohne den geringsten Zweifel am eigenen Urteil, im Gegenteil, es geschah mit Stolz, daß unsere 78 Prozent Ordnungsanhänger hinzufügten, daß gerade dies in ihren Betrieben gepflegt würde, daß man endloses Herumgequatsche nicht leiden könne und daß Unordnung, Schlamperei und Eigenmächtigkeit unerträglich seien. Es scheint, als ob vielen diese Perspektive fast »heilig« ist. Lebenssinn und Selbstverständnis kämen in heillose Verwirrung, würde man ihnen nachweisen wollen, daß Ordnung und Struktur etwas Bedenkliches oder gar Schreckliches sind.
Wen wundert's? Vom Kindergarten bis zur Doktorarbeit trichtert man uns ein, daß wir mit »vernünftigen« Gedanken und Taten unsere Umwelt strukturieren sollen. Selbst wenn wir nicht als pedantische Ordnungshüter geboren sind, werden wir vermutlich durch unsere Ausbildung dorthin beeinflußt. Engen wir den Blick von der Gesellschaft als Ganzes ein und konzentrieren wir unsere Beobachtung auf den Manager, so ist dieser in der Regel Volks- oder Betriebswirt oder Ingenieur. Beide Bildungswege standen und stehen unter einem vorwiegend rationalen Ansatz.

Sind Ordnungsfreunde prädestinierte Verlierer?

Unser Ergebnis muß in der Tat wie ein Blitz eingeschlagen sein, denn was wir empirisch nachweisbar und mit großer Eindeutigkeit aus unserer Enquete gelernt haben, besagt ja nichts anderes, als daß die Tugenden der Ordnung, der Disziplin, der Genauigkeit und der messerscharfen Analyse keineswegs das Aushängeschild der ganz Erfolgreichen sind. Im Gegenteil.

Fazit: Wer der Auffassung ist, daß analytisches Ordnungsstreben im Konkurrenzkampf einen ganz hohen oder gar den höchsten Stellenwert verdient und an die Spitze der Werteskala gestellt werden sollte, irrt gründlich. Die entschiedenen Freunde des Faktors 27 gehören zu den wenig Erfolgreichen! Der Verdacht, daß »Ordnung regiert die Welt« die Confessio der Versager sein könnte, wird von den Daten nahegelegt.

Nach dieser Feststellung wird es unter meinen Lesern mit Sicherheit viel Protest hageln. Aber auch wir wollen unser Erstaunen nicht verhehlen und haben uns gefragt, wie dieses auch für uns in dieser Radikalität erstaunliche Ergebnis zu erklären ist. Geben uns die Zahlen einen Hinweis, was es mit diesem so hoch geschätzten Wert auf sich hat? Oder sind wir einem Irrtum zum Opfer gefallen? Keineswegs. Aber um ein großes Mißverständnis zu vermeiden, müssen wir uns einer besonderen Eigenart unserer Ergebnisse bewußt sein.

Die Relativität unserer Aussagen

Was wir hier statistisch aufbereitet haben, ist eine Erfolgsbewertung einzelner Verhaltensweisen, Organisationsregeln, Einstellungen. Entscheidend ist dabei, daß die Erfolgsfaktoren **vergleichend** nebeneinandergestellt werden. Beispiel: Bei der Besprechung der fünf Königswege wurden die Faktoren »Ergänzendes Management (MVC)« und »Feindbild« beschrieben. MVC schnitt extrem gut, Feindbild gut ab. Wir können daraufhin beide miteinander vergleichen und kommen so zu einer *relativen*, weil vergleichenden Interpretation. Die Aussage lautet: Im Vergleich zu Feindbild ist MVC wichtiger und noch erfolgversprechender. Die Frage, wie

gut oder schlecht ein Faktor im Sinne einer absoluten Bewertung ist, interessiert weniger, weil alle unsere Entscheidungen zwischen konkurrierenden Alternativen erfolgen, also **relativ** sind.
Was der mathematisch versierte, kritische Leser sich vielleicht wünschen würde und als fehlend kritisieren mag, ist eine sogenannte »multivariate« Aussage in dem Sinne, daß wir die Interdependenz der einzelnen Werte mit allen anderen darstellen. Ich leugne nicht, daß dies lehrreich wäre, doch die Knappheit der vorhandenen Mittel, aber auch methodologische Überlegungen haben uns von einem Ansatz in diese Richtung Abstand nehmen lassen.
Der Leser, der den hiermit zusammenhängenden Fragen noch etwas mehr auf den Grund gehen möchte, kann dies im folgenden Exkurs tun. Wer mehr an der praktischen Nutzung unserer Ergebnisse als an Methode und Erkenntnismöglichkeit interessiert ist, sollte den Exkurs vielleicht überschlagen und auf Seite 160 weiterlesen.

Exkurs: Die richtige Interpretation der Aussagen

Wir haben schon mit dem Hinweis auf Karl Popper und Albert Einstein aufgezeigt, daß wir absolute Gut-Schlecht-Urteile nicht mehr ernsthaft anstreben können und sollen. Aber neben dieser philosophischen Überlegung gibt es noch zusätzlich einen ganz und gar praktischen Grund, daß unsere Ergebnisse nur im Sinne einer relativen Aussage gültig sind. Diese Relativität kommt dadurch zustande, daß wir es mit mehr Dimensionen zu tun haben, als wir miteinander gleichzeitig in Beziehung setzen können. Da sind:

- sieben Meßwerte, wovon jeder eine sehr unterschiedliche Verteilungsstruktur aufweist,
- ein ganzer Kosmos von achtzig Wertfaktoren, die wir während der Untersuchung auf 27 reduziert haben; aber 27 sind immer noch eine beachtliche Vielfalt,
- die Gruppen der Anhänger und Gegner eines jeden Wertes mit der jeweils unterschiedlichen Struktur ihrer Zusammensetzung.

Wie kann man ein derart komplexes Material sinnvoll aufarbeiten? Der erkenntnistheoretisch interessanteste Weg wäre vermut-

lich gewesen, den Wertekosmos einer jeden Geschäftseinheit als Ganzes (27 Faktoren) den Meßwerten (7 Werte) gegenüberzustellen und pro Geschäftseinheit eine vernetzte Gitterstruktur aller Werte zu erarbeiten. Der nächste Schritt hätte darin bestanden, Strukturähnlichkeiten zwischen den Gittern zu ermitteln.
Auch wer nur geringe mathematisch-statistische Kenntnisse besitzt, wird erkennen, daß wir hier eine sehr komplizierte Struktur vor uns haben. Eine Vereinfachung schien uns deshalb erforderlich. Welche Kombination haben wir gewählt, welchen Weg eingeschlagen?
Die Entscheidung wurde von der Zielsetzung bestimmt, zu einer Gruppenaussage hinsichtlich bestimmter Werte zu gelangen. Deshalb wurde gegenüber dem eben angedeuteten Ansatz eine Vereinfachung vorgenommen. Wir engten den Blick auf einen Faktor ein, der dann siebenfach durch die Meßwerte bei den Anhängern und Gegnern untersucht wurde.
Die bereits erwähnte Relativität der dann möglichen Aussage kommt dadurch zustande, daß wir jeweils nur einen Wert untersuchen und dabei zunächst alle anderen Haltungen außer Betracht lassen. Beispiel: Während wir uns aufs Feindbild konzentrieren, fragen wir nicht automatisch nach Einmaligkeit, sondern lassen diesen Wert vorläufig links liegen. Indem wir den Blick auf eine einzige Verhaltensform und deren sieben Meßwerte konzentrieren, entgeht uns die Interdependenz der Erfolgsfaktoren untereinander. Diese Einschränkung haben wir dennoch in Kauf genommen, meinen allerdings, daß die Aussagekraft der Ergebnisse immer noch bedeutend ist, besser jedenfalls als andere methodische Vorgehensweisen.
Freunde der multivariaten statistischen Techniken werden hier möglicherweise einwenden, sie hätten für die hier vorliegende Fragestellung die richtige mathematische Methode, die es gerade nicht erforderlich mache, den Blick einzuschränken. Diese multivariaten Methoden erfreuen sich uneingeschränkten Zuspruchs bei nicht wenigen Universitätsprofessoren deutscher Zunge. Mittlerweile gibt es aber – besonders in den USA – zur Vorsicht mahnende Stimmen, die vor einer Überschätzung und vor nachweisbaren Schwächen dieser vermutlich etwas überbewerteten Methode warnen. Ich gestehe, daß ich zu den Skeptikern dieses Ansatzes gehöre, obgleich ich als Leiter eines EMNID-Instituts und früherer Mitarbeiter des hier besonders progressiven Hauses

Reemtsma an den ersten Großprojekten dieser Art in Deutschland teilgenommen habe. Da gerade gegenüber den Jüngeren, die in diesen Methoden meist gut trainiert sind (ob sie die zugrundeliegende Philosophie ganz durchschauen, ist eine andere Frage), möchte ich die Beweggründe, auf diese Technik bewußt zu verzichten, nicht unerwähnt lassen:

1. Die jetzt einsetzende Kritik und eigene Erfahrungen machen mich methodologisch skeptisch.
2. Der Erklärungswert der multivariaten Ergebnisse scheint mir in der Mehrzahl der Fälle zweifelhaft.
3. Die Resultate der etwa hundert mir bekannten Anwendungen multivariater Methoden in der empirischen Sozialforschung waren von erschreckender Dürftigkeit in der Aussage und zeichneten sich nicht selten durch abenteuerliche Interpretationsversuche aus, die weder den Theoretiker noch den nach Hilfe suchenden Praktiker überzeugen konnten.
4. Wir haben in unserer Enquete erhoben, wieviel Prozent deutscher Führungskräfte, die heute an den Hebeln der Macht sitzen, diese Methoden beherrschen beziehungsweise sie wenigstens passiv zu verstehen vermögen. Es waren ganze 11 Prozent. Der überwiegende Teil meiner Leser hätte also nicht folgen können. Das verbietet es, meiner Zielgruppe gegenüber eine »Sprache« zu sprechen, die nicht verstanden wird. Das Heranziehen eher konservativer Methoden der Statistik schien mir deshalb imperativ.

Kehren wir nun zur Ausgangsfrage zurück, und gesellen wir uns nun wieder den Lesern zu, die diesen Exkurs überschlagen haben. Wir haben soeben auf die Relativität unserer Aussagen hingewiesen, was selbstverständlich auch auf den besonders kritischen Wert 27, »Ordnung regiert die Welt«, zutrifft. Wir wollen dies noch ein wenig vertiefen, indem wir uns an Tabelle 33 klarmachen, was das schlechte Abschneiden dieses Faktors wirklich zu bedeuten hat.
Vielleicht hilft ein Vergleich noch ein wenig weiter: Den Führerschein zu besitzen und ein Auto steuern zu können war 1910 etwas Besonderes. Jetzt, zum Ausgang des 20. Jahrhunderts, ist der Besitz der Fahrerlaubnis eine Selbstverständlichkeit. Man kann also heute damit kaum noch einen Blumentopf gewinnen. Dies

scheint uns genau die Problematik zu sein, der wir begegnen, wenn wir erfahren, daß es auf Ordnung eigentlich gar nicht mehr so sehr ankommt.

Die Ergebnisse zum Thema »Ordnung regiert die Welt« besagen folgendes nicht:	Die Ergebnisse besagen:
a) Ordnungsstreben an sich ist schlecht, abträglich, verurteilenswert.	a) Will man im Konkurrenzkampf gut abschneiden, dann sollte man nicht übermäßig auf diesen Faktor setzen.
b) Ordnungsstreben führt mit Gewißheit in den Mißerfolg.	b) Die relative Erfolgswahrscheinlichkeit ist gering bis schlecht.

Tabelle 33: Aussagekraft des schlechten Abschneidens von Faktor 27

Mit der Relativierung verlieren weder der Führerschein noch die Ordnung ihre Bedeutung. Wer von uns könnte ohne ihn auskommen! Aber: Der Besitz des Führerscheins lockt niemanden mehr hinter dem Ofen hervor. Wenn mich heute ein angehender Betriebswirt fragen würde, worauf es für seine zukünftige Karriere ankomme, dann würde ich auf vieles aufmerksam machen, aber der Führerschein wäre nicht darunter. Dieser hat eine relativ schwache, wenn auch keine absolut schwache Bedeutung. Oder frei nach Goethe: Nur das nicht Selbstverständliche zieht uns hinan! 1910 hätte mein Rat sicherlich anders gelautet.
Im Falle des Ordnungsstrebens liegen die Dinge ähnlich: Der Wunsch nach Ordnung und nach einem analytischen Ansatz ist so stark zur zweiten Natur des (gebildeten) Menschen geworden, daß wir dieses Streben beinahe als Selbstverständlichkeit ansehen dürfen. Dies sogar in so hohem Maße, daß gefragt werden muß, ob uns dieses an sich so lobenswerte Streben nicht bereits hinderlich werden kann, wenn es im Übermaß vorhanden ist. Gerade darauf weist die negative Erfolgsmeßzahl von minus 67 Prozent hin.

Fazit: Die Aussage bei einer Gegenüberstellung der Meßwerte von Anhängern und Gegnern eines Erfolgsfaktors besagt immer nur, wie bedeutsam der zur Debatte stehende Faktor im relativen Vergleich mit allen anderen getesteten Faktoren abschneidet.

Aber eines ist aller Relativität zum Trotz klar: Im Falle von »Ordnung regiert die Welt« ist ein Zuviel von Schaden! Warum?

Ursachen für das schlechte Resultat von Faktor 27

Wertewandel: Auch wenn wir viel Verhärtung und fehlende Flexibilität ermittelt haben, so sind die verhemente Kritik der Beweglichen und das schlechte Gewissen der Beharrenden Hinweis genug, daß unsere Haltungen und Werte Neupositionierungen erfahren haben. Solcher Wertewandel läßt Menschen anders handeln, erschüttert sie, ruft Unsicherheit hervor. Unsere Ergebnisse sind das Resultat dieses Wandels. Ordnung, Disziplin, Struktur haben einen relativ schlechteren Platz zugewiesen bekommen, als sie ihn vor vierzig oder fünfzig Jahren erhalten hätten. Damit sind analytisches Vorgehen, Ordnung in den menschlichen Beziehungen, Korrektheit keineswegs entthront worden, aber sie sind nicht mehr das, was sie einmal waren.
Als Leitwert mit Glanz und Aktualität ist Ordnungsstreben abgesetzt; es weist nicht in die Zukunft. Wenn heute Werte wie Partizipation, Kreativität, Vision oder Management by Chaos in Mode stehen, so hängt das vermutlich mit dreierlei zusammen:

- Diese Haltungen haben etwas mit der Welt von morgen zu tun.
- Es steckt in ihnen ein Stück Aufbegehren gegen die Welt von gestern, die oft von militärischer Strenge oder gar repressiver Kommandowirtschaft bestimmt war.
- Bezeichnenderweise sind diese Werte weit von Analyse und zerlegendem Sezieren entfernt, sie streben vielmehr in Richtung auf ganzheitliches Verstehen.

Zweifel an der Moral: Ordnung ist nicht per se moralisch, aber Moral und moralische Regeln haben immer etwas mit Ordnung und Ordnungswillen zu tun. Dabei sollte nicht vergessen werden, daß der Satz »Das tut man nicht« oder – noch schlimmer – »Was sollen denn die Leute dazu sagen« vermutlich die beiden meistgehörten Sätze eines Heranwachsenden sind. An dieser Erziehung, die Heidegger als »Pädagogik zum verlogenen man« gebrandmarkt hat, hegen wir mit Recht erhebliche Zweifel. Noch viel größere Zweifel plagen uns, wenn wir uns fragen, woher Erzieher, Politiker, Lehrer, Funktionäre eigentlich die Kraft für so viele unerschütterliche Moralgrundsätze hernehmen, die sie zwar nicht leben, aber deshalb um so lautstärker einfordern.

Diese Unglaubwürdigkeit macht es heute vielen schwer, Ethik zu akzeptieren, weil sie so selten vorgelebt wird. Da gleichzeitig die Kirchen leerer und leerer und von Jahr zu Jahr bedeutungsloser werden, wird moralische Ordnung eher zum Unthema. Gleichzeitig lockern sich viele Ordnungsvorstellungen. Wir haben in unserer Enquete gefragt, ob es strengstens zu verurteilen, nicht akzeptabel, verzeihlich oder ganz in der Ordnung sei, wenn Manager auf Geschäftsreisen mal diesen oder jenen Gegenstand im Hotel »mitgehen« lassen.

34 Prozent fanden dies ganz in der Ordnung und weitere 17 Prozent noch verzeihlich. Dies heißt nichts anderes, als daß die Mehrheit (51 Prozent) gegen ein Eigentumsdelikt ernstlich nichts einzuwenden hat. Der Leser wird uns deshalb vermutlich folgen, wenn wir feststellen, daß an die Stelle einer unerschütterlichen eine sehr relative Moral getreten ist, die vergebens nach dem gültigen Maßstab sucht. Ordnung festigt sich nicht, sondern löst sich auf.

Verschwundener Kulturoptimismus: Der heitere Optimismus des ausgehenden 19. und des frühen 20. Jahrhunderts ist verschwunden; wir haben vielfach Schiffbruch erlitten. Wir waren davon ausgegangen, daß unsere Welt Stück für Stück entziffert werden kann, daß wir zunehmend vernünftigere Ordnungen schaffen und von Jahr zu Jahr klüger werden würden. Die heutige Wirklichkeit mit ihren ungelösten Ökoproblemen, mit ihrer Überbevölkerung, mit Ozonloch, Atomwaffen und ihrem unnatürlichen Gefälle zwischen Überreichen und Hungernden sieht anders aus. Die Zahl der Stimmen, die es für wahrscheinlich halten, daß wir unsere Welt über kurz oder lang vollständig zugrunde richten, hat beängstigend zugenommen. Daß uns die ordnende Vernunft auf vielen Sektoren nicht weitergebracht hat, ist nicht zu übersehen.

Oder etwas Betriebswirtschaftliches: Warum kriegen wir es nicht fertig, die Lancierung neuer Produkte in der Mehrheit der Fälle zum Erfolg werden zu lassen? Die ziemlich gleich lautenden Forschungsergebnisse in allen westlichen Ländern berichten uns, daß trotz aller Marktforschung, trotz höchstbezahlter Fachleute aus Technik und Marketing nur ein winziger Bruchteil der Neulancierungen seinen Weg macht. Wir haben dies in unserer Enquete mit großer Gründlichkeit untersucht (Kapitel »Welche Idee kommt durch?«), und das Ergebnis ist erschütternd. Warum gibt es so viele Pleiten? Warum können wir neunmalklugen Manager daran offensichtlich nichts ändern? Irgendwie scheinen wir uns auf einem Irrweg zu befinden – oder nicht? Wir kommen nicht darum herum: Optimismus hat es schwer, weil die ordnenden und klärenden Kräfte zu oft versagt haben.
Ordnung schafft keine Begeisterung: Noch ein letzter Gedanke, der helfen soll, die relative Unwichtigkeit des ordnenden, analytischen Ansatzes zu verstehen. Überlegen Sie einmal, was einen jungen Menschen mehr motiviert: eine logisch abgeleitete Verhaltensregel, die durchaus stichhaltig und richtig sein kann – oder aber ein flammender Aufruf, der den Schwung einer missionarischen Botschaft hat? Sie werden nicht lange raten müssen. Die ordnende Vernunft und die analytisch richtige Einsicht mögen eine gute Grundlage für ein Forschungsprogramm sein; geht es aber darum, Menschen zu motivieren, sie zu begeistern oder sie sogar ein befreiendes Glücksgefühl erleben zu lassen, dann taugt dieser Ansatz nur bedingt oder gar nicht. Was aber will der Mensch? Und was brauchen wir in unseren Fabriken, Direktionsetagen und Labors? Einsichtige oder Begeisterte? Vermutlich beides, aber die Begeisterung darf auf keinen Fall fehlen!

Fazit: Die fundamentale Bedeutung des rationalen Ansatzes leugnen zu wollen hieße die Tradition der abendländischen Kultur verleugnen. Wir wären in der Tat nicht, das was wir heute sind, wenn es nicht seit geraumer Zeit Menschen gäbe, die mit intellektuellem Mut die Strukturen unserer Welt mit vernünftiger Theorie ausleuchten und analysieren würden. Wir werden dies auch weiterhin brauchen. Dennoch sind Zweifel erlaubt, ob wir uns in unserer heutigen Situation noch ganz und gar auf diesen Ansatz verlassen sollten, wie es die Mehrheit der Manager offenbar immer noch und nachweislich tut. Wir müssen uns den Weg zu den Herzen bahnen. Mit »Ordnung, Ordnung über alles« geht das schlecht.

Woran liegt es, daß die Freunde rationalen Denkens so unerwartet schlecht abschneiden? Warum favorisieren die Jüngeren in soviel stärkerem Maße Werte wie Vision, Sinnfindung, Eigenständigkeit, Selbstverwirklichung. Warum sind die Gläubigen in Sachen Ordnung um volle 67 Prozent schlechter in ihren Ergebnissen als diejenigen, die Ordnung nur mit der linken Hand betreiben, für die Disziplin nichts so ganz und gar Entscheidendes, Struktur nicht der Weisheit letzter Schluß und ein wenig Chaos erträglich sind?

Die Methode, sich in einer solch schwierigen Frage zu einer Antwort vorzutasten, ist stets die gleiche: Man schaut nach, wie es mit den anderen Werten 1 bis 24 steht. Und da kommt auch die vermutlich überzeugendste Antwort: Bei den folgenden Erfolgsfaktoren schneiden die Freunde von »Ordnung regiert die Welt« mäßig bis schwach ab. Je intensiver das Ordnungsstreben ausgebildet ist, desto schwächer sind die in Tabelle 34 aufgelisteten Faktoren ausgeprägt. Mathematisch ausgedrückt: Beides verhält sich umgekehrt proportional zueinander.

Ich glaube, dies ist die überzeugendste und klarste Antwort auf das vermeintliche Rätsel des schlechten Abschneidens und der Erfolglosigkeit der Überordentlichen. Mit ihrem Credo – wenn es wirklich stark bis übertrieben ausgeprägt ist – scheint es sich einfach nicht zu vertragen, den neuen Werten, die seit etwa zwei Jahrzehnten mehr und mehr Bedeutung gewonnen haben, Raum zu geben. Die Öffnung zur Moderne findet bei den Disziplinierten nicht oder nur halbherzig statt.

Bei Anhängern des Faktors 27 besonders schwach ausgeprägte andere Faktoren • Ergänzendes Aufeinanderzugehen (Faktor 1) • Vertrauensorganisation mit wenig Kontrolle (Faktor 2) • Visionäre Orientierung (Faktor 4) • Vorgesetzte dienen ihren Mitarbeitern (Faktor 6) • Die Sache, nicht die Form zählt (Faktor 9) • Humor und Leichtigkeit (Faktor 11) • Institutionalisierte Vorgesetztenkritik (Faktor 14)
Tabelle 34: Wo »Ordnungsfanatiker« ihre Schwächen haben

Fazit: Das kompromißlose Eintreten der »Ordnungsfetischisten« für ihre Version guten Managements läßt nicht jene wünschenswerten Freiräume, in denen die oben aufgeführten Werte gedeihen können. Die Überordentlichen rupfen mit ihrer Strenge und ihrem moralischen Anspruch diese zarten Pflänzchen gleichsam mit Stumpf und Stiel aus. Und es sind die für Erfolg besonders wichtigen Faktoren, die gerade sie nicht annehmen wollen.

Wenn wir den Typus des »ordnungsorientierten Analytikers« weiter unten noch besser kennenlernen werden, stoßen wir darüber hinaus noch auf einen Tatbestand, der das Verstehen des ganzen Problemkomplexes noch ein wenig einfacher macht. Wir werden sehen, daß der Ordnungsfanatiker nur scheinbar wie ein kühler Rechner handelt. Nur nach außen hin tut er so, als ob er immer zu sich sagen würde: Dies ist der bessere Weg, und darum gehe ich ihn. Es verhält sich oft ganz anders: Hinter dem Drang zu Ordnung und Struktur stehen nicht selten starke Emotionen der Angst: Furcht vor dem Chaos, vor der Unreinlichkeit, vor dem Schmutz, vor dem nicht mehr Überschaubaren. Dies sind Ängste, die gerade nicht auf der Grundlage einer rationalen Entscheidung zustandegekommen sind, sondern die ihre Wurzeln tief im Irrationalen haben.
Und da geschieht etwas, das besonders faszinierend ist und in seiner ganzen Tragweite von Sigmund Freud zuerst geschildert

und nachgewiesen wurde: Der Ordnungsfreund, der sich doch gerade der Ratio, der vernünftigen, klaren und unemotionalen Entscheidung verpflichtet fühlt, begeht Verrat an der eigenen Sache. Er verschließt sich den neuen Werten aus psychischen Ängsten. Der Schluß der Tiefenpsychologie: Gerade weil er Verrat an der eigenen Sache begeht (was er sich natürlich nicht klarmachen kann und darf, wenn er nicht sein Gesicht vor sich selbst verlieren will), verkrampft sich etwas in seiner Seele; er verliert die Souveränität und wird »Sklave« seiner Neigung. Er vertritt sie mit dem Nachdruck des indoktrinierten Ideologen. Ordnung wird zum Fetisch. Der ordnungsorientierte Analytiker ist oft ein Getriebener, der allem entkommen will, was mit Chaos zu tun hat. Das fürchtet er oft so stark und peinigend wie jemand, der Höhenangst hat oder Platzangst empfindet. Es ist nicht die freie Entscheidung des Mündigen, sondern der Kompromiß des Ängstlichen. So muß es nicht bei allen sein, aber es scheint doch so, daß es sich bei vielen so zuträgt. Dies erklärt den Starrsinn, warum unsere Ordnungsfreunde so sehr an ihrem »Glauben« hängen.
Was ich Ihnen, verehrte Leser, mit dieser Betrachtung verständlich machen wollte, ist die Logik, die hinter dem erstaunlich schlechten Abschneiden unseres Faktors »Ordnung« steht. Sie sind noch nicht überzeugt und wollen einen weiteren Beweis? Gut, hier ist er:
In einem unserer Kienbaumtests für Führungsmannschaften stehen zwei Testsätze, die immer nur dann nachdrücklich vom Probanden als für sie zutreffend ausgewählt werden, wenn sich bereits leicht krankhafte psychische Tendenzen vorfinden. In der nachfolgenden Tabelle 35 ist der Prozentanteil der entschiedenen Freunde von Ordnungsfaktor 27 aufgeführt, die die dort genannten Sätze als auf die eigene Person stark oder sehr stark zutreffend beurteilt haben.
Ich vermute, daß auch der in Psychologie weniger Bewanderte erkennt, daß jemand, der die Sätze der Tabelle 35 als für sich selbst sehr zutreffend empfindet, Krankheitssymptome – zumindest leichte – aufweist. So sieht sich nicht jemand, der seelisch ganz gesund und ausgeglichen ist.

Der folgende Satz trifft stark oder sehr stark auf mich zu	% zutreffend
Ich ertappe mich häufig dabei, daß ich Dinge wie unter Zwang tue, vor allem, wenn es um Korrektheit und körperliche Sauberkeit geht.	67 %
Chaos und Unordnung sind für mich die schlimmsten Alpträume, die mich oft verfolgen. Mich beschleicht sehr häufig ganz heftige, panische Angst, ob ich denn auch alles noch im Griff habe.	48 %
Bei dem Gedanken, in Afrika oder Indien Entwicklungshelfer zu sein, wird mir ganz übel, wenn ich mir vorstelle, mit wieviel Schmutz und Abschaum man sich da befassen muß.	57 %

Tabelle 35: Entschiedene Anhänger von Ordnungsfaktor 27 äußern sich

Fazit: In der sehr starken, überaus nachdrücklichen Hinwendung zur Ordnung steckt ein Schuß Krampf, Angst und Repression. Ordnung sollte also schon die Welt ein wenig regieren, aber – wenn's bitt' schön eben geht – nicht nur ganz allein.

2. Das sogenannte »gesunde« Mißtrauen

Wenn wir nun die zwei weiteren »Schlußlichter« am Ende unserer Faktorentabelle besprechen, so können wir uns kurz fassen, denn beide weisen viele Parallelen zu dem ausgiebig besprochenen Ordnungsfaktor 27 auf. Zunächst wenden wir uns dem Wert – besser Unwert – zu, der durch das Statement gekennzeichnet wird: »Bei uns herrscht ein gesundes Mißtrauen; man muß sich rechtfertigen; jeder kontrolliert jeden.«
Ein nochmaliger Blick auf Übersicht 32 ruft in Erinnerung, daß

diejenigen, die diesem Gedanken anhängen und ihn verwirklichen, 34 Prozent schlechter abschneiden als die Gegner. Das verwundert weniger als bei dem Faktor Ordnung, denn man kann das Streben nach Struktur, strenger Disziplin und Übersichtlichkeit zunächst durchaus positiv sehen. Wir mußten ja erst im Sinne einer nur relativen, nicht absoluten Verurteilung umlernen, um überhaupt zu begreifen, daß dies ein Negativfaktor ist.
Anders beim Faktor Mißtrauen; hier mutet dieses Statement bereits durch das negativ besetzte Wort »Mißtrauen« eher unerfreulich an. Mißtrauen ist nicht schön, es sei denn, man ist ein Skeptiker und Pessimist, der glaubt, ohne den Schutzgürtel eines gewissen Zweifels an der Umwelt könne man sich ihr und anderen Menschen kaum unbeschadet nähern. Christlicher und humanistischer Tradition gilt diese etwas menschenfeindliche Skepsis eher als verwerflich, zumindest nicht als vorbildlich. Warum es »gesund« sein soll, ist schwer zu begreifen (genauso schwer wie die Logik, daß das »Volksempfinden« gesund sein soll). Wie dem auch sei, man versteht relativ leicht, daß ein solches Verhalten im Geschäftsleben schädlich sein könnte.
Darüber hinaus gibt es zwei zusätzliche Erklärungen, die das Abschneiden dieses Faktors erklärlich machen. Zum einen können wir auch bei diesen Mißtrauischen die gleiche Beobachtung machen wie bei den Ordnungsfanatikern: Sie sind ebenfalls schwach in den positiven Spitzenwerten, ob diese nun »Aufeinanderzugehen (MVC)«, »Visionäre Orientierung«, »Mitarbeitern dienen«, »Humor« oder »Lernkultur« heißen. Ähnlich wie das überspitzte Ordnungsstreben offenbar die Psyche gegen diese eher weichen, menschenfreundlichen Werte abschottet, so läßt Mißtrauen keinen Raum für die freundliche, positive Annäherung an den Nächsten, den Geschäftspartner oder den Mitarbeiter, sondern träufelt sein feines Gift in jegliche soziale Beziehung. Eine weitere Erklärung erhalten wir durch Übersicht 36. Wir haben dort die beiden Antipoden des Vertrauens (Faktor 2) und des Mißtrauens (Faktor 25) einander gegenübergestellt. Es sind Gegenwelten, wo die Negation des einen unabdingbar in die andere Sphäre führt; beidem zugleich kann man nicht anhängen. Bei Betrachtung von Übersicht 36 wird uns erneut bewußt, daß wir durch unsere Methode immer nur relative Werturteile erhalten. Wenn man es in Ruhe durchdenkt, dann ist das positive Ergebnis des Vertrauens mit einem Plus von 286 Prozent viel

extremer als das doch verhältnismäßig schwache Minus von 34 Prozent bei den Mißtrauischen. Die reine Logik spräche eigentlich für ein viel stärkeres Minus, sagen wir 100 oder vielleicht 150 Prozent.

Wir haben dafür keine absolut befriedigende Erklärung, sehen aber eine gewisse Parallele zum Faktor Ordnung. Wir haben ja niemals behauptet, daß Ordnungsstreben etwas absolut Negatives ist. Im Gegenteil: Wir können keineswegs darauf verzichten. Wie aber steht es beim Mißtrauen?

Könnte es sein, daß ein kleiner Schuß Skepsis vielleicht doch nicht so ganz fehl am Platze ist, solange er eine Vorsicht darstellt, die man bei Neubegegnungen erst einmal kurzfristig zum Zuge kommen läßt, bevor man dann doch Zutrauen faßt? Wenn wir nicht die Größe eines Martin Luther King haben und nicht mit dem Altruismus eines Heiligen auf die Welt zugehen, dann ist ein wenig Mißtrauen nicht schlecht. Nur wenn es unsere sozialen Beziehungen überflutet, werden diese auf schlimme Weise in Mitleidenschaft gezogen.

Ein nochmaliger Blick auf die Übersicht 36 macht uns klar, daß die im wesentlichen als negativ erkannte Haltung des Mißtrauens von erschreckend vielen geteilt wird. Mit einem Anteil von 73 Prozent sind unsere Manager schon ein erschreckend mißtrauischer Klüngel. Dabei ist die Parallele mit den 78 Prozent Ordnungsorientierten nicht zu übersehen, und unsere Auswertung ergab, daß die Unwerte 26 und 27 meist bei denselben Menschen anzutreffen sind.

Beides sind Haltungen, die von so vermeintlich tiefgründigen Weisheiten geprägt werden wie »Vorsicht ist die Mutter der Porzellankiste« oder dem leicht zynischen »Vertrauen ist ja ganz schön, aber Kontrolle ist besser«. Dies klingt alles gar nicht so ganz und gar falsch, aber eben weil diese spießbürgerlichen Lebensregeln für die Dummen so einladend sind wie die Sprüche der Rechtsradikalen für die Haltlosen, haftet dieser Haltung die von uns ermittelte Gefährlichkeit an: Sie versperrt den Weg, der zum anderen hinführt. Diesen aber mutig zu gehen, so lehrt diese Enquete unüberhörbar, ist das Gebot für uns alle.

Der Umstand, daß die Vorbildfirmen in Übersicht 32 bei beiden Negativfaktoren nur mit 13 respektive 14 Prozent mitmachen, ist ein Indiz dafür, daß – will man zu den Effizienten gehören – man den Faktor 26 meiden sollte wie der Teufel das Weihwasser.

Zwei entgegengesetzte Werte		
Frage 1: Inwieweit sind die Anhänger und Verwirklicher dieser Werte/Unwerte leistungsstärker oder leistungsschwächer als die Gegner dieser Verhaltensweisen? Frage 2: Inwieweit werden diese Werte/Unwerte gelebt, d.h., bei wieviel Prozent der Unternehmen glaubt man daran und verwirklicht nachweisbar diese Regeln? Frage 2 ist unterteilt nach a. allgemeinem Durchschnitt aller Teilnehmer, b. dem Durchschnitt der Vorbildfirmen.	Frage 1: Dezidierte Anhänger sind X % besser oder schlechter als Ablehner	Frage 2: Prozentsatz a. bei allen Firmen, b. bei Vorbildfirmen
2. Vertrauensorganisation mit wenig Kontrolle Auf das Wichtigste beschränkt, ist Kontrolle nicht schlecht, aber Vertrauen ist bei weitem besser und effizienter.	+ 286	a. 7 % b. 26 %
26. Bei uns herrscht ein gesundes Mißtrauen Man muß sich rechtfertigen; jeder kontrolliert jeden.	– 34 %	a. 73 % b. 14 %

Übersicht 36: Zwei Gegenwelten im Vergleich – die Faktoren 2 und 26

3. Die Unverbindlichen

Der letzte der Negativfaktoren, nämlich der mit der Nummer 25, reiht sich sehr perfekt neben die beiden schon Besprochenen ein. Auch hier könnte man fragen: Ist unverbindliche Toleranz nicht etwas Positives? Nett zueinander zu sein ist doch nicht von vornherein etwas Schlechtes – oder?

Das Abschneiden mit dem Minus von nur 11 Prozent macht deutlich, daß hier kein starkes Negativum vorliegt. Die Lehre aus diesem Ergebnis ist denn auch nicht »Vorsicht, Gefahr!«, sondern vielmehr »Hiermit ist nichts zu gewinnen«. Was wir mit diesem Hinweis meinen, soll an einem Beispiel aus der Praxis, der Formulierung von Unternehmensleitlinien, dargestellt werden.
Die Scheintoleranz des Faktors 25 findet sich in dem auf der linken Seite der Tabelle 37 wiedergegebenen Ausschnitt aus einer Sammlung von Leitlinien. Rechts steht eine Firmenverfassung, die dieses unverbindliche »Seid nett zueinander« zu überwinden trachtet. Wir lassen die Namen der beiden Unternehmen außen vor; beide sind höchst angesehene, fast jedermann vertraute Markennamen mit Führungsanspruch in der jeweiligen Branche.

Leitbildsätze einer »unverbindlichen« Firma	Formulierungen einer Vorbildfirma
1. Orientierung am Menschen	
Der Mensch steht bei uns im Mittelpunkt.	Mitarbeiter haben bei wichtigem Anlaß einen verbrieften Anspruch darauf, innerhalb von 24 Stunden ihren direkten Vorgesetzten und innerhalb von 48 Stunden ihren obersten Chef sprechen zu können (bei Ortsabwesenheit nach Rückkehr).
2. Umgang mit Kreativität	
Wir glauben an Kreativität und neue Ideen.	Die besten neuen Ideen des Jahres, auch wenn sie (durch welche Gründe auch immer) nicht zur Realisierung gekommen sind, werden beurteilt und durch besondere Zuwendungen belohnt. Das kreative Potential eines Mitarbeiters muß bei Beförderungen besonders beachtet werden.
3. Gegenseitige Kritik	
Wir bekennen uns zu einer selbstkritischen Haltung und fördern die gegenseitige, wohlwollende Kritik.	Jeder Vorgesetzte fordert seinen Mitarbeiter zumindest zweimal jährlich zur Kritik auf. Diese kann offen schriftlich geäußert werden oder aber an einen neutralen Dritten (Moderator) gegeben werden. Eine Diskussion über die geäußerte Kritik ist selbstverständliche Pflicht.

Tabelle 37: Ausschnitte aus zwei Firmenverfassungen

Die drei Formulierungen beschäftigen sich mit dem gleichen Thema und erscheinen auf den ersten Blick recht ähnlich. Aber der erste Anschein trügt, denn ganze geistige Welten liegen zwischen der linken und der rechten Seite. Die linke Spalte ist eine Anhäufung nichtssagender Platitüden: wohlklingend, aber ohne jede Verbindlichkeit, die einen in die Pflicht nimmt. Leider stellt man dies bei der überwiegenden Mehrheit aller Firmenleitlinien fest. Kein Wunder, denn wir wissen ja, daß 64 Prozent, also fast eine Zweidrittelmehrheit, dem Faktor 25 Beifall zollt.
Um wieviel ausdrucksvoller und vor allem konkreter sind die Aussagen auf der rechten Seite! Dort wird nicht unverbindlich heiße Luft erzeugt, sondern es gibt Zusicherung, Festschreibung, Engagement. Es wird eben nicht jener unerträgliche Gemeinplatz dahergebetet vom Menschen, der im Mittelpunkt steht und – bei den linken Autoren vermutlich dort auch nur im Wege ist. Nein, rechts erfolgt eine Zusicherung, ein Versprechen, von dem jeder Mitarbeiter Gebrauch machen kann.
Unter Punkt 2 wird etwas zur Kreativität gesagt. Links eine nichtssagende Selbstbeweihräucherung, rechts ein Versprechen, diese konkret zu belohnen – und zwar auch dann, wenn es keine Realisierung gegeben hat. Dann unter Punkt 3 links wieder ein großes Bekenntnis, das sehr wahrscheinlich im Getriebe des Alltagsgeschäftes eher in Vergessenheit gerät, während rechts eine Maßnahme geschildert wird, die glaubhaft dokumentiert, daß man nicht nur Sonntagsreden hält, sondern den Mut zur Veränderung besitzt.
Soweit ein praktischer Hinweis, was unverbindliche Toleranz – die eben stets keine hart erkämpfte, sondern gleichgültig tolerierte Freundlichkeit ist – anzurichten vermag beziehungsweise welche Chancen man durch sie verpaßt.
Man könnte das relativ schlechte Abschneiden dieses gleichgültigen Laisser-faire auch damit erklären, daß man den in der Literatur der letzten Jahre oft zu hörenden Satz »High-Tech – High-Touch« heranzieht. Er will uns sagen, daß von unserer technisierten Welt viel frostige Kälte und unfreundliche Gefühlsarmut ausgehen. Denken wir an unsere automatisierten Fertigungsstraßen, an die industriellen Überwachungsräume mit ihren tausend Warnleuchten und mit oft nur einem einzigen Menschen davor. Diese High-Tech ruft nach Touch, also Kontakt, Berührung, Zuwendung.

Mit 46 Prozent Anhängern unter den Managern sind die Freunde dieser unterkühlten Toleranz zwar nicht ganz so häufig wie unsere Ordnungsfanatiker, aber es sind doch offensichtlich zu viele. Auch hier beeindruckt wieder das erfreulichere Abschneiden der Vorbildfirmen.

Will man die Besprechung unserer drei Negativfaktoren zusammenfassen, so meinen wir folgendes:

Fazit: Wer diesen drei Negativfaktoren anhängt, ist kein schlechter Mensch, kein Brunnenvergifter mit Vorsatz. Ordnung, leichtes Mißtrauen und Unverbindlichkeit sind keine Verbrechen. Aber es ist eben doch interessant, daß die solchermaßen agierenden Manager vermutlich drei reelle Chancen auslassen, die großartige Möglichkeiten offerieren, positive Energien bei Mitarbeitern und Kunden freizusetzen.

Welch befreiende Atmosphäre, in der das Mißtrauen überwunden und durch offenes Vertrauen ersetzt wird! Wie beglückend, wenn starres Ordnungsdenken durch Offenheit für die Vielfalt ersetzt wird und ein ganz, ganz kleines Stückchen Chaos – ich wage sogar zu sagen: »gesundes« Chaos – Einzug halten darf. Wie schön, wenn Verpflichtung und Engagement an die Stelle einer nicht schlechten, aber eben auch nicht förderlichen Scheintoleranz treten. Nicht ehrbare Konservative anzuschwärzen, sondern beherzt Engagierte in ihrer Offenheit, ihrem Zugehen auf den anderen und in ihrer Herzlichkeit zu ermutigen könnte die Lehre dieses Kapitels sein.

V. Knallbunte Softpower oder strikte Disziplin der Hardliner?

Man schrieb den 7. Mai 1863, es war zwei Monate vor der berühmten Schlacht von Gettysburg. General Robert E. Lee hatte seine konföderierten Truppen südlich des Potomac in ziemlicher Unordnung ein Stück zurückgezogen, um die Streitmacht der überlegenen Unionstruppen nicht neuerlich zu reizen und herauszufordern. Am Silver Creek, vorn an der Front der Konföderierten, stand nur noch Oberst Illford, ein erfahrener Kavallerieoberst, mit seinen noch frischen Truppen. Da wurde dem Oberbefehlshaber der Südstaaten berichtet, daß der gegnerische General McClelland erneut mit seiner Nordstreitmacht vorrückte. Die Situation war gefährlich, denn da die Südstaatler noch nicht richtig in Stellung gegangen waren, hätte ein Durchbruch unter den gegebenen Umständen fast kriegsentscheidend werden können. Oberst Illford erbat von seinem Vorgesetzten die Erlaubnis, mit seinen 2 000 Kavalleristen eine Attacke reiten zu dürfen.

Es war eine Wahnsinnsidee. Überall in der Welt hatte es sich mittlerweile herumgesprochen, daß bei solchen Angriffen zwar die Brust alter Haudegen schwoll, aber strategische Vorteile kaum noch zu erringen waren. Dies um so mehr, als die Gewehre, die damals überall eingeführt wurden, mörderisch waren, weil die Munition nicht durchschlug, sondern zerfetzte, und die Artillerie war treffsicherer geworden. Aus Cold Springs bei New York, der Rüstungsschmiede der Unionstruppen, waren kurz vorher 270 nochmals verbesserte Kanonen eingetroffen. Dies hätte eine Warnung sein sollen. Ob es nun Heldenmut oder die gute alte Zeit war, Illford wollte jedenfalls angreifen, hielt die Attacke für strategisch unabdingbar, obgleich das Risiko des Scheiterns solcher Angriffe in den vorausgehenden Jahrzehnten durch die treffsichereren Waffen ins Unermeßliche gewachsen war. Die Überlegteren unter den Militärs bezeichneten solche Attacken hinter vorgehaltener Hand als eine obsolet gewordene Taktik, als »verantwortungsloses Gemetzel ohne Sinn und Verstand«.

Der stets überlegte, kluge Taktiker Lee wußte um die Zögerlichkeit seines Gegenspielers McClellan und beschied seinen tatendurstigen Reiterobristen negativ. Aber Illford behauptete – so berichtete später John F. Kingsley, bekannter Kriegsreporter der Washington News –, er warte noch auf die Ordonnanz seines Vorgesetzten, und wenn die Kuriernachricht nicht einträfe, müsse er halt auf eigene Faust handeln. Illford erkannte durchaus das extreme Risiko, aber er glaubte auch, daß es das Kriegsglück entscheiden würde, wenn er nicht jetzt in die Bresche springen und den Feind stoppen würde. So nahm das Schicksal seinen Lauf. Todesmutig blies der Oberst zum Angriff, als McClellans Nordstaatentruppen sich dem Silver Creek näherten – mit der gerade verstärkten Artillerie vorneweg und reichlich versehen mit der mörderischen Gewehrmunition.
Der Gefreite T. Georgewell schrieb an seine Mutter: »Ich habe ein ungutes Gefühl. Es könnte der letzte Angriff sein ...« Er sollte recht behalten. Am Abend hatten von 2 000 Berittenen ganze 127 überlebt. Es war die mörderischste Attacke des gesamten Kriegs. Illford hatte sich und die Seinen geopfert und ging als Held und Vorbild an Kampfesmut und Verantwortungsbewußtsein in die Kriegsgeschichte ein. Nahe dem Kapitol erinnert in Washington eine Gedenktafel an ihn. War er ein Vorbild?
Es ist fast genau hundert Jahre später. Wieder geht es um die Freiheit. Wir schreiben den 11. April 1965. In jenem Lande, das unter so entsetzlichen Blutopfern im Sezessionskrieg die Freiheit der Schwarzen erstritten hatte, drängten sich Tausende von Dunkelhäutigen auf dem Sherman Square in Washington. Die Befreiten aus dem vergangenen Jahrhundert sind mittlerweile zu den militantesten Aufrührern geworden, seit je Schwarze in den USA aufbegehrten. Ihre Lage ist bedrückend; John F. Kennedys Eintreten für Gleichberechtigung hat noch wenig bewirkt. Sie zählen nach vielen Tausenden. Washington hat so viele Schwarze noch nie auf einem Platz gesehen. Die Stimmung ist angeheizt. Die Riesenmenge wird unruhig. Man befürchtete das Schlimmste. Viele hundert Polizisten und die Nationalgarde stehen im Hintergrund – bereit loszuschlagen.
Da betritt Martin Luther King das Rednerpult. Man jubelt ihm zu, aber in den Jubel mischen sich aggressive Untertöne. »Man will nicht warten«, so schreibt Starjournalist Tom S. Hermanns am nächsten Tag. »Kings hochherziges ›Habt Kraft zur Liebe‹ scheint

sie zu überfordern. Man will Autos und Häuser und Läden brennen sehen. Und weil sie so viele sind, ist die Angst, die sie sonst meist gebremst hat, von ihnen abgefallen.« John T. Granger, der das Oberkommando über die Sicherheitskräfte hat, gibt Anweisung, die weit außerhalb der Stadt verborgenen Panzerwagen an die Stadt heranzufahren.
Und dann spricht King, und von seinen Worten gehen Ruhe und Zuversicht aus. Martin Luther King spricht 25 Minuten. Er beginnt und endet mit jenen Worten, bei denen man sich nicht schämen sollte, feuchte Augen zu bekommen und bewegt zu sein, weil von ihnen ein fast einmaliger Zauber und die Größe des Machtlosen ausgeht, der die Menschen guten Willens auf seiner Seite weiß: »I have a dream!« Eine fast unheimliche Ruhe bemächtigt sich der Masse. Fast wie in Trance gehen die Menschen bald danach ohne Gewalttaten nach Hause. An diesem Tag brennen keine Autos, fliegen keine Steine. Es ist noch einmal gutgegangen. Gutgegangen, weil ein Visionär der Gewaltlosigkeit kam – oder war es ein Heiliger?

1. Der tiefe Riß

Wir wissen, daß Silver Creek und Washington, Illford und King überall sind. Überall im Leben stehen sich die beiden so grundverschiedenen Persönlichkeiten gegenüber: hier der Haudegen, dort der Gewaltlose. Auf ihre Weise sind sie beide im Recht, und wir können keinem ganz und gar unseren Respekt versagen. Es scheint, sie müßten so handeln. Aber wir müssen uns entscheiden, ob wir King oder Illford sein wollen. Auch wenn es um Management geht, kommen wir um diese Entscheidung nicht herum.
So nimmt es nicht wunder, daß uns in der empirischen Forschung beide Typen begegnen und mit ihnen die Frage, welcher Weg der richtige ist. Um sie für das Management zu beantworten, haben wir bereits Vorarbeit geleistet. Wir haben uns in der bisherigen Analyse der Königswege mit den Faktoren 1 bis 5 und anschließend mit den eher abträglichen Werten 25 bis 27 beschäftigt. Werfen Sie nun bitte einen Blick auf die bislang noch unbesprochenen Erfolgsfaktoren 6 bis 24. Sie werden schnell erkennen, daß

sich in dieser langen Liste zwei Gruppen von Werten fast wie zwei feindliche Armeen gegenüberstehen. Auf der einen Seite stehen die eher traditionellen Einstellungen und Verhaltensweisen, die sich mit den Begriffen Ordnung, Disziplin und straffe Führung zusammenfassen lassen. Auf der anderen Seite sind es die eher verstehenden, freundlichen Werte menschlicher Zuwendung.

Ein von mir beratener Vorstandsvorsitzender einer unserer großen Zigarettenhersteller faßte den Gesamteindruck der Aufstellung und ihre erstaunlichen Resultate folgendermaßen zusammen: »Ich habe den Eindruck, hier begegnen sich zwei feindliche Brüder. Der eine ist ein phantasievoller Waschlappen, dabei nett und freundlich zu jedermann, und der kommt über den grünen Klee gut weg. Der andere ist eher ein aufrechter, aber etwas naiver Gestriger, ein Haudegen, und der kommt dafür um so schlechter, ja fast vernichtend weg. Ich weiß zwar, wo man heute stehen soll, und dennoch zögere ich, wem meine Sympathie gehören sollte.« Er sprach, glaube ich, für viele.

Dieses Bild der Gegensätze, der zwei Lager, begegnet uns wieder, wenn wir die 27 Faktoren auseinandersortieren und sie, wie in Tabelle 38 geschehen, in die beiden Kategorien »Altruisten« und »Hardliner« trennt. Nachdem wir diese Darstellung auf uns hatten wirken lassen, drehte sich mein prominenter Klient zu mir um und stellte mir eine Frage, die sich als roter Faden durch dieses ganze Kapitel zieht: »Ist dieses Zweifrontensystem, ist dieser Gegensatz aber die volle und ganze Wahrheit, oder übersehen wir hier etwas?«

Wie noch zu zeigen sein wird, war die Frage nur allzu berechtigt. Ist dieses Zustandsbild wirklich so zutreffend? Zerfällt die Welt der Werte in diese beiden Hauptlager? Und noch weit wichtiger: Müssen wir damit leben, was die Zahlen der Tabelle 42 auf Seite 189 auf den ersten Blick verraten, daß nämlich die Anhänger von Softpower, die Altruisten, die bei weitem erfolgreicheren sind?

In der Tat, unser Ergebnis ist eine Konfrontation – und sie ist selten so treffend beschrieben worden wie durch Gertrud Höhler: »Der Begriff der sozialen Gemeinschaft als einer altruistischen Verabredung auf der einen Seite und das Naturgesetz Eigennutz als eine eher amoralische Veranstaltung auf der andern liegen immer noch im Widerstreit.« Richtig, denn durch die Theorie ebenso wie durch den praktischen Managementalltag zieht sich ein tiefer Riß. Er spaltet die Professoren an den Universitäten

genauso wie die Praktiker der Industrie in zwei Lager, die sich recht unversöhnlich gegenüberstehen. King und Illford begegnen uns wieder: Hier die »Softies«, die den Traum einer hierarchiefreien, konfliktreduzierenden Firmenverfassung vor Augen haben, die alles Brutale scheuen, verachten, die den Weg des besseren Arguments und nicht den des Konflikts suchen und die – obgleich sie die weiche Lösung vorziehen – deshalb keineswegs immer Waschlappen sein müssen – siehe M. L. King. Auf der anderen Seite stehen die »Hardliner«, die glauben, daß zum Erreichen eines betrieblichen Nutzens in Form zufriedenstellender Gewinne die folgenden Werte unabdingbar sind: Durchsetzung, Auslese, Wettstreit, Auseinandersetzung, Befehl, Ordnung. Dabei sind sie irritiert von neumodischem Firlefanz; sie wachen ängstlich darüber, daß sich an ihrer konservativen Wertewelt um Himmels willen nur ja nichts ändere.
So stehen sich zwei komplexe Systeme gegenüber. Das eine, wo die Selbstverwirklichung einen ganz hohen Stellenwert hat, wollen wir im folgenden die Welt A nennen (das A kommt von altruistisch), das andere, wo straffe Führung und das Gemeinschaftsgefühl einer kämpfenden Truppe Bedeutung haben, benennen wir Welt H (das H kommt von Hardliner).
Es ist ein sogenannter bipolarer Gegensatz, wie er uns in »oben – unten«, »warm – kalt«, »rechts – links« zuhauf in unserer Denkwelt begegnet. Wie bei vielen bipolaren Gegensätzen sind auch unsere beiden Lager leider vom Stachel der Unversöhnlichkeit gezeichnet. Und in der Tat müssen wir uns fragen: Kann ein Vorstandsvorsitzender, der seine Leute fest im Griff hat und sie wie ein General im Krieg mit harter Hand führt, gleichzeitig ein rücksichtsvoller Teamarbeiter sein, der Befehle nur erteilt, wenn alles andere versagt, der die Selbstverwirklichung seiner Leute im Auge hat und sich selbst lieber behutsam verkaufen möchte? Oder andersherum: Kann jemand, der rücksichtsvoll einen chaotischen Haufen kreativer Ideenfinder koordiniert, in der Krise zum Respekt heischenden Kommandeur werden, der anordnet und keinen Widerspruch zuläßt? Leider geht die Vermutung erst einmal dahin, daß dies schwer oder vielleicht sogar unmöglich ist.
Diese Unversöhnlichkeit wurde uns deutlich bestätigt, als wir 437 Manager nach dieser Problematik fragten und die folgende Antwort erhielten: »Beide Richtungen schließen sich gegenseitig weitgehend aus. Ein Kompromiß zwischen beiden ist schwer vorstell-

bar. Zumindest muß man einer von beiden Denkweisen deutlich den Vorrang geben.« In diesem Sinne urteilten 86 Prozent der deutschen Manager in unserer Enquete. 43 Prozent erklärten es für wünschenswert, beide Fronten einander näherzubringen, vielleicht sogar eine Integration anzustreben. Die Chancen hierfür werden aber von 89 Prozent für schlecht oder sehr schlecht erachtet.

Fazit: Noch immer sind die Richtungen der altruistischen Welt A und der Hardlinerwelt H gleichsam These und Antithese. Die Synthese, die beide miteinander versöhnt, ist kaum in Sicht, obgleich sie vielen wünschenswert erscheint.

Aber seien wir ganz ehrlich mit uns selbst, und vergessen wir einmal unseren jeweiligen Präferenzstandpunkt: Wer wüßte einerseits nicht um den Segen eines starken Führers in der Stunde der Gefahr, beziehungsweise wer kann andererseits die großen Vorteile toleranten Motivierens leugnen, wer der Schaffung wenig kontrollierter Freiräume widersprechen? Entspannte Begegnung und »Skunkworks«* haben ihre guten Seiten, nicht zuletzt dann, wenn es um etwas so Wichtiges wie neue, schöpferische Impulse geht. Dennoch liegen die Dinge doch wohl eher im Sinne von Goethes Wort von den beiden Seelen, die, ach, in meiner Brust wohnen, und damit ist die Situation in ihrer Unversöhnlichkeit gemeint. Dennoch machen fast alle Befragten im anderen, meist feindlich empfundenen Lager einiges Positive aus, halten den Kompromiß eigentlich für geboten.
Was also tun? Bevor wir zur Attacke à la Illford blasen und uns im Schlachtgetümmel aufreiben, wollen wir uns noch ein paar Dinge einfallen lassen, die uns vielleicht weiterführen. Wir möchten die schwierige Problematik stufenweise vertiefen, wobei wir weiteres empirisches Material einfließen lassen. Wir geben diesem Versuch so viel Raum, weil wir meinen, daß der hier beschriebene Konflikt viel Energie und guten Willen von Wichtigerem abzieht, daß viel

* Dieser amerikanische Ausdruck beschreibt eine Art von inoffizieller, nicht budgetierter, meist aber mit Augenzwinkern geduldeter Entwicklungsarbeit, die den Mitarbeitern der unteren Ebene Freiräume erschließen soll. Motto: »Machen Sie ruhig – aber ich weiß von nichts!«

unnütze Reibung entsteht bis hin zu einer tiefen Verfeindung, die die Menschen lähmt, sie mit gegenseitigem Mißtrauen erfüllt. Die ganze Wucht des Konflikts manifestiert sich in diesem Gegensatz, Unfriede und Vernachlässigung der Firmeninteressen sind die unausweichliche Folge. Der Versöhnungsversuch lohnt, weil es so wünschenswert wäre, wenn es gelänge, beide Welten einander anzunähern, und sei es auch nur um ein winziges Stückchen.

2. Welt A – Sieger nach Punkten?

Die große Übersicht 29 auf den Seiten 146/7 ist uns vertraut, ebenso wie deren eindeutige Aussage, daß die allerwichtigsten Erfolgsfaktoren, auf die es anzukommen scheint, mehrheitlich dem Bereich der Welt A entstammen.

Fazit: Die »Königswege zum Erfolg« sind, vom Feindbild abgesehen, gerade nicht harte Führung, sind nicht Korpsgeist und Drill und nicht die Vergötterung von Ordnung und Struktur und auch nicht besonders braves und betuliches Geschäftsgebaren. Das versöhnliche Aufeinanderzugehen, das Vertrauen, die visionäre Orientierung und die Duldung eines gewissen Chaos, sie sind es, die die größeren Erfolgschancen beinhalten.

Geht man auch alle anderen Faktoren durch, so ändert sich dieser Grundtatbestand nicht, im Gegenteil, er wird noch weiter untermauert. Unsere Enquete ist bis hierher eine einzige Huldigung an Welt A. Ist also die Frage des Gegensatzes von Welt A und H nicht eigentlich schon geklärt? Sind die Hardliner nicht allesamt tumbe Toren, die die Zeichen der Zeit nicht sehen und immer noch nicht umdenken können?
So könnte es scheinen – aber dies ist eben nicht alles. Wir haben weitere Ergebnisse ermittelt, die neues Licht auf beide Welten werfen und zu einer entscheidenden Modifikation Anlaß geben – allerdings nicht zu einer Kehrtwende. Hier die weiteren Schritte, von denen wir hoffen, daß sie unser Problem einer Lösung entgegenführen.

Versuch einer globalen Beurteilung

Wir wollten die Kluft zwischen knallbunter Softpower und konservativer Härte etwas transparenter machen dadurch, daß wir eine quantitative Verteilung ermittelten. Wir haben dazu die beiden Denkrichtungen noch einmal global zusammenfassend in Tabelle 38 definiert und dieses globale Bild allen Teilnehmern der Enquete im nachhinein nochmals zur Beurteilung vorgelegt. Diese Zusammenfassung ist zweckmäßig, weil wir ja im ersten Ansatz immer nur einzelne Aspekte bewerten ließen (etwa »Feindbild« oder »Mitarbeiterbeurteilung« etc.). Jetzt – im zweiten Ansatz – beschreiben wir jeweils ein Syndrom, also eine Zusammenfügung mehrerer Einzelaspekte zu einem Ganzen, zu einem Wertebündel A respektive H. Die Einzelwerte und ihre Bedeutung kennt der Leser bereits aus dem Vorhergehenden; die Zusammenfassung ist neu und wurde dadurch erreicht, daß wir die Welt A mit den Begriffen in der linken Spalte von Tabelle 38 und die Welt H mit denjenigen auf der rechten Seite beschrieben haben.
Wie verteilen sich nun die beiden Fronten bei einer solchen Globalbetrachtung? Unsere 437 Manager sprachen sich zu 79 Prozent für den männlichen, straffen, eher am Militärischen orientierten Führungsstil der Welt H aus. 21 Prozent bekannten sich zum kooperativen Stil mit viel Team, Hierarchieabbau, Dezentralisierung, Selbstverwirklichung, Delegation der Verantwortung und menschlicher Rücksichtnahme.*

Fazit: Nach Eliminierung des Restpostens der Unentschlossenen macht uns das Verhältnis von 21 zu 79 klar, daß die patriarchalischen Paschas die Mehrheit haben, während die Freunde der sozialen, altruistischen Kreativgemeinschaft in den Führungsetagen unserer Industrie eine Minderheit sind. Wie wir sehen werden, wird sich daran auch nicht so schnell etwas ändern.

* Zur Befragungstechnik: Es fielen 34 % Unentschlossene an. Diese wurden gebeten, sich trotz ihrer zögerlichen Haltung einen der beiden Lager zuzuordnen.
Dieses Vorgehen ist legitim, wenn man eine 100%ige Zuordnung für die weitere Materialbearbeitung anstrebt.

Welt A, Altruisten	Welt H, Hardliner
• Nur wer Freiräume und Selbstverwirklichung bietet, kann gewinnen	• Ohne Einordnung und Unterordnung des einzelnen unter das große Ganze kann man nicht erfolgreich sein
• Vertrauen ist weit besser als Kontrolle	• Wir pflegen ein gesundes Mißtrauen
• Mitarbeiter werden bei uns wie Kunden behandelt; die Vorgesetzten sind deren oberste Diener	• Nur strenge Kontrolle kann das kaufmännische Risiko auf ein erträgliches Maß reduzieren
• Wir versuchen, partizipativ zu entscheiden und mit Konsens zu handeln	• Bei uns wird nicht lange gequatscht, sondern zügig gehandelt und am gleichen Strang gezogen
• Man muß in Ansehung der eigenen Unvollkommenheit aufeinander zugehen, um sich zu ergänzen	• Wir wollen nett zueinander sein, ohne uns zu nahe zu kommen
• Wir streben nach Einmaligkeit und wollen eine klar definierte Vision verwirklichen; Kreativität ist für uns der Schlüssel zum Erfolg	• Ordnung regiert die Welt; jeder muß genau wissen, wo's langgeht; Eigenmächtigkeiten und Schlamperei sind bei uns verpönt

Tabelle 38: Zusammenfassung der wichtigsten Merkmale beider Syndrome

3. Die nächste Generation – unsere Hoffnung?

Gliedert man das obige Resultat mit den 79 Prozent Hardlinern und 21 Prozent Altruisten nach älteren Topmanagern (Vorständen) und jüngeren Managern der zweiten und dritten Ebene, dann zeigt sich, daß die kommende, nachrückende Generation, also die Jüngeren, die sich derzeit für die Toppositionen bereithalten, ein ganzes Stück mehr Aufgeschlossenheit gegenüber der Welt A besitzen. Team, Egalität, leichtes Chaos und freundliches Miteinander sind ihnen wichtiger als ihren derzeitigen Chefs. Da stellt sich dann natürlich die Frage: Ist die heile Welt einer miteinander diskutierenden Gesellschaft also nur eine Frage der Zeit? Kommt sie unaufhaltsam auf uns zu?

	Für Hardliner	Für Softpower	Total
Ältere Topmanager	87 % (182)	13 % (27)	100 % (209)
Jüngere Manager	71 % (163)	29 % (65)	100 % (228)
Durchschnitt beider Gruppen	79 % (345)	21 % (92)	100 % (437)

Tabelle 39: Verteilung von Hardlinern und Altruisten (absolute Zahlen in Klammern)

Antwort aufgrund unserer Daten aus Tabelle 39: Ein wenig ja, aber im Prinzip muß dieser Umbruch als ganz unwahrscheinlich verneint werden.

Von den älteren Amtsinhabern votierten nur 13 Prozent für Softpower; ihre jüngeren »Nachfolger« stimmten mit 29 Prozent in diesem Sinne. Außerdem stellten wir bei der letzteren Gruppe auch noch ein wacheres Problembewußtsein für den Konflikt und die Schwierigkeit seiner Lösung fest. Dieses Ergebnis weist also auf eine zunehmende Bedeutung der neuen, altruistischen Gedanken hin; das ist wichtig zu wissen. Aber die »Jungen«, die da in den Startlöchern stehen, sind ja keineswegs mehrheitlich für Welt A – im Gegenteil, die meisten von ihnen halten es auch weiterhin mit Befehl und Exerzierplatz.

Fazit: Der traditionelle Hardliner herrscht im Topmanagement vor. Eine Problemlösung zeigt sich noch lange nicht. Die Welt A wird in Zukunft stärker vertreten sein, aber es wird keinen Durchbruch in ihre Richtung geben. Die kommende Generation votiert mehrheitlich - wenn auch schwächer - für das traditionelle Denken.

Man könnte sogar argumentieren, daß der Umstand, daß Welt A in Zukunft ein Stück stärker vertreten sein wird und diese Gedanken deshalb weniger exotisch und akzeptierter sein werden, den Konflikt eher noch anheizen wird, denn aus dem sehr kleinen, fast zu vernachlässigenden Kreis der Altruisten wird ein größerer. Vielleicht stehen sich die Fronten dann noch unversöhnlicher gegenüber.

Typologische Hintergründe

Was steht nun hinter den bisherigen Resultaten? Was löst diese Haltungen aus? Wir stellten zur Beantwortung folgende Überlegung an: Wenn wir überhaupt eine Chance haben, zu jener erwünschten Synthese zu kommen, dann vermutlich nur durch ein besseres Verständnis der Hintergründe. Wie bereits schon einmal geschehen, machen wir einen kleinen Vorgriff auf spätere Kapitel und bedienen uns der Leavitt-Berthschen-Managertypologie.
Vermittels dieses Instrumentes wollen wir einen Blick auf den Charakter unserer Befragten werfen. Dies – so unsere Überlegung – könnte von Vorteil sein, weil die Einstellung zu Werten eher schwankt und Moden unterliegt, während die Persönlichkeit als Ganzes stabiler ist, weil sie sich im Laufe der Zeit wenig oder gar nicht ändert. Die Messung der Persönlichkeit ist also das Verläßlichere, Dauerhaftere.
In Tabelle 40 wird in der ersten Spalte dargestellt, aus welchen Typen sich die Grundgesamtheit unserer Stichprobe zusammensetzt. Wir wollen auf die hochinteressante Verteilung der Managerpersönlichkeiten in unserer Industrie und die sich daraus ergebenden Konsequenzen erst später genauer eingehen; hier dient sie nur als Meßlatte, um Vergleiche anzustellen. Neben der linken Spalte mit der Verteilung der Grundgesamtheit der Enquete

Typus	Grundgesamtheit %	Ältere Topmanager %	Jüngere Manager %
Reformerischer Visionär	5	2	7
Systematischer Entdecker	11	10	12
Vernünftiger Analysierer	32	34	31
Konservativer Anpasser	11	13	9
Vorsichtiger Organisierer	22	18	25
Geschickter Macher	19	23	16

Tabelle 40: Vergleich von zwei Managergenerationen unter typologischen Gesichtspunkten

finden sich rechts daneben die Werte der älteren Seniorengruppe der Amtsinhaber sowie die Struktur der jüngeren Gruppe der Nachfolger.

Unsere Übersicht zeigt, daß der Wertewandel, von dem soviel gesprochen wird, ganz offensichtlich auch eine Generationenfrage ist. Die nachrückende Generation hat eine andere Struktur; sie weist mehr sensible Typen auf und weniger harte, starre Konservative. Ein Teil der Hardliner wird durch empfindsamere Kreative ersetzt. Der analytisch ausgerichtete Ingenieurtyp wird durch den eher geisteswissenschaftlich ausgerichteten Manager substituiert. Planende Organisierer mit Stabsfähigkeiten wird es mehr geben, und die konservativen Angepaßten werden seltener sein. Und dennoch – auch wenn sich hier etwas bewegt, wäre es ein großer Irrtum, von einem zu erwartenden Erdrutsch zu sprechen. Gerade dies – von so manchem Soziologen voreilig postuliert – wird eben **nicht** eintreffen. Wie die Tabelle zeigt, wandelt sich das Gefüge, aber es kehrt sich keineswegs in sein Gegenteil um!

4. Die Charakteristika der Hardliner und der Altruisten

Bevor wir prüfen, was dies zu unserer Ausgangsfrage nach den Hintergründen beiträgt, erst noch ein Blick auf Tabelle 41. Hier geht es zwar auch wieder um eine typologische Zusammensetzung, aber nicht um die von zwei unterschiedlichen Generationen, sondern um die typologische Struktur des Lagers der Anhänger von Welt A im Vergleich mit denen des Lagers H. Hier ist also die Generationszugehörigkeit unerheblich; es kommt auf das »Glaubensbekenntnis« an, also ob man für oder gegen den altruistischen Führungsstil A ist, für oder gegen die Führungsmethoden der Hardliner.

Wie nun sieht die Persönlichkeitsstruktur und das Neigungsprofil der eindeutigen Anhänger der harten, kämpferischen Linie H aus, und wie setzen sich die Freunde von Softpower, Rücksichtnahme und Gleichberechtigung (A) zusammen?

Typus	Grundgesamtheit %	Hardliner %	Altruisten %
Reformerischer Visionär	5	2	12
Systematischer Entdecker	11	5	25
Vernünftiger Analysierer	32	40	13
Konservativer Anpasser	11	14	4
Vorsichtiger Organisierer	22	16	37
Geschickter Macher	19	23	9

Tabelle 41: Typologische Unterschiede zwischen Hardlinern und Altruisten

Das Ergebnis bedarf kaum der Interpretation, denn es ist ganz offensichtlich, daß die Hardliner der Welt H relativ stark bei den Analytikern und Machern zu finden sind. Die »Softies« ordnen sich viel stärker dem Bereich der Kreativen, der Entdecker zu und finden sich vielfach unter den vorsichtigen Organisierern. Daß diese letztere Gruppe der übervorsichtigen »Schreibtischtäter« bei den Altruisten so enorm stark ausfällt, signalisiert, daß ihnen etwas vom Mumm und der Tatkraft der Hardliner abgeht. Der Name Softies – erst mehr scherzhaft herangezogen – dürfte also gar nicht so abwegig sein.

Fazit: Die Frage der Wertebevorzugung ist also nicht eine äußerliche Zufälligkeit oder eine Modeerscheinung. Sie geht sehr tief und ist Ausfluß von Charakter und persönlichen Grundneigungen. Der zu beobachtende Wechsel von der einseitigen Bevorzugung traditioneller Führungsgesichtspunkte bei den Älteren und einer größeren Aufgeschlossenheit gegenüber Softpower bei den etwas Jüngeren findet seine wichtigste Erklärung in der unterschiedlichen Persönlichkeitszusammensetzung beider Gruppen.

Entscheidend: die Gretchenfrage nach dem Erfolg

Wir haben durch die bisherige Analyse zusätzliche Einsichten gewonnen, aber die entscheidende Frage ist noch unbeantwortet, nämlich die nach dem wirtschaftlichen Erfolg. Wir leben schließlich nicht in einem komfortabel eingerichteten sozio-psychologischen Forschungslabor, wo wir wissenschaftlich interessante Spielchen aushecken dürfen, sondern in der rauhen Wirklichkeit, die danach fragt, ob man produktiv war und eine satte Rendite in die Scheuer gefahren hat. In Abbildung 42 haben wir ganz unsentimental den Erfolg des jeweiligen Lagers hinterfragt: Haben die Einstellungen, die wir mit den Begriffen Welt A oder H umschrieben haben, direkte Auswirkungen auf Rendite und Bilanz?
Zu diesem Zweck haben wir die aus früheren Kapiteln bekannten sieben Erfolgsmeßwerte aller Geschäftseinheiten, die in ihren Führungsteams mehrheitlich den Werten der Welt H anhängen, mit den Erfolgsdaten derjenigen verglichen, die sich mehrheitlich zur Welt A hingezogen fühlen. Das Ergebnis liegt auf der Linie,

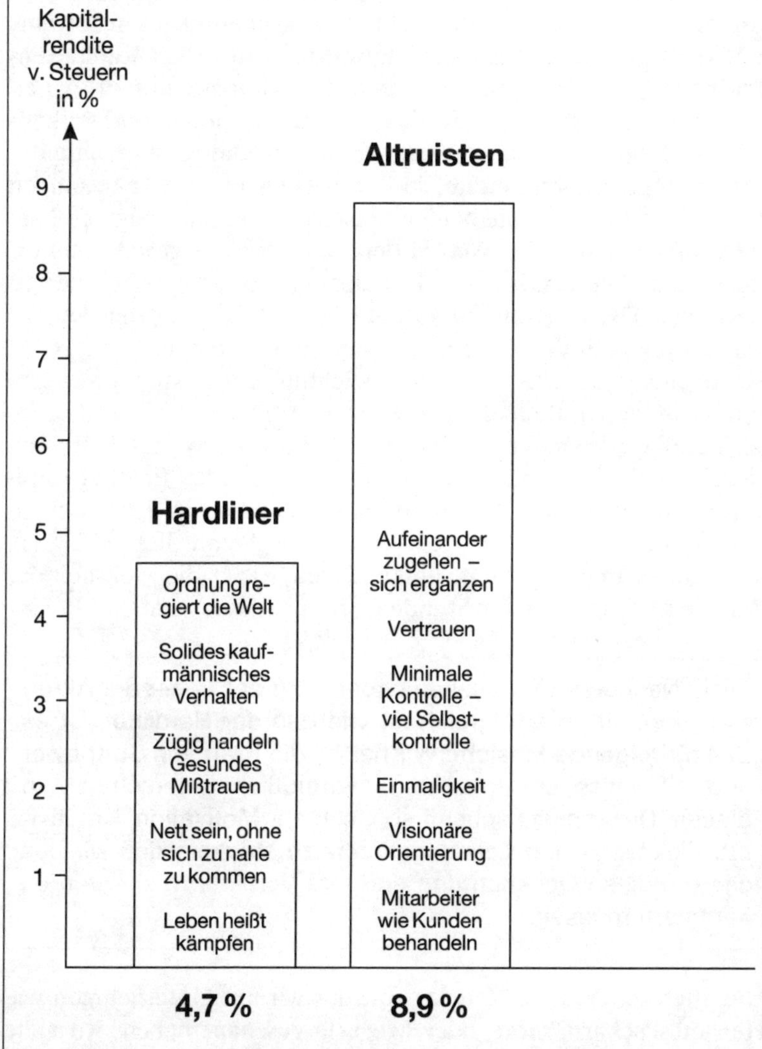

Tabelle 42: Die Überlegenheit der Altruisten

die wir bereits aufgezeigt haben, und dennoch ist diese zusammenfassende Sicht schon ein wenig frappierend. Viele konservative Manager wird sie erschrecken, manch einer wird uns der Unglaubwürdigkeit zeihen.

In der Tabelle 42 haben wir der Einfachheit halber nur die Kapitalrenditen dargestellt. Untersucht man darüber hinaus in bewährter Weise die Gesamtheit der Meßwerte, also neben Kapitalrendite noch Umsatzrendite, Liquidität, Innovationszeitraum, Anteil innovativer Neuprodukte, Rendite der Innovationen und schließlich die Floprate, so korrelieren diese Ergebnisse stark mit der dargestellten Kapitalrendite, so daß wir uns mit dieser begnügen dürfen. Ein Blick auf die beiden Spalten der Tabelle zeigt, daß die Geschäftseinheiten der Welt H denen der Welt A gewaltig unterlegen sind. Die Softies sind fast doppelt so erfolgreich wie die Hardliner. Dieses »doppelt so gut« bezieht sich auf den Durchschnittswert, um den die einen besser sind als die andern.
»Doppelt so gut«, das sagt sich so leichthin, aber man muß es sich einmal in seiner Bedeutung klarmachen: Die bisweilen als exotisch und weltfremd verschrienen Anhänger der Welt A hatten im Durchschnitt der letzten sieben Geschäftsjahre 8,9 Prozent Kapitalrendite vor Steuern, während die soviel höher im Kurs stehenden Hardliner nur 4,7 Prozent erreichten. Wenn dies richtig ist, dann gilt es, in einem Maße umzudenken, wie es die Mehrheit der Wirtschaftsführer bis zur Stunde noch nicht getan hat.

Fazit: Nachdem wir gesehen haben, daß das Lager der Altruisten doppelt so erfolgreich ist wie das der Hardliner, ist es Zeit für folgende Einsicht: Wir haben die Kraft von Softpower und altruistischem Idealismus vermutlich unterschätzt. In diesem Denkansatz scheint so viel mehr Motivation, Kreativität, Flexibilität und Leistungsanreiz zu stecken, daß wir uns alle um diese Denkrichtung und ihre Vorbilder mehr werden kümmern müssen.

Die eher unbeteiligte Neugier, mit der wir auf Unternehmen wie Hewlett Packard, Gore oder Megerle geschaut haben, wo viele Elemente der Welt A verwirklicht sind, wird einer hochintensiven Zuwendung weichen müssen. Und dennoch: Führen uns diese Erkenntnisse wesentlich weiter? Im Sinne des Verständnisses der Konfliktlage ja, denn wir wissen es jetzt ganz verläßlich: Wir haben es bei dem Trend zu den »weicheren« Werten ganz gewiß nicht mit einer Modeerscheinung zu tun, die schon morgen wieder ad acta gelegt werden kann. Wir sprechen über wirtschaftlichen

Erfolg und nicht über Psychologie! Bei der Frage der beiden Welten geht es um Überleben oder Unterliegen. Aber selbst wenn wir uns nun zwar des Ernstes der Thematik stärker bewußt sind, so sind wir im Hinblick auf eine Synthese und eine Zusammenführung beider Wertelager nicht viel vorwärtsgekommen. Unser Wissen hilft uns leider immer noch nicht weiter, denn wenn die Wurzeln dieses Richtungsstreits so tief in der Persönlichkeit liegen, dann müßten wir zur Aufhebung des Gegensatzes Menschen in ihren Grundpositionen verändern – und das geht fast gar nicht. Also was tun?
Eine gewisse Handlungshilfe erwächst uns vielleicht doch aus den vorgestellten Tatsachen: Wenn wir die Persönlichkeiten nicht fundamental ändern können, dann kann eine versöhnliche Lösung zwischen Altruismus und Disziplin also nicht darin liegen, daß wir diese jeweiligen Anhänger dazu zu bewegen versuchen, sich selbst zu verleugnen. Es kann demzufolge nur eine Lösung geben, wenn wir etwas Positives mit diesen Neigungen und Werthaltungen anstellen. Aber was?

5. Auf dem Weg zu einer Lösung

Das eben vorgestellte Renditeergebnis ist von unerwarteter Radikalität. Bei den vielen Malen, wo ich die Resultate vortrug, hatte ich stets ein ungutes Gefühl, der knallbunten Softpower ein so lautes Loblied singen zu müssen. Sind die 79 Prozent Hardliner nichts als Unverbesserliche, die den Wertewandel verschlafen haben und mit der Flexibilität einer Dampfwalze ihren alten Kurs weitersteuern, ohne etwas dazuzulernen? Sind sie etwa zu nichts mehr recht nütze, zumal ihre typologische Festlegung doch kaum Hoffnung zuläßt, daß sie umdenken?
Ich habe in der ersten Auswertungsphase solche voreiligen Schlüsse gezogen, denn die Zahlen, die wir erst etwas ungläubig wieder und wieder nachgeprüft haben, waren absolut korrekt. Als Berater der deutschen Wirtschaft fragt man sich natürlich doppelt selbstkritisch, ob man nun allen, die es hören wollen oder nicht, die Predigt der Sozialträumer vorplappern soll. Ist ein kooperativer, weicher Kurs der Rücksichtnahme, der Fürsorge und der freundlichen Anregung zu kreativer Selbstverwirklichung der Weg

ins Paradies des Managements? Ist die Mehrheit der heutigen Topleute wirklich so ganz und gar in einem Irrtum befangen, daß nicht mehr als 21 Prozent auf dem richtigen Wege sind?

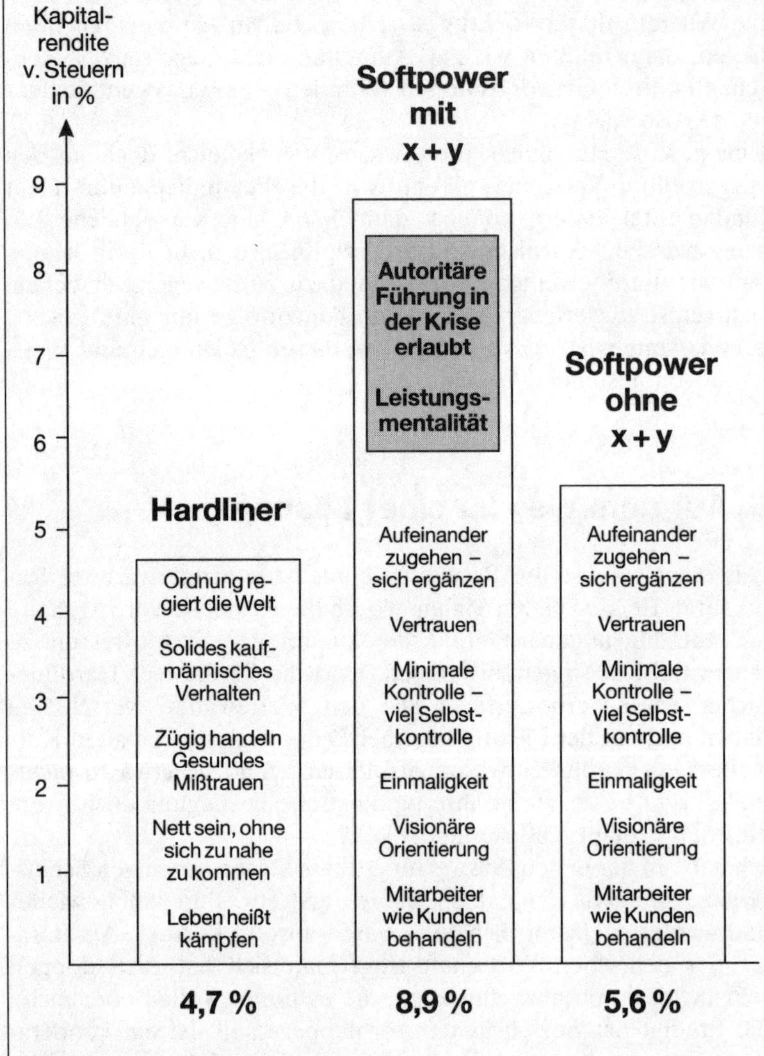

Tabelle 43: Der kleine Unterschied

Was war uns entgangen?

Erst zu einem recht fortgeschrittenen Zeitpunkt stellten wir einen wichtigen Zusammenhang fest: Wir erkannten, daß die ungemein guten Erfolgszahlen der Softies dann und nur dann erreicht wurden, wenn zwei weitere Elemente hinzutraten. Wenn Geschäftseinheiten, die wir der Welt A zurechneten, jene Superwerte erreichten, von denen die anderen nur träumen können, dann war dies stets gekoppelt mit der Bejahung von zwei Statements:*

- Statement X: Bei uns glaubt man an Teams, Konsens, Partizipation und Menschlichkeit, aber in Krisensituationen und bei besonderen Herausforderungen, die couragiertes Handeln notwendig machen, wird nicht lange gefackelt, sondern schnell und notfalls autoritär entschieden.
- Statement J: Leistungsdenken ist ein dominierender Bestandteil unserer Firmenkultur. Die überwiegende Mehrheit will sich bei uns mit der Leistung anderer positiv messen und aus sich heraus weit überdurchschnittlich sein.

Wurden diese beiden Statements verneint, sanken die Erfolgswerte der Anhänger von Wert A erheblich ab. Plötzlich waren die Softies gar nicht mehr so brillant. So verringert sich – wie in Tabelle 43 gezeigt – ihre großartige durchschnittliche Kapitalrendite von 8,9 auf 5,6 Prozent. Bei den anderen Erfolgsmeßwerten zeigten sich sehr ähnliche Ergebnisse. Damit waren die Softies immer noch ein Stückchen besser als die Hardliner, aber nur noch so geringfügig, daß der Unterschied fast vernachlässigt werden kann.

6. Härte als Ausnahme

Mit dem Ergebnis von Abbildung 43 glauben wir, eine Lösung für unsere Problemstellung gefunden zu haben, die für die Welt der

---

* Diese beiden Statements finden sich als Faktor 8 und 21 in der Übersicht 29. Während »Leistungsdenken« in sich ein wichtiger Erfolgsfaktor ist, bringt Faktor 21 (notfalls autoritär entscheiden) für sich allein ausgewertet nicht allzuviel; erst im Zusammenhang mit den anderen altruistischen Werten ist er sehr bedeutsam.

Manager, aber darüber hinaus auch für die gesamte Gesellschaft von erheblicher Bedeutung sein könnte. Sie scheint der Schlüssel zu sein, um von der These der Härte und ihrer Antithese der Softpower schlußendlich zu einer brauchbaren Synthese zu gelangen. Sollte dies möglich sein, so würden unendlich viele Konflikte, die aus dem Gegensatz beider Welten herrühren, gemildert oder ganz eliminiert.
Wir lernen aus den Zahlen der Abbildung 43, daß es offenbar im Prinzip richtig ist, den diskutierenden, auf Konsens und freundlichen Kompromiß abzielenden Kurs der Menschlichkeit und altruistischer Gemeinsamkeit zu verfolgen. Aber es gibt eine Einschränkung.

Fazit: Die Botschaft der Welt A ist und bleibt die vorzuziehende Haltung, der bessere und vor allem effizientere Führungsstil. Trotz eines gewissen Rückziehers bleibt es prinzipiell dabei: Die extreme Philosophie der Hardliner hat ausgespielt, denn ihre schwachen Ergebnisse sind nicht zu übersehen. Wenn aber im Falle von Gefahren oder ungewöhnlichen Herausforderungen der kurze Dienstweg zum Muß, die autoritäre, schnelle Entscheidung zur absoluten Notwendigkeit werden, dann – aber auch nur dann – ist Softpower kein Fortschritt, denn dann sind ihre Nachteile – Umständlichkeit, lange Zeitdauer, ewiges Diskutieren – unerträglich. Wenn es dann darüber hinaus den Softies an Leistungsmentalität gebricht, dann verflüchtigt sich der Vorteil ihrer im Grunde so erfolgversprechenden Mentalität.

»Ha!« werden nun alle Hierarchie- und Ordnungsfanatiker rufen. »Alle mal herhören, hatten wir es denn nicht schon immer gesagt? Mit Softies kann man keinen Blumentopf gewinnen!«
Hier läge in der Tat ein schlimmer Irrtum vor: Härte ist als Ausnahme zugelassen, Diktatur ist im Kriege am Platze, aber an sonnigen Tagen sollten beide verboten sein. So jedenfalls legen es unsere empirischen Zahlen nahe. Altruismus sollte eine Leistungsmentalität beinhalten, was sich ja nicht widerspricht, denn es bedarf großer, energischer, zielgerichteter Anstrengungen, um die softe Welt durchzusetzen. Nur darf die Notwendigkeit zur Leistung nicht den Grundtenor der Humanität überkleistern.

Das Ergebnis ist also klar. Aber könnte man mit dem von uns aufgezeigten Kompromiß leben? Wäre er geeignet, das Generationenproblem, das ja unübersehbar aus unseren Zahlen deutlich wird, auf diese Weise friedlich zu überwinden?

Vision No. 7
Wäre diese Welt, die den neuen Werten Rechnung trägt, ohne sie zu verabsolutieren, eine schönere Welt? Wir meinen ja! Es wäre ein Fortschritt mit Augenmaß. Es wäre Idealismus mit einem guten Schuß von Realitätsnähe und Angemessenheit. Ein »männliches« Element der Überlegenheit, des kühlen Rechnens und des Willens zum Erfolg ist in die Welt A eingekehrt und schafft ein Stück Ordnung, mit der man leben kann. Wer sich ganz und gar bedingungslos jener Welt knallbunter Softpower überantwortet, ist im Irrtum. Wir brauchen ein Stück kühler Strategie, wir brauchen den Feldherrn, der die Softpower auch einmal abstellt, und wir brauchen Leistungsmentalität, sonst verbrennen wir uns an der altruistischen Welt die Finger. Und dennoch brauchen wir sie. Es gibt keine Alternative zu ihr. We need a dream!

Wir wollen uns nichts vormachen: Was wir hier vorschlagen, ist ein menschliches Wagnis, aber eines, das sich zu lohnen scheint. Summerhill, jener einmalige Versuch, Erziehung auf Selbstverwirklichung und Lernbedürfnis abzustellen, ist gescheitert. Ein Jahrzehnt blickte die kultivierte Menschheit mit Spannung auf dieses kleine Fleckchen Erde, das in so bescheidener, sympathischer Weise die autoritären Traditionen des Abendlandes herausgefordert hatte. Der Versuch mißlang nicht etwa, weil er schlecht war, sondern weil genau jenes Element der Leistungsorientierung fehlte, das man doch so leicht hätte einbauen können. Wir wollen deshalb nicht den gleichen Fehler wiederholen.
Es gibt Situationen, wo die lupenreine Welt A gefährlich ist. Dann muß sie – befristet – geopfert werden. Aber wann immer die Konkurrenzsituation, die Gewinnlage, der allgemeine Zustand des Unternehmens es zulassen, dann möchten wir allen Vorstandsvorsitzenden dieser Welt Schillers großes Wort zurufen: Sire, geben Sie Gedankenfreiheit! Geben Sie den Raum, den kreative Menschen zum Atmen benötigen, ja den jeder Mensch braucht,

wenn er nicht seelisch verkrüppeln soll. Erlauben Sie, einer besseren Welt Einzug zu halten. Sie hat den Vorzug, eine schönere, aber auch und gerade eine nachweislich erfolgreichere zu sein! Trotzdem habe ich aus zweierlei Gründen einen leicht bitteren Geschmack auf der Zunge, wenn ich dieses Bekenntnis niederschreibe:

① Das Ziel, das hier formuliert ist, verlangt viel Reife und noch viel mehr Flexibilität. Es fordert, aus der Zementierung auszubrechen und Vielgestaltigkeit zu mögen – wirklich und von Herzen. Schaffen das die Topmanager, die derzeit am Ruder sind? Schafft es die nächste Generation, die ja vermutlich wieder dominierend aus Hardlinern besteht? Wir hoffen es.

② Ist unsere Botschaft wirklich so frisch und neu? Gewiß ist sie das für deutsche und für europäische Ohren. Aber vergessen wir einmal uns und unsere eigene Industrie! Da können wir uns wohl kaum um die Frage herumdrücken: Haben nicht die Japaner diesen Lösungsentwurf bereits in ihrer Unternehmenskultur und Firmenpraxis vorweggenommen? Nicht ganz und gar, aber ich befürchte, zu einem gewissen Teil doch. Aber diese Erkenntnis sollte gerade der Notwendigkeit, die hier angesprochenen Probleme zu durchdenken, nach einer Lösung zu suchen, verstärkten Nachdruck verleihen.

VI. Die Jahrhundert-Herausforderung

In diesem Kapitel möchte ich Sie bitten, mich auf der Reiseroute eines ebenso innovativen wie gewagten Gedankengangs zu begleiten. Unsere Tour wird bei soliden Wirtschaftsfakten ihren Anfang nehmen und bei einer visionären gesellschaftlichen Neuorientierung enden. Die Frage, ob die Bundesrepublik weiterhin ein Land des Erfolgs sein wird, hängt weitgehend von den Antworten ab, mit denen wir auf die hier dargestellte Herausforderung reagieren werden. Aber gehen wir Schritt für Schritt vor.

1. Standortfragen

Wir haben 437 Manager gefragt, wovon sie sich in ihrer Unternehmerrolle im nächsten Jahrzehnt am meisten bedroht fühlen. Aus der Fülle der Antworten erhielt das Problemfeld Standortfrage die meisten Nennungen. Hinter dieser Vokabel vom Standort Deutschland steht die Sorge, daß es aufgrund

- steigender Löhne,
- abnehmenden Arbeitswillens,
- zunehmender Abgabelasten,
- aufwendiger Nebenkosten,
- ganz langsam schlechter werdender Infrastruktur (Verkehr)

zunehmend schwieriger wird, auch weiterhin am Standort Bundesrepublik zu produzieren.
Interessengruppen klagen natürlich immer über die schlechten Zeiten; leider zu oft, so daß es Skeptikern schwerfällt, die Sorgenfalten immer ernst zu nehmen. Diesmal sollten wir die Nöte nicht bagatellisieren. Ich weiß nicht, ob die Gewerkschaften gut beraten sind, uns fortlaufend zu suggerieren, man solle das auf die leichte

Schulter nehmen. Diesmal ist es kein Unternehmergeklage, daß die Firmenchefs diese – und keine andere – als die bedrohlichste Entwicklung am Horizont unserer industriellen Zukunft zu erkennen glauben. Nicht weniger als 78 Prozent stellten in unserer Enquete die eventuelle Notwendigkeit einer erzwungenen Standortverlagerung an die Spitze aller erwarteten Schwierigkeiten. Kaum einer sieht darin eine verlockende Herausforderung, wohl aber ein ungeliebtes Muß. Der große Buhmann geht um: Wie attraktiv bleibt Deutschland?

Eine seltsame Ironie der Geschichte ist es schon, daß die Nationen, aus denen einerseits die Gefahr kommt, die andererseits aber auch unsere eigenen zukünftigen Standorte sein können, den Managern eine Gänsehaut über den Rücken jagen. Früher sah man diese Länder so ganz und gar anders. Über die Existenz von »Kolonialländern« – wie man vermutlich die heutigen Entwicklungsnationen, Schwellenländer und Billigherausforderer vor hundert Jahren etikettiert hätte – herrschte früher eitel Freude. Gerade die neiderfüllten Deutschen vollführten wahre Freudentänze, als es ihnen endlich vergönnt war, selbst Eigner eines Minikolonialreichs zu werden.

Die Welt hat sich offensichtlich geändert. Die meisten dieser Länder, die die europäischen Großmächte in der Rolle der Schutzmacht stolz verwalteten, sind nach ihrer Selbständigkeit zu »Bedrohungen« geworden. Jedenfalls wird die Tatsache, daß die Menschen dort mit geringen Löhnen zufrieden sein müssen, daß sie sich viel weniger einschränkende Umweltgesetze oder gar keine leisten und ein ganzes Bündel sozialer Schutzmaßnahmen unterentwickelt ist, als eine solche Gefährdung empfunden.

Abbildung 44 ist eine Zusammenfassung, wie man sie in vielen Gazetten eingerückt hat, um uns vor Augen zu führen, in welcher Situation wir armen »Opfer« uns befinden. Die Zahlen sind natürlich nicht neu, aber man sollte sie sich trotzdem immer wieder vor Augen führen. Dahinter stehen natürlich die extrem hohen Lohnnebenkosten: Nach der jüngsten Äußerung des zuständigen Ministers betragen sie mittlerweile 86 Pfennig pro gezahlte Mark Direktlohn. In mehreren asiatischen Ländern bewegen sich die Lohnnebenkosten bei 20 bis 30 Pfennig. Wer Produkte herstellt, bei denen die Lohnkosten einen hohen Anteil ausmachen, muß eigentlich schon fast ein Narr sein, sich dem Anreiz solch vergleichsweise niedriger Löhne und günstigerer

Fertigungskosten zu verschließen. Natürlich setzen fehlendes Ausbildungsniveau der Bevölkerung und mangelnde Infrastruktur der Verlagerung Grenzen, aber was soll's? Wenn man um 50 Prozent billiger produzieren kann, dann verkraftet man schon einige Schwierigkeiten. Auch einige europäische Nachbarländer und Staaten wie Spanien und Portugal locken, und bei diesen läßt die Infrastruktur weit weniger zu wünschen übrig.

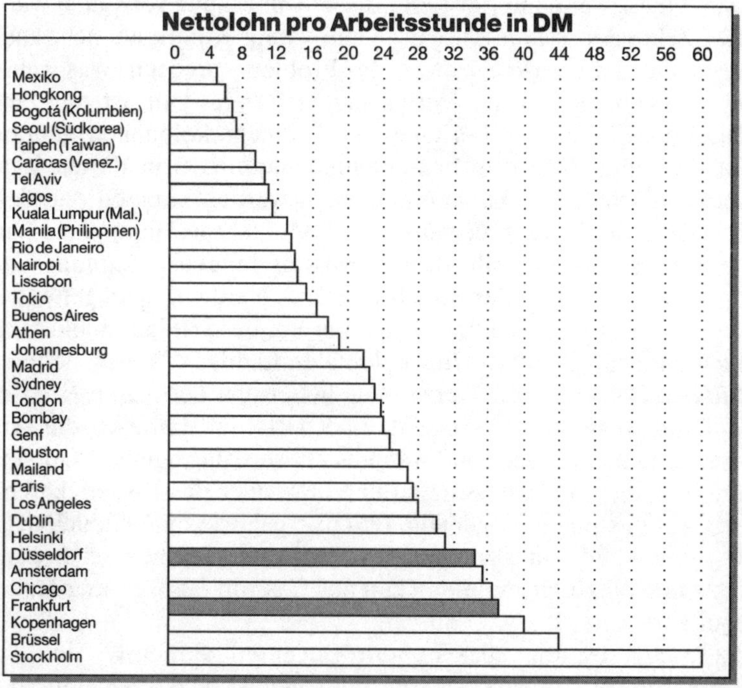

Abb. 44: Vergleichende Lohnstatistik

Hinzu kommt die geringere Steuerbelastung, die ähnliche Tendenzen wie die Lohnkosten zeigt und uns Deutsche schon das Fürchten lehren kann. Nicht selten kommen ungewöhnlich hohe Anreize wie Steuerbefreiungen, kostenloser Grund und Boden und sehr günstige Zinskonditionen hinzu und mehren die Sorge über einen drastisch spürbaren Exodus eines Teils der deutschen Industrie. Kein Zweifel, daß wir uns mit

- den meisten Feiertagen,
- den höchsten Lohnstückkosten,
- der höchsten Besteuerung,
- der geringsten Jahresarbeitszeit

in eine Situation gebracht haben, die mit zunehmendem Konkurrenzdruck im Zuge des europäischen Gesamtmarkts nur bedrohlicher, keineswegs harmloser werden kann.
Dabei hat – wenn mir der Leser diese Anmerkung verzeihen will – die Diskussion schon ein ganz klein wenig Komik an sich, auch wenn wir hier über ein sehr ernstes Problem sprechen: Was früher als volkswirtschaftlicher Vorteil ersten Ranges galt, ist nun eine Bedrohung. Daß Großbritannien in seinem kolonialen Empire extrem billig Rohstoffe bekommen konnte, daß in diesen Ländern einfache Produktionen aufgebaut werden konnten und deshalb überraschend preisgünstige Produkte im Heimatland zur Verfügung standen, sah man damals als immense Segnung und sprudelnde Quelle des Reichtums an. Neidvoll quengelte der deutsche Kaiser deshalb, so lange herum, bis wir dann schließlich auch ein paar Quadratmeter kolonialen Landes in Besitz nehmen durften. Das völkische Herz schlug höher und bebte in nationaler Wallung, auch wenn es macht- und wirtschaftspolitisch die Anstrengung nicht lohnte und wenn es um so völlig sinnlose Gebiete ging wie die Enklave Tsingtau in China oder das Bismarckarchipel. Aber es putzte ungemein, und nun gehörte man endlich auch zu jenem Club feiner Nationen, wo Schwarze, Gelbe oder Braune achtungsvoll zu Herrenmenschen aus Castrop-Rauxel oder Radebeul aufsahen.
Hat sich dies nun alles in sein Gegenteil verkehrt? Sind die Billigproduzenten wirklich eine Bedrohung? Nun, man sollte das Kind nie mit dem Bade ausschütten und sich nichts vormachen: Billiglohnländer sind auch noch heute eine der Quellen unseres Wohlstands. Würden wir nicht billige Hemden aus Hongkong, preiswerte Computer aus Taiwan und Kaffee zu Schleuderpreisen aus Südamerika kaufen können, unser Wohlstand wäre deutlich geringer. Man sollte nie vergessen, daß die Armen dieser Welt – jedenfall ein Teil davon – sich immer noch abrackern, ohne daß ihnen auch nur ein halbwegs fairer Erlösanteil für ihre Arbeit zukommt. In diesen Ländern sorgen der fast unerträgliche Mühlstein ihrer Verschuldung, ihre meist fehlende Solidarität unterein-

ander und ihre oft unfähigen Regierungen dafür, daß die Situation im Vergleich zur Kolonialzeit graduell, aber nicht fundamental anders ist. Ob wir's gern hören oder nicht, wir leben schon ein wenig auf deren Kosten. Übrigens: Der Konsumverzicht der Japaner – auch wenn er erzwungen ist – gehört in die gleiche Kategorie. Sosehr uns diese Nation schreckt – wir chauffieren und fotografieren preiswerter, weil sie selbst so knapp gehalten werden.

Aber zurück zu den Entwicklungsländern: Bei diesen Nationen bleibt wiederum auch nicht alles beim alten, und aus der Not und dem Verständnis ihrer Situation heraus kommen mittlerweile viele von diesen Ländern in zunehmendem Maße für einfachere, teilweise aber auch recht intelligente Produktionen in Frage. Sie werden noch nicht gleich morgen einen wahren Erdrutsch der Verlagerung auslösen, aber ein schleichend zunehmender Transfer ist eben doch wahrscheinlich, vielleicht sogar eine natürliche und gerechte Notwendigkeit. Aus geschichtlicher Sicht geschieht hier etwas sehr Faires. Ihre Benachteiligung wird ihre Waffe.

Aber all diese schönen Einsichten mindern nicht unser Problem. Daß wir ein solches haben, wissen wir; es wurde durch die Situationsanalyse unserer Enqueteteilnehmer in Tabelle 45 überdeutlich. Diese Übersicht zeigt, wie sich die Unternehmer vor dreißig Jahren erst ganz zaghaft, dann vor zwanzig Jahren bereits mutiger, vor zehn Jahren schon recht beherzt und heute in nochmals gesteigertem Maße Auslandsfertigungen zulegen.

Auslandsproduktion deutscher Unternehmen	Keine	5 %	15 %	20 %	25 % und mehr	Insgesamt
1960	77 %	11 %	7 %	3 %	2 %	100 %
1970	69 %	12 %	8 %	8 %	3 %	100 %
1980	49 %	21 %	13 %	11 %	6 %	100 %
1990	29 %	25 %	19 %	17 %	10 %	100 %

Tabelle 45: Auslandsengagement von 116 Firmen

Gewiß, Auslandsproduktionen werden nicht immer nur als »Notmaßnahme« und Antwort auf unsere hohen Löhne realisiert. Häufig will man damit fremde Märkte aggressiv erobern. Darum haben wir die gleiche Übersicht noch ein zweites Mal erstellt: In Tabelle 46 zeigen wir die Situation derselben Firmen, aber beschränkt auf Auslandsproduktionen, wo der Kostenvorteil der entscheidende Faktor war. Wir sehen nun, daß dies in über zwei Dritteln der Fälle zutraf.

Fazit: Die eher notgedrungene Verlagerung der Produktion ins Ausland überwiegt unter unseren Enqueteteilnehmern in hohem Maße. Dies ist eine wichtige Einsicht, denn es gibt zur Frage der Motivation solcher Verlagerungen keinerlei amtliche Statistik.

Auslandsproduktion	Keine	5 %	15 %	20 %	25 % und mehr	Insgesamt
1960	84 %	9 %	4 %	2 %	1 %	100 %
1970	74 %	10 %	6 %	8 %	2 %	100 %
1980	55 %	17 %	13 %	9 %	6 %	100 %
1990	46 %	20 %	14 %	11 %	9 %	100 %

Tabelle 46: Auslandsengagement aufgrund der deutschen Kostensituation

Diese behördliche Statistik informiert uns aber wieder sehr gut und aussagekräftig, wenn wir uns das Problem Auslandsinvestitionen von und nach Deutschland anschauen möchten. Die offizielle Erhebung, die wir in Abbildung 47 dargestellt haben, zeigt folgendes fatale Bild: Da strömt es kräftig ins Ausland und sehr wenig vom Ausland zu uns. Kommt das von ungefähr? Gewiß nicht. Hinter dieser Tabelle steht ein vernichtendes Urteil über Deutschland, sonst sähe sie anders aus. Für ausländische Investoren sind wir ein weitgehend unattraktives Land, das beißt der Maus keinen Faden ab!
Stellt man diese Situation dar, dann machen neunmalkluge Natio-

nalökonomen gern die völlig irreführende Anmerkung, man solle doch an das blühende US-Amerika der sechziger Jahre denken, wo die Macht dieses Landes ja gerade dadurch dokumentiert wurde, daß man sich sehr kräftig in Übersee – nicht zuletzt bei uns in Deutschland – engagiert hatte. Sicher haben diese Investitionen zum Wohlstand der USA entscheidend beigetragen, aber man darf dabei nicht übersehen, daß sie fast **nie** eine Verlagerung amerikanischer Produktion darstellten, sondern ausschließlich dazu dienten, andere Märkte mit lokaler Fertigung aufzurollen. Solch zusätzlicher Art ist aber nur der geringere Teil der deutschen Auslandsinvestitionen – genau 37 %!

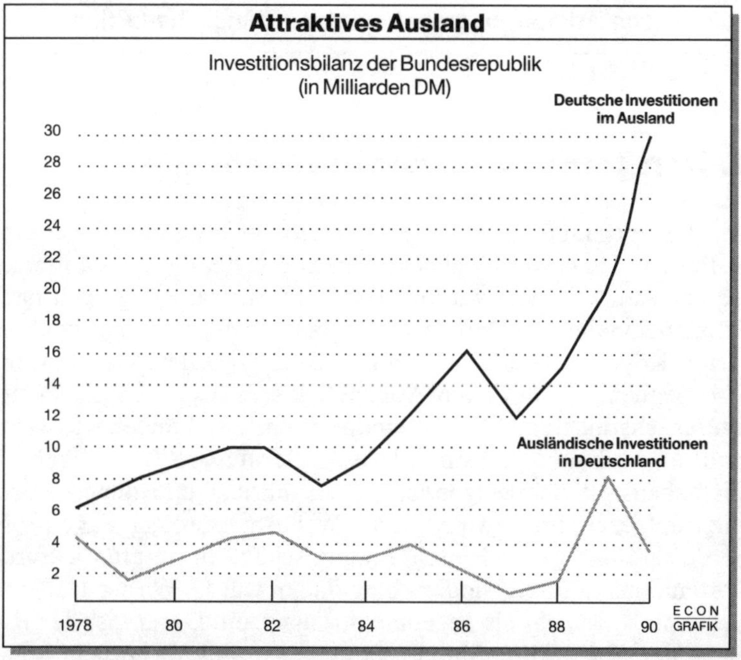

Abb. 47: Auslandsinvestitionen der Deutschen; Inlandsinvestitionen der Ausländer

Nimmt man zu diesen eindeutigen Fakten noch die deprimierenden Einzelschicksale einiger deutscher Industriebranchen hinzu, dann kann einem schon ein wenig bang ums Herz werden. Jedermann weiß, daß unsere heimischen Hersteller in den Bereichen Bekleidung, Foto, Textil, Video, Audio, Automobile, Motorräder – um nur die wichtigsten zu nennen – erhebliche Einbußen erlitten oder zur Gänze weggefegt wurden. Kregle Billigmacher waren fast stets die Hauptursache dafür.

Fazit: Auch wenn fremde Konkurrenz volkswirtschaftlich begrüßt werden muß und auch wenn der Wohlstand eines Landes keinesfalls leidet, wenn Teile der benötigten Güter und Dienstleistungen aus kostengünstigen Drittländern bezogen werden, so ist das Verschwinden ganzer Industriebereiche schmerzlich. Das Überdenken einer Industriepolitik, die diesen Aderlaß begrenzt, wird zur dringlichen Priorität.

2. Den Trend zu mildern suchen

Als Antwort auf die hier bestehende Herausforderung gibt es eine Reihe von Reaktionsmöglichkeiten. Die erste, die der Mottenkiste der Konzepte von vorvorgestern entstammt, ist der Ruf nach Schutzmaßnahmen. Daß dieses Denken leider immer noch in vielen Köpfen lebendig ist, muß bedauert werden. Abschottung – so bequem sie im ersten Augenblick sein mag – ist auf Dauer immer schädlich und für welthandelsorientierte Länder, wie wir es sind, abwegig und selbstmörderisch. Berufenere Ökonomen als ich haben mit überzeugender Beweisführung und unwidersprochen aufgezeigt, daß wir von der Weltarbeitsteilung stark profitieren und daß deren Einschränkung schnell in unseren leereren Portemonnaies ihren Niederschlag finden würde. Wir wollen diese Erkenntnis deshalb als gegeben voraussetzen. Darum ist der Ruf nach der Restriktion durch Vater Staat mit Sicherheit keine Antwort.
Eine weitere Überlegung ist der schon wesentlich gesündere Gedanke einer Arbeitsteilung, die so aussieht, daß Billiglohnländer die Produkte herstellen, die lohnintensiv sind und weniger anspruchsvoll, während die hochentwickelten Industrieländer sich um die anspruchsvolle High-Tech-Produkte kümmern, für die sie von ihren Möglichkeiten her prädestiniert sind. Dies wäre eine

denkbare Lösung; daß es so kommen sollte und müßte, hatte man lange vermutet. Es hätte viel Sinn gemacht: hier die hochintelligenten Produkte der neuesten Generation und wissenschaftliche Dienstleistungen aus den Industrieländern, dort die simpleren Erzeugnisse der Entwicklungsländer. Dies hat sich aber gerade nicht so entwickelt. Unsere hinterwäldlerische europäische Landwirtschaftspolitik ist einer der maßgeblichen Schuldigen daran, daß es anders kam. Wir haben die Erwerbsquelle, die eigentlich zur Domäne der Entwicklungsländer hätte werden können und sollen, so fest und nachhaltig zugestopft, daß Europa als Agrarabsatzmarkt für Nichteuropäer praktisch nicht existiert. Hinzu kommt, daß die Potentaten zahlreicher Entwicklungsländer wenig Augenmaß dafür haben, was einem bestimmten Entwicklungsstand angemessen ist. Am liebsten greifen sie vermessen High-Tech-Produktionen auf, die sie überfordern, oder basteln an Atombomben. Dies paßt sowenig zur Armut dieser Länder wie der Rolls-Royce oder das vergoldete Himmelbett der First Lady. Aber wir werden diese Mentalität nicht ändern können.

Wir müssen mit der Realität leben: Eine wirklich angemessene und vernünftige Arbeitsteilung wird zwar in einigen wenigen Branchen durch das Lohngefälle erzwungen, ist aber heute kein brauchbares Universalrezept mehr. Es ist eben anders gekommen: Chips aus Korea, Computer aus Taiwan, Autos und Videos aus Japan – dies bunte Durcheinander ist die Wirklichkeit, und sie läßt sich auch nicht mehr reparieren; genausowenig wie wir unsere aufgemotzte Landwirtschaft per Knopfdruck auf ein sinnvolles Maß reduzieren können.

Was also bleibt übrig, wenn Importrestriktionen nicht sinnvoll sind und außerdem die erstrebenswerte, harmonische Arbeitsteilung zwischen fortgeschrittenen und weniger fortgeschrittenen Ländern nicht recht funktionieren will? Doch wohl nur zweierlei: Entweder auswärts produzieren, was langfristig zu einer Verarmung unserer Regionen führen muß – oder aber wir stellen unsere herzzerreißenden Klagelieder ein, schieben nicht weiter den anderen die Schuld zu, sondern versuchen endlich, unsere eigene Kostenstruktur zu verbessern.

Fazit: Wir sollten nicht jedes in Hongkong gefertigte Hemd und jeden aus Japan kommenden Wagen als den Untergang des Abendlandes beklagen, sondern im Sinne der Erhaltung unseres Industrie- und Lebensstandards die Frage einer merklichen Kostensenkung bei uns mit größerem Ernst prüfen, als das bislang geschehen ist.

3. Der Ruf nach mehr Kreativität

Gewiß sind günstigere Inlandskosten nicht die alleinige Alternative zur Lösung unseres Problems. Kreative Neuentwicklungen, Entdeckungen und innovative Bemühungen um den Erhalt und Ausbau derzeit noch von uns besetzter Spitzenpositionen sind ebenso wichtig. Sind wir denn nicht die Abendländer, die das kreative Licht dieser Welt entzündeten? Ist denn nicht ebendiese Kreativität – und nicht schnödes Sparen – unsere wahre und unendlich süßere Herausforderung? Auf also zu den Quellen unserer wirklichen Größe!

Aber gemach! Wir sollten uns davor hüten, darauf allein zu setzen. Sind wir denn nicht gebrannte Kinder? Auf den Gebieten der Optik, des Fernsehens und der Automobile haben wir schon schmerzliche Niederlagen hinnehmen müssen. Unsere ganze schöne, abendländische Kreativität konnte uns davor nicht bewahren. Woran lag es, daß wir da so wenig rühmlich versagt haben? Wo waren die abendländischen Visionäre, die den japanischen Billigimitaten den großen Wurf entgegensetzten? Entweder waren sie gerade mal in die Kantine gegangen, als wir sie brauchten, oder sie hatten eine depressive Phase, wie das bei ganz großen Künstlern mal vorkommen kann. Diese muß dann allerdings zwei Jahrzehnte angehalten haben. Oder verfügen wir über diese Visionäre vielleicht nur in den Hochglanzbroschüren unserer Jahresberichte?

Wir werden auf diesen Fragenkomplex noch sehr gründlich einzugehen haben. Hier erst einmal ein Rückgriff auf bereits bekannte Fakten. Ich habe 1990 in meinem Buch *Visionäres Management* (ECON) nachgewiesen, daß die Innovationsintensität der deutschen Wirtschaft über die letzten zwei Jahrzehnte abgenommen hat. Ja, Sie haben schon richtig gehört: ab- und nicht zugenommen. Dabei wäre es für die Verteidigung unseres Standorts von höchster Dringlichkeit, daß erneuernde Initiativen rapide zunehmen. Auch auf die Gefahr hin, nun ein weiteres Mal als Nestbeschmutzer angegriffen zu werden, sei hier erneut folgendes Resümee gezogen:

Fazit: Natürlich streben wir mit allen uns zur Verfügung stehenden Kräften nach Innovationen, aber die Hoffnung, daß hier unsere wahre Stärke liege, sollten wir nicht überstrapazieren. Die 1990 veröffentlichten Zahlen haben sich nach einer Aufstockung der Grundgesamtheit und durch weitere Nachprüfungen zwar etwas verschoben, aber die unerfreuliche Tendenz ist leider genau die gleiche geblieben: Unsere Innovationskraft scheint sich zu verringern.

Unter dem Motto »Die Helden sind müde geworden« habe ich berichtet, daß die reine Häufigkeit von Innovationen abflacht. Verfolgt man die Zahl der Neuerungen, die Jahr für Jahr von unseren Enqueteteilnehmern lanciert wurden, so ergibt sich, daß ihre absolute Zahl über die letzten zwanzig Jahre eine abnehmende Tendenz aufweist.

Die Frage, die sich die meisten stellen, wenn man eine derart negative Erkenntnis bekanntgibt, ist diese: Kann das denn wirklich wahr sein bei uns, den tüchtigen Exportweltmeistern? Eher hätten wir das Gegenteil erwartet, denn in unser aller Köpfe kursiert die Vorstellung, daß unsere Innovationstätigkeit auf Hochtouren läuft.

Wir haben uns dann gesagt, daß es vermutlich etwas naiv ist, einfach die absolute Zahl der Innovationen pro Jahr zu ermitteln. Alles – auch Innovationen – sind etwas Relatives. Darum erschien es uns sinnvoll, als zweiten Schritt den Anteil der Innovationsumsätze am »Normalumsatz« zu messen, also die relative Innovationstendenz.

So berechneten wir aufgrund der mit extremer Sorgfalt recherchierten Daten den in Tabelle 48 dargestellten Index, der angibt, wieviel Innovationsumsatz pro 100 DM des »normalen« Geschäftes anfiel. Leider kann ich die Tabelle keinem deutschen Patrioten vorenthalten: Die dort dargestellte relative, gesamtumsatzorientierte Innovationstätigkeit ist abgesunken. Leider.

1973 bis 1977	1978 bis 1982	1983 bis 1987	1988 bis 1992
Auf 100 DM Normalumsatz entfielen zusätzlich 40,28 DM Innovationsumsatz.	Auf 100 DM Normalumsatz entfielen zusätzliche 41,16 DM Innovationsumsatz.	Auf 100 DM Normalumsatz entfielen zusätzliche 38,93 DM Innovationsumsatz.	Auf 100 DM Normalumsatz entfielen zusätzliche 37,58 DM Innovationsumsatz.
Index 100	**102**	**96**	**93**

Tabelle 48: Innovationsintensität innerhalb von vier Zeiträumen
Alle teilnehmenden Firmen – alle Produkte

Die Situation ist aber noch viel schlimmer als in Tabelle 48 dargestellt. Unterteilt man die Innovationen in Verbesserungs- und Durchbruchsinnovationen, so ergibt sich die Darstellung der Tabelle 49. Es bedarf natürlich nicht des Hinweises, daß es nicht die geringfügigen Verbesserungen sind, die unserer Industrie lang anhaltende Konkurrenzvorteile gewähren, sondern die entscheidenden Durchbruchsinnovationen. Gerade bei diesen – auf die es im Zusammenhang mit der asiatischen Herausforderung und in der Frage Standort im Sinne eines Gegengewichtes ankommt – sieht es düster aus: Der Index ist hier auf 68 abgesunken.

Der einzige Hoffnungsschimmer sind die Vorbildfirmen, die eine schöne Steigerung der Innovationstätigkeit aufweisen. Dort stieg der Index von 100 auf 105, wie Tabelle 50 ausweist. Aber diese erfreuliche Situation ist nicht in der Lage, das Gesamtbild aus Tabelle 48 aufzuhellen.

Es bleibt also dabei: Der Anteil neuer, innovativer Produkte am Umsatz, der sich im Interesse unserer Wettbewerbsposition vergrößern – zumindest jedoch konstant sein – sollte, steigt nicht, nein, er fällt!

Setzen wir also nicht die Hoffnung auf etwas, das bislang – und wir sprechen hier immerhin über zwei volle Jahrzehnte – nicht so furchtbar glorreich aussieht, wie wir es alle gerne hätten.

1973 bis 1977	1978 bis 1982	1983 bis 1987	1988 bis 1992
Auf 100 DM Normalumsatz + Verbesserungsinnovationsumsatz entfielen zusätzlich 5,28 DM Durchbruchsinnovationsumsatz. **Index 100**	Auf 100 DM Normalumsatz + Verbesserungsinnovationsumsatz entfielen zusätzliche 5,15 DM Durchbruchsinnovationsumsatz. **98**	Auf 100 DM Normalumsatz + Verbesserungsinnovationsumsatz entfielen zusätzliche 4,36 DM Durchbruchsinnovationsumsatz. **83**	Auf 100 DM Normalumsatz + Verbesserungsinnovationsumsatz entfielen zusätzliche 3,61 DM Durchbruchsinnovationsumsatz. **68**

**Tabelle 49: Innovationsintensität bei Durchbruchsinnovationen
Unterteilung nach Normalumsatz plus Verbesserungsinnovationen auf der einen im Vergleich mit allen Durchbruchsinnovationen auf der anderen Seite**

Aber lassen Sie sich von solch scheinbar defätistischen Feststellungen nicht irreführen: Ich selbst bin einer der leidenschaftlichsten Advokaten für mehr Innovation. Wir sollten nie und nimmer aufhören, uns dafür mit aller Kraft einzusetzen, sie um jeden Preis fördern. Erneuerung ist stets ihre Anstrengung wert, sie ist und bleibt unsere ganz große Herausforderung, aber in ihr steckt auch immer ein kleines Stückchen unbeeinflußbare, geschenkte »Gnade« – oder weniger pathetisch: die Rarität des Seltenen, der Zufall. Kreativität entzieht sich der Planung. Man kann sie nie herbeikommandieren. Sie kann deshalb nicht berechenbarer Teil eines Planes werden.
Und nochmals die Frage: Was tun? Auf den göttlichen Funken der Superkreativen warten, daß er endlich zündet, oder die Ärmel aufkrempeln und schnell etwas Nützliches in die Wege leiten? Sie

1973 bis 1977	1978 bis 1982	1983 bis 1987	1988 bis 1992
Auf 100 DM Normalumsatz entfielen zusätzlich 51,37 DM Innovationsumsatz.	Auf 100 DM Normalumsatz entfielen zusätzliche 52,03 DM Innovationsumsatz.	Auf 100 DM Normalumsatz entfielen zusätzliche 52,87 DM Innovationsumsatz.	Auf 100 DM Normalumsatz entfielen zusätzliche 53,78 DM Innovationsumsatz.
Index 100	**101**	**103**	**105**

Tabelle 50: Innovationsintensität der Vorbildfirmen*

kennen bereits die Antwort: Kosten runter – oder wenigstens stabil halten!

Fazit: Auch wenn es weh tut, müssen wir uns der Situation stellen. Diese ist nach der bisherigen Analyse dadurch gekennzeichnet, daß es absolut keine Entwicklung gibt, die von sich aus den schleichenden, offenbar zunehmenden Exodus einer schwerwiegenden Industrieverlagerung Paroli bieten kann. Im Gegenteil: Die Situation wird durch den Gemeinsamen Markt – gleich, ob er nun ein wenig früher oder später kommt – eher prekärer. Unsere Erfahrung im erfolgreichen Verlagern nimmt von Jahr zu Jahr zu, und damit werden sich ohne merkliche Veränderungen bei den »bundesrepublikanischen« Kosten mehr und mehr Unternehmer gegen Deutschland entscheiden.

Was dies bedeuten könnte, wenn es wirklich zu stark sinkenden Exporten und einer dramatischen Verlagerung von Produktion ins Ausland kommt, dafür gibt unsere jetzige Situation einen schönen Vorgeschmack.
Ein schrumpfendes Sozialprodukt wäre unvermeidlich. Man kann sich die Verteilungskämpfe um sinkende Renten, schwindende Budgets bei noch größer werdender Arbeitslosigkeit nur schwer-

lich friedlich und solidarisch vorstellen. Nein, wir dürfen die Hände nicht in den Schoß legen und die Dinge einfach treiben lassen.

4. Realistische Kostensenkungsmöglichkeiten

Es führt also kein Weg drum herum: Deutschland muß billiger werden. Versuchen wir uns an einigen Alternativen zu diesem Ziel:

Einkommensverzicht: Unterstellen wir einmal, wir wären allesamt bereit, weniger zu verdienen und uns einzuschränken. Dadurch träte eine Lohnkostenminderung ein; Ware »made in Germany« würde billiger. Wir meinen, daß eine etwas 12prozentige, sozial ausgewogene Reduktion, die ja die Mehrheit der Bürger noch nicht an den Bettelstab brächte und bei sozialer Ausgewogenheit die Grundbedürfnisse kaum antasten würde, schnell ihre Wirkung tun würde.

Nun wissen wir allerdings aus jüngster Vergangenheit, daß es unserem Volk offenbar nicht ganz leicht zu fallen scheint, den Gürtel enger zu schnallen. Selbst wo es um ein Opfer für die ehemals so geliebten Brüder und Schwestern im Osten geht, wo

---

* Wir ließen uns alle Innovationen der letzten zwanzig Jahre nennen und ermittelten deren jährliche Umsätze. Wir unterteilten dann diesen Zeitraum von zwanzig Jahren in vier Zeitspannen von jeweils fünf Kalenderjahren. Was in Vergleich gesetzt wurde, war das gesamte Volumen des Innovationsumsatzes mit dem gesamten normalen Umsatz. Die eine Größe (Innovationsumsatz) ist also nicht in der anderen (Normalumsatz) enthalten, sondern beide addieren sich zum Gesamtumsatz auf. Beide Größen umfaßten jeweils viermal die bereits erwähnten fünf Jahre. Normalumsatz und Innovationsumsatz waren folgendermaßen definiert: Normalumsatz = alle Produkte, die bereits mehr als fünf Jahre am Markt sind. Innovationsumsatz = Produkte, die fünf oder weniger Jahre am Markt sind; es müssen neue oder stark verbesserte Produkte sein, damit sie hier gezählt werden. Ein geschöntes Etikett auf der Packung oder Glanzkarton statt Pappe machten in unserem Verständnis gerade kein neues Produkt. – Die angewandte Methode erlaubt es, Inflationsauswirkungen zu eliminieren, da ja gleichzeitig zwei geldwertabhängige Größen in Relation gemessen werden, nämlich 100 DM Normalumsatz zu der jeweiligen Zahl des Innovationsumsatzes, wodurch sich Geldwertänderungen (Inflation) neutralisieren. – Das Verfahren ist gegenüber dem 1990 in der damaligen Darstellung verwandten etwas verschieden und führt deshalb zu leicht veränderten Zahlen.

also eigentlich Solidarität die Herzen öffnen müßte, tut man sich mit Einschränkungen äußerst schwer. Nun ist die Situation für unser Standortproblem doppelt ungünstig. Kaum vermögen wir die Groschen für die Landsleute in unseren östlichen Bundesländern zusammenzukratzen, und nun sollen wir auch noch für so etwas Abstraktes wie den Standort Deutschland zusätzliche Opfer bringen? Vergessen wir lieber den Weg des Verzichts. Er ist wenig realistisch, zumal in unserer spezifischen Situation.

Produktivitätssteigerung durch Rationalisierung: Ein zweiter Weg bestünde darin, daß es uns gelingt, unsere industrielle Produktivität zu steigern. Es kann keinem Zweifel unterliegen, daß hier Möglichkeiten schlummern. Dieser Weg hat sich bewährt. Wir werden ihn weiter unten ausführlich diskutieren, aber es sei hier schon vorweggenommen, daß wir ihn aus einer Vielfalt von Gründen nicht generell, sondern mit dem Fokus auf einen begrenzten Teil unserer Gemeinschaft als einen Königsweg ansehen, Deutschland als Standort zu stärken. Soweit es die Produktionsbetriebe angeht, ist es zweifellos richtig, daß wir hier nicht erlahmen dürfen. Aber selbst wenn wir uns genauso anstrengen wie bisher, ist nicht zu vermuten, daß wir jene Kostensenkungen realisieren, die unseren Standort wieder attraktiv machen. Damit ist der Punkt »Produktivitätssteigerung« keineswegs abgehakt, nur etwas relativiert. Wir kommen nochmals darauf zurück.

Senkung der Lohnnebenkosten/Einschnitte ins soziale Netz: Wie wir schon besprochen haben, sind die Lohnnebenkosten bei uns besonders hoch. Da diese Mittel im wesentlichen zur sozialen Absicherung der Arbeitnehmer dienen, kann man sie aber nur senken, wenn man die Sozialleistungen antastet. Bei drastischen Einschränkungen wäre der Aufschrei der Arbeitnehmer und ihrer Vertreter sicherlich unüberhörbar und Verbitterung die Folge. Und welcher Politiker könnte drastische Reduktionen denn wirklich auf seine Fahnen schreiben? Selbst der Wunsch, diese Nebenkosten nicht noch weiter zu erhöhen, ist bereits sehr schwierig zu realisieren. Und lassen wir uns durch das, was gegenwärtig an Einsparungsversuchen im Gesundheitswesen erstmalig ernsthaft diskutiert wird, nichts vormachen: All dies wird im günstigsten Falle weitere Anstiege verhindern oder dämpfen. Eine Korrektur der Standortfrage aber erfordert Opfer, die weit über das hinausgehen, was heute an Selbstbeteiligung und ähnlichem zur Debatte steht!

Steuerminderung durch Sparen bei den Staatsausgaben: Hierüber wird seit geraumer Zeit geredet. Aber wenig geschieht, und Skepsis ist angesagt. Die Bemühungen des Bundeswirtschaftsministers, die Subventionen zu kürzen, zeigten ein geradezu lächerliches Ergebnis. Es wurde einmal mehr deutlich, daß egoistische Verkrustung, die starken Lobbys und die Unwilligkeit, bei sich selbst den Anfang zu machen, Hindernisse sind, die vorläufig nicht weggeräumt werden können. Nur bei den Militärausgaben geschieht bereits eine Menge; vermutlich wäre noch viel mehr möglich. Bei Erscheinen dieser Arbeit wird aber wahrscheinlich bereits ein erhebliches Maß an Kürzungen vollzogen sein, so daß wir im Militärbereich nicht viel Zusätzliches erwarten können. Und auch in diesem Zusammenhang gilt wieder: Wenn uns aus diesen Kürzungen die Mittel für den Aufbau unseres Ostens zuwachsen, so ist schon sehr viel erreicht, aber das Thema Standort erfordert Zusätzliches.

Fazit: Wenn wir Bilanz ziehen, stimmt dieser Durchgang eher skeptisch. Ist es unter Heranziehung der bislang angestellten Überlegungen realistisch, daß wir zur Standortstärkung merkliche Gesamtkostenverbilligungen erreichen? Wir meinen eher nein.

Wenden wir uns deshalb einem Autor zu, der eine Antwort offeriert, die vielleicht ein echter Ausweg aus der Situation ist.

5. Die Botschaft des Peter F. Drucker

Ich habe von Peter F. Druckers Ratschlägen immer schon eine Menge gehalten. Daß er ein Buch geschrieben hat, das für unser Thema von höchster Relevanz ist, zeigt sein Einfühlungsvermögen für die wirklichen Schwierigkeiten hochentwickelter Industriestaaten des Westens. Mit seiner Arbeit »Managing the Nonprofit Organization« (1990) und einer kurzen, besonders prägnanten Zusammenfassung im *Harvard Business Review* hat er den Finger auf die entscheidende Möglichkeit gelegt, unser Problem vielleicht

zu lösen. Er hat geradezu beschwörende Worte gefunden, die von ungewöhnlichem Ernst getragen sind.
»Hier geht es«, so schreibt der große alte Mann, »um die wichtigste Einzelaufgabe, die dem Management der westlichen Welt derzeit gestellt ist. Sie wird die Agenda der Verantwortlichen in den entwickelten Industriestaaten für mehrere Jahrzehnte füllen, und ihre erfolgreiche Bewältigung wird letztlich darüber entscheiden, ob Firmen überleben und welche Lebensqualität wir in unseren Ländern zu bieten haben.« Gewiß große Worte einer Persönlichkeit, die eher für stille Eindringlichkeit bekannt ist. Es ist dieser an Drucker ungewohnte, aber um so aufmerksamer machende Ton einer wahrhaften Beschwörung, die uns ermuntert hat, über dieses Kapitel das anspruchsvolle Wort von der Jahrhundert-Herausforderung zu setzen. Wir werden zwar über Drukker hinausgehen, aber dieses Kapitel verdankt ihm die entscheidenden Anregungen.
Ähnlich wie wir setzt er dort an, wo auch ich dieses Buch begonnen habe, nämlich bei der großen Ost-West-Auseinandersetzung, über der der Vorhang niedergegangen ist, ohne daß daraus beherzt die notwendigen Konsequenzen gezogen wurden. Drucker holt dies mit folgenden Überlegungen nach:

- Die Wirtschaftsgeschichte hat Karl Marx widerlegt. Mit der revolutionären Entwicklung der Produktivität in den kapitalistisch orientierten Ländern verlegte sie der weltweiten Revolution des Proletariats den Weg zum Erfolg. Dank höchst produktiver Industrien kamen die westlichen Länder zu Wohlstand und gesellschaftlicher Stabilität, und aus ihren Proletariern wurden gleichgestellte Bürger mit geregeltem Einkommen, ähnlichen Bildungschancen, sozialer Absicherung und wachsender Freizeit.
- Heute sind wir an dem Punkt, wo der – weiterhin anhaltende – Produktivitätsanstieg in den güterproduzierenden Branchen nicht mehr entscheidend ins Gewicht fällt, denn diese beschäftigen nur noch ein Fünftel der Arbeitsbevölkerung. Die Mehrzahl ist in Bereichen tätig, wo Wissen und Dienstleistungen erzeugt werden.
- Das wirtschaftliche Wachstum der hochentwickelten Länder wird künftig von ebendiesen Wissens- und Serviceindustrien getragen werden müssen.

- Gelingt es nicht, dort Jahr für Jahr deutliche Produktivitätssteigerungen zu erzielen, so drohen Stagnation oder Schlimmeres. Hier und nur hier entscheidet sich unsere wirtschaftliche Zukunft.

»Dies«, so mahnt uns Drucker, »stellt uns vor die unabdingbare Notwendigkeit, die Produktivität in den Wissens- und Serviceindustrien drastisch zu erhöhen. In den kommenden Jahrzehnten wird diese Herausforderung an die erste Stelle der Führungsprioritäten rücken und über dann hoffentlich günstigere Steuern und Gebühren letztlich über die Wettbewerbsfähigkeit aller Unternehmen entscheiden. Das gesellschaftliche Gefüge und die Lebensqualität jeder Industrienation werden davon bestimmt sein, ob wir diese letzte Chance ergreifen.«

Dies ist die visionäre Herausforderung, die uns ein Mann präsentiert, der in den USA lebt, die noch viel schlimmer als wir von Standortfragen gebeutelt werden. Bei uns stehen VW und Daimler noch! Aber denken Sie an den Schock, den jeder vaterländisch um sein Land besorgte Amerikaner erlebt, wenn er sieht, wie die japanische Automobilindustrie fast die gesamten US-Autobauer auf die Knie gezwungen hat. Einst war Detroit der Stolz dieses vom Mobilitätsgedanken faszinierten Landes. General Motors, einst ein blühender Gigant, wird sich vielleicht nie mehr ganz aufrappeln. Chrysler geht es schlecht, und Ford kommt nur mühsam über die Runden. Es ist eine traurige, so ganz und gar unamerikanische Geschichte. Es ist aber in vielfacher Weise auch eine Warnung in letzter Minute.

Daß nicht nur die bösen Japaner an dieser Misere die Schuld tragen, sondern daß Versäumnisse und Unbeweglichkeit der amerikanischen Autobauer zu beklagen sind, weiß jedermann. Das Kostengefälle ganz allein war es nicht, aber es hat natürlich ganz erheblich zur Misere beigetragen. Die Amerikaner sind also heute mindestens so sensibilisiert wie wir für die Gefahren, die ihrer Wirtschaft vom anderen Ende des Pazifiks drohen. Deshalb redet uns Drucker ins Gewissen.

Fazit: Wenn es unabdingbar ist, daß wir wieder ein attraktiverer Standort werden, so laßt uns – um der Blüte und des Wohlergehens unseres Landes willen – zu bereits sehr vorgerückter Stunde einen Weg auskundschaften, der eine reale Erfolgschance besitzt, daß der Niedergang, dessen erstes Kapitel in den USA bereits abgeschlossen ist, bei uns vermieden oder doch in Grenzen gehalten wird.

Dabei erkennt Drucker, daß nur drei Dinge wirklich der Diskussion wert sind:

- Produktivitätssteigerung in der produzierenden Industrie,
- Produktivitätssteigerung in der Serviceindustrie,
- Absenken der öffentlichen Steuerlast durch Produktivitätssteigerung der Verwaltung.

Gerade die letzteren zwei Möglichkeiten haben wir bislang hier ausgeklammert, weil sie einerseits in unserer deutschen Diskussion bislang eine erschreckend untergeordnete Rolle gespielt haben und weil wir andererseits Peter Drucker, der diese Überlegungen wie kein anderer in unser Bewußtsein gehoben hat, die Ehre geben wollen.

Produktivitätsverbesserung in der produzierenden Industrie

In allen Industrienationen ist die Produktivität innerhalb der letzten 120 Jahre mit Siebenmeilenstiefeln vorangekommen. Druckers Zahlen: etwa 3,4 Prozent pro Jahr, das ist etwa das 45fache (!) über den gesamten Zeitraum. Ohne diese Produktivitätsgewinne wären wir nicht das, was wir sind. Diese erfolgreiche Jagd nach verbesserter Produktivität ist einmal der Ausfluß genialer Erfindungen, zum anderen aber basiert sie auf Rationalisierung, Mechanisierung und Automatisierung. Namen wie der von Frederick Winslow Taylor und der nach ihm benannte Taylorismus sind mit diesen Bestrebungen eng verknüpft. Taylors Idee, den Arbeitsprozeß in kleine und kleinste Teile zu zerlegen, war zu seiner Zeit eine Großtat und ein progressiver Schritt in die richtige Richtung. Erst durch diese Technik der Arbeitszerlegung wurde der ungelernte Arbeiter in voller Breite einsetzbar. Er machte den gut, aber langwierig ausgebildeten, gelernten Handwerker (jahrhundertelang die Hauptstütze der Industrie) in weiten Bereichen überflüssig. Indem der Ungelernte erst jetzt richtig einsetzbar wurde, konnte ein gigantisches Menschenreservoir erschlossen werden. Kostensenkungen, von denen man bis dahin nicht einmal zu träumen gewagt hätte, waren jetzt möglich. Ohne Taylor wäre Fords Tin Lizzy nie vom Band gelaufen; weder sie noch die Radios, Nähmaschinen, Motorräder, Waschmaschinen, noch preisgünstige Bekleidung, Teppiche, Möbel, Kunststoffgegenstände. Die industrielle Revolution hätte nicht stattgefunden – oder doch nur sehr eingeschränkt. Der kühle Rechner Taylor und alle, die seine geniale Grundidee begierig aufgriffen, haben unendlich vielen Menschen Arbeit und Brot und den nie zuvor in der Menschheitsgeschichte gekannten Wohlstand dieses Jahrhunderts beschert.

Gewiß, wir Manager von heute stehen dieser radikalen Zerstükkelung des Produktionsprozesses schon wieder reservierter gegenüber, weil wir mittlerweile auch die Schattenseiten solchermaßen organisierter Arbeit kennen. Dem heute anspruchsvolleren und gebildeteren Arbeiter ist die große Eintönigkeit nicht mehr zuzumuten, die sich zwangsläufig aus einer radikalen Zerlegung ergibt. Es erscheint heute wichtig, dem einzelnen sinnvolle Arbeit zu übertragen und die monotonen Griffe lieber dem Roboter zu überlassen. Dennoch ist alle Fertigung immer noch sehr gegliedert, so daß das Urprinzip des Taylorismus sich auch heute noch in modifizierter Form segensreich auswirkt, auch wenn der Roboter vielfach den Menschen ersetzen kann.

Wie auch immer, ob durch Mensch oder Automat – die Steigerung der Produktivität hat uns den Wohlstand gebracht. Um so naheliegender ist es, wenn Drucker die Frage aufwirft, ob wir auch weiterhin durch Rationalisierung und Automatisierung so große Fortschritte erwarten dürfen. Seine Antwort ist negativ! Natürlich konzediert er, daß die Industrie nicht stehenbleiben wird; selbstverständlich wird weiterhin versucht, rationeller zu fertigen, aber die Kurve der Produktivitätsfortschritte flacht ab, und darum scheint seine grundsätzliche Feststellung im Prinzip richtig: »In der güterproduzierenden Industrie ist die Produktivitätsrevolution zu Ende. Es sind heute nur noch relativ wenige Menschen dort beschäftigt, also daß Produktivitätsverbesserungen hier nicht entscheidend sein können. Die in diesem Bereich gegebenen Möglichkeiten sind weitgehend ausgeschöpft.« Was da geschehen kann, ist bereits hinreichend geschehen.

Fazit: Spektakuläre Verbesserungen, wie wir sie suchen, um den Standort Deutschland attraktiver zu machen, sind in der produzierenden Industrie ganz und gar unwahrscheinlich. Sie zeigt bereits heute eine fallende Zuwachstendenz. Außerdem ist zu erwarten, daß die Entwicklungsländer sehr kräftig aufholen und relativ stärkere Steigungen mit ebenjenen Mitteln erreichen, die wir vor Jahren schon erfolgreich genutzt haben: Wer auf einem niedrigeren Niveau ansetzt, hat in diesem Spiel die vergleichsweise besseren Karten. Um etwas zu verändern, müßten wir schneller besser werden als diejenigen, die jetzt so preiswert anbieten. Das ist unwahrscheinlich.

Was also bleibt zu tun, wenn wir nicht einmal in der Lage sind, den Status quo im internationalen Kostengefälle zu halten? Könnte es sein, daß wir gar keine reale Chance haben, zusätzliche Mittel freizusetzen, um alles zugleich zu tun: die Wiedervereinigung und den Aufschwung Ost bezahlen, unsere Industrie auf dem hohen Qualitätsstandard halten, unsere Spitzenstellung in Sachen Infrastruktur bewahren – und darüber hinaus noch die Kostensituation des Standorts Deutschland drastisch verbessern?

Gefangen im Schlaraffenland

Die Beantwortung dieser für unsere Zukunft so entscheidenden Fragen wird nicht gerade dadurch erleichtert, daß wir uns selbst planmäßig in eine wahre Teufelssituation hineinmanövriert haben. In der genannten Zeitspanne von 120 Jahren haben wir uns eine Art Schlaraffenland gegönnt. Wir haben aus den rund 3 000 jährlichen Arbeitsstunden eines durchschnittlichen Erwerbstätigen, die am Beginn dieser Periode üblich waren, in Japan 2 000 gemacht, in USA 1 800, und die »faulen« Deutschen sind bereits bei 1 650 Arbeitsstunden angelangt. Wir haben uns diesen »Luxus« in so drastischem Maße geleistet, daß wir die Menschen in den ärmeren Ländern immer weiter hinter uns gelassen haben. Dadurch müssen wir nun ihre Konkurrenz fürchten.

Fragen wir uns und die Öffentlichkeit: Sehen wir überhaupt die Situation in ihrer ganzen Verfahrenheit? Ist sich der Bürger bewußt, was da vor sich geht? Wirtschaftsmagazine und Tagespresse berichten immer wieder über junge, dynamische Bosse, oft kleinere Mittelständler, die es mit einer klugen Nischenpolitik geschafft haben und den Großen zeigen, wie man Geld verdient. Recht so! Und mehr davon! Aber wo wird der kleine Unternehmer vorgeführt, den japanische Billiganbieter dazu zwingen, seinen Laden dichtzumachen? Wo wird die Misere dieser Mittelständler gezeigt, die mit einer Auslandsverlagerung schlichtweg überfordert sind? Wo sind die Politiker, die dieses Elend aufzeigen? Wer brandmarkt die Verantwortungslosigkeit der Gewerkschaften, die unter solchen Umständen lustig zu weiteren Lohnverbesserungen und zu Arbeitszeitverkürzungen blasen? Wer spricht aus, daß es ein unabdingbares Muß ist, unter die Verringerung unserer Arbeitszeit endgültig und ein für allemal einen Schlußstrich zu setzen?

Fazit: Mit der vermutlich in Kürze erreichten 35-Stunden-Woche, mit der jedermann ein wahrlich märchenhaftes Maß an Freizeit besitzt, wird eine weitere Einschränkung immer weniger dringlich. Daß sie ohnehin eine Dauereinladung für Zweitjobs ist, dürfte ein Anzeichen dafür sein, daß es nun genug ist. Dies deutlich zu machen ist oberste Pflicht der Politiker, des Wirtschaftsministers allzumal.

Weiterer Reduktion Einhalt zu gebieten wirkt sich zwar nicht sofort stark aus, wäre aber wohl die wichtigste, im Bereich des Möglichen liegende Maßnahme, einen ersten Beitrag zur Sicherung von Arbeitsplätzen und Standort zu leisten. Die Erfolgschancen für einen Zeitstopp stehen gut, denn Japan und die vielen Niedriglohnländer stehen mittlerweile unter beträchtlichem Druck, mit Lohnerhöhungen und Zeitverkürzung nachzuziehen.
Kein Zweifel, eigentlich wäre eine umgehende Arbeitszeiterhöhung wünschenswert, aber sie ist vermutlich sehr schwer durchzusetzen. Vielleicht unterschätze ich ja den Gemeinsinn unserer Gewerkschafter, aber als Skeptiker schlage ich vor: Wir begnügen uns hier mit der Forderung nach einem Ende weiterer Verkür-

zungen. Dennoch wäre es unrealistisch, zu glauben – selbst wenn ein Zeitstopp eintritt –, daß damit schlagartig alle Probleme gelöst sind, denn die anderen, die Billiglohnländer, müssen dann erst einmal mit weniger Arbeitszeit oder höheren Löhnen nachziehen, damit sich das Lohngefälle verringert. Es ist Drucker deshalb zuzustimmen, wenn er fordert, daß wir uns schnell und wirksam nach zusätzlichen Möglichkeiten umsehen müssen. Neue Wege sind zu suchen.

Umdenken im Servicebereich

Und nun kommt die Schlußfolgerung, die für uns alle so etwas wie das Credo des nächsten Jahrzehnts werden sollte, ja werden muß: Es sind dort Wege der Produktivitätssteigerung zu suchen, wo der ganze Rationalisierungsdruck, der die industrielle Welt über ein Jahrhundert geprägt hat, weitgehend unbemerkt vorbeigegangen ist, nämlich in den Verwaltungen und Sozialdiensten.
Dabei soll es sich nun keineswegs um einen Abbau oder gar drastische Leistungseinschränkungen handeln, sondern es geht darum, jene Bereiche, die in geradezu sträflicher Weise über lange Zeit von jenem Rationalisierungsdruck ausgeklammert waren, diesem endlich in seiner ganzen Strenge auszusetzen.
Seit 120 Jahren steht jedes wirtschaftende Unternehmen – von relativ wenigen Monopolanbietern abgesehen – dauernd unter dem Druck des Markts. Täglich hat es seine Existenzberechtigung durch das Erzielen von Überschüssen nachzuweisen und kann gar nicht umhin, um Verbesserungen und Rationalisierung zu ringen, denn es muß der Gefahr des möglichen Untergangs ständig ins Auge blicken.

Fazit: An der Rationalisierung des Servicebereiches, ganz besonders an der der Verwaltungen und Sozialdienstleistungen, ist nur sehr geringfügig gearbeitet worden. Dies läßt auf große Reserven schließen. Wenn wir hier nicht ansetzen, vertun wir eine der wenigen uns noch offenstehenden Chancen, von den Billiglohnländern nicht überrannt zu werden.

Wir wissen, daß Effizienzsteigerung in den eben genannten Bereichen eine Sisyphusarbeit ist, bei der wir gegen die Tradition eines

Jahrhunderts und die Trägheit von Menschen anrennen müssen, für die Effizienz überhaupt kein Begriff, geschweige denn ein stark motivierender Leitwert ist. Darum muß uns klar sein, daß nur rigoroses Vorgehen eine Chance bietet.
Dabei sollten wir Deutschen Peter F. Drucker noch viel entschiedener und begeisterter folgen als die Amerikaner, denn unsere Versorgungs- und Sozialleistungen sind um ein Vielfaches besser und deshalb natürlich auch aufwendiger. Bei uns müßte auf diesem Sektor deshalb noch bei weitem mehr »hereingeholt« werden können als in den Vereinigten Staaten. Aber haben wir die Kraft und das System, die richtigen Menschen und die richtigen Werthaltungen, um Verwaltungen und Dienstleistungen ernsthaft zu rationalisieren? Bevor wir dieser Fragestellung weiter nachgehen, sollten wir uns vor Augen führen, welcher Stellenwert den Dienstleistungen heute in unserer Gesellschaft zukommt.

6. Das Dienstleistungszeitalter

Sie werden vermutlich die nachfolgende Abbildung 51 schon einmal irgendwo gesehen haben. Sie fehlt nur in wenigen Büchern, die sich mit der Entwicklung der Volkswirtschaften in hochentwickelten Ländern befassen.
Die Abbildung zeigt uns drei Kurven. Die erste stellt dar, wie sich die Landwirtschaft über die letzten zwei Jahrhunderte entwickelt hat; dabei zeigt sich, daß sie von der alles dominierenden Rolle mehr und mehr abgekommen ist und in Ländern wie der Bundesrepublik kaum noch 20 Prozent des Sozialprodukts erwirtschaftet und weniger als 10 Prozent der Beschäftigten stellt. Es ist ein relativer Bedeutungsschwund – will sagen: Die Ernährung der Menschheit ist keineswegs ein Randproblem geworden, in der Dritten Welt ist sie weiterhin eine der prekärsten Fragen. Wir selbst aber sind heute in der Lage, die notwendigen Nahrungsmittel sozusagen mit der linken Hand herzustellen. Was früher unsere Bevölkerung zu 85 Prozent beanspruchte, erfordert heute nur noch knappe 10 Prozent. Dahinter steht eine gigantische Produktivitätsverbesserung in der Landwirtschaft. Ohne diese hätte die industrielle Revolution nie und nimmer stattfinden können. Erst

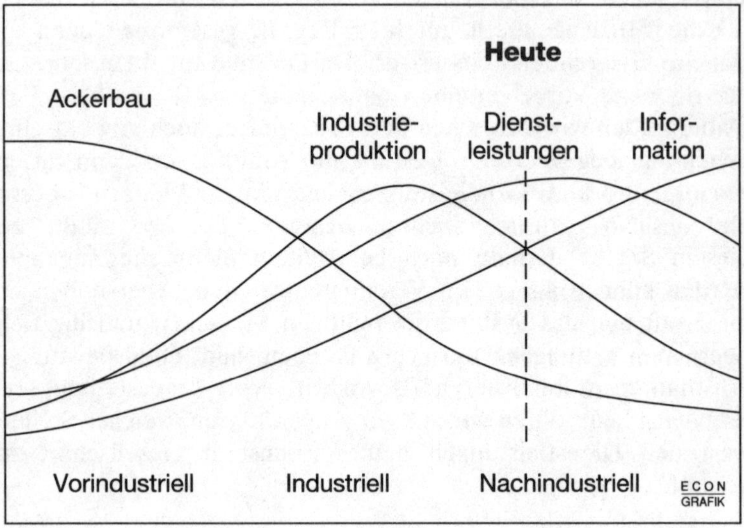

Abb. 51: Das Vordringen der Dienstleistungen in den Industrieländern

die Revolution der Landwirtschaft und der ihr angeschlossenen Nahrungsmittelindustrien hat die Menschen freisetzen können, die sich dann der Produktion luxuriöserer Dinge zuwandten.

Die zweite Kurve zeigt die Industrieproduktion und ihren rasanten Aufstieg; schnell läßt sie die Landwirtschaft weit hinter sich und dominiert im ersten Teil dieses Jahrhunderts ganz deutlich. Dann sinkt auch sie ab und spielt heute eine zwar immer noch sehr wichtige, aber längst nicht mehr so tonangebende Rolle. Der Bereich der Dienstleistungen (Services) kommt Mitte dieses Jahrhunderts so richtig in Schwung und erreicht heute einen Anteil am Sozialprodukt, der alles andere in den Schatten stellt. Man spricht deshalb gern von unserem Zeitalter als dem der Dienstleistungen. Wie muß man diese Entwicklung interpretieren? Was bedeutet sie im allgemeinen und im besonderen für unser Problem Standort Deutschland? Wer zu diesen Fragen ein sehr klares Vorstellungsbild besitzt, kann den nachfolgenden Exkurs überschlagen.

Exkurs über Dienstleistung

Zunächst einmal die Frage: Was ist das eigentlich, die Serviceindustrie? Sind das die fleißigen Handwerker, die zu uns in die Wohnung kommen und unsere Wasserleitung reparieren? Ist es der Schuster, der unsere Schuhe in Ordnung bringt? Ist es die Reinigung, wo wir unsere schmutzigen Kleider hingeben? Sind es die dienstbaren Geister, die im Haushalt oder Hotel für Ordnung sorgen?

Ja, dies alles gehört dazu, aber es ist bei weitem mehr, wovon wir sprechen, wenn wir »Serviceindustrie« sagen. Das dramatische Wachstum kann wohl kaum von den dienstleistenden Handwerkern kommen. Denn vergleichen wir unsere heutige Situation mit der ersten Hälfte dieses Jahrhunderts, kommen diese Dienste gar nicht mehr so reichlich und so generös zu uns wie früher einmal gehabt: Das Dienstmädchen von einst, das wie selbstverständlich zum gutbürgerlichen Haushalt gehörte, ist weitgehend verschwunden und nur noch für extrem Betuchte erschwinglich. Die Handwerker, die früher wie die Heinzelmännchen zu Köln anrückten, sind auch nicht mehr so einfach zu bekommen. Wenn wir an den Briefträger denken, der im Berlin von 1930 viermal täglich kam, so sind wir heute schon froh, wenn er überhaupt und dann gewiß nur einmal täglich erscheint. Im gehobenen Durchschnittshotel, in dem Sie und ich wahrscheinlich einkehren, wimmelt es auch nicht mehr von Personal; niemand führt uns zum Zimmer, sondern jemand drückt uns den Schlüssel in die Hand, und dann suchen wir uns den nächstbesten Aufzug. Besonders augenfällig ist das Verhalten der Banken, wo man uns am Schalter am liebsten schon gar nicht mehr sehen möchte und an Geldmaschinen verweist, mit denen wir knöpfedrückend zu kommunizieren versuchen. Fazit: Allüberall scheinen die Serviceleistungen – jedenfalls die, die wir als Privatpersonen gerne hätten – eher rückläufig. Ist unter diesen Umständen die These vom Servicezeitalter überhaupt vertretbar?

Ja, sie ist durchaus haltbar, aber nicht so sehr im Konsumbereich, sondern in der Industrie. Man macht sich die Situation am besten an der Arbeitsteilung klar, die dazu geführt hat, daß immer mehr Service in die Produkte unserer Volkswirtschaft einfließt. Der Handwerker, der früher mit seinem Lehrling eine Bäckerei betrieb, bezog Mehl und einige Zutaten, und alles andere lief dann in seiner eigenen Regie. Die Vorbereitungsarbeiten, das Reinigen und Instandhalten, die Kasse und den Transport, alles das machte er in der Regel selber. Heute backen zwar immer noch viele brave Bäckermeister ihre eigenen Brötchen und einige Brotsorten, aber was wird ihm darüber hinaus nicht alles als Service zugetragen? Da sind mehrere Lieferanten, die ihn mit Gebäck, Kuchen und ausgefallenen Brotsorten versorgen, um die er sich selbst nicht mehr direkt kümmert. Oft übernehmen es die Zulieferer, dafür zu sorgen, daß das Regal stets voll ist (Rackjobber). Dann versorgt ihn ein Großhändler mit fertigen Backmischungen oder Fertigteig, so daß die Arbeit ganz wesentlich verringert und entscheidende Teile davon gleichsam nach außen verlagert werden. Aber damit nicht genug: Die Buchhaltung macht ihm ein Steuerberater, den Umbau ein Architekt, den Geldtransfer macht die Bank, die abendliche Säuberung übernimmt ein Reinigungsunternehmen, verschiedene Versicherungen mindern sein Risiko, und der Wach- und Schließdienst wacht darüber, daß unser Bäckermeister nachts seine Ruhe findet.

Die Struktur unserer Arbeitsteilung ist dadurch gekennzeichnet, daß – ähnlich wie in den gerade vorgetragenen Beispielen – frühere Eigenleistungen mehr und mehr nach außen verlagert werden und daß dabei mehr und mehr Serviceorganisationen ins Spiel kommen. Es sind Spezialisten, die die ihnen übertragenen Aufgaben meist schneller und billiger ausführen, als wenn man es selbst machen würde. Teilweise geht uns – so bei den Steuern – sogar das einschlägige Wissen ab, so daß wir erst recht auf Hilfe von außen angewiesen sind.

Das, was hier an einem simplen Beispiel gezeigt wird, findet im Großbetrieb in noch drastischerer Weise statt. Hier, wo es nicht darum geht, Kleinbürger durch Dienstmädchen und Postboten zu verwöhnen, sondern wo eine Verlagerung nach außen zum Spezialisten sowohl Einsparungen als auch Qualitätsverbesserungen und sehr häufig weniger Kapitalbindung bringen soll, dort boomt das Servicegeschäft. Dort ist es, wo wir die dargestellten enormen Zuwächse dieses Industriezweigs finden. Dieser Anstieg ist natürlicher Ausdruck einer immer arbeitsteiliger werdenden Wirtschaft.

Fazit: Wenn es uns gelingt, den Sektor Dienstleistungen zu rationalisieren und hier erhebliche Kosten einzusparen, so gilt dieser Versuch keineswegs einem Randgebiet, sondern dem größten und wichtigsten und vermutlich noch weiter anwachsenden Sektor unserer Volkswirtschaft.

Staatliche und halbstaatliche Dienstleister

Bis hierher haben wir über Service gesprochen, der von freien Wirtschaftsunternehmen angeboten und zu einem Marktpreis umgesetzt wird. Wovon wir noch nicht gesprochen haben, das ist die Gesamtheit der Staatsdiener, die für Bund, Land und Gemeinde tätig sind. Neben diesen Beamten und öffentlich Bediensteten stehen ganze Heere von Menschen, die nicht im klassischen Sinne Unternehmer sind, sondern oftmals in einer Grauzone zwischen Staat und Privatwirtschaft liegen. Die öffentliche Versorgung mit Gas und Strom, die Müllabfuhr und das Gesundheitswesen sind da besonders typisch.

Alle diese Institutionen machen dem überzeugten Anhänger der freien Marktwirtschaft stets Kopfzerbrechen, weil sie im System stören und mit der Einführung der neuen Wirtschaftsordnung 1948 nicht reformiert wurden. Anstatt dies alles weitgehend zu privatisieren, blieb es bei den vielen städtischen, staatlichen oder halbstaatlichen Dienstleistern. Dies ist deshalb bedenklich, weil sich die Existenzberechtigung der privaten Dienstleistungsanbieter aus Angebot und Nachfrage ergibt. Sie ist hinreichend legitimiert. Bei den staatlichen und halbstaatlichen Dienstleistern ist diese Legitimation nur unzureichend gegeben. Für die Leistung eines Einwohnermeldeamts gibt es keine Nachfrage im normalen Sinn dieses Worts. Und weil es sie nicht gibt, kann auch kein Markt entstehen, wo beide – nämlich Nachfrager und Anbieter – einen Nutzen erzielen, der sie zu einem erzielten Gleichgewichtspreis zufriedenstellt.

Die Obrigkeit ist es, die hier tätig wird. Dabei begreifen wir die Verwalter zunächst einmal frohgemut als Diener des Souveräns, des Volkes. So oder ähnlich haben es unsere Verfassungsväter wohl gesehen, als sie das Grundgesetz schrieben: Beamte dienen ihrem Lande; alles andere wäre wohl auch ein schlimmer Rückfall in die Vergangenheit. Aber ein wenig holt uns die Vergangenheit eben doch immer wieder ein. Zwar haben wir den Obrigkeitsstaat, der dieses Dienen am Bürger nicht kennt, offiziell den Rücken gekehrt, aber in mannigfacher Gestalt scheint er weiterzuleben, denn vielen Männern und Frauen in unseren Verwaltungen scheint es immer noch sehr schwer zu fallen, sich als Dienende zu begreifen und danach zu handeln.

Befragt man den Bürger nach seiner Zufriedenheit mit den Dienstleistern, dann haben Dutzende von Umfragen gezeigt, daß ihm die Behauptung, daß ihm Amtsvorsteher, Straßenbahnschaffner oder Verkehrspolizisten »dienen«, eine reichlich vermessene Feststellung, wenn nicht ein zynischer Scherz zu sein scheint. Behörde hier und »dem Volke dienen« dort – beides scheint auf unterschiedlichen Sternen zu liegen. Noch säuerlicher wird des Bürgers Miene, wenn er feststellt, daß dieses unbestellte Konglomerat staatlicher Dienstleistungen in fast allen westlichen Demokratien über die letzten hundert Jahre ständig und stark angewachsen ist. Oder haben Sie etwa dafür votiert, daß die öffentlichen Dienstleistungen aus staatlicher Verwaltung in Bund, Land, Gemeinde einschließlich der vielen Versorgungsbetriebe und ganz besonders die sozialen Leistungsträger von Jahr zu Jahr teurer werden, von Jahr zu Jahr mehr Steuern auffressen? Ich nicht!

Fazit: Wenn es nach dem Bürgerwillen ginge, würden wir wahrscheinlich alle wünschen, daß die Gesamtheit der Serviceleistungen, die in der Hand von staatlich oder halbstaatlich Angestellten und Beamten liegt, ein wenig bescheidener daherkäme, daß dort vernünftiger und rationeller gearbeitet würde und daß uns dadurch ein paar Steuergroschen erspart blieben. Nicht als ob die Bevölkerung die Behörden total ablehnte oder gar haßte, aber es ist eben nicht das ausgeglichene Verhältnis von zwei Marktpartnern, die gemeinsam einen vernünftigen Deal ausgehandelt haben.

Wir stoßen hier auf die mangelnde Möglichkeit der direkten Beeinflussung dieses Serviceapparats durch den Bürger. Das wäre vielleicht unter anderen Umständen noch hinzunehmen. Unter dem Druck der absoluten Notwendigkeit, diese Serviceeinheiten schnell und nachhaltig zu rationalisieren, müssen wir uns fragen, ob der dargestellte Systemfehler uns nicht davon abhalten wird, jemals jene Einsparungen zu tätigen, die unseren Standort Deutschland erhalten und bewahren. Wir werden deshalb gleich auf eine Umgestaltung der Beziehung Bürger – Behördenobrigkeit zurückkommen. Aber führen wir uns erst einmal vor Augen, wie schwer die Aufgabe ist und welche Fehlschläge bereits zu verzeichnen waren.

In diesem Zusammenhang ist Peter F. Druckers Hinweis wichtig, daß im Servicesektor im vergangenen Jahrzehnt ein gewaltiger Irrtum unterlaufen ist. Es war der Irrtum, daß man im Servicebereich durch moderne Maschinen sehr viel bewegen könnte im Sinne von weniger Menschen, weniger Zeit und schnellerer und besserer Leistung. Dies hat nicht funktioniert. Der Ansatz zur Korrektur dieses Irrtums lautet bei Drucker: Kapital kann im Servicebereich nicht ohne weiteres Arbeit ersetzen, und der Einsatz von Technologie führt nicht ohne weiteres zu höherer Kapazität.

Für alle, denen die hier angesprochene Einsicht noch nicht selbstverständlich ist, sei das Problem nachstehend skizziert.

Die Lösung, die versagt hat: Maschinen hielten nicht, was sie versprachen

Druckers Einsicht macht sehr nachdenklich, weil er alte, als sicher erachtete ökonomische Annahmen ad absurdum geführt hat. Was gemeint ist, erschließt sich, wenn man bedenkt, wie sicher wir doch zu Beginn der achtziger Jahre waren, daß der Computer massenweise teure Fachkräfte einsparen würde. Fast alle Routinejobs, so argumentierte man der neuen Zeit entgegen, würde man ihm überlassen können. Stand man im Unternehmerlager, so sah es aus, als kämen goldene Zeiten auf uns zu; war man Arbeitnehmer in den stark betroffenen Bereichen, etwa der Buchhaltung, so sah man's mit Unbehagen und Furcht um den Arbeitsplatz. Aber gleich, ob es mit Angst oder Wohlbehagen gesehen wurde, wir waren alle überzeugt: Der Computer würde massenweise Menschen freisetzen, im Service allzumal, denn dort gibt es besonders viele Routineprozesse, die sich dafür gut zu eignen schienen. So mancher Gewerkschafter schnürte schon die Stiefel zum Bildersturm auf diese verdammt perfekten Maschinen.

Wie sicher war sich auch die Medizin und mit ihr die Gesundheitsminister und Krankenhausverwalter, daß all die schönen neuen, meist digitalisierten Apparate den Menschen zwar nicht überflüssig, aber doch in vieler Hinsicht ersetz- und verzichtbar machen würden. Das reichte von kleinen Fortschritten automatischer Messung und Überwachung von Patienten über Testautomaten für die Analyse von Blut oder anderen Säften bis hin zur Tomographie, die einen ganzen Wust von früher arbeitsintensiven Detailuntersuchungen ganz und gar überflüssig machen würde.

All dies hat sich weitgehend als Irrtum herausgestellt. Wir brauchen uns nur zu fragen, ob denn die Konzernzentralen heute alle zu menschenleeren Computersälen geworden sind, ob man in den Banken durch entvölkerte Korridore irrt oder ob es in den computergestützten Produktionswerken nur noch ganz vereinzelt Erinnerungen an die Spezies Mensch gibt. Oder sind im Krankenhaus von heute nur noch ganz wenige Schwestern und Ärzte notwendig?

Der persönliche Augenschein, den Sie und ich haben, wenn Sie ein Krankenhaus oder ein Werk betreten, widerspricht der Wegrationalisierung des Menschen auf das drastischste. Denn da wieseln sie ja immer noch voller Tatendrang herum. Und die Krankenschwestern, die wir doch schon in ganzen Heeren arbeitslos durch die Straßen ziehen sahen, sind zur gesuchten Mangelware geworden. Natürlich wäre es töricht, gewisse Verschiebungen und Umschichtungen zu leugnen. Gewiß ist diese oder jene Arbeit aufgrund des Computers in der bislang benötigten Form weniger gefragt. Aber hat es den befürchteten Massenexodus gegeben? Ganz und gar nicht. Per saldo ist der Personalbedarf eher gewachsen.

Ursprünglich war die Hypothese aller Serviceleister, sowohl der freien als auch der staatlichen: Jetzt investieren wir in die neuen digitalen Wundermaschinen; das kostet zwar einen gewaltigen Batzen Investitionsgeld, aber dann brauchen wir viel weniger Menschen! Dies ist im großen und ganzen nicht so aufgegangen wie erwartet. Bei den Dienstleistern schon gar nicht. Das Gesundheitswesen, die Krankenhäuser allen voran, beschäftigen keineswegs Tausende von Kräften weniger; meist ist das Gegenteil der Fall. Selbst in der produzierenden Industrie ist die Nettoersparnis, die man vom Computer erwartet hatte, nicht so gewaltig.

Die neuen Maschinen, ob Tomographiegeräte oder automatische Blutanalysegeräte, ob Computer, die das Design unterstützen oder das Warenwirtschaftssystem oder die Produktion – all diese Apparate haben in sich selbst neue, zusätzliche personelle Nachfrage ausgelöst. Irgend jemand muß diese Wunderwerkzeuge schließlich bedienen. Zwar werden nun plötzlich nicht mehr so viele mittelmäßig Ausgebildete benötigt, aber dafür um so mehr teurere, hochkarätige Spezialisten. Gerade der Computer hat in einem so drastischen Maße Spezialkräfte erfordert, daß man viele Jahre lang die EDV-Spezialisten völlig aus dem normalen Gehaltsgefüge herausnehmen mußte, weil sie, wenn überhaupt, dann nur mit wahren Unsummen zu bekommen waren.

Fazit: Was man erwartete, traf nicht ein. Die Gewerkschaften hatten ganz umsonst ihre so eindringlichen Klagelieder eingeübt und brauchten sie dann gar nicht mehr lautstark abzusingen. Auch die Unternehmensplaner von damals wollen im nachhinein nichts mehr wissen von all den superoptimistischen Einsparungsprognosen, die wir ihnen alle noch vor einem Jahrzehnt willig geglaubt haben. Kapitalintensive Technologieinvestition schafft kaum je die überzogenen Einsparungen beim Menschenpotential – nicht in der Produktion und erst gar nicht im Service.

Und wer's nicht glaubt, der werfe doch nur einen Blick auf unsere Gesundheitskosten: Von Reduzierungen kann trotz starker technologischer Investitionen überhaupt keine Rede sein. Da wirken natürlich viele Faktoren mit, aber das erwartete Einsparungspotential durch technische Verbesserungen und Automaten konnte nie realisiert werden. Das führt uns zu unserem Ausgangsproblem zurück und wirft die Frage auf, ob denn Druckers Vorschlag »Rationalisiert Service und Verwaltung!« überhaupt machbar ist. Der Einsatz neuer Technologie kann offenbar nicht der Schlüssel zum Erfolg sein. Wir müssen uns nach anderem und Besserem umsehen. Aber da gibt es schon wieder Probleme, die uns eher ent- als ermutigen.

Für den Kranken darf nichts zu teuer sein

Es könnte sein, daß Serviceleister und Verwaltungen bestimmte Wertenormen entwickelt haben, die die Bemühungen um effizientere Arbeit von vornherein ad absurdum führen, zumindest erheblich erschweren. Das Beispiel der Dienstleister im sozialen Bereich und am Kranken ist sehr aufschlußreich: Die Menschen, die dort tätig sind, haben meist eine ethische Motivation. Gott sei Dank, denn sonst ginge es uns allen im Hospital um vieles schlechter. Dort gibt es noch Idealismus – und das ist gut so. Aber auch Haltungen von großer moralischer Reife enthalten nicht selten ein kleines Stückchen Ideologie. So auch hier, und so verführt der sittliche Auftrag, den viele der dort Tätigen in sich spüren, unter anderem zu einer ganz und gar unvernünftigen Einstellung, die wenig mit Moral, aber viel mit Verschwendung zu tun hat.

Für den Kranken, den Armen, den Patienten, den vom Schicksal hart Getroffenen darf **nichts zu teuer** sein. Diese Feststellung hat eine Ethik humaner oder christlicher Prägung zur Grundlage, die auf keinen Fall geringgeschätzt werden soll. Für den einzelnen gilt sicherlich, so er sich christlicher Ethik verpflichtet fühlt, daß ihm der Bettler auf der Straße so wichtig sein sollte wie jenem heiligen Martin, der mit ihm seinen Mantel teilte. Nach oben gibt es keine Grenze für Mitleid, Teilnahme, aktive Hilfe.

Der Wirtschaftsphilosoph Karl Homann hat uns darauf aufmerksam gemacht, daß man mit Fug und Recht bezweifeln muß, ob diese Ethik für den Staat als Ganzes gelten sollte. Die Ethik des Teilens – so Homann – kann durchaus unangemessen sein. So ist in der Entwicklungshilfe jede Unterstützung zur Selbsthilfe gut und richtig; das endlose Zuschieben von Hilfssendungen, die die eigenen Initiative lähmen, kann sehr wohl abträglich sein – siehe die vielen Flüchtlingslager im Nahen Osten. Der heilige Martin bleibt damit durchaus das Vorbild für das Verhalten des einzelnen dem Nächsten gegenüber; in der Völkergemeinschaft ist er es nicht mehr.

Gleiches gilt für die Zuwendungen, die die Gemeinschaft für die Kranken und Bedürftigen bereitstellt. Wohlgemerkt, wir sprechen nicht von wohlbegründeten Versicherungsansprüchen, sondern von Leistungen, die von der Gemeinschaft aufgebracht werden, so wie das in unserem gegenwärtigen, völlig unübersichtlichen System sozialer Leistungen weitgehend der Fall ist. Was immer da ausgegeben wird, kommt überwiegend aus dem großen Topf aller. Meist ist es das Parlament, das darüber entscheidet, was dem einen weggenommen wird, damit es andere bekommen können.

Unter diesen Umständen kann bei Kranken, Armen und Bedauernswerten nicht als Maßstab der Zuweisung gelten, daß für sie »nichts zu teuer« sein dürfe. Äußert man sich in diesem pragmatischen Sinne, so wird das immer noch eher als ein wenig schäbig, pfennigfuchserisch und kleinkariert angesehen. Trotzdem täten wir gut daran, zu dieser Pragmatik zurückzufinden. Dienst am Nächsten wird nicht dadurch entwertet, daß man ihn effizient, optimal und mit doppelter Buchhaltung erbringt. Dieser Ansatz fällt aber den meisten noch sehr schwer.
Nicht viel anders verhält es sich bei unseren Beamten, von denen man erwartet, daß sie ihre Pflicht tun, vielleicht sogar in aufopfernder Weise, aber um Himmels willen nicht optimal, kostengünstig, billig. Krämerseelen schauen auf den Pfennig, Beamte erfüllen ihre hoheitliche Pflichten. Kostenaspekte stehen deshalb nicht im Blickfeld, wenn ein Soldat tapfer für sein Vaterland kämpft, siegt oder stirbt. Vielen erscheint die Überlegung eher abartig, ob er diese Aufgabe preisgünstig und für den steuerzahlenden Bürger wenig aufwendig gestaltet. Diese hier skizzierte Auffassung bewirkt, daß in weiten Teilen des Servicebereichs vornehmlich qualitative Aspekte vorherrschen, während fürs Quantitative relativ wenig Raum bleibt.

Fazit: Zweifellos muß die Arbeit am Patienten qualitativ gut sein. Aber irgendwann muß auch einmal jemand daran denken, daß es um das Geld des Bürgers geht. Damit muß haushälterisch, optimierend und »dienend« umgegangen werden. Auch tut es dem Ethos der Beamten, das nach getreuer Pflichterfüllung ruft, keinen Abbruch, wenn gefragt wird, welchen Nutzen denn seine Leistung im Verhältnis pro aufgewandte Steuermark bringt. Da solches Denken eher noch fremd ist, hat sich das Primat des Qualitativen so ausgewirkt, daß bei fast all diesen Arbeiten die Frage der Rationalisierung eine nur geringe oder gar keine Rolle spielt.

Der Architekt, der ein Bauwerk konzipiert und zu Papier bringt, denkt zunächst einmal an die Qualität seiner Arbeit; die Frage, wie viele Entwürfe er pro Monat bewerkstelligen kann, ist ihm relativ unwichtig. So denken die meisten Wissenschaftler, Psychologen, Herzchirurgen, Forscher und Oberschullehrer. Das ist nicht

böser Wille, sondern Ergebnis einer einseitigen Tradition, die wir schnellstmöglich dadurch überwinden sollten, daß wir das Ökonomische gleichrangig neben die unabdingbare Qualität stellen.
Peter F. Drucker versucht am Beispiel der Krankenschwester darzulegen, wo das wahre Problem liegt. Für diese Arbeit ist typisch, daß sie drei Ziele und Motivationen in sich vereint: Sie muß

① verantwortungsbewußt ausgeführt werden,
② qualitativ gut sein und
③ zügig, routiniert und mit minimalem Zeitaufwand erfolgen.

Erst alle drei zusammen führen zum Erfolg. Die Effizienz dieser Arbeiten zu steigern, ohne daß Qualität und Verantwortungsbewußtsein Schaden leiden, ist sein Rat, der stellvertretend für das ganze Servicegeschehen erteilt wird. Daß die Möglichkeiten hierfür Legion sind, zeigt eine Fülle von Beispielen.
So haben Untersuchungen gezeigt, daß der steigende Bedarf und die gleichzeitig immer geringere Verfügbarkeit von Krankenschwestern sehr stark damit zu tun haben, daß diese einen Wust von Papierarbeit zu erledigen haben, der oft so eminent zugenommen hat, daß die Zeit für die Patienten immer geringer wird. Ich glaube, jeder, der schon einmal ein paar Wochen in einem Hospital verbracht hat, kann aus eigener Erfahrung bestätigen, daß dies so ist. Viele Oberschwestern sitzen bis zu 80 Prozent ihrer Zeit bei »schriftlichen Hausaufgaben«, die mit Sicherheit von einer billigeren Kraft erledigt werden könnten. Aber stellt man solche Überlegungen heute schon systematisch und kontinuierlich an? Wo werden solche Rationalisierungsmöglichkeiten regelmäßig untersucht?
Weder hinter der Krankenschwester noch hinter dem Schalterbeamten, weder hinter dem Herzchirurgen noch hinter dem Sozialarbeiter oder Polizeibeamten steht ein REFA-Mann, der die Zeiten mißt und damit eine Grundlage für sinnvolle Arbeitsveränderungen bewirken könnte. Entsprechend der Mentalität der dort Tätigen steht zu vermuten, daß sie solchen Überlegungen nur schwer folgen können. Warum eigentlich? Und wie lange noch?
Ich habe mir einmal die Mühe gemacht, die Bundestagsreden von Minister Norbert Blüm bis Mitte 1992 durchzuarbeiten, den ich persönlich hochschätze und dessen Integrität für mich keine Frage

ist. Die Idee, seinen immer teurer werdenden Apparat der Analyse zu unterziehen, kurz das zu tun, was seit gut fünfzig Jahren bei industrieller Fertigung selbstverständlich ist, fand ich nirgendwo. Oder lesen Sie in den Protokollen die Reden unserer Bundestagsabgeordneten nach, als im September 1992 über die Finanzierung der Einheit debattiert wurde. Vom Sparen, Abschneiden, Kürzen sprach man. Das Wort »Rationalisieren« hat nicht ein einziger Redner auch nur erwähnt. Wenn es je einen Beweis für die Einseitigkeit, ja Blindheit gab, mit der wir über Finanzen sprechen, dann waren es diese Tage vor dem zwar hohen, aber auch sehr kurzsichtigen Haus. Da drehen wir jeden Pfennig um, aber vergessen zu fragen, wann denn die Produktivität von Stationsärzten, Vollzugsbeamten, Büroleitern und Briefträgern je Gegenstand von Effizienzuntersuchungen gewesen ist. Angesichts der Tatsache, daß der Bereich der Dienstleistungen wächst und wächst und wächst, meine ich, daß hier eine gigantische Unterlassungssünde vorliegt.

Die Kunst des Weglassens

In diesem Zusammenhang macht uns Peter F. Drucker darauf aufmerksam, daß die Frage der Optimierung bei Dienstleistern und Verwaltern vergleichsweise leichter und erfolgversprechender lösbar sein müsse. Bei der Produktion sind die Arbeitsschritte mehr oder weniger vorgegeben. Ein Auto muß lackiert werden; das kann man zwar auf verschiedene Art und Weise tun, aber man kommt um diesen Prozeß als solchen nicht herum. Im Service ist das ganz anders. Beim Service kann man nicht nur optimieren, sondern auch bewußt weglassen.

Beispiel: Bei einer Versicherung hat man begonnen, geringfügige Schadensmeldungen nicht mehr auf ihre Berechtigung zu überprüfen. Dadurch konnte man sich um so intensiver derjenigen Fälle annehmen, bei denen wirklich ansehnliche Beträge auf dem Spiel standen. Es ging also mit Weglassen weit besser und wirtschaftlicher. Genauso verfuhr man in einem Krankenhaus, wo man beschloß, neue Patienten in der gleichen, nicht sehr detaillierten und stark vereinfachten Weise bei der Aufnahme zu registrieren, wie das (nolens volens) bei Unfällen und Notfällen unvermeidbar ist und deshalb ganz selbstverständlich erscheint. Und siehe da, es ging: Die Bürokratie einer kompletten Normal-

aufnahme, die meist 25 Minuten in Anspruch nahm, wurde auf 5 Minuten reduziert.
Wie positiv Weglassen sein kann, wird einem klar, wenn man an unsere übereifrigen Gesetzgeber und Verordnungsschreiber denkt. Niemand ruft nach dieser endlosen und ununterbrochen tätigen Gesetzeslawine. Niemand will eigentlich diesen Wust neuer Regeln und Anweisungen. Welch Segen, wenn da auf weiter Flur jemand wäre, der diesem Unwesen »von Amts wegen« entgegentreten würde. Nichtstun und Weglassen wäre eine vaterländische Großtat.

Fazit: Im Verwaltungs- und Servicesektor stehen die Chancen für eine ins Gewicht fallende Produktivitätssteigerung gut, weil hier die Ineffizienz nicht routinemäßig bekämpft wird. Hier schnell und beherzt zu handeln ist oberstes Gebot.

Dies einmal als richtig unterstellt, müssen wir uns über die konkrete Verwirklichung Gedanken machen. Dabei stoßen wir auf zwei Hemmnisse: Eine Selbstheilung durch den Markt ist derzeit für eine Mehrheit der Dienstleister nicht denkbar, weil sie nicht im Sinne der freien Wirtschaft organisiert sind, sondern staatlich oder halbstaatlich. Das zweite Hindernis sind die besonderen Rechte und Usancen der Amtsträger, die dort Dienst tun.
Die Strukturen und das obrigkeitliche Denken stehen drastischen Änderungen im Wege. Wir dürfen schließlich nicht vergessen, daß ein ganzes Jahrhundert ökonomischer Ausrichtung der Gesellschaft dort wirkungslos vorübergegangen ist, ohne nennenswerten Wandel zu bewirken. Die Verkrustung der Strukturen kann deshalb kaum überschätzt werden.

7. Die Beamtenfrage stellt sich neu

Die Spatzen pfeifen es von den Dächern, und der *Spiegel* drischt in schöner Regelmäßigkeit darauf ein: Etwas stimme nicht mehr mit den Beamten. Irgend etwas sei korrekturbedürftig in unseren Behörden, Ministerien, Amtsstuben. Unter denen, die keine Beamten und keine öffentlich oder halböffentlich Bediensteten sind

– und dabei handelt es sich immerhin um eine Mehrheit von über acht von insgesamt 30 Millionen Erwerbstätigen –, scheint sich Unbehagen breitzumachen. Schelte über verschlafene Amtsdiener und heillose Rückständigkeit wird immer häufiger. Wir sollten sie nicht blindlings übernehmen, sondern kritisch hinterfragen.
Dabei möchte ich von vornherein klarlegen, daß dieses Kapitel nicht geschrieben wurde, um Staatsdiener zu verunglimpfen, noch von einem Beamtenfresser verfaßt ist. Wir haben viele vorbildliche Beamte, die im Rahmen ihres Selbstverständnisses hart arbeiten, ihre ungewöhnlichen Sicherheiten als Einzelpersonen durchaus verdienen und im Rahmen des Systems, in das sie nun einmal eingebettet sind, der Allgemeinheit gute Dienste leisten. Nicht sie – das System ist es, das am Pranger steht.
Und noch eines gleich vorweg: Sollte es Gründe geben, an der Rolle, an der Vergütung, am Status oder an der rechtlichen Einbettung der Beamten und öffentlich Bediensteten etwas zu verändern, dann kann dies – was immer es sei – nur und ausschließlich mit den Beamten erfolgen, keinesfalls gegen sie. Mögliche Änderungen der heutigen Situation für die gegenwärtigen Amtsinhaber müssen attraktiv und anspornend sein – zumindest für die besseren zwei Drittel unter ihnen. Dies um so mehr, als unser Gesetzgebungsapparat von ihnen dominiert wird.
Man kann beklagen, daß die Beamten so zahlreich in allen Parlamenten sitzen und daß dadurch unsere Volksvertretungen eine bedenkliche Einseitigkeit aufweisen. Dorthin aber haben wir alle es kommen lassen, und nun soll man diese beamteten Volksdeputierten nicht dafür schelten, daß sie dort sitzen. Das heißt aber auch, daß jede Änderung des Beamtenrechts – falls sie notwendig sein sollte – dort werbend vorgetragen und von ebendiesen Volksvertretern gutgeheißen werden muß. Aber kehren wir zur wirklich entscheidenden Frage zurück:

Ist Ineffizienz wirklich das unvermeidliche Kainsmal von Verwaltung und Behörde?

Wenn wir diese Frage stellen, so möchten wir uns bewußt aus der heute verbreiteten, kleinkarierten Enge der Diskussionen über unsere Staatsdiener herauslösen. In dieser Betrachtung ist der Blick reichlich starr auf den kleinen Ausschnitt beamtenrechtlicher Privilegien gerichtet, von denen auch ich behaupte, daß sie nicht mehr so recht in unsere Zeit passen. Sie sind aber keineswegs das Kernproblem. Wir Nichtbeamteten sehen hier wieder einmal den Wald vor lauter Bäumen nicht und vernachlässigen aus Neidgefühlen über soviel Sicherheit das viel größere Problemfeld der Rationalisierung öffentlicher Serviceleistungen. Dies ist das eigentliche Problem: Nur wenn Beamtenrecht und Beamtenmentalität hier nachweislich hinderlich sind, besteht Handlungsbedarf für eine Veränderung.

Hören wir, was ein fähiger Chefredakteur, in diesem Falle Stefan Baron von der *Wirtschaftswoche*, zum Thema zu sagen hat: »In der Diskussion über die Wettbewerbsfähigkeit der deutschen Wirtschaft als Ganzes wird das Teilproblem der Standortrelevanz der staatlichen Verwaltung leider kaum beachtet. Dabei leidet die Wettbewerbsfähigkeit mindestens so unter dem ineffizienten Staatsapparat (auf den die Wirtschaft überhaupt keinen Einfluß hat) wie unter den hohen Löhnen unserer Industriearbeiter, auf die wenigstens ein begrenzter Einfluß möglich ist.«

»Die hohen Löhne«, so fährt Baron fort, »hat die Wirtschaft durch Rationalisierung und Produktivitätssteigerung immer wieder ausgeglichen. Ein Arbeitsplatz in der Industrie sieht heute ganz anders aus als vor zehn Jahren. In unseren Amtsstuben dagegen scheint die Zeit ein ganzes Jahrhundert stillgestanden zu sein. Der Rationalisierungsfortschritt ist dort eine Schnecke. Selbst der Präsident des Städte- und Gemeindebundes, Hans-Gottfried Bernrath, schätzt das Verbesserungspotential auf 15 bis 20 Prozent. Es liegt wohl noch deutlich höher. Private Gebäudereiniger etwa sind um gut 20 bis 35 Prozent billiger als öffentliche. Private räumen den Abfall für die Hälfte der städtischen Kollegen weg.

Kein Wunder: Das öffentliche Dienstrecht ist demotivierend, es züchtet die sogenannte Beamtenmentalität, indem es Grenzanbieter schützt und Leistungswillige ausbeutet. Die Strukturen sind von den Erkenntnissen der modernen Organisationslehre nahezu unberührt geblieben. Die Arbeitsabläufe sind zersplittert, Personalführung und -entwicklung, Controlling, Marketing und Kundenorientierung Fremdwörter geblieben. Eine zeitgemäße Informations- und Kommunikationstechnik fehlt fast völlig.

Die Kosten dieser ineffizienten Verwaltung für die Wirtschaft sind beträchtlich. Unternehmen und Privatleute müssen für den aufgeblähten Staatsapparat höhere Steuern zahlen, als dies für eine durchrationalisierte Verwaltung nötig wäre. Kostspielig und zeitraubend, vor allem für Mittelständler, ist auch der große Aufwand, um sich im bürokratischen Dickicht zurechtzufinden. Nach einer Untersuchung des Mittelstandsinstitutes Niedersachsen ist jedes Unternehmen zudem für bis zu 42 Behörden mehr als tausend Stunden unentgeltlich als Bürogehilfe tätig (z. B. statistische Anforderungen). Allein dies erhöht die Kosten um über 4 Prozent. Wirksame Abhilfe verspricht vor allem eine weitgehende Privatisierung des Staatsapparates. Öffentlich sollten nur Leistungen bleiben, die hoheitlich oder nachgewiesenermaßen vom Staat billiger zu erbringen sind.«

Diese Worte sind nicht die Äußerung eines einzelnen, sondern mittlerweile die Rede sehr vieler Nachdenklicher. Wenn man glaubt, daß ein gut Teil des Wohlergehens der meisten entwikkelten Industrienationen an der Frage erfolgreicher Produktivitätssteigerungen der Verwaltung hängt, brauchen wir die Reform öffentlicher Serviceleistungen mit höchster Dringlichkeit.

Fehlender Effizienzdruck bei Behörden – Schicksalsfrage der Industrienationen?

Das eigentlich Ärgerliche an der Situation ist dies: Der einzelne Beamte – und leider auch die wichtigen an der Spitze – sind keinem dauernden Leistungsdruck im Sinne der Marktwirtschaft ausgesetzt. »Halt!« höre ich da schon Tausende Beamte rufen. »Der weiß ja gar nicht, wovon er spricht! Pausenlos muß ich mein Mäntelchen nach dem Winde drehen, damit ich bei meinen Vorgesetzten Pluspunkte für die nächste Beförderung sammle. Und wie oft muß ich gute Miene zum bösen Spiel machen, obgleich es mir stinkt.« Und die höheren Chargen werden darauf hinweisen, welche Last es manchmal ist, sich mit den Parteioberen gut zu stellen, die von keinerlei Sachkenntnis getrübt sind, aber für das Weiterkommen entscheidend sind. »Und letztendlich rackert man sich mit viel zuwenig Leuten ab; zusätzliche Kräfte werden nicht bewilligt, und das Pensum muß doch geschafft werden. Sage doch niemand, bei uns gäbe es keinen Druck!«

Dies alles, so würde ich einem beamteten Gesprächspartner widersprechen, ist überhaupt nicht gemeint. Wir sprechen von dem Druck, der vom Markt kommt, dessen heilsame Wirkung zu beschreiben das Lebenswerk von Adam Smith war, der die Marktwirtschaft begründet hat, der sehr bewußt vom heilsamen Zwang

zum ständig zu verbessernden Gewinn gesprochen hat und dann hinzufügte: »Niemand und nichts kann es diesem Zwang gleichtun!« Dieser Druck und die damit verbundene objektive Meßlatte fehlen bei Beamten. Daß dies fehlt, ist nicht böser Wille unserer Staatsdiener. Es ist die Perversion, daß wir die Obrigkeitsstaatlichkeit ins 20. Jahrhundert mitgeschleppt anstatt sie im Zuge der industriellen Revolution beerdigt zu haben. Und wenn wir dies nicht binnen weniger Jahre rückgängig machen oder neue Systeme entwickeln, die diesen Zustand beseitigen, so fürchte ich mit Peter F. Drucker, daß dann im 21. Jahrhundert für die Industriestaaten traurige Tage kommen.
Solange diese neuen Systeme nicht installiert sind, müssen wir damit leben, daß Staatsdiener einen nicht meßbaren, nicht bewertbaren Dienst verrichten, für den es dann logischerweise auch keine leistungsgerechte Vergütung geben kann. »Beamte dienen dem Gemeinwohl!« – von dieser schwammig-schwülstigen Diktion werden wir nicht herunterkommen, bis wir visionär genug sind, die schlimmste Fehlentwicklung des freien Westens auszuräumen. So lange müssen wir damit leben, daß der Beamte (wie das Beamtenrecht schon beinahe zynisch festlegt) »angemessen alimentiert« wird. Allein diese museumsreife Formulierung verdient es, diesen ganzen Plunder abzuschaffen – nicht zu Lasten der jetzigen Amtsinhaber, aber zum Wohl einer Gemeinschaft, die schwer an ihnen trägt.
Was darüber hinaus bei nichtwirtschaftlicher Staatstätigkeit fehlt, ist die Verquickung der eigenen Existenz mit der wirtschaftlichen Leistung. Kaufleute und Freiberufler werfen diese Existenz in die Waagschale – zumeist, indem sie sich für ihr Geschäft hoch verschulden. Werden sie dann vom Markt für zu leicht befunden und geraten in Schwierigkeiten, dann können Konkurs und Offenbarungseid ins Haus stehen. Nichtkaufleute sprechen dann gern süffisant von »Pleite«, was in der Realität dramatische Tragik ist, aus der heraus ein befriedigender Neuanfang oft nicht mehr gelingt. Auch Angestellte müssen um ihren Job fürchten. Das ist etwas weniger gefährlich als bei dem für seine Schulden meist persönlich haftenden Einzelkaufmann, ist aber als Motiv, eine gute Leistung zu erbringen, fast stets gegenwärtig. Nur für die öffentlich Bediensteten ist es ganz und gar atypisch, um die eigene Existenz bangen zu müssen. Idealismus und Einsatzfreude sollen hier nicht unterschlagen werden, hohes Pflichtbewußtsein ist

sicherlich nicht selten, aber selbst bei diesem Idealzustand fehlt die Ausrichtung. Allein darauf zu vertrauen, daß diese lobenswerten Eigenschaften den optimalen Nutzen für den Bürger sicherstellen, ist unrealistisch und blauäugig.

Es fehlt des weiteren in allen staatlichen Einrichtungen an der Effizienzüberprüfung durch Dritte. Nehmen wir ein praktisches Beispiel: Schreit es nicht zum Himmel, daß ein Einwohnermeldeamt in der Regel noch nie von neutralen Dritten auf seine Effizienz untersucht wurde? In der Wirtschaft gibt es den Wirtschaftsprüfer, der mit großer Strenge weite Teile eines Unternehmens unter die Lupe nimmt. Es gibt den Aufsichtsrat, der – wenn er nicht versagt – zahlreiche Fehlentwicklungen erkennen und Abhilfe schaffen kann. Tochtergesellschaften werden von ihrer Holding – meist nach bewährten Regeln – turnusmäßig unnachgiebig analysiert. In Gesellschaften, die ihre Zahlen veröffentlichen müssen (das sind heute sehr viele), kann innerhalb gewisser Grenzen Einblick genommen werden. Unternehmensberater schnüffeln in Unternehmen herum und weisen auf Schwachstellen hin. Und schließlich ist da die Steuerprüfung. Vor allem aber ist da der Markt, der bei Qualitätsmängeln nicht lange mit sich spaßen läßt und Unzuverlässigkeit oder Schlamperei schnell seine Antwort erteilt.

So gibt es eine Fülle von Vorgängen und Maßnahmen, die die Effizienzfrage automatisch immer wieder neu stellen. Wo gibt es Gleichwertiges im Behördenbereich? Der Bundesrechnungshof kann kaum als Ersatz angesehen werden, solange ihm nur das mahnende Wort und nicht die Anklage vor einem (heute nicht existierenden) Gerichtshof zusteht. Er ist mehr Farce als Force. Attrappe, wo Strenge und unnachsichtige Bestrafung am Platze wären.

Dabei muß der Öffentlichkeit der Zusammenhang von Staatsausgaben und industriellem Überleben überhaupt erst einmal ins Bewußtsein gehoben werden: Jede Mark an Steuermitteln, die eingespart werden könnte und trotzdem ausgegeben wird, ist eine Schädigung unseres Standorts Deutschland. Jede Steigerung unserer Gesundheitsausgaben ist ein Stück Abbau an unserer wirtschaftlichen Blüte. Jede zusätzliche Mark Arbeitslosengeld bewirkt, daß die Chancen für Hongkong, Singapur oder Südkorea besser werden, unsere Märkte zu überschwemmen.

Ein weiteres systembedingtes Ärgernis ist der Umgang mit einmal genehmigten Ausgaben. Budgets – einmal genehmigt – werden halt »verbraten«. Weniger zu verbrauchen, als einem zugesprochen wurde, gilt unter Beamten – schon im Hinblick auf die nächste Zuteilung – als perfekter Schwachsinn. Es kann auch gar nicht anders sein, denn es gibt ja keinen Mechanismus, der den Beamten, der es etwa geschafft hat, sein Budget zu unterschreiten und damit erhebliche Steuergelder einzusparen, in angemessener Weise im Sinne erhöhter Bezüge an dieser Einsparung partizipieren läßt.

Fazit: Es bleibt dabei: Die Reserven von Verwaltung und Sozialdiensten zu rationalisieren ist die große Herausforderung. Daß die Rettung des Standorts Deutschland gleichbedeutend mit der Effizienzsteigerung der genannten Institutionen ist, stellt eine gigantische Aufklärungsaufgabe dar. Der Gedanke, daß wir deshalb gar nicht darum herumkommen, die beschriebenen Tatbestände dramatisch zu verändern, ist vielen noch völlig fremd.

8. Blick zurück im Zorn

Bevor wir zu den Modalitäten einer Strukturveränderung kommen, möchte ich den Lesern noch einen Hinweis geben, der sie in der Gewißheit bestärken soll, daß wir Grund haben, mit den hier angedachten Veränderungen auf wirklich nachhaltige Einsparungen hoffen zu dürfen. Hierzu die nachfolgenden Berechnungen, bei denen mir sowohl das Statistische Bundesamt als auch zwei Professoren der Nationalökonomie beigestanden haben, so daß ich hoffe, daß wir vertretbare Zahlen vorweisen können.
Wir wollen versuchen, uns eine ungefähre Vorstellung davon zu verschaffen, was denn real von einer intensiven, als nationale Aufgabe betriebenen Großrationalisierung in Heller und Pfennig zu erwarten ist. Dazu scheint es sinnvoll, eine Beantwortung der Frage zu versuchen, was von unserem Geld denn eigentlich in jene Kanäle fließt, die wir unter der Bezeichnung nicht freimarktwirtschaftliche Serviceinstitutionen zusammenfassen: Das sind staatliche Verwaltungen aller Art, öffentlicher Service, halbstaatliche

Institutionen (zum Beispiel das kommunale Krankenhaus) und alle sozialen Sicherungen, die uns staatlicherseits »aufgezwungen« werden beziehungsweise für die ein Ersatz – etwa in Form einer befreienden privaten Versicherung – zwangsweise nachgewiesen werden muß.

Wir kommen am besten zu diesem Prozentsatz unseres Einkommens, das dorthin fließt, wo wir die großen Rationalisierungsreserven vermuten, indem wir uns klarmachen, was denn aus unserem Einkommen in ebendiese nicht freimarktwirtschaftliche Serviceinstitutionen wandert.

Diese Frage zu beantworten ist viel vertrackter, als Sie und ich glauben. Arbeitet man mit bundesweiten Durchschnittszahlen, dann sind die zwar im Statistischen Jahrbuch leicht zu ermitteln, aber sie sind dann auch für die Leserschaft dieses Buches ziemlich nichtssagend. Mr. und Mrs. Durchschnitt sind halt Kunstgeburten; die Leserschaft dieses Buches setzt sich ganz anders zusammen. Darum bin ich der Anregung eines bekannten Nationalökonomen gefolgt, der dazu riet, das untere Einkommensdrittel abzuschneiden und sich auf die oberen zwei Drittel des Einkommens zu konzentrieren, die sicherlich dem hier angesprochenen Auditorium besser entspricht als der bloße Durchschnitt.

Auf dieser Grundlage haben wir uns gefragt, was bei dieser Zielgruppe denn nun von jedem Hundertmarkschein in die Hände der nicht freimarktwirtschaftlichen Serviceinstitutionen fließt. Zunächst sind es etwa 22 DM, die wir im Sinne direkter Steuern – vor allem auf Lohn und Einkommen – an Vater Staat abführen. Es bleiben uns demnach 78 DM, um Waren und Dienstleistungen am freien Markt zu kaufen. Aber denkste! Über die Körperschaftssteuer, Umsatzsteuer und Einfuhrsteuer, also all die Industriesteuern, die wir ja Pfennig für Pfennig über die Preise an den Staat zahlen (auch wenn wir sie nicht direkt entrichten), knöpft man uns weitere 21 DM ab. Bleiben uns also 57 DM für den Kauf von Zahnpasta und Sahnetorte. Noch mal denkste! Denn nun zahlen wir abermals für unsere soziale Sicherheit gezwungenermaßen unseren Arbeitnehmeranteil und über die Preise den Arbeitgeberanteil. Darüber hinaus entrichten wir Gebühren der verschiedensten Art für Wasser, Müll und weiß der Himmel, was noch alles. Dafür haben wir nochmals 7 DM angesetzt und kommen damit zu dem Schlußergebnis, daß uns von jeder Mark 50 Pfennige übrigbleiben, um uns das zu kaufen, was wir gern möchten.

Fazit: Es empfiehlt sich für die hier angestellten Überlegungen und angesichts einer Leserschaft, die vermutlich nur im Ausnahmefall im unteren Einkommensdrittel beheimatet ist, davon auszugehen, daß die Hälfte unseres Einkommens in die Hände derjenigen fließt, denen wir den Kampf um Rationalisierung angesagt haben. Daß es bei Kleinverdienern wesentlich weniger, bei Großverdienern wesentlich mehr ist, wissen wir natürlich alle. Für diese spezielle Diskussion scheint uns der Satz von 50 Prozent eine sinnvolle Ausgangsbasis.

Gehen wir einmal von der runden Größe eines Bruttoeinkommens der Erwerbstätigen in Höhe von 2 000 Milliarden aus, dann sind es also etwa 1 000 Milliarden, die uns hier interessieren. Auch wenn dies keine ganz präzise Rechnung ist und wir uns lediglich der wahren Größe annähern, ist es ein gewaltiger Batzen. Dies bleibt auch dann so, wenn wir anders rechnen, also etwa mit reinen Durchschnittswerten.

Ich vertrete die Auffassung, daß es möglich sein müßte, von dieser gewaltigen Summe 5 Prozent durch Rationalisierung zu »sparen«. Das wären 50 Milliarden DM. Unterstellen wir nun, daß wir diesen Betrag so einsetzen wollen, daß wir damit unsere Industrie kostenmäßig entlasten wollen. Deshalb ziehen wir diese Summe von dem Gesamtbetrag der »nicht abzugsfähigen Umsatzsteuern« ab (also von dem Betrag, der tatsächlich an Steuer entrichtet wird). Somit können wir von 175 Milliarden Umsatzsteuer 50 Milliarden Rationalisierungsersparnis abziehen. Mit anderen Worten, wir sprechen von einer 29prozentigen Steuerverringerung auf Umsatz. Muß ich Ihnen wirklich sagen, daß dies den Standort Deutschland erheblich verbessern würde? Und Hand aufs Herz, ich halte die Rationalisierungsersparnis von 5 Prozent für langfristig eher bescheiden angesetzt.

Lassen Sie mich das Problem noch von einer anderen Seite angehen.

Was wir heute für eine Arbeitsstunde kaufen können, ist ungefähr das Zwanzigfache von dem, was man dafür vor hundert Jahren erhielt. Dies ist die unbestreitbare Wohlstandsvermehrung, die wir der industriellen Revolution, dem Genie der Erfinder, der Arbeitsteilung, der Rationalisierung und Automatisierung verdan-

ken. Da sich aber die Arbeitszeit ungefähr halbiert hat, erhalte ich pro Arbeitsstunde das Zehnfache. Dies ist die rühmliche Leistung der Wirtschaft; wie aber steht es nun um den Staat?
Es gibt darüber, was der Staat heute im Vergleich zu 1893 pro Arbeitsstunde – die ich in Form von Steuern abführe – zu leisten vermag, sehr unterschiedliche Auffassungen, und wirkliche Exaktheit ist nicht möglich. Dennoch könnte man die verschiedenen Meinungen in folgender Zahl schätzend zusammenfassen: Der Staat produziert ja nicht eigentlich für den Bürger – von Ausnahmen wie Versorgungsleistungen einmal abgesehen. Was er in erster Linie tut, ist, daß er Einkommen umschichtet. Der riesige Sozialetat ist weitestgehend nur eine Einkommensumschichtung zugunsten der Bedürftigen und der Bediensteten. Deshalb nehmen viele an, daß die Leistungsverbesserung in den letzten hundert Jahren beim Staat etwa bei einer Vervierfachung liegen dürfte (so Burscheid, Achinger und andere). Auch hier wieder müssen wir die Halbierung unserer Arbeitszeit ansetzen, so daß eine Verdoppelung der Staatsleistung pro Arbeitsstunde übrigbleibt. Dies ergibt schlußendlich, daß bei gleichem Rationalisierungspotential wie in der Wirtschaft eine Verfünffachung der Staatsleistung zum gleichen Entgelt möglich wäre. Rein rechnerisch könnte der Staat 800 Milliarden einsparen.
Nun ist es ganz selbstverständlich, daß man das, was in hundert Jahren versäumt wurde, nicht an einem Tage nachholen kann. Aber gestehen Sie uns zu, daß 6 Prozent hiervon schon ein wenig realistischer sind. Das wäre genau der Betrag von 50 Milliarden, auf den wir bereits in unserer ersten Rechnung kamen.

Fazit: Wir können uns natürlich mit solchen eher theoretischen Betrachtungen dumm und dämlich rechnen, um das Blaue vom Himmel herunterzubeweisen. Aber wenn man versucht, sich mit ein wenig Realismus an das schwierige und sicher nie präzise lösbare Problem des Rationalisierungspotentials unserer nicht freimarktwirtschaftlich organisierten Institutionen heranzukommen, dann gelangt man doch zu Beträgen, die eine nachhaltige Verbesserung der Kostensituation in der deutschen Wirtschaft wahrscheinlich machen.

Erkennen Sie nun, warum Peter Drucker und Emil Baron beide recht haben? Der Staat hinkt hinter der Effizienz der Wirtschaft elendiglich einher. Wenn diese Grobrechnung auch nur so annähernd richtig ist, dann müßte es möglich sein, eine Einsparung von 50 Milliarden zu erreichen.
Verstehen Sie nun, warum Peter F. Drucker fast mit beschwörenden Worten uns dazu ermahnt, den Staat neu zu ordnen, Markt und Marktdenken in ihn hineinzutragen?

9. Selbst- und Fremdbild bei Beamten und Managern

Was wir auch immer in Erwägung ziehen, eines muß uns ganz klar sein: Nie und nimmer darf es gegen unsere Beamten gerichtet sein, sondern wir benötigen deren ausdrückliche Unterstützung. Wenn jemals die Tugend des verstehenden Aufeinanderzugehens gefragt war, dann hier und jetzt. Wir haben dieses Aufeinanderzugehen als Königsweg des Managements ausgewiesen und dürfen annehmen, daß es die Tugend der gesamten Gesellschaft des 21. Jahrhunderts werden sollte. Wir brauchen eine ungeheuer verantwortungsbewußte, von diesem Geist durchdrungene Beamtenschaft, denn wir werden das System überprüfen müssen, und das fällt den Deutschen erfahrungsgemäß sehr schwer. In den dreißiger Jahren sprach man stets verächtlich von der »Systemdiskussion«, die dann auch mit den Nationalsozialisten in der Tat keine Fortsetzung mehr fand, weil kritisches Hinterfragen außer Mode kam.
Wenn wir aber die Diskussion mit den Beamten wollen, dann ist es erforderlich, hinzuhören, wie sie denken. Sind die Geister dort für unsere Überlegungen aufgeschlossen, sind die Antennen ausgefahren – oder treffen wir auf eine Front eisiger Ablehnung?
Hier die hochinteressanten Resultate, die wir dadurch bekamen, daß wir eine Reihe unserer bereits besprochenen Erfolgsfaktoren gebündelt haben. Es standen für diese Ermittlung 437 Manager und eine Stichprobe von 164 Beamten* zur Verfügung. Beiden Gruppen wurden die folgenden Fragen gestellt:

① *Wunschfrage:* Wäre es schön und wünschenswert, wenn die

Gesamtheit dieser Werte auf Ihre Organisation zutreffen würde?

② *Faktfrage:* Trifft die Gesamtheit der hier aufgeführten Werte derzeit auf Ihre (jeweilige) Organisation zu?

③ *Chancenfrage:* Glauben Sie daran, daß die Gesamtheit dieser Werte irgendwann einmal in der Zukunft auf Ihre Organisation zutreffen wird?

Tabelle 52 zeigt die Antworten. Unsere Erfolgsfaktoren werden sowohl von den Managern mit 71 Prozent als auch von den Beamten mit sogar 73 Prozent als in hohem Maße wünschenswert für die jeweils eigene Organisation erkannt. Unser Bündel progressiver Werte, das ist die gute Botschaft aus dieser Befragung, würden Manager in ihren Unternehmen und Beamte in ihren Behörden gleichermaßen gern realisiert sehen. Diese Übereinstimmung ist erstaunlich und hoch erfreulich. Wir können davon ausgehen, daß das ideale Wertebündel und die damit in Zusammenhang stehenden Verhaltensweisen in der Auffassung beider Gruppen so etwas wie eine Ideallösung darstellen.
Fragt man »über Kreuz«, also die Beamten nach dem wünschenswerten Zustand bei den Firmen und die Manager nach dem Optimum bei den Behörden, dann gibt es sogar noch bessere Werte: 76 und 85 Prozent sprechen sich positiv für diese Leitlinien aus.

* Die Stichprobe der Beamten ergab sich aus einer repräsentativen politischen Befragung bei Männern, die 1990 von einer unserer großen politischen Parteien durchgeführt wurde. Dem IMI, Genf, war die Möglichkeit eingeräumt worden, mehrere Fragen meiner Wahl anzuhängen. Das aus der Gesamtheit herausgegriffene Segment »Beamte« umfaßte 164 at random ausgewählte Personen. Die Aussagen über die Beamten müssen bei der relativ kleinen Stichprobe natürlich mit Vorsicht betrachtet werden. Andererseits sind die Aussagen sehr kohärent, und es gibt eine ganze Fülle von Studien, die in ähnliche Richtung deuten. Trotz dieser Einschränkungen meinen wir, im Sinne einer verantwortungsvollen Berichterstattung mit dem Vorhandenen durchaus vorliebnehmen zu können. Zumindest der Trend wird auch dann noch sichtbar, wenn man eine hohe Fehlertoleranz unterstellt. Unser eingangs gemachter Vorschlag einer großangelegten Überprüfung dieser Ergebnisse bekommt dadurch noch zusätzlichen Nachdruck.

1. Ergänzendes Aufeinanderzugehen. Gegenseitige Optimierung in Ansehung der eigenen, überprüften Unvollkommenheit. Überwindung hierarchischer Schranken. 2. Vertrauensorganisation mit wenig Kontrolle. Vertrauen ist bei weitem besser und effizienter. 3. Einmaligkeit und Originalität extern und intern. 4. Nicht die Gegenwart verwalten, sondern sich konzeptionell festlegen und die Zukunft mit Visionen gestalten. 5. Vorgesetzte dienen ihren Mitarbeitern. Kundenverhalten wird an den Mitarbeitern erprobt und geübt. 6. Innovation. Wir sind kreative Entdecker. Innovation zählt mehr als alles andere. 7. Leistungsdenken. Es gehört zur Firmenkultur, daß jeder aus sich heraus überdurchschnittlich sein will. 8. Die Sache, nicht die Form zählt. Unsere Organisation ist völlig unbürokratisch, und nur das Allernotwendigste ist geregelt (gemäßigtes Chaos). 9. Humor, Leichtigkeit. Bei uns wird gelacht und herumgealbert. Wir nehmen uns nicht so furchtbar wichtig. 10. Vergütungsrelevantes Management by Objectives. Mehr als 15 % der Vergütung hängen vom Erreichen der Ziele ab. 11. Extreme Kundennähe. Systematische Überprüfung der Kundenzufriedenheit. Customer Satisfaction höchster Wert. 12. Institutionalisierte Vorgesetztenkritik. Regelmäßige offene oder vertrauliche Kritikmöglichkeit. 13. Delegation und kurze Entscheidungswege. Wir glauben an Dezentralisierung und flache Hierarchie.	Dies sollte auf meine Organisation zutreffen: Manager: 71 % Beamte: 72 % Dies trifft auf meine Organisation zu: Manager: 13 % Beamte: 3 % Dies wird nie auf meine Organisation zutreffen: Manager: 33 % Beamte: 93 %

Tabelle 52: Manager und Beamte urteilen über ihre Organisationen anhand von dreizehn Werten

Die zweite Frage bezog sich auf die jeweils eigene Institution, der man angehört, also bei Managern das eigene Unternehmen und bei Beamten die eigene Behörde. Es wurde gefragt, inwieweit diese Werte tatsächlich dort realisiert sind. Hier nun zeigt sich, daß dieses Bündel in der Tat eine Art »gelobtes Land« ist, das allerdings – wie gelobte Länder das so an sich haben – noch irgendwo in weiter Ferne liegt. Hier und heute: absolut tote Hose! Denn sosehr diese Werte offenbar herbeigewünscht werden, so wenig treffen sie jetzt bereits auf den Ist-Zustand zu. Nur 3 Prozent der Beamten sehen diese schönere Welt in der eigenen Amtsstube verwirklicht. Bei den Managern sind es 13 Prozent; das ist besser, aber zeigt doch auch eine gewaltige Kluft zwischen Ideal und Wirklichkeit.

Aber was noch nicht Wirklichkeit ist, kann es ja vielleicht noch werden. Die Chancen stehen laut Befragung aber nicht gut: Ganz skeptisch sind die Beamten: 93 Prozent sehen überhaupt keine Chance, daß das, was sie als wünschenswert erkennen, auch einmal Realität werden könnte. Bei den Managern ist die Situation offenbar erfreulicher, denn nur 33 Prozent halten das für unmöglich, und das bedeutet umgekehrt, daß 67 Prozent eine Chance sehen.

Bevor wir das soeben Erarbeitete zusammenfassen, sei ein kleiner Exkurs erlaubt: Die hohe Zustimmung zu unserem Wertebündel erstaunt etwas in Anbetracht der Skepsis, die in vorhergehenden Abschnitten zu einzelnen Werten angezeigt wurde. Man kann die sehr breite Zustimmung nur so interpretieren, daß die hier beschriebenen Werte in der öffentlichen Diskussion heute bereits so positiv getönt sind, daß sie auch von denjenigen Managern und Beamten positiv gesehen werden, die sie bei genauerer Einzelbetrachtung für sich persönlich nicht so eindeutig akzeptieren können. Diese Erscheinung ist in der empirischen Sozialforschung häufiger anzutreffen. Die Zehn Gebote der Bibel werden zum Beispiel in toto positiver beurteilt, als wenn man darum bittet, zu jedem einzelnen Gebot Stellung zu nehmen. Dieser Tatbestand entwertet das Ergebnis in keiner Weise.

Was bedeuten nun diese Ergebnisse für unsere Frage nach einer Reform der Serviceinstitutionen des Staates?

Fazit: Unsere Umfrageresultate übertreffen alles, was wir unter den heutigen Umständen hoffen durften, und legen die Frage nahe: Worauf warten wir eigentlich noch? Unsere Staatsdiener haben deutlich genug gesagt, wo's hingehen soll. Daß unsere Werte heute noch nicht Wirklichkeit sind, beklagen sie. Andere Teile der Bevölkerung – hier die Manager – denken offenbar genauso. Das Wunschbild aller ist beglückend einhellig. Unsere Erfolgsfaktoren spiegeln grosso modo das Idealbild, mit dem sich beide Gruppen voll identifizieren. Und dies kann doch nur heißen, daß das Terrain für den Wunsch nach mehr Markt heute bereits sehr viel besser vorbereitet ist, als wir gehofft hätten. Wenn wir es richtig, überzeugend und professionell machen, haben wir exzellente Chancen, unsere Verwaltungen und Behörden in Richtung Markt weiterzuentwickeln.

10. Die Beseitigung des Systemfehlers

Es sollte uns nachdenklich machen, daß Verwaltung und Behörden sich außerhalb jenes wahrhaft einmaligen, ja geradezu triumphalen Systems stellen, das wir das frei marktwirtschaftliche nennen und das als einziges folgende drei Tugenden auf sich vereinigen kann:

- Interessenausgleich der Partner beim Preiskompromiß,
- nachweislicher Dienst am Kunden und Nachfrager, weil eine von ihm gewollte Leistung erbracht wird,
- Dienst an der Volkswirtschaft als Ganzem, weil sich jeder Anbieter dem Selektionsprinzip stellt und sich somit darauf einläßt, ausscheiden zu müssen, wenn er im Markt nicht mithalten kann; der Anbieter wirft sein Schicksal gleichsam in die Waagschale des Markts.

Wir meinen, daß die Vordenker der Nation gefordert sind, nach Wegen zu suchen, daß Verwaltung und Behörden nicht weiter aus jenem segensreichsten aller sozialen Systeme völlig ausgeklammert bleiben. Diese simple Logik sollte uns eigentlich seit vielen

Jahrzehnten beschäftigen, aber es ist ganz vertrackt: Männer und Frauen, Professoren und Publizisten, Politiker und – warum nicht – Beamte, die über diese so entscheidende Frage nachdenken, sind so selten wie die Nadel im Heuhaufen. Dieses Desinteresse an einer so naheliegenden Frage ist schlichtweg deprimierend, wenn man bedenkt, daß der Westen seinen Sieg über den Osten dem Erfolg eben der freien Marktwirtschaft und deren Gesetzen verdankt. Zudem sind wir Deutsche mit unserem Aufstieg vom Besiegten zur Fast-Großmacht mehr als irgendeine andere Nation in den Genuß der Vorzüge dieses Systems gelangt.

Wollen wir uns ans Werk machen, dann sollten wir uns erstens im klaren darüber sein, daß die Privatisierung aller Staatsunternehmen zwar ein wichtiges Teilstück darstellt, daß wir es dabei aber nicht bewenden lassen dürfen.

Wir sollten zweitens wissen, daß das gigantische Experiment der Marktwerdung in der Verwaltung noch nie und nirgends wirklich einmal probiert worden ist. Die Engländer und Amerikaner haben mit ihrer »Deregulierung« zwar den Weg zur Privatisierung mutig betreten, und wir gehen jetzt endlich, endlich daran, unsere defizitäre Bundesbahn mit der Geschwindigkeit einer altersschwachen Weinbergschnecke zu privatisieren – aber machen wir uns nichts vor: Dies sind Teilbereiche und Vorübungen – bei dem von uns angeschnittenen Komplex geht es um Veränderung an Haupt und Füßen. Trotzdem sind die Privatisierungen à la Bundesbahn prächtige Exerzitien auf der Spielwiese flexiblen Unternehmertums, die uns trainieren. Außerdem sind die Privatisierungen, die es bislang im Westen gegeben hat, weitgehend ermutigend verlaufen. Das ist gut, denn wir betreten Neuland, und davor hatten die meisten Menschen noch stets Angst.

Angst hin und Bedenken her: Wir sollten uns drittens darüber klarwerden, daß wir keine Alternative haben und sie auch in Zukunft nie haben werden. Es gibt zum Markt keine zweitbeste Lösung. Zum Glück!

Gelänge es uns, viertens für Verwaltung und Behörden einen Markt zu schaffen oder auch nur marktähnliche Zustände, so wären wir der Frage nach den Leitlinien für diese Organisationen enthoben, denn dann wären die von uns erarbeiteten Erfolgsfaktoren ja gültig, und ihre Effizienz könnte so auch für Verwaltung und Behörde als erwiesen gelten.

Es ist Zeit – die Tat drängt.

Welche Handlungsalternativen stehen uns nun zu Gebote? Nur zwei:

① *Die privatwirtschaftliche Lösung:* Wir prüfen im Sinne einer innovativen Neuorientierung bei jedem staatlichen oder halbstaatlichen Organ, ob es voll in den Markt entlassen werden oder ob ein Markt aufgebaut werden kann. Die Deutsche Bundesbahn ist das relativ einfache Beispiel einer Reprivatisierung eines Staatsunternehmens, das ja bereits früher schon mal in der Anfangszeit der Bahn privatwirtschaftlich arbeitete. Dies ist also nur eine »Rückkehr«. Kommunale Krankenhäuser sind ebenfalls ein relativ einfacher Fall. Private Kliniken gibt es ja bereits.
Der Fall der Bundeswehr oder der Polizei scheint für Traditionalisten schwerer lösbar; wir meinen, daß er lösbar ist. Eines ist dann allerdings wirklich vonnöten, nämlich mentale Flexibilität, dann sind auch diese Umstellungen machbar. Hinsichtlich der Polizei kann festgestellt werden, daß Sicherheitsdienste schon heute auf privatwirtschaftlicher Grundlage mit sehr gutem Erfolg arbeiten. Wir brauchen dieses Vorbild lediglich in größere Dimensionen zu übertragen. Wir benötigen weder für die Bundeswehr noch für die Polizei feierliche Gelöbnisse und den großen Zapfenstreich. Wir wollen Leute, die Spaß an öffentlicher Ordnung oder am Kämpfen haben und bereit sind, uns ganz prosaisch zu verteidigen und zu schützen. Wir brauchen keine hoheitlichen Gralshüter, kein Lametta und kein Tschingdarassabum, sondern schlichtweg Ordner. Sie sollen gegen Entgelt einen Job tun wie jeder andere auch. Und der Bürger soll darüber urteilen, ob er den Preis für diesen Schutz zu hoch empfindet oder ob ihm seine Sicherheit dies wert ist.

② *Die Votumslösung:* Soweit machbar, sollte privatisiert werden, aber auch wo das nicht möglich ist, kann Markt geschaffen werden. Bei allen Behörden kann ein Benutzervotum die Nachfrage wirkungsvoll ersetzen. Man kann ein Einwohnermeldeamt nicht in den Markt entlassen. Aber man kann bei all diesen Behörden die Nutzer fragen, wie sie's denn gern hätten. Gerade die Intensivbenutzer (und dazu gehören alle Unternehmen!) haben ein konkretes Interesse an den Stellen, mit denen sie dauernd zusammenarbeiten müssen. Dort, wo es Intensivbenutzer wenig gibt, kann man aus dem großen Kreis gelegentlicher Benutzer »Aufpasser« delegieren, die für den Rest sprechen und urteilen.

Wir werden eines mit Sicherheit erleben: Sobald die Grundsatzentscheidung »Fort von der Obrigkeit« gefällt ist, ergeben sich mehr Möglichkeiten für Markt, als man sich ursprünglich vorstellen konnte. Die bisherigen Erfahrungen – auch wenn sie noch spärlich sind – bestätigen dies. Im Bereich der Abfallbeseitigung oder in kleinen Teilbereichen der Post, wo man langsam flexibel wird, will heute niemand mehr zurück zur Behörde.

Fazit: Entweder versuchen wir uns an Systemen, die das Interesse der Betroffenen wahren, oder aber wir verharren in vordemokratischer Dämmerung. Die ist gewiß für manchen Funktionär bequemer und lukrativer. Wenn aber das Wohl unserer Gesellschaft und damit das eines jeden Bürgers auf dem Spiel steht, weil wir an unseren eigenen »Wohltaten« zu ersticken drohen, dann können wir nicht auf Bequemlichkeiten Rücksicht nehmen – dann kann nur das Gemeinwohl zählen.

Dies unterstellt und weiter vorausgesetzt, daß uns die völlige Unangemessenheit der obrigkeitlichen Organisationsform bewußt ist, kann die Konsequenz nur heißen, die nichtkontrollierte Bürokratie und damit den Staat zurückzudrängen, wo immer dies möglich ist, und das Vorgefundene durch postobrigkeitliche Strukturen zu ersetzen. Bürokratien – so wohlmeinend sie meist auch ins Leben gerufen wurden – wenden sich fast immer auf Dauer vom Bürger ab, führen ein Eigenleben und empfinden sich nicht mehr als Diener des Souveräns, sondern als Ausführungsorgan des anonymen Staats, vor dem jedem grauen muß, der vom Bazillus freiheitlicher Gestaltung ergriffen ist.
Bereit zu ein paar Visionen? Hier sind sie. Um darzustellen, wie Alternativen aussehen können, wollen wir in Tabelle 53 dreierlei einander gegenüberstellen:

① ein Behördenangebot: konkret das eines Raumordnungs- und Liegenschaftsamtes in irgendeiner Mittelstadt, und zwar so, wie wir es heute vorfinden,
② ein Wirtschaftsangebot: den konkreten Fall eines Automobilanbieters,
③ die visionäre Skizze des gleichen Angebotes wie unter 1, aber

reformiert zu einer in die freie Wirtschaft eingebundenen Dienstleistungsgenossenschaft.

Vision No. 8
Für diese Skizze ist folgender Gedanke wichtig: Wir halten es für machbar, den überwiegenden Teil dessen, was heute staatlich und halbstaatlich organisiert ist, in etwa drei große Dienstleistungsgenossenschaften umzuwandeln. Wir halten das Genossenschaftsrecht – sicherlich mit einigen handfesten Korrekturen und Modernisierungen – von seiner Grundkonzeption und Mentalität her für im wesentlichen tauglich, um hierin die neuen Dienstleistungsorganisationen freiwirtschaftlich einzubetten.

Die frühere Raumordnungs- und Liegenschaftsbehörde, die wir als Beispiel ausersehen haben, wäre also ein Teil – genauer eine Tochtergesellschaft – der übergeordneten Genossenschaft für Bürger- und Industrieservice. Hört sich das nicht schon ein wenig freundlicher an als »Amt« oder »Behörde«?
Wo immer diese Genossenschaften als frei marktwirtschaftliche Anbieter auftreten können, sollte dies geschehen. Wir wissen aber, daß dies nur zum Teil realisierbar ist. Das bisherige Liegenschaftsamt – und mit ihm viele andere Behörden – haben nun einmal keinen Markt und brauchen deshalb marktähnliche, »künstlich« den Markt ersetzende Kontroll- und Orientierungsinstanzen. Nach unserer Auffassung sollten diese sich aus den Benutzern zusammensetzen. Sie sind die Partner, und deren Einfluß muß gestärkt werden.

Vision No. 9
Die Zusammenkünfte von Nutzern müssen sanktioniert und als Entscheidungsorgane in das Staats- und Gesellschaftsrecht eingebaut werden. Man kann sich viele Bereiche vorstellen, wo ein halbjährliches Votum genügt. Die Reaktionen der Nutzer in diesen Gremien ersetzen die Nachfrageseite des Marktes. Man kann sich diese Gremien leicht als ein Organ vorstellen, das der Gesellschafterversammlung im heutigen Gesellschaftsrecht ähnelt.

Gehen wir nun unser Beispiel in der Tabelle 53 durch. Hier wird einer von vielen möglichen Wegen skizziert, wie man über marktähnliche Organisation den Willen zur Effizienz wachrufen kann.

1. Raumordnungs- und Liegenschaftsamt Autonome Obrigkeitsentscheidungen	2. Automobilanbieter Partnerschaftliche Preis- und Leistungsfindung	3. Neue Form der Servicegenossenschaft Benutzergesteuerte Angebotsfindung
Problemkreis 1: Arbeitsmotivation, Ansporn zur besseren Leistung		
Äußerst geringe Eigeninitiative möglich, oft sogar unerwünscht; keine Möglichkeit der Erfolgsmessung. Minister werden fast nie wegen Verschwendung entlassen; Rechnungshöfe ohne starken Einfluß und ohne Sanktionsrecht.	Ansporn zum Markterfolg durch Erfolgsprämien; Ausdehnung auf alle Leitenden möglich. Defizitäre Geschäftsführung führt meist zur Entlassung; persönliches Ansehen ist identisch mit Erfolg.	Budgetunterschreitungen werden bei allen Verantwortlichen honoriert; Effizienz durch Einsparbeteiligung. Druck der um Kostensenkung bemühten Obergesellschaft; Einsparung ist Profilierungsmöglichkeit für die Manager
Problemkreis 2: Einfluß der Benutzer/Kunden		
Empfänger wird als unmündiger Partner behandelt, dem etwas gewährt und der »beschieden« wird.	Der Markt kennt nur vollwertige Partner auf beiden Seiten; nur extreme Marktbeherrschung gefährdet diesen Mechanismus.	Der mündige Benutzer bestimmt den flexiblen Prämienanteil mit; Qualität wird jährlich von den Nutzern beurteilt. ➤

Problemkreis 3: Preise und Kosten		
Es findet keine gemeinsame Preisfindung statt; es gibt keinen Markt.	Aus Angebot und Nachfrage formt sich im Sinne einer freien Vereinbarung ein Marktpreis.	Die frühere Behörde ist Teil einer Ordnungsgenossenschaft, die jährlich zur Publizierung ihrer Kostenstruktur gezwungen ist.
Problemkreis 4: Einkommen und Beförderung der Leiter und Mitarbeiter		
Unterliegen völlig leistungsfremden Regeln; besondere Anstrengungen werden nicht oder nur über den Umweg der Karriereförderung entgolten.	Alle Leitenden können Einkommen aushandeln; Profil und Marktangebot bestimmen das Entgelt; leistungsabhängigere Entlohnungsformen möglich.	Die behördenrechtlichen Regelungen gelten nicht mehr, Einkommen richtet sich nach Leistung; für Budgetunterschreitungen werden Prämien fällig; Kündigungsregeln wie bei Angestellten.
Problemkreis 5: Orientierung der Mitarbeiter		
Vorgesetzte.	Vorgesetzte, Kunden.	Vorgesetzte, Benutzer.
Problemkreis 6: Leistungsumfang, Qualität und Kosten		
Angebot autoritär durch Behörde festgelegt; Preis für die Leistungen ist Teil der Steuer; Einfluß der Bürger gleich Null.	Marktorientierung: kein Umsatz, falls nicht marktkonform; kein Preis braucht akzeptiert zu werden; Ausnahme nur Monopolsituation.	Vorgesetzte Ordnungsgenossenschaft und Benutzervotum bestimmen Leistung; Preis ist identisch mit der Ordnungsabgabe, die vom Nutzervotum festgelegt wird.

Tabelle 53: Drei Angebotsmodelle

Was wir in den ersten beiden Spalten der Tabelle 53 einander gegenübergestellt haben, kennt jeder. Die rechte Spalte ist die Vision der früheren Behörde, die jetzt dem Druck von Markt und Kunde ausgesetzt ist.

Vision No. 10
Es geht hier darum, das obrigkeitliche »Top down« durch ein »Bottom up« zu ersetzen. Daß die Staatsdiener diese Kraft von unten bislang nicht kannten, war vielleicht ganz angenehm für den einen oder anderen, für die Leistungswilligen und Interessierten unter ihnen war der bisherige Ist-Zustand bedrückend und demotivierend. Wir sind uns absolut sicher, daß die Aufgeschlosseneren den neuen Weg sehr begrüßen werden. Dies vor allem, weil die Effizienzreserven, um deren Erschließung es hier geht, ja durchaus die Möglichkeit eröffnen, dem Tüchtigen erhebliche finanzielle Vorteile zukommen zu lassen.

Dies ist denn auch der einzige Weg, den ich für machbar halte, um den Übergang von einer Behörde zu einer Nutzergenossenschaft bewerkstelligen zu können. Die Leistungsorientierten werden aufwachen und drängen dann von innen heraus auf die neue, für sie einkommens- und statusmäßig günstigere Organisationsform. Entweder wird es sich so zutragen – oder aber es gelingt nie.

Fazit: Will man den engagierten Bürger, so kann der gegenwärtige Zustand des totalen Entscheidungsausschlusses der Nutzer von Behörden höchstens als vordemokratischer Übergangszustand akzeptiert werden. Die selbstherrliche Art und Weise, in der die Angebote des Staats festgelegt und die dafür geforderten Preise (sprich: Steuern) erhoben werden, sind unvereinbar mit dem Gedanken der Mündigkeit.

11. Die Logik der Demokratie

Es ist schon seltsam: Der Zentralstaat à la Sowjetunion hat abgewirtschaftet. Selbst Kommunisten fangen an zu begreifen, daß das Prinzip eines bürgerfeindlichen »Top down« eine Fehlkonstruktion ist. Wir aber scheinen die Logik der Sache überhaupt noch nicht zu erfassen. Wenn alle zentrale, nicht marktwirtschaftlich orientierte Organisation die Tendenz hat, ebenso menschenfeindlich wie unwirtschaftlich zu sein, dann kann es nur eine Logik für uns und unsere westlichen Freunde geben: nämlich den Geist der freien Marktwirtschaft und des engagierten Mitwirkens in alle Bereiche unseres Lebens hineinzutragen, wo immer dies irgendwie möglich ist. Während das Wort »Deregulierung«, also die Herauslösung von Organisationen aus dem zentral gelenkten oder kommunal verantworteten Kontext in den USA des Ronald Reagan und im England der Margaret Thatcher, eine bedeutungsvolle Vokabel war, ist diese Tendenz bei uns noch viel zu schwach ausgeprägt. Ausgerechnet bei der Deutschen Bundesbahn, wo es die drückenden Defizite sind und nicht marktwirtschaftliche Überzeugung, will man privatisieren. Gut, daß dies nun endlich mit dreißigjähriger Verspätung geschieht, aber wir vermissen dahinter das grundsätzliche Bekenntnis und sehen nur die vordergründige Praktikabilität, die das Motiv zu sein scheint. Ordnungspolitische Überzeugung sähe man lieber.

Visionen, die bald Wirklichkeit werden sollten

Es folgen nun fünf visionäre Schritte zu einer Neuordnung, von der wir meinen, daß sie bald kommen muß, wenn wir uns nicht weiter von Scheinreformen narren lassen wollen und wenn der Exodus der deutschen Industrie verhindert werden soll. Weil dies überaus entscheidend, aber auch neu und für viele »radikal« sein wird, möchte ich gern festhalten, was der Unterschied ist zwischen dem Reformgerede, das wir heute vorfinden, und dem, was wir wollen.

Es wird viel über Sparen geredet, aber was all diese Spar- und Kürzungskommissare völlig übersehen, ist die uralte Industrieerfahrung, daß Sparen von innen kommen muß. Dies und nur dies ist es, was die herkömmliche Bürokratie nie geleistet hat, heute nicht leistet und auch morgen nicht leisten wird. Was aber nach unserem Dafürhalten unser visionäres Modell erreichen kann.

Vision No. 11
Die (ehemaligen) Beamten müssen derart stark motiviert sein, daß Effizienzverbesserung ihr oberstes und wichtigstes Anliegen wird. Ich drücke es einmal bewußt ein wenig ordinär aus: Sie müssen auf stärkere Effizienz affengeil sein, so wie jeder Kaufmann profitgeil ist, weil es bei guter Leistung auch sein eigener Gewinn ist. Wir wären schlechte Schüler von Adam Smith, wenn uns nicht klar wäre, daß wir die angestrebte Reform nur dann schaffen, wenn wir die ganze Wucht des Egoismus der Beamten mobilisieren können. Es muß um eine neue Idee, aber es muß gleichzeitig auch ums Portemonnaie gehen. Anders wird diese Welt nicht verändert.

Darüber ist nachzudenken, aber bitte nicht zu lange, denn ich befürchte, daß wir nur noch relativ wenig Zeit zum Reden haben. Handeln ist gefragt.

Erste Stufe: Ehrlichkeit und zweckgebundene Steuern

Empfänger von sozialen und anderen Serviceleistungen ist in erster Linie der Bürger. Für ihn und für ihn allein sollte der Staat dasein. Wenn das so ist, hat der Bürger ein Anrecht darauf, zu wissen, was denn dieses soziale System überhaupt kostet. Er weiß es nicht; im Gegenteil, wir verschleiern es ständig vor seinen Augen. Die öffentliche Hand scheut nicht vor regelrechten Verdummungsstories zurück. Da wird ihm vorgemacht, er werde mit etwa 18 Prozent seines Einkommens für die Belange seiner sozialen Sicherheit belastet. Jeder weiß, daß das Unsinn ist, denn die über den Arbeitnehmeranteil hinausgehenden Leistungen, die dem Arbeitgeber aufgebürdet werden, müssen für diese Verniedlichung herhalten. Man tut so, als ob hier ein anderer, nämlich der Arbeitgeber sich des Lohnempfängers brüderlich annehme. Dabei kann doch nichts darüber hinwegtäuschen, daß der Bürger über die erhöhten Preise der Produkte eindeutig dafür zahlen muß.
Noch verwirrender wird das Spiel, wenn es um die indirekten Steuern geht. Alle Abgaben, die der Industrie auferlegt werden, sei es über die Mehrwertsteuer, sei es über die Körperschaft- oder Einfuhrsteuer, zahlt ja letztlich der Bürger. Niemand informiert ihn hierüber. Der Durchschnittsbürger weiß absolut nichts über

die wahre Last, die ihm ungefragt aufzubürden die Obrigkeit die Stirn hat. Wenn heute der Steuerzahler über die Höhe und Verwendung des von ihm meist sauer verdienten Geldes, das schließlich sein Eigentum ist, ein Wörtchen mitzusprechen hätte, wäre die Situation eine andere. Wie anders? Und inwieweit wünschenswerter?
Ich möchte nicht wissen, wie die Diskussion verlaufen würde, wenn es jedermann klar vor Augen stünde: Er muß von jeder Mark etwa 50 Pfennige für Sicherheit und Service entrichten. Aber auf diese Klarheit hat der Souverän einen Anspruch. Nichts wäre also dringender, um überhaupt einmal eine sinnvolle Diskussion – und darauf aufbauend später einmal eine vernünftige Willensbildung – zu erreichen, als daß wir endlich mit jenem Verwirrspiel aufräumen, das da heißt, daß der Arbeitgeber für Dinge zahlt, die doch nur scheinbar aus der Tasche eines anderen, in Wahrheit aber aus der der Empfänger bezahlt werden. Und sage niemand, die Mehrwertsteuer sei eine ehrliche Steuer. Sie ist ein Schwindel, denn sie vermeidet die Transparenz, auf die freie Bürger ein Recht haben. Es ist Zeit, dem Arbeitnehmer seine volle Last der »sozialen Wohltaten« und die volle Last der Steuern zu verdeutlichen.

Fazit: Wenn es je gelingen soll, die Politikverdrossenheit zu überwinden und wieder Vertrauen zu schaffen, dann wäre der hier vorgeschlagene Schritt einer der nachhaltigsten und ehrlichsten. Beim Geld hört nicht nur die Gemütlichkeit auf, sondern auch die Strapazierfähigkeit. Jede Abgabenlast, die nicht klar ausgewiesen wird, enthält ein Element des Betrugs. Wer dies nicht sieht, der hat ein beschädigtes Demokratieverständnis. Wir sind von Steuerwahrheit und -klarheit Lichtjahre entfernt und fordern, sie endlich herzustellen.

Beginnen wir beim Einfachsten. Ein erster Schritt wäre die Umbuchung der Arbeitgeberleistungen. Die Arbeitgeberleistungen, die ja in Wirklichkeit gar keine sind, dürfen nicht klammheimlich über teurere Preise dem Steuerzahler vom Einkommen abgezogen werden, sondern da, wo sie hingehören: auf dem Lohnzettel des Arbeitnehmers.

Zu Recht werden einige hier einwenden, ob das nicht zu Lasten des Arbeitnehmers gehen würde. Antwort: Nein, überhaupt nicht.

Vision No. 12
Wir erachten es als extrem einfach, alle Leistungen der Arbeitgeber, die nicht direkt in das Portemonnaie des Arbeiters oder Angestellten fließen, ab sofort zu stoppen. Diese Beträge werden dem Einkommen der Arbeitnehmer zugeschlagen. Kein Arbeiter und kein Angestellter hätte davon einen Nachteil zu befürchten. Sein Einkommen kann ja problemlos um die angeblich vom Arbeitgeber geleisteten Beträge erhöht werden. Anstatt an Vater Staat geht dieses Geld an die Arbeitnehmer. Deren Portemonnaie ist also am Monatsende um diese Beträge voller. Natürlich muß er, wenn wir nicht das soziale Leistungsspektrum verändern wollen (und das steht hier jetzt erst einmal gerade nicht zur Debatte), nun aus eigener Tasche das zahlen, was vorher der Arbeitgeber für ihn abführte.
Niemandem braucht etwas weggenommen zu werden, und dennoch ist die neue Situation so verschieden von der bisherigen Regelung, wie man es sich nur vorstellen kann: Es ist sein Einkommen, und es ist seine Beitragsleistung. Ich wette, daß er es dann nicht mehr undiskutiert hinnehmen wird, daß ausschließlich andere über deren Höhe befinden. Etwas sehr Wichtiges würde dann Wirklichkeit: Er würde endlich wie ein mündiger Bürger behandelt werden. Er würde dann wissen, wie hoch die Zeche ist. Erst wenn jeder Fließbandarbeiter, jeder Angestellte, aber auch jeder Manager weiß, was er tatsächlich von seinem Einkommen für all die »Goodies« abgeben muß, herrscht Ordnung. Immerhin sind es Goodies, die ihm in der Regel ungefragt aufgedrängt werden, und zwar ohne ihm jemals die Rechnung zu zeigen.
Erst wenn dieser Mißstand beseitigt ist, fängt Demokratie an. Erst dann kann eine ehrenhafte Diskussion über wünschbare Belastungen beginnen, die dann nicht mehr unter jener Falschspielerei leidet, die unsere Politiker allenthalben seit vielen Jahrzehnten mit uns treiben.

Hier ein weiteres Beispiel, wo anzusetzen ist. Es geht hier wiederum um eine jener vermeintlichen »Wohltaten«: Es ist eine absolut unehrliche Sozialpolitik, wenn arbeitenden Frauen die Freistellung von Arbeit im Mutterschutz so vorgespielt wird, als ob hier von sozial verantwortungsbewußten Arbeitgebern etwas zum Nulltarif geboten würde. Dabei weiß jeder, daß hierfür ein Preis zu entrichten ist. Wenn Sie oder ich eine Tafel Schokolade oder eine neue Waschmaschine oder ein Paar Schuhe im Laden kaufen, dann ist die Leistung »Schwangerschaftsurlaub« natürlich in den Preisen, die wir dafür zahlen, enthalten. Aber niemand weiß, wieviel das eigentlich ausmacht. Außer vielleicht ein paar Ministerialbeamten, und die sprechen nicht darüber.

Nicht daß wir diese Leistung abschaffen oder sie modifizieren möchten – das ist gerade nicht unser Anliegen. Was wir wollen, ist, daß jeder Arbeitnehmer und jeder Selbständige am eigenen Geldbeutel merkt, was solch schöne Dinge denn eigentlich kosten. Darum ist es völlig falsch, daß ein Gesetz festlegt, daß werdende Mütter vor und nach der Entbindung vom Arbeitgeber »finanziert« werden müssen. Dies verhindert von vornherein jegliche Klarheit. Es wäre wesentlich ehrlicher, einen Fonds zu bilden, aus dem dieser »Schaden« gemeinsam finanziert wird. Dieser sollte von allen Arbeitnehmern solidarisch getragen werden. Erst wenn ihm klar wird, daß er auf den Preis jeder Ware vielleicht 1 Prozent oder nur ein halbes oder wieviel auch immer dafür zahlt, daß diese berechtigte und richtige Sozialleistung Wirklichkeit wird, dann ist die Ehrlichkeit zwischen Bürger und Staat wiederhergestellt. Darum muß man Nägel mit Köpfen machen: Er, der Arbeitnehmer, muß es selbst zahlen. Es muß sein Portemonnaie, sein Konto belasten. Alles andere ist Steuer- und Abgabenunwahrheit, Vernebelung, Untertanenberuhigung.

Wir sprechen diese wohlbegründeten Anschuldigungen aus, ohne daß wir nun alles auf den Kopf stellen möchten. Wir reden hier nicht über Änderungen in den gegenwärtigen Geldströmen, sondern nur davon, daß wir ein Stückchen Buchhaltung und Kaufmannsgeist, der in der Industrie seit den Tagen der Fugger selbstverständlich ist, endlich auch in die Beziehung zwischen Staat und Bürger einziehen lassen wollen. Ob dies schon genug ist, mag man bezweifeln, aber dieser Vorschlag wäre zumindest ein Schritt zum Wandel, hin zum Bürger. Hat man dessen Interessen wirklich voll und ehrlich im Visier, dann meine ich allerdings, daß unsere repräsentative Demokratie für jeden freiheitlich gesinnten Menschen, der das Volk liebt, ihm zu Diensten sein möchte, doch nur eine Frühform, ein Vorläufer der echten Demokratie sein kann, die zu vollenden wir uns aufgerufen fühlen sollten. Oder haben wir den Traum, daß alle Macht vom Volke ausgeht, schon beiseite gelegt, nur weil er unbequem ist? Oder ist der Glanz des großen Gedankens der Volksherrschaft schon so verblaßt, daß wir mit der kleinen Münze des Gegenwärtigen zufrieden sind, weil es uns an Phantasie und Gestaltungswillen fehlt, uns auf diesen Grundgedanken erneut zu besinnen?

Vision No. 13
Unter der Ägide des Bundespräsidenten untersucht eine »Akademie für die Weiterentwicklung der Demokratie«, ein Institut für praktische Realisierungsstrategien, wie unser gegenwärtiges System fortentwickelt und verbessert werden kann. Das Institut erhält den Auftrag, jährlich dem Bundestag seine Gedanken vorzutragen und in einem Jahresbericht niederzulegen. Der zweite gesetzlich festgelegte Auftrag lautet, aus fünfzehn definierten Bereichen der Gesellschaft die jeweils kreativste Persönlichkeit zu finden und als Mitglieder der Akademie einzuladen.

Ich sage es noch einmal: Solange wir nicht auf breiter Front zu Ehrlichkeit, Transparenz und wirklicher, teilnehmender Sorge um den Mitbürger bereit sind, entsteht genau das nicht, was wir so dringend brauchen wie die Luft zum Atmen: der Druck des Volkes zur Produktivitätssteigerung der Dienstleister. Er ist nur über die Durchschaubarkeit der ausufernden Höhe der Steuer- und Abgabenbeträge zu erreichen – nicht mit tröstlichen Politikerworten, sondern durch die Belastung der eigenen Geldbörse, denn diese löst dann die wünschenswerten Zwänge aus, denen sich kein Politiker entziehen kann, der jemals wiedergewählt werden möchte.

Zweite Stufe: Weiterentwicklung statt Stagnation

Die Obrigkeit aller Staaten hat seit eh und je Steuern erhoben. Ob es nun der Zehnte war oder ob es heute die Einkommensteuer und die indirekten Steuern sind – es ging immer darum, daß ein bestimmter Schutz gewährt wurde, für den ein Preis zu entrichten war. Nun mag es legitim gewesen sein, daß der Burggraf, dem seine Leibeigenen ohnehin zu Diensten standen, diesen einfach von oben her eine bestimmte Abgabe aufbrummte. Die Frage muß aber gestattet sein, ob wir es in unseren scheinbar aufgeklärten Tagen weiter dulden wollen, daß die Raubrittermethoden des Mittelalters fortbestehen. Und genau das tun sie. Was man mit tumben Bauern und beim Selbstverständnis der damaligen Zeit vielleicht tolerieren konnte, darf nicht einfach in unsere Tage übernommen werden: Weder der Bürger noch die juristischen Personen haben ein aktives Mitspracherecht bei der Frage, wieviel Steuern sie zahlen noch – und dies ist der springende Punkt – welche Leistung ihnen dafür erbracht wird.

Solche Rückständigkeit ist durch nichts entschuldbar. Hier muß endlich das Staatswesen weiterentwickelt werden. Aber eine Verfassung, die nicht einen einzigen Paragraphen über die Weiterbildung der Demokratie aufweist, zeigt die geistige Enge der Verfassungsväter. Sie, die sonst eine so glückliche Hand hatten, haben hier in eklatanter Weise versagt. Jedes noch so primitive Strategiepapier eines Unternehmens enthält Hinweise darauf, wo man sich hinentwickeln möchte. Für die Verfassungsväter war das Jahr 1947 offenbar das Ende der Weltgeschichte. Es ist und bleibt der schlimmste aller Schildbürgerstreiche, die in unserem Staate passiert sind. Ihn auszuräumen ist höchste Bürgerpflicht. Hätten wir engagierte Demokraten statt geld- und statusgieriger Filzokraten, so hätten sie die vergangenen vierzig Jahre nicht die Hände in den Schoß gelegt, sondern beizeiten dieses Kainsmal unserer Verfassung beseitigt.

Es paßt in dieses Bild der Gleichgültigkeit gegenüber den wirklichen Bürgerbelangen, daß an so vielen Dingen so erschreckend gleichgültig vorübergegangen wird. In diesem Sinne meinen wir, daß es eine der bedrückendsten Ungereimtheiten dieser Republik ist, daß wir vom Souverän sprechen, ihn aber nicht anhören wollen und dann auch noch die Stirn haben, ihn – der Redeverbot für jedwede direkte Einflußnahme hat – mit einem Parlament zu beglücken, das gerade **kein** repräsentatives ist. Selbst die Minimalforderung einer die Volksstruktur widerspiegelnden Repräsentanz wird mit Füßen getreten. Es kann doch wohl nicht der Verfassungswille sein, daß eine »Kaste« von weniger als 5 Prozent die anderen 95 Prozent repräsentativ vertritt! All dies kann nur ausgeglichen und bereinigt werden, wenn wir die Idee einer Fort-

entwicklung zum Zuge kommen lassen, bei der dem Bürger in steigendem Maße Mitsprache gewährt wird.
Dies zu verweigern ist – gemessen an dem heutigen Bildungsniveau der Bürger und den Möglichkeiten, die uns offenstehen – wie Repression. Hiervon wegzukommen müßte die Sorge aller Deputierten sein, aber sie scheinen dafür weder viel Sinn noch viel Verständnis zu besitzen. Aber dann schauen sie mit unschuldiger Miene ganz verstört auf, wenn Teile dieses Volkes aufbegehren und auf radikale Weise Luft ablassen. Sieht da wirklich niemand den ganz direkten Zusammenhang?

Dritte Stufe: Ein diskutierbares Preis-Leistungs-Verhältnis als Volksentscheid

Aus der völlig unlegitimierten Steuer, die anonym und ohne den geringsten Hinweis auf die Verwendung einfach vom Staat eingesackt wird, muß ein »do ut des« werden. Ist es denn nicht eine unglaubliche Mißachtung des Steuerzahlers, daß er zur Kasse gebeten wird wie eine Kuh, die zum Melken geführt wird. Es ist Zeit, diesem Zahler endlich eine Einflußmöglichkeit einzuräumen. Es ist Zeit, diesem Zustand ein Ende zu setzen. Natürlich ein praktikables, administrierbares.

Vision No. 14
Wir haben es bei den staatlichen und halbstaatlichen Leistungen mit folgenden Hauptkategorien zu tun:

- Sicherheit (Militär, Polizei, Auslandsvertretung, Rechtsprechung) mit 50 Prozent der Staatsausgaben,
- Sozialleistungen (Gesundheitswesen, Absicherung gegen Krankheit, Arbeitslosigkeit, Alter, rechtliche Sicherheit zwischen Sozialpartnern) mit 34 Prozent aller Staatsausgaben,
- Bildung mit 11 Prozent der Ausgaben.

Für diese großen Bereiche, für die 95 Prozent unserer Steuern verwandt werden, sollte es je eine separate Steuer geben.

Kommen Sie mir nun nicht gleich mit der Killerfrage, ob das denn nicht viel, viel zu kompliziert wäre. Jeder Schweizer Bürger zahlt seit über hundert Jahren drei Steuern, nämlich eine für den Bund, eine für den Kanton und eine für die Gemeinde. Ich weiß aus eigener Erfahrung, daß das Ausfertigen der dortigen Steuererklärung mit drei Taxen weniger lang dauert als bei uns. Von einer Überforderung sollte man also nicht sprechen. Daran sollte es nicht scheitern. Was aber ist der Vorteil der vorgeschlagenen Dreiteilung?

Vision No. 15
Mit der nach den wichtigsten Verwaltungsbereichen dreigeteilten Steuer könnten wir einen Siebenmeilenschritt vorwärts tun in Richtung auf eine Einbindung des Bürgers in die großen politischen Entscheidungen, und zwar auf eine Art und Weise, die ihn weder überfordert noch für ihn zu kompliziert ist. Wir möchten die drei großen Basisentscheidungen über Sicherheit, Soziales und Bildung in die Hand des Bürgers legen. Er soll unter mehreren Modellen, die natürlich vorher auf ihre fachliche Professionalität geprüft sein müssen, seine Entscheidung über Steuerhöhe und Steuerverwendung treffen dürfen. Zur Abstimmung sollten Durchschnittsprozentsätze zur Entscheidung anstehen. Solche zu bilden ist steuertechnisch durchaus möglich, auch wenn dann bei der individuellen Steuerfestlegung eine Skala zur Anwendung kommt, damit wir weiterhin – wie bisher erfolgreich geschehen – nach dem Leistungsvermögen des einzelnen besteuern können. Daran sollte nicht gerührt werden. Aber der Bürger sollte wissen: Durchschnittlich kostet mich Sicherung, Soziales und Bildung in meinem Vaterland jeweils x Prozent meines Einkommens. Dies wäre eine greifbare Größe; man könnte ihm ein Grobraster des Mitteleinsatzes (Steuerverwendung) zumuten. Die Entscheidung des Souveräns könnte alle zwei Jahre erfolgen, so daß eine aktuelle Anpassung möglich ist. Dies zu praktizieren wäre machbar. Nur wollen müssen wir es.

Jedes Mehr an Details wäre Überforderung. Aber diese drei Basisentscheidungen, die dann den Rahmen abgeben könnten für die detaillierteren Entscheidungen des Parlaments, sollten nicht mehr länger fernab vom Bürger getroffen werden. Er sollte bewußt und nicht mit verbundenen Augen seinen Beitrag leisten.

Vierte Stufe: Das Nutzervotum

Wir halten dafür, daß überall da, wo bei öffentlichen Leistungen eine freie Marktpreisentwicklung nicht denkbar ist, das Nutzervotum eingeführt und dessen Legitimität verfassungsmäßig verankert wird. Behörden haben bei ihren Nutzern die Verpflichtung, deren Qualitätsurteil abzufragen. Das, was im Markt eine Selbstverständlichkeit ist, sollte nun mit etwa hundert Jahren Verspätung eingeführt werden.

Vision No. 16
Die Nutzer erhalten das Recht, ein Votum abzugeben. So wie viele Hotels auf den Nachttisch eine Karte legen, wo man eintragen kann, wie zufrieden oder unzufrieden man war, so werden Behörden verpflichtet, die Meinung aller Benutzer oder aller interessierten Benutzer einzuholen. Allerdings hätte die Meinungsäußerung des Nutzers entscheidende Konsequenzen und wäre nicht so unverbindlich wie das Zettelchen im Hotel.
Benutzer sollen die Rolle der Genossen in der Genossenschaftsversammlung einnehmen. Damit liegt in ihren Händen ungefähr das Entscheidungsmaß von Bei- und Aufsichtsräten. Dabei sollte die Mitsprachebefugnis auf die wesentlichen Leitlinien beschränkt werden. Entscheidend ist, daß die Nutzer die Richtlinien mit festlegen, nach denen die Beamten belohnt werden, wenn sie wichtige Beiträge zu Qualitätsverbesserungen leisten, wenn ihnen Einsparungen gelingen und wenn sie strategische Veränderungen zielabsprachegemäß erreichen.

25 Prozent der bisherigen Einkommen im öffentlichen Dienst werden flexibilisiert, das heißt, sie können bei Versagen in Wegfall kommen oder bei entsprechender Leistung bis zu dreimal zusätzlich verdient werden. Erreichen oder gar Übererfüllung der Ziele muß sich stets positiv auf den flexiblen Teil der Einkommen auswirken. Nichterreichung oder Negativentwicklungen müssen zu Abstrichen oder dem gänzlichen Verlust des flexiblen Einkommensanteils führen.
Ich nenne hier bewußt höhere Anteile an dynamischem, leistungsorientiertem Einkommen, als dies im mittleren und gehobenen

Management der Industrie heute üblich ist. Warum? Weil es eine grandiose Umkehrung der gegenwärtigen Lage wäre, wenn die frühere Beamtenschaft in Zukunft den anderen wegweisend darin voranginge, wie man leistungsgerecht entlohnt. So etwas wäre eine Vision, für die es sich lohnen würde einzutreten: Der öffentliche Servicebereich als der progressive Wegbereiter der Dynamisierung und Leistungsorientierung! Und ich wette: Es würden sich genügend viele der heutigen Beamten finden, die da mitmachen würden. Wir sollten ihnen vertrauen und die Schlacht nicht verloren geben. Wir haben gesehen, daß der Boden ja schon bereitet ist, daß progressives Gedankengut nicht beiseite gestoßen wird. Sie – die so oft Geschmähten – haben zu dem Wertebündel, das Ausdruck der Progressivität ist, eindeutig ja gesagt.

Fünfte Stufe: Die partizipative Demokratie

Wir sind damit bei dem Thema angekommen, in dem ich die Krönung aller hier behandelten Neuordnungen erblicke: die partizipative, plebiszitäre Demokratie.

Der Leser möge sich die Logik, die hierher geführt hat, noch einmal klarmachen, denn die Notwendigkeit und die Unumkehrbarkeit dieses gedanklichen Prozesses sind es, die verstanden werden müssen.

Wir sind bei der Frage aufgebrochen, wie wir die Wirtschaft der entwickelten Industrieländer vor ihrer sicheren Selbstzerstörung retten können. Diese ist unabwendbar, wenn es nicht gelingt, unsere Länder wieder so attraktiv zu machen, daß dort die Produktion wenigstens im jetzigen Umfang erhalten bleibt.

Die Erneuerung unserer Wissens- und Serviceindustrien und vor allem unserer staatlichen Serviceleistungen im Sinne einer dramatischen Rationalisierung war die Antwort. Dies führte uns dann logischerweise zu den Steuern und Sozialabgaben, denn deren Höhe und unentwegtes, ungebremstes Anwachsen ist der Hauptgrund dafür, daß ein weiterer, dramatischer Exodus der heute noch innerdeutschen Produktion erwartet werden muß.

Maßnahmen sind gefordert, damit diese unumgängliche Rationalisierung schnell und zügig auf den Weg kommt. Dies aber scheint bei Beibehaltung des gegenwärtigen Systems hoffnungslos. Das kontinuierliche Scheitern der Regierenden ist offensichtlich. Man denke nur an die Frage des Subventionsabbaus, wo bei uns – nicht anders als in anderen Ländern – nichts, aber auch gar nichts geschehen ist. Ich meine, daß es keines weiteren Nachweises bedarf, daß es bei Beibehaltung der jetzigen Strukturen nie und nimmer gelingen wird, die angestrebte Rationalisierung zu bewältigen. Die langsame Auszehrung unserer Länder ist vorprogrammiert.

Es wurde uns dann klar, daß bei den Behörden und Verwaltungen etwas geändert werden muß. Die überzogenen Rechte, die Immobilität der Beamten, ihre fehlende Motivation, das Nichtvorhandensein von Erfolgsmaßstäben »Bottom up«, also von unten, vom Bürger und Benutzer, und das fehlende Effizienzdenken machen die erforderlichen Eingriffe praktisch unmöglich. Die Lage ist in Deutschland noch prekärer, weil wir uns nicht nur die vergleichsweise teuersten und faulsten Arbeiter leisten, sondern auch die weltweit vergleichsweise am besten gesicherten Beamten.

Was da bewegt werden muß – so unsere Schlußfolgerung –, kann nicht verordnet werden, sondern muß dadurch erreicht werden, daß Markt in den Amtsstuben einzieht und im Verhältnis Bürger – Staat zum Zuge kommt. Die Kernfrage all dieser guten Absichten aber ist eine ganz und gar prosaische: Wo kommt das Steuer- oder Gebührengeld her? Wer entscheidet über diese Steuergelder? Hier den Bürger endlich in die Pflicht zu nehmen ist die große Jahrhundertentscheidung. Sie zu unterlassen könnte sehr wohl das Todesurteil für unseren Wohlstand sein, das sollte bei dieser Diskussion nie vergessen werden. Wir können uns nicht vorstellen, daß das Szenario, das wir anstreben, wirklich effizient sein könnte, wenn der Bürger weiterhin im Zustand der Unmündigkeit gefesselt bleibt. Als erstes forderten wir also, daß man ihm reinen Wein einschenke über das, was der Staat eigentlich kostet. Er ist total unwissend und wird in diesem demütigenden Zustand bewußt gelassen.

Der erste Schritt da heraus war unsere Forderung nach Steuerklarheit und -wahrheit. Was da geschehen könnte, haben wir aufgezeigt. Der nächste Schritt war, daß wir meinten, es dabei nicht belassen zu können, daß wir den Bürger mit einem Pauschbetrag abspeisen, wie dies heute üblich ist. Wir haben angeregt, drei Steuerpakete zu schaffen, die es überhaupt erst möglich machen, daß man sauber und klar über ein Preis-Leistungs-Verhältnis sprechen kann. Ein solches wird ihm heute nicht bewußtgemacht. Wir wollen zu dem kommen, was die Amerikaner mit dem Wort »accountability« ausdrücken. Die einfache Wahrheit, daß die Wehrmacht einen Preis hat und daß der Bürger diesen Preis zahlen muß, sollte deutlich werden: Es muß ihm gesagt werden, wieviel das pro 100 DM Einkommen für ihn ungefähr ausmacht. Wenn er einmal ein Wissender geworden ist, dem man die Konten offenlegt, dann werden wir ihn nicht weiter davon abhalten können, da ein Wort mitzusprechen. Wir sollten ihn nicht nur davon abhalten, sondern ihn dazu ermutigen, indem wir die nötigen Vorkehrungen treffen. Es gäbe verschiedene Wege der Mitsprache. Wir glauben, daß es eine zweifache sein sollte:

① Bei Staatsbelangen meinen wir, daß die Logik unseres Gedankenganges die plebiszitäre Demokratie erfordert,
② für die früheren Verwaltungen die Mitwirkung in Gestalt des Nutzervotums.

Diese Zweispurigkeit ist unbedingt erforderlich, weil die Übertragung einiger fundamentaler Grundrechte des bisherigen Parlaments eben nicht jene Einwirkung garantiert, die unseren zukünftigen Serviceleistern wirklich »Dampf macht«. Und dies war schließlich der Ausgangspunkt der ganzen Überlegungskette.
Nun ist der plebiszitäre Gedanke nicht neu. Möglichkeiten einer Beteiligung des Bürgers an der Entscheidungsfindung sind seit langer Zeit im Gespräch. Was es dazu in den letzten Jahren an Reaktionen gegeben hat, ist allerdings beschämend. Ich klage alle an, die von Volksnähe sprechen und diesem Volk nicht geben, was für jeden überzeugten Demokraten des Volkes heiligstes Urrecht ist.
Kann es wirklich überzeugte Demokraten geben, die die Delegation auf Abgeordnete für mehr als eine Notlösung halten? Müßte nicht jeder, der aufrecht und von Herzen an die Autorität des Volkes glaubt, ohne Unterlaß nach Wegen suchen, wie diese »Eselsbrücke« umgangen werden kann? Nicht nur dem Namen nach, sondern dem Geiste nach war das Volk als Souverän gemeint, als der erhabenste Gedanke, der je in abendländischen Hirnen das Licht der Welt erblickte, konzipiert wurde. Wenn früher äußere Umstände, geographische Distanz, fehlende Bildung oder andere Schwierigkeiten eine direkte Einwirkung des

Volks schwierig oder sogar unmöglich machten, so war es richtig, den Notnagel des Wahlmanns oder des Abgeordneten zu installieren, vorausgesetzt, man war sich klar, daß dies eine Notlösung ist, nicht das, was Demokratie eigentlich im Visier hat. Diese Provisorien einfach zum Dauerzustand zu erklären, den Notnagel zur Normalität zu erheben, dies ist der Verrat an der Idee, der seit vielen Jahrzehnten täglich begangen wird. Zumindest seit den sechziger Jahren, als die Wunden des Kriegs verheilt waren, hätte eine breite Bewegung »zurück zu den Wurzeln der Demokratie« einsetzen müssen und können.

12. Der betrogene Bürger

Dies alles sei unendlich schwierig? Man müsse die Verfassung ändern, das Beamtenrecht. Gewiß, aber man komme doch bitte nicht mit den fadenscheinigen Ausflüchten der Nichtpraktikabilität einer solchen partizipativen Demokratie. In der Schweiz geht es, das Volk stark zu beteiligen. Wenn es dort heute Probleme gibt, dann nicht, weil es etwas mühsamer ist, Volkes Willen zu erkunden, sondern weil auch dort Reformen überfällig sind und eines der progressivsten, liberalsten Länder der Welt in Filz und Engstirnigkeit zu versinken droht. Der Grundgedanke – so muß man von diesem einmaligen Beispiel sagen – hat sich bewährt; auch die Schweiz braucht natürlich Weiterentwicklung und Kreativität. Selbst das fortschrittlichste Einbindungssystem des Bürgers nutzt sich ab, wenn es zementiert jeglicher Reform entzogen wird. Dies und nicht die überzeugende Praktikabilität ist es, was heute in der Schweiz fehlt.

Bei gutem Willen ist die partizipative Demokratie möglich. Für die an der Macht mag es schmerzlich sein, daß die Autorität der Regierenden durch das Votum der Bürger eingeschränkt wird. Dies zu hintertreiben sind alle die angetreten, die heute so völlig taub auf dem Ohr einer freieren Demokratie sind, weil es unbequemer ist, mit dem Volk zu regieren, und weil die spontane Liebe zum Volk längst zu einem raren Juwel geworden ist, dessen Glanz in unserem Parlament kaum einmal durchschimmert. Wie könnte sie aussehen, jene partizipative Demokratie?

Vision No. 17

Das Plebiszit ist der Kern. Man muß es natürlich managen und darf es nicht ausufern lassen. Acht Voten pro Jahr scheinen mir das Maximum. Außerdem müßte man alle Wahltermine mit solchen Voten zusammenlegen, damit nicht Überdruß entsteht. Will man das Plebiszit, dann entsteht natürlich sogleich die in der Tat nicht einfache Frage, wer über die Durchführung zu entscheiden hat. Mein Vorschlag: Ich würde dem Parlament das Recht einräumen, die Entscheidung darüber zu treffen, was zum Volksentscheid gelangt. Nur der Bundespräsident sollte das Recht haben, einmal im Jahr einen eigenen Vorschlag durchsetzen zu dürfen. Ferner sollte er ein Mitsprache- und Vetorecht besitzen (dies wäre eine Aufwertung dieses etwas blassen Postens, die diesem Amt gut anstünde und wozu es seine politische Neutralität geradezu prädestinieren würde). Das Volk selbst sollte – allerdings nur bei sehr hohen, nicht einfach zu erreichenden Stimmsammlungen – die Möglichkeit haben, das Parlament bei der Frage, ob und mit welchem Inhalt ein Volksvotum stattfindet, zu überstimmen.

Wenn die gewählten Abgeordneten die Hauptentscheidungslast für die Durchführung und rechtliche Instrumentalisierung des Plebiszits haben, halten sie immer noch sehr viel Macht in Händen. Ihre Rolle ist eingeschränkt, aber nicht wirklich drastisch beschnitten. Dies wäre in der Tat dann eine freiere, geläuterte Demokratie, die wieder hoffen ließe, daß mehr Bürger und junge Menschen sich damit identifizieren könnten.

Ist es nicht unerträglich, daß es zur Vollendung unserer staatlichen Einheit, daß es zur Finanzierung unserer neuen Bundesländer, daß es bei einer so bewegenden Entscheidung, wie der über den Paragraphen 218 oder über die Maastrichter Verträge keine Volksentscheide gab? Ist es nicht Hohn gegenüber dem Bürger, daß wir ihn in eine neue Phase der Geschichte, nämlich die europäische, führen wollen, ohne ihn je dazu gehört zu haben?

Zwei Fragen zum Schluß: Glaubt wirklich jemand, daß es mit der heutigen Politik- und Demokratieverdrossenheit jemals ein Ende haben wird, wenn wir nicht endlich das tun, was seit Jahrzehnten in der Luft liegt: zur Gedankenfreiheit auch die Freiheit des Mitbestimmens zu gewähren?

Und noch dies: Kann es wirklich wahr sein, daß diese Verfassung und dieses Parlament den Bürger des Jahres 1993 so behandeln, als wäre es der Bürger von 1945, der gerade die Nazizeit hinter sich gebracht und den Krieg zu Grabe getragen hatte? Ist es vorstellbar, daß der Bürger wirklich in einem halben Jahrhundert nichts, absolut nichts hinzugelernt hat, was ihn heute befähigen würde, aktiver am politischen Leben teilzunehmen? Nur derjenige, dem die Interessen des Bürgers gleichgültig sind, kann in dieser Frage der Unbeweglichkeit das Wort reden! Wie so oft könnte es sein, daß wir eine gewaltige Chance verspielen.
Und wenn es denn sein sollte, daß solche Gedanken und solche Veränderungen in einem vereinten – vielleicht richtiger: in einem noch mehr zementierten – Europa nicht mehr denkbar sind, dann wünschte ich um der Bürger willen, wir hätten nie begonnen, über Europa zu sprechen.

VII. Welche Idee kommt durch?

Vorbemerkung: Wir haben dieses Buch mit einer Analyse der wirtschaftlichen und gesellschaftlichen Situation begonnen. Wir beschäftigten uns dann ausführlich mit den Erfolgsfaktoren, darauf mit den Widersprüchlichkeiten der Werte. Schließlich versuchten wir, das Erarbeitete auf unsere nationalen, wirtschaftlichen Herausforderungen anzuwenden. Das führte dann zu der von uns formulierten Jahrhundert-Herausforderung einer »Leanadministration«. Hatten wir schon im Vorhergehenden die Wichtigkeit der Innovation herausgestellt, so war das letzte Kapitel eine einzige Huldigung an die Kraft der Vision als Mittel und Weg, unser Schicksal endlich proaktiv in die Hand zu nehmen.
Wenn denn wirklich die visionäre Innovation einen derart hohen Stellenwert für unsere Zukunft hat, dann müssen die Gesetze des Zustandekommens von erneuernden Ideen im Mittelpunkt unserer Betrachtung stehen, denn der operationalen Beherrschung der Gestaltung und der Forderung von Innovation kommt dann herausragende Bedeutung zu. Versuchen wir also, zu einigen Grundregeln der Erneuerung vorzustoßen.
Das nachfolgende ist ein Extrakt aus der großen Kienbaum-Werkstudie The Return of Innovation, *die allen interessierten Produktionsunternehmen gegen eine Schutzgebühr von DM 3,90 zur Verfügung steht. Wir bitten unsere Leser um ein Einsehen dafür, daß wir mit dem nachstehend wiedergegebenen Ausschnitt lediglich den kleineren Teil der Untersuchung einer breiteren Öffentlichkeit und damit natürlich auch unseren Konkurrenten zur Einsicht freigeben. Wir haben uns zu einer partiellen Freigabe entschlossen, einmal weil die auf dem Gebiet der Innovation gewonnenen Resultate der interessanteste Teil der ganzen Enquete sind, zum anderen weil die steigende Bedeutung von Innovation und Erneuerung in unserer Gesellschaft danach ruft, folgenschwere Einsichten, die unseres Wissens noch nirgends in dieser Form vorliegen, nicht ganz und gar zurückzuhalten, sondern einige der wirklich entscheidenden Erkenntnisse über die offensichtlichen Gesetzmäßigkeiten*

der Innovation weiterzugeben. Eine ganze Reihe der Ergebnisse, besonders über das erfolgreiche Management von Forschung und Entwicklung (F&E), mußten aus Wettbewerbsgründen hier ausgeklammert werden, wofür alle kommerziell orientierten Leser Verständnis haben werden. Alle diejenigen, die an einer grundsätzlichen Revision ihrer Innovationsbemühungen im allgemeinen und der der Forschungs-und-Entwicklungs-Aktivitäten im besonderen interessiert sind, muß ich auf die komplette Werkstudie verweisen.

Wenn man den Gesetzen guten Managements auf die Spur kommen will, wenn man anspruchsvolle Reformen im Visier hat, dann müssen die Spielregeln der Innovation einen zentralen Platz einnehmen. Innovation stand denn auch im Mittelpunkt unserer Enquente. Wir haben dort den aufregenden Versuch unternommen, das »Schicksal«, den Werdegang, von neuen Ideen zu erforschen. Daß dies technisch und psychologisch äußerst kompliziert ist, braucht vermutlich nicht betont zu werden, denn Ideen sind flüchtige Gebilde; die stellen sich spontan ein und entziehen sich durch diese Spontaneität der empirischen Beobachtung. Also kann man sie nur in der Rückschau in den Griff bekommen. Macht man dies, so erfährt man, was amerikanische Psychologen schon in den fünfziger Jahren nachgewiesen haben: Im Rückblick trachten fast alle Menschen danach, Erfindungen, Innovationen, Erneuerungen rational zu erklären und logisch zu rechtfertigen. Aus ganz und gar zufällig und planlos zustande gekommenen Ideen werden im nachhinein strategisch wohldurchdachte Überlegungen.

Selbst dort, wo man den Weg einer Innovation sehr gut zurückverfolgen kann, wo auch alle Beteiligten über die absolute Zufälligkeit und völlige Planlosigkeit der Entdeckung unterrichtet waren, setzt beim einzelnen ebenso wie beim Team ein verbissener »Kampf« darum ein, daß alles wohlüberlegt gewesen sei. Dieser Drang zur Rationalisierung wird mit einer Vehemenz ausgetragen, die man sonst nur bei stark triebhaften Abwehr- und Fluchtreaktionen beobachten kann. Selbst sehr honorige, ansonsten aufrechte und wahrheitsliebende Persönlichkeiten klittern die Geschichte und verfälschen sie, als ob ihre Seligkeit daran hinge, daß man auch nur ja »planmäßig« vorging. Der Gedanke, man könne vielleicht auch nur ein ganz kleines bißchen spontan-unordentlich oder schmuddelig-naiv innovativ gewesen sein, schreckt sie, und sie sind zu jeder Unwahrheit bereit, um diesen Gedanken überhaupt nicht aufkommen zu lassen.

Fazit: Von ganz wenigen Leuten, die sich weniger ernst nehmen und über den Dingen stehen, einmal abgesehen, sind die meisten Menschen beim Erklären von erneuernden Gedanken äußerst gewiefte Geschichtsfälscher. Sie scheinen nur schwer damit leben zu können, daß Zufälligkeit im Spiel war. Dieser Umstand erschwert jede Form von Forschung in dramatischer Weise. Es bedarf dazu ausgefeilter, meist aus der Motivforschung entliehener Techniken, die dann aber schlußendlich die Hoffnung zulassen, daß wir uns – der unerfreulichen Tendenz zum Trotz – an die Wahrheit herantasten vermögen.

Eine brauchbare Technik also vorausgesetzt, haben wir so ziemlich alle Aspekte von Innovation und F&E-Management aufs Korn genommen. Ein ganz zentrales Thema waren sogenannte »Ablaufstories«. Hinter diesem Wort verbirgt sich der Versuch, das Schicksal, die Ablaufentwicklung einzelner Ideen, detailliert zu verfolgen. Wir haben uns also gefragt:

- wie Ideen zustande kommen,
- wie sie »gekillt«
- oder wie sie weiterentwickelt werden,
- wie sie ins präsentationsfähige Stadium gelangen,
- um das Stadium der Marktfähigkeit zu erreichen
- und letztendlich als kommerzieller Erfolg oder Mißerfolg zu enden.

1. Entdecker-Companies sind erfolgreicher

Der Philosophensatz »Ich weiß, daß ich nichts weiß«, der ja heute durch Karl Poppers »Wir forschen nicht, wir raten nur« wieder große Aktualität besitzt, kennzeichnet die Unabgeschlossenheit und Ungewißheit menschlicher Erkenntnis ganz allgemein. Wäre er noch nicht geprägt, man müßte ihn mit Blick auf die Gesetze der Innovation umgehend erfinden. Unser Wissen über dieses Gebiet ist so spärlich, daß ich es noch immer mit einer weißen Landkarte vergleiche, auf der die wichtigsten Verbindungswege fehlen und eine Ortsbestimmung durch vorwissenschaftliche Ratlosigkeit erschwert ist.

Wenn wir nun den Versuch unternehmen, das »Schicksal«, also den Werdegang, von neuen Ideen für Produkte und Serviceleistungen bis hin zum Markterfolg besser als bisher in den Griff zu bekommen, so können wir nicht auf wohlfundierten Lehren und Grundsätzen aufbauen, sondern müssen mit beträchtlicher Naivität bei Null anfangen. Der Leser, der vielleicht über ein umfangreiches Wissen über F&E und Innovationsmanagement verfügt, möge also geduldig eine gewisse Simplizität in Kauf nehmen, denn wir fangen in der Tat bei Null an.

Wenn wir dennoch glauben, hier Wichtiges von großer Tragweite vorlegen zu können, so hängt das eng mit der Ihnen ja bereits vertrauten Tatsache zusammen, daß wir nur solche Firmen als Teilnehmer in das Sample hereingelassen haben, bei denen wir die Finanzdaten der letzten zwanzig Jahre erheben durften. Wie auch schon weiter oben geschehen, konnten wir also den Untersuchungsgegenstand – hier den Erfolg von Innovationen – mit konkreten Erfolgszahlen untermauern. Während das Gros der vorliegenden Forschung nur so weit vordringt, Erfolg mit bestimmten Werthaltungen in Beziehung zu setzen – und dies oft mit völlig ungenügenden Stichproben –, konnten wir die Ihnen vertrauten Meßwerte heranziehen:

- Kapitalrendite,
- Umsatzrendite,
- Floprate,
- Innovationsrenditen,
- Break-even-Zeitbedarf,
- Liquidität,
- Anteil innovativer Produkte an der gesamten Angebotspalette,

Wir waren dadurch in der Lage, folgende erfreuliche »Gesetzmäßigkeit« ermitteln zu können: Firmen, deren Führungsteam sich mehrheitlich mit folgendem Statement identifiziert, sind mehr als doppelt so erfolgreich wie solche, die es für ihr Unternehmen mehrheitlich verneinen oder als unwichtig erachten. Hier die Formulierung, die Ihnen als Erfolgsfaktor J dargestellt in Übersicht 29 auf Seite 146 bereits vertraut ist: »Wir sind eine kreative Entdecker-Company; Innovation zählt bei uns mehr als alles andere.«

Fazit: Die Firmen, die sich mit Leidenschaft innovativ engagieren, haben durchschnittlich bei weitem höhere Erfolgschancen. Alle oben aufgeführten Meßwerte sind bei diesen Erneuerern mindestens doppelt so gut wie bei den »Verneinern«.

Wir halten damit den Nachweis für einen der wichtigsten Management-Erfolgsfaktoren in Händen. Darauf wollen wir hin aufbauen und uns fragen, wie Entdecken und Erneuern denn nun im Detail ablaufen. Einen ersten Hinweis bekommen wir durch die Daten, die in Abbildung 54 wiedergegeben sind. Es ist ein Szenario, an dem niemand vorbeigehen kann, der in Zukunft erfolgreich Innovation managen möchte.

Ideen- und Projektschicksale sind in sehr unterschiedlichen Industrien dennoch sehr ähnlich

Um zu allgemeingültigen Aussagen zu gelangen, muß man zusammenfassen. Bei den nun folgenden Darstellungen haben wir vom Stahlkocher bis zum Würstchenabpacker alle in einen einzigen Topf geworfen. Geht das?
Wir glauben, dies heute bejahen zu dürfen, denn wir haben festgestellt, was eine der großen und nicht erwarteten Überraschungen der Enquete war: Zwischen den konsumnahen Industrien, wo die absolute Zahl neuer Produkte viel höher ist, und den konsumfernen Industrien (Beispiele: Maschinenbau, Anlagenbau, Basisprodukte), wo viel weniger häufig innoviert wird, bestehen trotz aller gravierender Unterschiede außerordentlich ähnliche Erfolgsrelationen: Wir haben in dem Abschnitt »Empirischer Ansatz und Stichprobe« bereits ausführliches Material zum Nachweis dieser Ähnlichkeit beigetragen. Wir meinen deshalb, daß eine globale Erfassung – an die wir ex ante nie und nimmer geglaubt hätten – völlig legitim ist. Beispiel: Die Serienfertigung schwerer Elektro-

motoren und die Zigarettenherstellung weisen fast identische Relationen zwischen benötigten Ideen und Erfolgschancen am Markt auf.

2. Phasen auf dem Weg zur Innovation

Wir dürfen uns nun Abbildung 54 mit der Zuversicht zuwenden, daß es bei Fragen der Innovation vertretbar ist, höchst unterschiedliche Sparten in ein und denselben Topf zu werfen. Schauen wir nun in den Topf hinein, und befreunden wir uns zunächst mit der dort verwandten Gliederung.

- *Stufe I: Fixierte Erstideen.* In diesem Frühstadium liegt eine erste Vorstellung schriftlich vor. Es handelt sich um eine Grundidee ohne jede Verfeinerung, aber es geht bereits um mehr als bloß lose Gedanken.
- *Stufe II: Rohprojekte.* Jetzt ist die Idee weiterentwickelt worden; Material wurde zusammengetragen; Diskussionen haben stattgefunden; Prototypen sind vorhanden; erste Renditeschätzungen liegen vor; Tests oder Kundenkontakte haben stattgefunden.
- *Stufe III: Boardprojekte.* Das Projekt ist zur präsentationsfähigen Vorlage geworden.
- *Stufe IV: Lancierte Produkte.* Die Ersteinführung in einen nationalen Markt ist erfolgt; Installationen sind implementiert; Produktionsanlagen arbeiten.
- *Stufe V: Fünf Jahre sind seit der Lancierung oder Inbetriebnahme vergangen.* Ergebnis:
  - *Flop:* Produkt oder Dienstleistung wurden vom Markt zurückgezogen.
  - *Noch am Markt:* Es gab bis jetzt keinen Grund, Produkt oder Dienstleistung vom Markt zurückzuziehen.
- Noch am Markt befindliche Produkte (die Kategorie b aus Stufe V) unterteilen sich in
  - *Verlustbringer:* Auch im fünften Jahr werden weder eine Kapitalrendite noch eine Umsatzrendite ausgewiesen.
  - *Mittelmäßige Produkte:* Hier ist die Kapitalrendite kleiner

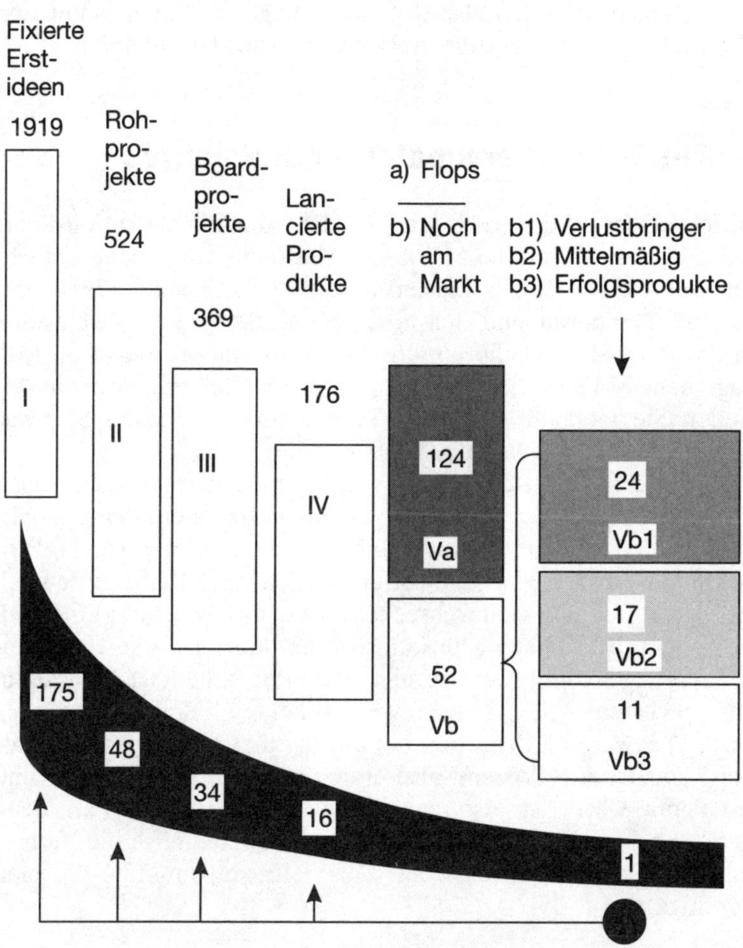

Abb. 54: Welche Idee kommt durch? Werdegang von 1919 Ideen. Die im schwarzen Streifen genannten Zahlen geben an, wieviel Ideen, Rohprojekte etc. man für ein einziges Erfolgsprodukt benötigt.

als die gegenwärtige Durchschnittsrendite der Geschäftseinheit, aber positiv.

- *Erfolgsprodukte:* Hier ist die Kapitalrendite im fünften Jahr nach der Lancierung höher als die gegenwärtige Gesamtrendite der Geschäftseinheit; das Produkt oder die Dienstleistung verbessern also die Gesamtlage der GE absolut und relativ; es besteht die Absicht, am Markt zu bleiben.

3. Die Schreckensmeldung des Jahres

Welches ist nun die wichtigste Relation dieser Innovationsübersicht? Fallen wir mit der »Hiobsbotschaft« ins Haus: Man braucht für eine einzige Erfolgslancierung am Anfang volle 175 Ideen! Das ist atemberaubend. Ich höre schon alle Praktiker »Unsinn« rufen. Aber dies ist die empirische Performance deutschen Managements. Mäkeln Sie also nicht an diesen Zahlen herum; unterstellen Sie vielmehr, daß sie stimmen, und überlegen Sie, was angesichts solcher Daten zu tun ist.
Zugestanden: Die Relation ist verblüffend, aber sie sollte doch auch nicht ganz so unerwartet vor uns auftauchen, denn es gibt eine Menge Studien, die etwa aufzeigen, wie relativ wenige Produkte, die auf den Markt geworfen werden, nach fünf Jahren noch Erfolgsartikel und wie erschreckend viele davon echte Flops sind. Vor allem die Konsumgüterindustrie hat hier leidvolle Erfahrungen vorliegen, und nicht wenige Autoren haben nachgewiesen, daß höchstens jeder zwanzigste Artikel ein bleibender Erfolg wird. Das wären 5 Prozent – bei uns lag diese Erfolgsrate anstatt bei 5 sogar bei 6 Prozent, also etwas optimistischer. Kein Grund zur Panik, würde ich also meinen. Nur über den Bedarf an Ideen hat es noch wenig konkrete Zahlen gegeben, lediglich die Vermutung ging dahin, daß es wohl sehr viele sein müßten, die man benötigt.

4. Innovationsrealitäten bei deutschen Firmen

Wie viele gute Ideen haben nun unsere Manager? Die Enquete ergab, daß unsere Unternehmen im Durchschnitt aller Fälle den Wunsch haben, jährlich 1,3 Erfolgsprodukte pro Geschäftseinheit*

* Pro Firma sind es natürlich erheblich mehr, denn die meisten bestanden aus recht vielen Geschäftseinheiten. Dennoch: Die einzelne strategische Geschäftseinheit war die Basis für alle unsere Untersuchungen, und dabei wollen wir auch bleiben.

zu lancieren. Ich gebe zu, daß es nun etwas schwindelerregend wird, denn dem Wunsch von 1,3 Erfolgslancierungen per annum und pro Geschäftseinheit entsprechen im Durchschnitt lediglich 32 fixierte Ideen.

Ist unsere Relation von 1919 zu elf richtig, dann hätten es 228 Ideen sein müssen; das wären siebenmal mehr als tatsächlich vorhanden.

Andersherum gerechnet: Unsere ehrgeizigen Unternehmer, die ja jedes Jahr 1,3 Erfolgsprodukte lancieren wollen, müßten sich angesichts der mangelnden Ideenvielfalt – rein mathematisch gesehen – zukünftig mit nur einem Erfolgsprodukt alle fünf Jahre zufriedengeben. Etwas spärlich, nicht wahr?

Ideenarmut ist die Hauptkrankheit deutscher Firmen

Welchen Schluß legt jene erstaunliche Relation von 1919 Ideen gegenüber nur elf Erfolgsprodukten nahe?

Fazit: Für einige wenige Erfolgsprodukte benötigt man ein außerordentlich hohes Maß an ersten, vorläufigen Ideen: für nur einen Erfolg 175 Einfälle.
Die kritische Kehrseite der Medaille: Die Fähigkeit, aus Ideen Erfolgsprodukte zu machen, scheint bei unseren Firmen reichlich unterentwickelt zu sein, sonst würde man nicht einen derartig gigantischen Ideeninput benötigen.

Meine umgehende Empfehlung an alle Leser, die selbst an verantwortlicher Stelle stehen und das Innovationsgeschehen entweder verantworten oder beeinflussen: Sie sollten sich die Frage vorlegen, wie viele Innovationen sie pro Jahr wirklich anstreben. Am besten machen Sie es hier und jetzt. Tragen Sie also bitte ein:

Ich beabsichtige, pro Jahr . . . Erfolgsprodukte pro Geschäftseinheit zu lancieren.

Ihre Zahl müssen Sie nun mit dem Faktor 175 multiplizieren. Wenn Sie also zum Beispiel alle zwei Jahre eine wirklich erfolgreiche Innovation tätigen wollen, dann sollten Sie dafür 87 Ideen parat haben. Vielleicht rechnen Sie aber lieber mit lancierten

Produkten, weil Sie so realistisch sind einzusehen, daß auch Sie es nicht schaffen, Flops völlig auszuschließen. Dann dürfen Sie das Verhältnis 1919 Ideen zu den 176 Lancierungen zugrunde legen. Wollen Sie also – wie eben – zwei Lancierungen per annum (wobei Erfolg nicht Ihre Conditio sine qua non sein darf!), so hieße das, daß Sie mit elf multiplizieren. Mit anderen Worten: Sie brauchen für diese Zielsetzung 22 Ideen. Das ginge vielleicht noch gerade. Aber wenn Sie diesen »einfacheren Weg« gehen wollen, dann bitte nicht vergessen: Nur jede sechzehnte Neulancierung produziert ein Erfolgsprodukt!
Damit Sie es sich nicht zu leicht machen: Denken Sie kurz nach, ob Sie den Ideeninput nicht für die ganze Firma berechnen wollen. Hätte die Ihre beispielsweise fünf strategische Geschäftseinheiten, dann wären 22 Ideen eine Milchmädchenrechnung, denn Sie würden fünfmal 22, also volle 110 Ideen benötigen! Also bitte nicht schummeln.

Ihr persönliches Fazit (bitte eintragen): Ich benötige . . . Ideen, weiß aber, daß gegenwärtig nur . . . Ideen in der »Pipeline« sind. Es fehlen mir deshalb . . . zusätzliche Ideen.

Damit Ihnen die Schreckensmeldung mit den 175 benötigten Ideen nicht gar zu sehr durch Mark und Bein fährt, zwei Ergänzungen hierzu.
Zunächst einmal erinnern wir an obige Definition eines Erfolgsprodukts. Da wurde gefordert, daß die Rendite im fünften Jahr nach der Lancierung über der Rendite liegen muß, die die Geschäftseinheit als Ganzes erzielt. Ich weiß, daß das sehr anspruchsvoll ist.
Für den Fall, daß Sie das auch für das von Ihnen verantwortete Geschäft als zu anspruchsvoll empfinden, dürfen Sie natürlich auf »lancierte Produkte« ausweichen. Da gibt es dann zwei Möglichkeiten, nämlich

- lancierte Produkte, die lediglich bis zur Lancierung selbst gelangen (das ist weniger anspruchsvoll),
- lancierte Produkte, die nach fünf Jahren noch am Markt sind, also nicht innerhalb dieser Zeit zum Flop geworden sind (das ist schon ein wenig anspruchsvoller).

Damit Sie eine recht genaue Vorstellung für die benötigte Ideenzahl, Rohprojekte etc. bekommen, haben wir in den Abbildungen 55 und 56 dargestellt, wieviel solcher Ideen, Rohprojekte etc. Sie in beiden Fällen brauchen.

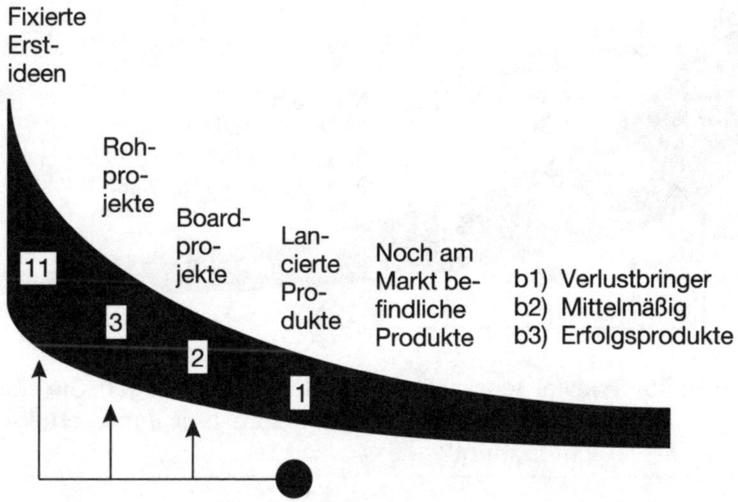

Abb. 55: Wieviel Ideen, Rohprojekte etc. benötigen Sie für eine Lancierung?

Aber unterbrechen wir erst einmal diese reizvollen Rechnereien, denn wie die Zahlen bei Ihnen auch ausfallen, es steht zu erwarten, daß Sie – wie fast alle in der Industrie – nach Taten rufen, nach Maßnahmen. Auch die Zahlen werden wahrscheinlich mit großer Dringlichkeit nahelegen, daß Manager aller Ebenen etwas unternehmen, damit die Ideenkapazität vergrößert wird.

Mehr kreative Potenz

Da denkt man erst einmal an Kreativtechniken, Brainstorming, Synectics und ähnliche schöne Sachen. Warum nicht? Wir haben auch dies in unserer Enquete hinterfragt.

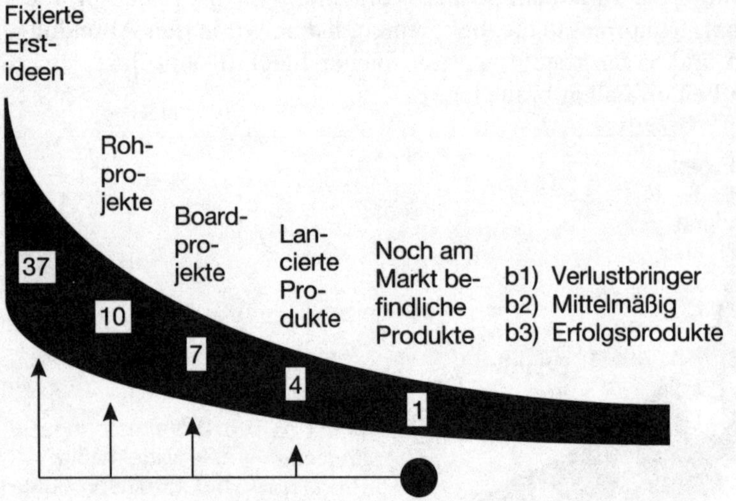

Abb. 56: Wieviel Ideen, Rohprojekte etc. benötigen Sie für eine Lancierung, die die ersten fünf Jahre erfolgreich überlebt?

Fazit: Wir wissen jetzt, daß die Kenntnis von Kreativtechniken bei nicht mehr als etwa 11 Prozent aller Firmen vorhanden ist. Wenn man wirkliche Routine und Perfektion verlangt, dann sind es nicht mehr als 3 Prozent aller Firmen, wo wir echte Profis antreffen. Hier dürfte es also einen riesigen Nachholbedarf geben.

Aber Sie werden mit Recht einwenden, daß es natürlich mit bloßen Techniken nicht sein Bewenden haben kann, obgleich man deren Bedeutung auch nicht unterschätzen sollte. Die Firmenkultur, die Mentalität, muß kreativ orientiert sein; nicht nur in den Festreden und Hochglanzbroschüren, sondern in den Hirnen und Herzen muß es klick machen.

Seien wir auch hier ganz und gar pragmatisch: Prüfen Sie anhand der folgenden Fragen, ob bei Ihnen ein innovationsorientiertes Klima herrscht und die Organisation darauf ausgerichtet ist. Wenn Sie die Hälfte der Fragen verneinen müssen, sollten Sie sich nach einem tüchtigen Berater umsehen. Wenn es überall nein heißt, sollten Sie bald Verkaufsverhandlungen beginnen, aber lassen Sie dabei nicht durchblicken, wie »unkreativ« Ihr Haus organisiert ist!

Prüfen Sie sich selbst/Ihr Unternehmen anhand von zwölf Punkten:

① Kreative Leistungen gehören bei uns zu den wichtigsten Gründen, daß jemand befördert wird. Ja/Nein

② Prämien werden in ebenso hohem Maße für kreative Leistungen gezahlt wie für erreichte Umsätze und Renditen. Ja/Nein

③ Keine Zielvereinbarung ohne festgelegte kreative Leistungssolls. Ja/Nein

④ Der Kreative wird bei uns gleich hoch geachtet wie der Erfolgreiche. Ja/Nein

⑤ Ist Innovation in Ihrem Hause oberste Chefsache, deren Kontrolle auf keinen Fall nach unten delegiert wird? Ja/Nein

⑥ Werden turnusmäßig Berechnungen angestellt, wie viele Erfolgsprodukte jede GE benötigt und wie der Stand der Ideen dafür ist? Ja/Nein

⑦ Findet in Ihrem Hause systematische Schulung statt, damit die Mitarbeiter lernen, wie Kreativität zustande kommt und was sie fördert/hemmt? Ja/Nein

⑧ Hat es in Ihrem Vorstand schon mal ein richtiges Brainstorming (nach Regeln) gegeben? Ja/Nein

⑨ Achtet die Personalabteilung stets darauf, daß unter den Neueingestellten genügend Menschen sind, die visionäre Neigungen haben und denen Kreativität ein Bedürfnis ist? Ja/Nein

⑩ Sind Sie in Ihrem Unternehmen schon einmal auf Ihre Kreativität getestet worden? Ja/Nein

⑪ Gibt es in Ihrem Hause für leitende Mitarbeiter ein Ideenheft oder ein anderes Verfahren, damit neue Ideen systematisch gesammelt werden? Ja/Nein

⑫ Wenn Ihnen Ihr Chef begegnet, fragt er da nach neuen Ideen, die Ihnen durch den Kopf gehen, oder will er lediglich die letzten Umsätze wissen? Ja/Nein

Ihr persönliches Fazit: *Ich habe _____ mal »Ja« erreicht.*

Ich hoffe, Sie haben bei Durcharbeitung des Kastens ein gutes Ergebnis erzielt, und wir können uns nun weiteren Fragen zuwenden.

Defizite, wo man auch hinschaut

Hätte bei den Firmen unserer Stichprobe die Zahl der Ideen versiebenfacht werden müssen, um die selbstgesteckten Ziele zu erreichen, so stoßen wir in einem anderen Zusammenhang ebenfalls wieder darauf, daß die Bemühungen viele Male größer sein müßten, als sie tatsächlich sind. Diesmal haben wir die Erfolgsprodukte mit den Neulancierungen verglichen und festgestellt, daß – gemessen an den Wunschvorstellungen für neue, erfolgreiche Produkte oder Dienstleistungen von 1,3 per annum – die Zahl der tatsächlich zur Lancierung geplanten Produkte viel zu gering ausfällt. Ist es bei Ihnen auch so, daß lediglich ein Viertel derjenigen Lancierungen vorgemerkt sind, die Sie eigentlich brauchen? Beim Durchschnitt der deutschen Industrie ist es so – leider.

5. Wo entstehen Ideen?

Wie nun können wir die Ideenproduktion ankurbeln? Das heißt vermutlich, daß wir mehr über die Generation von Ideen wissen sollten, damit wir bei unseren Ankurbelungsmaßnahmen nicht im dunkeln tappen. Eine von mehreren möglichen Fragestellungen nach der Ideenentstehung ist die nach Ort und Ambiente. Hierzu gibt uns Tabelle 57 Auskunft und weist aus, daß es gerade nicht der Arbeitsplatz ist, wo man darauf hoffen darf, daß der Kuß der Muse erfolgt.
Außerhalb der vier Wände des Büros sieht die Sache schon besser aus. Dort ist es vor allem bei Aufenthalten in der Natur, in den Ferien oder auf Reisen, wo sich neues Gedankengut offenbar wesentlich leichter und reichhaltiger einstellt. Unterteilt man die Ideen in fundamentale und mehr geringfügige Verbesserungen, dann ist das Verhältnis bei Durchbruchideen noch stärker zuungunsten des Büros.

Frage: »Nennen Sie mir bitte die drei letzten interessanten Ideen für neue Produkte oder Dienstleistungen, die Ihnen in den Sinn gekommen sind. (Nach Nennung:) Versuchen Sie nun bitte zu sagen, wo Ihnen diese Idee in den Sinn kam.«

Ort	Anteil in %
Am Arbeitsplatz (Büro, Werkbank, Labor)	4
In Meetings, wo ich gefordert bin	6
In Meetings, wo ich mich langweile	10
In der Pause in der Firma	3
Anwendung von Kreativtechniken im Büro	1
Σ in der Firma	**24**
Auf Geschäftsreisen oder Fahrt ins Büro	11
Zu Hause beim Fernsehen	9
Zu Hause beim Essen	6
Zu Hause in der Badewanne	1
Zu Hause bei Spiel und Hobby	4
In der Natur (Wandern u. a. m.)	29
Freizeitsport	8
Verein, Club u. ä.	5
Ferien, Reisen	13
Andere Orte außerhalb der Firma	1
Σ außerhalb der Firma	**76**
Total:	100

Tabelle 57: Wo entstehen neue Ideen?

Fazit: 76 Prozent aller neuen Ideen fallen außerhalb des Büros an. Dies gilt noch verstärkt, nämlich zu 87 Prozent, für Durchbruchideen von großer Tragweite.

Die Auffassung, daß der moderne Manager nicht in zwei drastisch getrennten Welten lebt, sondern Privat- und Berufsleben mischt, ja mischen muß, wird hier nachdrücklich bestätigt. Nur wer Probleme auch außerhalb der Firma durchdenkt, scheint fündig zu werden.

Eine weitere Frage ist die, ob sich neue Ideen eher einstellen, wenn man lange über etwas nachgebrütet hat, oder ob sie eher ganz spontan aus einem unverbrauchten, von der Sache noch unbelasteten Geist zu erwarten sind. Wir stellten fest, daß sich 31 Prozent der Ideen mehr oder weniger spontan einstellten, 36 Prozent nach einigem Nachdenken und 33 Prozent nach sehr harter, intensiver, sich über viele Monate hinstreckender Gedankenarbeit.

Fazit: Es besteht ein ausgewogenes Gleichgewicht zwischen Ideen, über die man schon lange gebrütet hat, und solchen, die ziemlich unvorbereitet über einen »herfallen«.

Während sich bei der eben besprochenen Frage aus den Ergebnissen kein Patentrezept ableiten läßt, erwarten uns beim nächsten Problemkreis klare Schlußfolgerungen.

6. Kreativität und die hierarchischen Ebenen

Auch hier wiederum waren die 1919 Ideen aus Abbildung 54 unser Ausgangspunkt. Die Frage: Wo sitzen die Generatoren der Innovation? Sind es die »Großkopferten« ganz oben, oder ist es mehr das Mittelmanagement? Tabelle 58 gibt Auskunft.
Auf den ersten Blick und bei Betrachtung der Spalten a und b scheint es so, als kämen die vielen schönen Ideen einigermaßen gleichgewichtig aus den vier Gruppen. Aber Vorsicht! Bemühen wir die Spalten c und d, so sehen wir, was pro Person in jeder Gruppe hervorgebracht wurde. Und da stoßen wir nun in der Tat auf Überraschendes:

Fazit: Je höher es in der Hierarchie hinaufgeht, desto magerer wird der Output. Je mehr es nach unten geht, desto kreativer sind Manager.

Ich hoffe, daß mir jetzt nicht allzu viele Vorstände die Aufträge streichen, denn ich bin mir bewußt, daß der zu ziehende Schluß auf den ersten Blick wie ein Armutszeugnis für die Top-Etage aussieht. Aber, verehrte Herren Vorstände, warten Sie mit meinem Todesurteil noch einen Augenblick.
Richtig ist natürlich schon, daß man den Schluß ziehen darf, daß die Kreativität mit dem Status, dem Alter und dem Einkommen offensichtlich abnimmt. Ziehen Sie nun aber nicht den bösartigen Schluß, daß nur Unkreative an die Spitze von deutschen Unternehmen gelangen! Ich möchte solche defätistischen Gedanken nicht weiterverfolgen, sondern schlage vor, sehr kühl und nüchtern und ohne Emotionen zu analysieren.

Position	Ideen pro Gruppe absolut (a)	% (b)	Ideen pro Person absolut (c)	% (d)
Stufe 1: Vorsitzende von Vorstand oder Geschäftsführung	52	3	0,7	0,5
Stufe 2: Mitglieder von Vorstand oder Geschäftsführung	178	9	1,7	1,2
Stufe 3: Direktoren, Bereichsleiter	755	39	5,1	30,3
Stufe 4: Abteilungsleiter	934	49	8,1	68,0
Total	1919	100		100,0

Tabelle 58: Aus welchen Hierarchieebenen kommen neue Ideen?

* Befragt wurden 71 Vorsitzende, 102 Vorstandsmitglieder, 148 Direktoren und 116 Abteilungsleiter

Fazit: Geht es um innovative Kreativität, so sollten wir nicht gebannt auf die Top-Bosse starren und drauf warten, daß die entscheidenden Anregungen von dort kommen. In der Regel kommen sie nicht daher. Aus der Chefetage dürfen wir vermutlich fundierte Urteile, abwägendes Handeln, gescheite Analyse von Vorschlägen und strategische Richtungsgebung erwarten – nur auf den »göttlichen Funken« sollten wir nicht mit Sicherheit rechnen.

Also nichts für ungut! Was wir hier ermittelt haben, ist meines Erachtens alles andere als ein Todesurteil über unsere Chefs, auch wenn man vielleicht ein wenig enttäuscht ist. Aber bevor wir Klage darüber führen, daß von denen da oben so wenig komme, wären wir vielleicht besser beraten, erst einmal zu fragen, was wir denn erwarten sollten. Macht es denn überhaupt Sinn, daß – was wir unbewußt natürlich alle fälschlicherweise tun – wir glauben, Chefs müßten es in allen Sätteln besser machen als die unterstellten Mitarbeiter. Das ist gestriges Denken. Im Jahrhundert hat es keinen rechten Platz der Arbeitsteilung. Niemand erwartet von den Herren von Kuenheim, Reuter oder Cromme, daß sie in EDV Fachspezialisten sind, die sich da intim auskennen. Schön, wenn sie's sind, aber erforderlich ist es überhaupt nicht. Und darum sollten wir auch nicht erwarten, daß Chefs Ausbünde von Kreativität sein müssen. Ich persönlich glaube zwar, es ist imperativ, daß Topmanager ein Verhältnis zur Kreativität haben, daß sie von deren Wichtigkeit durchdrungen sind, aber sie selbst? Da gibt es doch viel Wichtigeres, Undelegierbares, was sie zu leisten haben. Was heißt das nun, wenn es um die Organisation von Kreativität geht, die ja wohl dringend nötig ist nach den Negativmeldungen weiter oben.

Fazit: Das mittlere Management und sogar die Etagen darunter müssen systematisch eingespannt werden, wenn wir neue Alternativen suchen, denn von dort dürfen wir sie immer noch am ehesten erwarten. Dort sollte denn auch Kreativitätsförderung (Schulung) mit den besten Chancen betrieben werden.

Zählen Sie aber nicht auf die berühmten Brainstormings des Vorstands, wo dieser sich dramatisch und geräuschvoll in irgendein Alpenhotel oder einen anderen exotischen Platz zurückzieht (Kenia oder die Seychellen sollen ja auch so wahnsinnig kreativitätsfördernd sein), und dann brüten sie und brüten sie... Die Erfolgschancen sind nicht allzu rosig. Aber darauf kommt es nicht an. Wohl aber darauf, daß sie ein Umfeld gestalten, in dem Kreativität gedeihen kann. Tun sie dies, dann haben sie mehr als ihre Pflicht getan.

7. Ideengeneration kommt von innen und ist charakterspezifisch

Gaben die bisherigen Überlegungen bereits eine Reihe nützlicher Hinweise für das Management von Kreativität, so lernen wir nun eine neue Dimension kennen, die die gegebenen Hinweise weiter vertiefen wird.

Diese zusätzliche Perspektive erschließen wir uns durch das Heranziehen des Leavitt-Berthschen Sechs-Phasen-Modells und des damit verbundenen Rollentests. Wir werden beides später im Detail besprechen. Hier genügt es festzustellen, daß wir sämtliche Teilnehmer unserer Enquete diesem Test unterzogen haben. Er erlaubt eine typologische Zuordnung, die wir erst einmal nur andeuten, weil sie sich durch die Bezeichnungen fast selbst erklärt und die Feinheiten hier nicht unbedingt erforderlich sind.

Fragen wir also erneut: Woher kommen kreative Ideen? Diesmal aber nicht mit dem Blick auf die Hierarchie, sondern auf die Typologie von Menschen im Unternehmen.

In Tabelle 59 finden wir in der dritten Spalte zunächst einmal die Anteile der sechs typologischen Gruppen aus unserer Stichprobe. Davor ist aufgelistet, von welcher dieser sechs Gruppen die reichsten Beiträge kamen. Da zeigt sich, daß die beiden kreativen Typen #1 und #2 – obgleich sie ja nicht mehr als 16 Prozent ausmachen – nicht weniger als 60 Prozent der Ideen beitragen. Entsprechend schwach sind die anderen Persönlichkeitstypen.

Typus	Anteil an den 1919 Ideen in %	Anteil in der Stichprobe in %
#1 reformerischer Visionär	33	5
#2 systematischer Entdecker	27	11
#3 vernünftiger Analytiker	12	32
#4 konservativer Anpasser	9	11
#5 vorsichtiger Organisierer	7	22
#6 geschickter Macher	12	19
Total	100	100

Tabelle 59: Welche Typen generieren die meisten Ideen?

Man kann aufgrund dieser Zahlen nur jedem Vorstandsvorsitzenden und jedem Personalchef zurufen: Überprüfen Sie die Typologie Ihrer Führungsmannschaft. Dazu stehen viele Möglichkeiten offen. Unser Modell hat den Vorzug, daß es für diese Frage spezifischer ist als alle anderen Persönlichkeitstests, die natürlich ebenfalls Licht auf dieses Problem werfen können.

Wenn Sie die Struktur Ihrer Mannschaft exakt vorliegen haben, dann handeln Sie, und entwickeln Sie klare Pläne, welchen Menschentypen Sie bei zukünftigen Einstellungen Präferenz geben wollen. Das arbeitet natürlich nur, wenn es bei Ihnen Grundsatz ist, erstens nur solche Tests zu verwenden, die für eine typologische Gruppierung tauglich sind (sehr viele sind es nicht), und zweitens grundsätzlich alle Neuanfänger, aber auch alle jetzt bei Ihnen in Führungspositionen Beschäftigten testen zu lassen. Wenn Sie es geschickt machen, ist die Verweigerungsquote geringer als 5 Prozent.

Wir haben zwar gesehen, daß von Vorständen im allgemeinen nicht so riesig viel an Innovationsideen zu erwarten ist, was aber natürlich nicht heißen sollte, sich dort nicht auch zu bemühen. Deshalb meinen wir: Ein Vorstand, der keinen einzigen Visionär oder keinen einzigen Entdecker sein eigen nennt, ist ein »kranker« Vorstand. Die Berufung zumindest einer einzigen von Natur aus kreativen Persönlichkeit ist imperativ. Hier haben viele Aufsichtsräte noch sehr viel zu lernen.

Fazit: Auf eine typologische »Landkarte« der Leitenden oder zumindest der wichtigsten Mitarbeiter kann kaum noch verzichtet werden. Haben Sie keine, so rühren Sie in der Frage der Kreativitätsförderung zwangsläufig mit der Stange im Nebel. Wollen Sie das? Wenn Sie es nicht wollen, dann müssen Sie Ihr Augenmerk ganz besonders auf die beiden Typen lenken, denen wir die Namen #2 Entdecker und #1 Visionär gegeben haben.

In unserem Schema ist der »systematische Entdecker« mehr der sachbezogene, etwas introvertierte Erfinder, mehr der Techniker und weniger der Organisator. Seine Neurosen zu kennen, auf die wir später noch eingehen, ist sicherlich besonders wichtig, denn diese Seite der Persönlichkeit hat nachweislich mit der Ideengeneration sehr viel zu tun. Der andere wichtige Typus sind die »reformerischen Visionäre«. Es sind Menschen, die mehr im sozialen Bereich innovativ sind, die eine große Affinität zu Menschen haben, sehr von Lob und Anerkennung leben und den Applaus mehr brauchen als die stillen Erfinder. Auch mit Visionären ist der Umgang nicht zuletzt durch deren typische Neurosetendenzen bestimmt. Man muß ihre Sprunghaftigkeit und die für sie lebensnotwendige Chaotik akzeptieren können. Sicher ist aber eines: Beide Typen sind nachweislich die stärksten Ideengeneratoren, und zwar sowohl relativ zu ihrer Häufigkeit als auch absolut.

Wir müssen den Grundgedanken der charakterspezifischen Ideengenerierung noch etwas vertiefen, weil das bisher Gesagte erst die halbe Wahrheit ist. Denn nicht nur von der Quantität her bestätigt sich unser Modell, es hat auch einen qualitativen Bezug, und der ist fast der wichtigere.

Wir haben in Abbildung 60 auf stark vereinfachte Weise dargestellt, was unsere Ermittlungen ergaben. Es zeigt sich, daß jeder Typus – wie könnte es eigentlich auch anders sein – eine bestimmte Neigung hat, ganz spezifische Probleme anzugehen und diese mit neuen Ideen einer Lösung entgegenzuführen. Dies ist nicht erstaunlich, denn wie könnte der um Ordnung und Form ringende #3 vernünftige Analytiker wirklich Freude an ganz wilden, vagen Phantasien haben? Wie könnte der #1 reformeri-

sche Visionär Spaß daran haben, aus einem Wust empirischen Materials eine Problemlösung herauszuarbeiten – er, dem doch gute Ideen eher mühelos zufliegen? Oder wie könnte der etwas ängstliche, sich immer überfordert fühlende #5 vorsichtige Planer und Organisierer eine mutige, spontane Durchbruchslösung mit hohem Risiko favorisieren?
Nein, der Visionär kann sich nur für eine visionäre Lösung begeistern, der zahlenfrohe, detailbesessene Analysierer wird empirisches Material um und um drehen und dann daraus einen vernünftigen Aufguß machen wollen, und der Organisierer wird einen behutsamen Plan entwickeln, den er sorgsam in Tücher packt und zehnmal absichert. Der #5 konservative Anpasser wird Vorschläge konzipieren, die an vergangene Erfolge anknüpfen, und der #6 aggressive Macher wird einen trickreichen Plan aushecken mit viel Action und offensivem Frontalangriff auf den Marktgegner. Sie alle – so unser Fazit – können nicht aus ihrer Haut heraus. Darum gibt es ein Muster der typischen Ideen-Neigung. Die Abbildung 60 gibt es wieder und zeigt für jeden Typus dreierlei an:

- die typische Ideenkategorie für die jeweilige Persönlichkeit,
- die Häufigkeit, mit der diese Ideenkonfiguration bei diesem Typ im Rahmen der untersuchten 1919 Ideen auftauchte,
- ein bekanntes Beispiel, das für diese Art von neuer Idee bezeichnend ist.

Wie man leicht erkennt, sind die Häufigkeiten der stark charakter- und rollenbezogenen neuen Ideen signifikant ausgeprägt.
Was ist nun an diesem zweiten Ansatz anders als an der vorhergehenden ersten Perspektive? In der ersten Stufe ging es uns darum, aufzuzeigen, auf wen es ankommt, wer nicht im Team fehlen darf. Dabei erkannten wir klar die dominierende Bedeutung von Visionär und Entdecker. Die erste Fragestellung war also: Von wem dürfen wir die meisten, die reichsten, die besten Ideen erwarten?
Jetzt verlassen wir diese Perspektive und gehen von der Überlegung aus, daß wir bei unserem drastischen Mangel an Ideen gar nicht umhinkönnen, jeden in den Prozeß der Ideengenerierung einzuspannen. Wir müssen zwar den Visionären und Entdeckern ein Hauptaugenmerk schenken, aber es sollte niemand beiseite

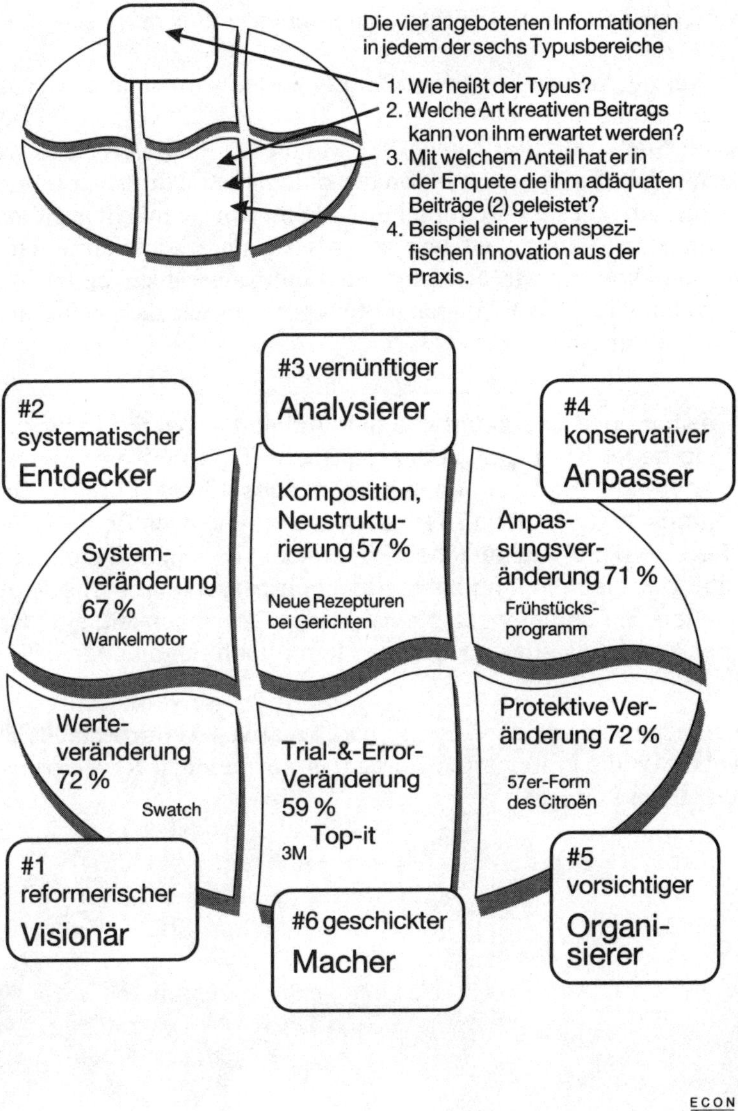

Abb. 60: Die Affinität verschiedener Persönlichkeiten zu bestimmten Ideentypen

stehen. Jetzt zeigt es sich, daß wir unsere Typologie mit zwei weiteren Zielrichtungen einsetzen können:

① Welche Art von kreativem Beitrag dürfen wir von jedem Typus erwarten?
② Im Sinne der Bestückung der Mitglieder eines Arbeitsteams: Welcher Typus wird mir von der qualitativen Aufgabenstellung her am ehesten weiterhelfen? Wenn wir nämlich auch nur ungefähr wissen, auf was wir als Lösungsziel hinarbeiten – dann können wir hiernach die Leute auswählen und haben weitaus bessere Erfolgschancen, als wenn wir dies völlig dem Zufall überlassen.

Fazit: Es gibt charakterbezogene Affinitäten bei der Entwicklung neuer Konzepte. Jeder der sechs Typen unserer Managertypologie hat sein ganz persönliches »Steckenpferd«. Da durchschnittlich etwa 75 Prozent aller innovativen Beiträge im Bereich der charakterlichen Präferenzen liegen, darf die Qualität der Ideenfindung als maßgeblich persönlichkeitsbedingt gelten. Sie unterliegt also einer klaren Gesetzlichkeit, aus der der Kreative weder ausbrechen kann noch ausbrechen will.

Schließen wir mit der Vision eines kreativen Unternehmens ab, wobei wir die erarbeiteten Einsichten noch einmal Revue passieren lassen können:

Vision No. 18

Skizze eines innovativ ausgerichteten Unternehmens

Es wird eine Siebenjahresvorschau angelegt, die alle geplanten Lancierungen enthält und davon ausgeht, daß die Zahl der Flops hoch ist.

Die Ideengeneration wird mit Hilfe dieses Siebenjahresplans gesteuert. Erkennt man, daß die Zahl zur Verfügung stehender Ideen weit unter dem Soll liegt, das man aufgrund unserer Studie für die beabsichtigte Lancierungstätigkeit verlangen muß, werden zusätzliche Kreativteams gebildet.

Es werden halbjährliche Meetings durchgeführt, die dazu dienen, die vorhandenen Ideen strengen Prüfungen zu unterziehen, damit möglichst wenig kostbare Zeit für untaugliche oder schwache Ideenarbeit vergeudet wird.

Um die Zahl von Flops zu verringern und damit das Innovationsgeschehen zu rationalisieren, wird das frühe Abtesten von Neuprojekten intensiviert.

Die Mehrheit der Mitarbeiter und Vorstandsmitglieder hat Spaß an der Veränderung. Dabei ist die Sache immer wichtiger als die Form.

Budgets sind wichtig, steht aber ein entscheidendes Firmeninteresse auf dem Spiel, werden Vorschriften, Budgets und Regeln geringgeachtet, und Ungehorsam kann ausnahmsweise zur Pflicht werden.

Es ist üblich, daß alle an der Innovationsarbeit Teilnehmenden sich psychologischen Tests unterziehen (was privat geschehen kann, also ohne daß die Personalabteilung oder der Vorgesetzte die Ergebnisse erfahren müssen), so daß bei der Teamzusammensetzung und Aufgabenverteilung jeder von sich aus die Eigenschaften und damit die Zielrichtung nennen kann, für die er besonders prädestiniert ist. Das Rationalisierungspotential aus dieser vermehrten Selbstkenntnis wird voll ausgeschöpft.

Zumindest ein Visionär oder Entdecker ist Mitglied im Vorstand – dies ist ungeschriebenes Gesetz.

VIII. Test: Überprüfen Sie Ihren Wertekosmos

Wir wollen den ersten Teil dieses Buches nicht beenden, ohne Ihnen als Leser die Möglichkeit anzubieten, unseren Wertekosmos sozusagen in Ihr Wohnzimmer zu holen, um einmal auszuprobieren, wie denn unsere als so bedeutsam erarbeiteten Erfolgsfaktoren und Wertmaßstäbe in Ihrem Umfeld und bei Ihnen persönlich akzeptiert und angenommen werden. Haben Sie Lust auf einen kleinen Test?

Die nachfolgende Übung müssen Sie natürlich nicht absolvieren, aber nachdem Sie sich bereits so intensiv mit unseren Erfolgsfaktoren auseinandergesetzt haben, wäre es eigentlich schade, wenn Sie diese Chance ungenutzt an sich vorübergehen ließen, ohne einmal die »Probe aufs Exempel« gemacht zu haben.

Sie können den nachfolgenden Test auf dreierlei Weise durchführen, je nach Interessenlage:

- Zunächst das Wichtigste: Ich empfehle Ihnen, an erster Stelle sich selbst zu überprüfen. Das Reizvolle daran ist, daß Sie Ihr persönliches Ergebnis vergleichen können, und zwar zunächst einmal mit dem Durchschnitt. Dies sagt Ihnen dann, ob Sie überdurchschnittlich oder unterdurchschnittlich abschneiden. Ferner ist der Vergleich mit Vorbildpersönlichkeiten* möglich. Schaffen Sie es, diesen gleichzukommen, spricht alles dafür, daß Sie auf Erfolg angelegt sind.
- Die zweite Möglichkeit ist ebenso interessant. Sie denken an ein Unternehmen, eine Behörde, eine Abteilung, einen Club, einen Freundeskreis, was auch immer, jedenfalls eine Gruppe, und versetzen sich in diese hinein: Wie würden diese die Karten legen? Was wäre ihnen – nach Ihrer Auffassung – wichtig und

* Vorbildpersönlichkeiten sind Manager, die für einen Geschäftsbereich volle Profitverantwortung tragen und deren Geschäftseinheit im oberen Drittel der von uns verwandten sieben Meßwerte liegt. Sie mußten ferner hinsichtlich ihres neurotischen Potentials in der unteren Hälfte liegen.

weniger wichtig? Vor allem sollten Sie sich einmal Ihren eigenen Arbeitgeber vorknöpfen. Auch hier wieder interessante Vergleichsmöglichkeiten: einmal mit dem Durchschnitt, ferner mit Vorbildfirmen. Wäre es nicht interessant zu wissen, wie es um die Erfolgschancen Ihrer Firma steht? Auch auf eine Behörde kann der Test angewandt werden.

- Eine dritte Möglichkeit besteht darin, daß Sie bei der Beantwortung nicht an Ihre eigene Person denken, sondern an einen anderen Menschen, sei es jemand aus Ihrer Familie, sei es ein Bekannter, ein Vorgesetzter oder Mitarbeiter – der Alternativen sind viele. Dabei versetzen Sie sich einfach in dessen Persönlichkeit und »tun so«, als ob Sie in dessen Haut hineinschlüpfen könnten.

Haben Sie sich entschieden? Ich empfehle Ihnen, bei **sich selbst** anzufangen; später können Sie dann ja mal Ihre Firma, Ihre Behörde oder Ihren Verband testen.

1. Anleitung

Lesen Sie sich bitte das nachfolgende recht gründlich und aufmerksam durch. Sie werden schnell das einfache Grundschema verstehen, und das bißchen Rechnen am Schluß dürfte Ihnen ebenfalls nicht schwerfallen.

① *Die Blätter mit den Spielkarten:* Nachfolgend finden Sie Karten, mit denen wir Ihnen vorschlagen, Ihr »Spielchen« zu wagen. Fotokopieren Sie diese Karten; wenn Ihr Kopierer das kann, so vergrößern Sie auf das Doppelte. Am Ende sollten Sie 27 Spielkarten in der Hand halten.
Diese Karten entsprechen der Ihnen geläufigen Übersicht 29, lediglich der Faktor »Mentaltechniken« fehlt, weil viele Leser vielleicht ein wenig hilflos damit wären.

② *Aufgabe:* Dazu werfen Sie bitte einen Blick auf das Legeschema im Anschluß an das Kartenspiel. Dieses Schema sagt Ihnen, daß die Aufgabe darin besteht, daß Sie alle 27 Karten nach Ihrer persönlichen Wertschätzung der Inhalte verteilen sollen.

③ *Anzahl pro Zeile:* Belegen Sie nun also entsprechend dem

Legeschema fünf Reihen mit Karten. Beachten Sie dabei, daß in jede Reihe nur eine begrenzte Zahl abgelegt werden darf. In die oberste Reihe sollen fünf, in die nächste sieben, in die folgende neun, dann drei und schließlich ebenfalls wieder nur drei Karten gelegt werden. Auf dem Schema ist das deutlich eingetragen.

④ *Rangfolge:* Das Entscheidende ist nun die Reihenfolge, in der Sie die Karten ablegen. Dadurch geben Sie Ihr Urteil ab und zeigen an, ob Sie viel oder wenig von dem jeweiligen Wert halten.
»Am allerwichtigsten«: Ganz oben, in die oberste Reihe, kommen diejenigen fünf Karten, von denen Sie meinen: Auf die kommt es an. Das sind die wirklich entscheidenden. Die sind Ihnen persönlich – oder wenn Sie eine Gruppe beurteilen, dann der Mehrheit der Gruppenmitglieder – am allerwichtigsten.
»Sehr wichtig«: In die zweite Reihe kommen Karten, die nicht den ersten Rang bekommen sollen, die aber doch sehr wichtig sind. Waren in der ersten Reihe nur fünf Karten zugelassen, so sind es jetzt in der zweiten Reihe sieben.
»Wichtig«: In diese dritte Reihe kommen neun Karten, die wichtig sind.
»Unwichtig«: Reihe vier erhält lediglich drei Karten, und zwar solche, die Sie als unwichtig oder weniger wichtig ansehen.
»Etwas schädlich«: Damit wären wir auch schon beinahe fertig, denn nun legen Sie nur noch drei Karten in die fünfte und letzte Reihe. Die drei Karten, die hier zugelassen sind, sollten solche sein, die Sie als möglicherweise schädlich oder abträglich empfinden. Wenn Sie nichts Schädliches unter den Karten entdekken können, dann legen Sie hier ganz besonders unwichtige Werte ab.

⑤ *Karten komplett aufbrauchen:* Legen Sie bitte sämtliche Karten ab. Es darf am Ende keine mehr frei herumliegen. Auch wenn Sie diese Anweisung als »Zwangsjacke« empfinden und wenn das Ergebnis nicht ganz Ihr Urteil wiedergibt, so legen Sie die Karten eben so, daß diese so gut, wie es eben geht, Ihre persönliche Meinung zeigen.

Machen Sie nun bitte das erste Spiel! Lesen Sie die Anweisung für die Auswertung bitte erst hinterher.

Das Kartenspiel der Werte

Schneiden Sie diese 27 Spielkarten bitte aus, so daß Sie ein Kartenspiel erhalten.

Ordnung regiert die Welt

Bei uns herrscht Ordnung, und dabei soll es bleiben. Jeder muß haargenau wissen, was er soll und darf. Bei uns wird nicht lange gequatscht, sondern angeordnet und gehandelt. Eigenmächtigkeit und Schlamperei sind verpönt.

Null Punkte

Bei uns herrscht ein gesundes Mißtrauen

Man muß sich rechtfertigen; jeder kontrolliert jeden.

Null Punkte

Unverbindliche Toleranz

Es herrscht ein entspanntes Klima; man ist nett, ohne sich zu nahe zu kommen.

Null Punkte

Wir glauben an koordinierende Querschnittsverantwortung

Produktmanager und Matrixorganisation.

Einen Punkt

Ertragspartizipation

Bei uns partizipieren mehr als 30 % der Mitarbeiter am Gewinn (unabhängig von ihrer Leistung).

Einen Punkt

Solides Finanzgebaren

Zügige Begleichung von Kreditoren; Anlagen mit Eigenkapital finanziert; gute Liquidität.

Einen Punkt

Wir glauben an Teams, Konsens, Partizipation, Menschlichkeit, aber in Krisensituationen wird notfalls autoritär entschieden.

Zwei Punkte

Delegation und kurze Entscheidungswege

Wir glauben an Dezentralisierung und flache Hierarchie.

Zwei Punkte

Lernkultur

Unsere Geschäftseinheit ist eine Lernwerkstatt, wo Fehler gemacht werden dürfen. Mehr als 15 % der Mitarbeiter sind in Qualitätszirkeln organisiert.

Zwei Punkte

Die Sache, nicht die Form zählt

Unsere Organisation ist völlig unbürokratisch, und nur das Allernotwendigste ist geregelt (gemäßigtes Chaos).

Drei Punkte

Leistungsdenken dominiert

Die Mehrheit will sich mit anderen messen und überdurchschnittlich sein.

Drei Punkte

Innovation

Wir sind eine kreative Entdecker-Company; Innovation zählt mehr als alles andere.

Drei Punkte

Vorgesetzte dienen ihren Mitarbeitern

Bei uns zählen Hilfe und Förderung der Mitarbeiter mehr als Macht und Status. Wir üben richtiges Kundenverhalten an den Mitarbeitern. Wir versuchen, gemeinsam zu entscheiden.

Drei Punkte

Wir haben ein Feindbild

Wir haben ein eindeutig definiertes Bild unseres Hauptgegners, den zu übertrumpfen unser aller Anliegen ist.

Vier Punkte

Visionäre Orientierung

Wir verfügen über eine klare, schriftlich niedergelegte strategische Vision.

Vier Punkte

Einmaligkeit

Wir wollen in allem, was wir intern und extern tun, Einmaligkeit erreichen.

Vier Punkte

Vertrauensorganisation mit wenig Kontrolle

Auf das Wichtigste beschränkt, ist Kontrolle nicht schlecht, aber Vertrauen ist bei weitem besser und effizienter.

Vier Punkte

Ergänzend aufeinander zugehen

Alle Menschen sind einseitig und erbringen nur auf wenigen Feldern Spitzenleistungen. Deshalb braucht einer den anderen. Gegenseitige Optimierung in Ansehung der eigenen überprüften Unvollkommenheit.

Vier Punkte

Betreuung

Fürsorgliche Begleitung durch Karriereplan, Tests und Job-rotation. Eingehen auf persönliche Neigungen.

Zwei Punkte

Small is beautiful

Begrenzung der Mitarbeiterzahl bei Fabriken, Verwaltungen, Headquarters.

Zwei Punkte

Institutionalisierte Vorgesetztenkritik

Regelmäßige offene oder vertrauliche Kritikmöglichkeit.

Zwei Punkte

Extreme Kundennähe

Systematische Überprüfung der Kundenzufriedenheit; Customer Satisfaction ist höchster Wert.

Zwei Punkte

Vergütungsrelevantes Management by Objectives

Mehr als 15 % der Vergütung hängt vom Erreichen der Ziele ab.

Zwei Punkte

Neue Technologien

Mehr als 50 % unserer Produkte/Dienstleistungen werden durch Technologien ermöglicht, die es vor 15 Jahren noch nicht gab.

Zwei Punkte

Humor, Leichtigkeit

Bei uns wird gelacht und herumgealbert; wir nehmen uns nicht so furchtbar wichtig.

Drei Punkte

Die meisten von uns sind Technologiefans

Dies gilt auch für Nichttechniker. Oft geht die Begeisterung für neue Technik mit uns durch, und wir vernachlässigen darüber kaufmännische Aspekte.

Drei Punkte

Markt- und Qualitätsführerschaft

Wir betätigen uns nur in Märkten, wo wir bei hoher Qualität sehr gute Marktanteile erzielen können. Qualitäts- und Marktführerschaft sind unsere Ziele.

Drei Punkte

Legeschema Wertetest

Punkte aufaddieren

. . . .

mit **3** malnehmen!
Resultat:

[   ] **Punkte**

Oberste Reihe

»Am aller-wichtigsten«

Nicht mehr als fünf Karten legen

Punkte aufaddieren

. . . .

mit **2** malnehmen!
Resultat:

[   ] **Punkte**

Zweite Reihe

»Sehr wichtig«

Nicht mehr als sieben Karten legen

Punkte aufaddieren

. . . .

Resultat:

[   ] **Punkte**

Dritte Reihe

»Wichtig«

Nicht mehr als neun Karten legen

Punkte aufaddieren

. . . .

Resultat:

[–   ] **Punkte**

Vierte Reihe

»Unwichtig«

Nicht mehr als drei Karten legen

Punkte aufaddieren

. . . .

mit **2** malnehmen!
Resultat:

[–   ] **Punkte**

Unterste Reihe

»Etwas schädlich«

Nicht mehr als drei Karten legen

Alle Kästchen aufaddieren. Bitte aufpassen:
Die beiden letzten Resultate sind negativ,
müssen also abgezogen werden!

Endsumme

2. Auswertung

Vor Ihnen liegt das Resultat Ihrer Arbeit, nämlich

- fünf Karten in der obersten Reihe,
- sieben in der zweiten Reihe,
- dann folgen neun Karten,
- darunter liegen drei und
- abschließend nochmals drei Karten.

Was besagt dies nun? Um das zu beantworten, müssen Sie nun ein klein wenig rechnen:

① *Punktzahl:* Errechnen Sie, wie im Legeschema angegeben, Ihre persönliche Punktzahl (oder die der von Ihnen beurteilten Gruppe). Dazu sollten Sie folgendermaßen vorgehen:
Jede Karte weist eine bestimmte Punktzahl aus, die von null bis fünf reicht. Addieren Sie getrennt für jede Reihe, wie viele Punkte Sie pro Reihe erzielen. Liegen zum Beispiel in der ersten Reihe fünf Karten mit den Punktwerten
3 + 5 + 0 + 1 + 2,
so wären das zusammengezählt elf Punkte.
Tragen Sie die erreichte Zahl in das jeweilige Kästchen auf der linken Seite des Legeschemas ein.
Jetzt multiplizieren Sie Ihre Punktzahl pro Reihe mit den angegebenen Faktoren, in der ersten Reihe also mit drei, in der zweiten mit zwei usw. Ergebnis: Pro Reihe haben Sie einen endgültigen Reihenwert, für den das kleine Kästchen vorgesehen ist.
Addieren Sie nun die fünf Werte. Dabei bitte aufpassen, denn die Werte im vierten und fünften Kästchen sind negativ. Diese müssen Sie also abziehen!
Nun können Sie das Ergebnis, Ihre »Endsumme«, rechts unten eintragen.

② *Interpretation der Punktzahlen:* Sie können bestenfalls 110 Punkte erzielen und schlechtestenfalls dreißig.

Hier einige Anhaltspunkte aus unserer Enquete, zunächst für die individuelle Einzelbeurteilung, also wenn Sie sich selbst oder einen bestimmten Menschen bewertet haben:

- Führungspersönlichkeiten, die wir als Vorbildtypen klassifiziert haben, erreichten im Mittel 91 Punkte.
- Der Durchschnitt schaffte 71 Punkte.
- Persönlichkeiten, die wir als auffallend schwach, gestört oder wenig überzeugend eingestuft haben, erreichten lediglich 49 Punkte.

Fazit: Werten Sie Ihre persönliche Punktzahl wie folgt:
- **Wenn Sie über neunzig liegen, sind Sie auf Erfolgskurs.**
- **Zwischen fünfzig und neunzig Punkten liegen Sie einigermaßen richtig.**
- **Bei weniger als fünfzig Punkten stimmt etwas nicht. Sie befinden sich auf Mißerfolgskurs. Sie sollten mit sich selbst zu Rate gehen oder das Gespräch mit einem guten Freund, Berater, vertrauten Kollegen suchen.**

Beurteilen Sie eine Gruppe, dann müssen Sie etwas bescheidenere Ansprüche an die Punktzahl stellen. Es geht da ja um einen Durchschnitt, und dadurch findet ein gewisser Ausgleich statt, der den Durchschnittswert etwas nach unten zieht.
Die Vorbildfirmen erreichten 87 Punkte; der Durchschnitt schaffte 66; Versagerfirmen lagen unter fünfzig Punkten.

Fazit: Werten Sie eine Gruppenbeurteilung wie folgt:
- **Wenn die Gruppe über 85 Punkte erzielt, liegt sie auf Erfolgskurs. Die Chancen, daß diese Gruppe gute Leistungen erzielt und gemeinsam erfolgreich handelt, sind außerordentlich gut.**
- **Zwischen 45 und 85 Punkten liegt die Gruppe einigermaßen richtig.**
- **Bei weniger als 45 Punkten stimmt etwas nicht. Mißerfolg ist vorprogrammiert. Eine solche Gemeinschaft sollte mit sich zu Rate gehen. Schulungsmaßnahmen sind unabdingbar. Dies ist die klassische Situation, wo man einen externen Berater hinzuzieht.**

③ *Interpretation der Rasterwerte.* Sie werden bemerkt haben, daß jede Karte rechts oben ein rundes Feld aufweist, das jeweils mit

einem unterschiedlich starken Raster unterlegt ist (Schwarz, verschiedene Grauschatten und Weiß). Damit hat es folgende Bewandtnis:
Wenn Sie sich selbst beurteilen – und nur dann macht es Sinn –, können Sie einen interessanten Vergleich anstellen: Jede Karte hat einen »idealen« Platz. Er bestimmt sich aus den Ergebnissen unserer Enquete. Hier handelt es sich um die Durchschnittspositionen, die die sogenannten Vorbildpersönlichkeiten erreichten. Demnach sollten liegen

- die weißen Karten ganz oben,
- die ganz leicht gerasterten in der zweiten Reihe,
- die etwas stärker gerasterten Karten in der dritten Reihe,
- die dunkel gerasterten in der vorletzten Reihe und
- die schwarzen Karten in der alleruntersten Reihe.

Dies gibt Ihnen nun die Möglichkeit, sich mit den einzelnen Werten – und nicht nur mit deren Summe – auseinanderzusetzen. Jede Ihrer Karten, die dunkler oder heller ist als der Raster der jeweiligen Reihe, liegt also nicht ganz »richtig«. Die jeweils zutreffende Rasterfarbe finden Sie in den kleinen Kreisen im Legeschema wieder.
Besonders wenn Sie nicht so gut oder nur mittelmäßig abgeschnitten haben, ist gerade diese Teststufe von großer Wichtigkeit, denn jetzt geht es um Korrekturmöglichkeiten, also Konsequenzen aus dem Test. Überprüfen Sie also in diesem Sinne Ihre gelegten Karten nach folgenden zwei Gesichtspunkten:

- Dunkle Karten oben: Sind viele Karten, die in den obersten zwei Reihen liegen, ziemlich dunkel? Das bedeutet: Sie geben Werten, die relativ unwichtig sind, zu große Bedeutung. Überlegen Sie, ob Sie nicht Dinge überschätzen, auf die es gar nicht so sehr ankommt.

Sie werden sich erinnern, daß viele deutsche Manager sehr wichtige Erfolgsfaktoren sehr niedrig bewertet haben und solche, die völlig unwichtig oder gar schädlich sind, sehr hoch oben eingeordnet haben. Ist dies bei Ihnen auch so? Wenn ja, dann sehen Sie es sofort an relativ vielen dunklen Punkten, die ziemlich weit oben im »hellen Bereich« liegen. Ihr Wertekosmos ist dann nicht in Linie mit dem, was wir in der Enquete als vorbildlich ermittelt haben.

- Helle Karten unten: Sind viele Karten, die in den unteren zwei Reihen liegen, ziemlich hell oder gar weiß? Das heißt: Sie geben Werten, die sehr wichtig sind, zuwenig Bedeutung. Überlegen Sie, ob Sie nicht Dinge gewaltig unterschätzen, auf die es viel mehr ankommt, als Sie meinen.
  Sie werden sich erinnern, daß viele deutsche Manager sehr unwichtige Erfolgsfaktoren sehr hoch bewertet haben und solche, die ganz entscheidend sind, sehr niedrig. Ist dies bei Ihnen auch so? Wenn ja, dann sehen Sie es sofort an relativ vielen hellen Punkten, die ziemlich weit unten liegen. Ihr Wertekosmos ist dann anders, als er optimalerweise sein sollte.

Fazit: Falls Sie viele Werte dort eingeordnet haben, wo sie eigentlich nicht hingehören, fragen Sie sich, woran das liegen könnte. Sie sollten dann später bei dem noch folgenden Persönlichkeitstest prüfen, ob das mit Ihrer Persönlichkeit zusammenhängen könnte.

Dies bringt uns ans Ende des ersten Teils des Buches. Hat Ihnen der Test Spaß gemacht oder Sie zu unerwarteten Einsichten geführt? Soweit es Sie persönlich betrifft, sollten Sie ein endgültiges Urteil noch aufschieben, weil Sie ja noch ein weiterer Test erwartet. Beide stehen natürlich nicht isoliert im Raum: Einer ergänzt den anderen.

B.

Die Anatomie der Motivation

IX. Die Hypothese X

Dieser Teil des Buches ist die Geschichte der Begegnung mit einem wissenschaftlichen Modell und was sich daraus ergab. Es kam uns eines schönen Tages in Gestalt eines ganz und gar unscheinbaren Artikels eines gewissen Harold J. Leavitt zugeflogen und hat mich und viele meiner Fakultätskollegen beim Internationalen Management Institut in Genf seit einem Jahrzehnt nicht mehr losgelassen.* Es bewährte sich schon nach den ersten »Gehversuchen«, und es wurde unserem Team beim IMI bald klar, daß viel mehr in ihm steckte, als wir je zu hoffen gewagt hatten. Ich habe dann versucht, den etwas ungeschliffenen Ansatz zu verfeinern und gelangte immer mehr zu der Überzeugung, daß dieses Modell fast so etwas wie der »Stein der Weisen« ist, wenn man soziale Beziehungen und psychologische Strukturen in Betrieb, Markt, Politik und Gesellschaft darstellen oder deren Hintergründe überprüfen will.

Diesem Modell, genauso wie diesem Buch als Ganzem, liegt eine äußerst wichtige Annahme zugrunde. Wir nennen Sie die Hypothese X. Damit deutlich wird, welche Bedeutung sie hat, wollen wir uns klarmachen, daß sie für viele Wissenschaftler die entscheidende Ermutigung ist, um durchzuhalten und angesichts von Rückschlägen und Enttäuschungen nicht vorzeitig aufzugeben.

Die Erwartung X, von der wir hier reden, ist der feste Glaube, daß die Welt, in der wir leben, trotz ihrer kunterbunten Vielfalt und teilweisen Chaotik von Regeln beherrscht wird, von Ordnungsprinzipien. Aber nicht genug damit, daß eine solche Struktur irgendwie existiert; darüber hinaus ist ein entscheidender Teil der Annahme X, daß sich diese Gesetzmäßigkeiten auf knappe Formeln, schlagwortartige Kürzel, bündige Theorien, einfache graphische Modelle und nicht selten auf mathematische Regeln von erstaunlicher Simplizität reduzieren lassen.

---

* Harold J. Leavitt, The Corporate Pathfinders, Homewood, Il., 1986; die Erstveröffentlichung seines dreiphasigen Modells erfolgte 1983 im *London Business School Journal* unter: »What's right, what's wrong?«

Die Vision, daß unsere komplexe, unendlich vielschichtige Welt ganz oder zum Teil auf eine einfache, simple Weise verstanden werden kann, wird von 72 Prozent der befragten Manager voll akzeptiert – jedoch nur für den Bereich der Naturwissenschaften. Bei wirtschaftlichen, sozialen und psychologischen Zusammenhängen wird die Skepsis größer. Nur noch 23 Prozent glauben an die Hypothese.*

Besteht unsere Vermutung X zu Unrecht, so steht Erhebliches auf dem Spiel, denn dann muß der Glaube aufgegeben werden, daß unser Kosmos für uns Menschen ein sinnvoller, geregelter Schöpfungsentwurf ist, der so etwas wie eine intelligente Handschrift trägt. Wäre es so, daß die Möglichkeit, gültige Regel und verläßliches Gesetz zu formulieren, nur auf die Naturwissenschaften, nicht aber auf die Sozialwissenschaften zuträfe, so würden wir in einer schizophrenen Welt leben, in der es letztlich keinerlei Hoffnung gibt, unsere gesellschaftlichen und menschlichen Probleme einer Lösung entgegenzuführen.

1. Die Lage der Wirtschaftswissenschaften

Lange schien es so. als ob man zum Beispiel in der Physik diese systematische Handschrift schon weitgehend enthüllt hätte. In den Wissenschaften vom Menschen – nehmen wir etwa die Psychologie – hat es diese Sicherheit nie in diesem Maße gegeben, aber die Hoffnung darauf war auch hier stets lebendig.

In den Managementwissenschaften ist die Gewißheit, definitive Strukturen zu finden, besonders gering. Dort stehen sich zwei Fronten gegenüber, die beide keine besonders guten Karten haben, aber andererseits auch beide kaum völlig im Unrecht sein können. Da sind die Praktiker, die Macher, die gern darauf ver-

---

* Der Grad der Schwierigkeit erscheint im Sozialen auf Anhieb größer als bei den Naturwissenschaften. Unsere Physik- und Chemiebücher signalisieren tausendfach die Möglichkeit zu einfachen Formelstrukturen im Sinne der Hypothese X. Den Arbeiten der Wirtschafts- und Sozialwissenschaften fehlt diese Überzeugungskraft. Tatsache ist jedoch: Betritt man in der Chemie und Physik die Grenzgebiete des Mikrokosmos und des Weltalls, so stehen wir vor dem gleichen Chaos und ähnlichen Unsicherheits- und Schwierigkeitsgraden wie in den Sozialwissenschaften.

weisen, daß alles akademische »Getue« der Betriebswirtschaftslehre doch nicht viel bringe. Sie erkennen an, daß auf Teilgebieten wie Kostenrechnung oder Kommunikationsoptimierung die »Eggheads« von den Universitäten etwas beisteuern; wenn es aber um die wirklich entscheidenden Dinge, um Strategiefindung, um die richtige Marketingpolitik und das Eingehen strategischer Allianzen oder eine aggressive Expansionspolitik geht, dann neigen diese Manager doch mehr zu der Meinung, daß man den »richtigen Riecher« haben, daß man ein »shrewed business man« sein müsse mit Chuzpe und Fortune und natürlich – mit viel, viel praktischer Erfahrung. So denken 83 Prozent der Manager. Der Glaube an die Wissenschaft ist hier also denkbar gering. Im Gegensatz zu der Mehrheit von 83 Prozent Skeptikern gibt es dann allerdings 17 Prozent der Manager, die theoriefreundlich sind, die bereitwillig die Hilfen aufzählen, die sie als wissenschaftliche Unterstützung heranziehen, und die die Akademiker wirklich an sich heranlassen, sich mit ihnen austauschen, ihren Rat erbitten. Als wir diese 17 Prozent aber dann fragten, ob sie unter dem Eindruck stünden, »daß es heute ein Handwerkszeug gäbe, das sie zu weitgehend sicheren oder zumindest rational weitgehend begründbaren Entscheidungen hinlenken« könne, wurde dies nur von 4 der 17 Prozent bejaht.

Eine Äußerung des so früh verstorbenen Mannesmann-Vorstandes Franz Josef Weisweiler erläutert die Situation sehr treffend. »Regel und Struktur gibt es im Wirtschaftsleben auf eine sehr entrückte Art und Weise. Ja, vielleicht die Gesetze des Zusammenspiels von Angebot und Nachfrage, aber das wär's dann auch.

Unsere ›Pseudogesetze‹ der Tagesarbeit heißen: Zupacken, dabei den Menschen sehen und nicht nur das, was gerade hier und heute vordergründig auf den Nägeln brennt. Hilfe von der Wissenschaft haben wir dabei kaum. Marktforschung kann helfen, aber auch nur bruchstückhafte Teilantworten geben. Also ist man auf sich allein gestellt. Naturwissenschaftler, Forscher und technologische Erfinder haben es viel einfacher als wir Manager. Sie haben eine halbwegs geordnete Natur, der sie Formeln und Verfahren ablauschen können, und sie erhalten von der Wissenschaft große, manchmal entscheidende Hilfestellung.« Ich meine, daß seine skeptische Äußerung für viele Industriepraktiker steht.

Fazit: Wir sehen also, daß die Hypothese X, so wie es derzeit aussieht, für unseren Fachbereich nur mit Mühe aufrechterhalten werden kann. Wenn »praktische Erfahrung« von der Mehrheit als wichtigste Voraussetzung für gutes Managen angesehen wird und die Theorie wenig gilt, dann darf man von einer »vorwissenschaftlichen« Situation sprechen, dann werden wir viel tun müssen, um nachzuweisen, daß unsere Hypothese X auch für den Managementprozeß gilt. Und genau das werden wir versuchen.

2. Das Zeitalter des Optimismus

Wenn wir hier antreten wollen, um mit Mind-Profit Management feste, verständliche Regeln und neue Ordnungsgesichtspunkte einzuführen, so steht es da mit der Bereitschaft, diese anzunehmen, also nicht zum besten. Man macht sich die heutige Situation am besten durch einen ganz kurzen historischen Rückblick deutlich.

Im letzten Jahrhundert und zu Beginn des 20. war die Erwartung, daß man die Welt vermittels leichtverständlicher Strukturbilder und logischer Formeln würde enträtseln können, stark verbreitet; man kann sogar von einer Art endgültiger Gewißheit sprechen. Die grandiosen Erfolge der klassischen Forschungsperiode von etwa 1780 und 1910 schienen der Hypothese X voll und ganz recht zu geben. Vor allem die Physiker hatten ein Geheimnis nach dem anderen gelüftet und dabei jene überraschend einfachen Formeln niedergeschrieben, die wir heute allenthalben in den Physik- und Chemiebüchern der Oberschüler wiederfinden.

Besonders das Modell eines sehr ähnlichen Konstruktionsprinzips im Weltall genauso wie im Mikrokosmos, dessen Grundmuster ein Kern (Sonne) zu sein schien, um den sich kreisförmig Partikel (Planeten) drehten, schien keinerlei Zweifel daran zu lassen, daß diese Welt von einem genialen Schöpfer konzipiert worden war, der sinnvolle Ordnungen und weitgehend verständliche, gleichbleibende Muster in sein Meisterwerk verwoben hatte. Aber nicht nur in Physik und Chemie kamen immer mehr dieser wohlgeordneten Strukturen zum Vorschein. Auch in nichtmateriellen Berei-

chen begann man relativ simple Grundschemata von großer Tragweite zu entdecken.
Gegen Ende des 19. Jahrhunderts hatte ein Sigmund Freud ein im Prinzip einfaches Modell der menschlichen Psyche entwickelt, das sich an Newtons Physik anlehnte. Und dann gab es nochmals eine Bestätigung dieser hoffnungsvollen Botschaft: Die Vorstellung vom Gleichgewicht, die in Physik und Psychologie zu neuen Ufern führte, verhalf auch noch in weiteren, ganz und gar anders gearteten Wissenschaften zu ungeahnten Durchbrüchen. Die Nationalökonomie ist eine davon. Mit der gleichen, bewährten Grundidee der nach Gleichgewicht strebenden Natur ließen sich nun die komplizierten Mechanismen des Marktes und der Volkswirtschaft auf einfache Nenner bringen. Eine so komplexe Sache wie die freie Marktwirtschaft wurde plötzlich als eine interessante soziale Gleichgewichtskonfiguration erkannt.
Und war das denn nicht eine großartige Welt? Eine wohlgeordnete Schöpfung, durchzogen von wenigen allgemeingültigen Grundregeln! War sie nicht der beste aller nur denkbaren Schöpfungsentwürfe? Und einfach und verständlich war er noch obendrein.

Die Störenfriede

Dann aber war plötzlich alles zu Ende. Siegeszug hatte sich an Siegeszug gereiht, doch dann kamen Einstein und Heisenberg und viele andere, und sie lehrten uns, daß die ganz Physik des Issaac Newton nur unter ganz bestimmten Voraussetzungen richtig war. Unendlich viel brach da zusammen, und es kam hinzu, daß das Neue außerordentlich schwer zu begreifen war. Haben Sie die Relativitätstheorie wirklich verstanden? Ich nicht.
Aber es waren nicht nur die Naturwissenschaften, wo es plötzlich knisterte und krachte. In der ersten Hälfte dieses Jahrhunderts gerieten die Gewißheiten vieler Generationen nachhaltig ins Wanken.
Ganz besonders jene Vorstellung, daß sich im Sonnensystem, im All und im Mikrokosmos ein und dasselbe Grundschema wiederhole und deshalb alles im Grunde doch ganz einfach und entzifferbar war, brach völlig zusammen. Die Physik war in der Desillusionierung nur Vorreiter, allerdings ein besonders drastischer. Seitdem wird uns in den Nebelkammern und Teilchenbeschleuni-

gern jedes Jahr mehr Boden unter den Füßen weggezogen, als daß neue, abgesicherte und vor allem faßliche Theorien sichtbar werden. Hilflosigkeit drückt sich in vielen Äußerungen der Wissenschaftler aus.
Unsicherheit allerorten: Die Erforschung des Alls war lange ein klarer Siegeszug gewesen. Nur noch einmal ein etwas lichtstärkeres Teleskop, und wir würden auch das letzte Quentchen des Kosmos erforscht haben. Aber weit gefehlt: Die Wissenschaft vom All torkelt – trotz Satelliten, trotz hervorragend verbesserter Lauschmaschinen, trotz wöchentlichem Satellitenstart und trotz eines Riesenaufwands – von einer unhaltbaren Theorie in die nächste.
Gleichzeitig kamen im gesellschaftlichen Bereich ebenfalls alte Wertvorstellungen ins Rutschen. Mit dem Ersten Weltkrieg endete nicht nur ein ebenso unsinniger und unverantwortlicher Krieg, sondern auch die Monarchie und damit ein System, das unsere Geschichte jahrhundertelang geprägt hatte.
Und es knisterte gleichzeitig fast überall. Besonders deutlich wurde dies im volkswirtschaftlichen Bereich. Man verlor die Kontrolle über Krisen der Arbeitslosigkeit und des Finanzwesens, die man längst als der Vergangenheit angehörig und als beherrschbar klassifiziert hatte. Der Schwarze Freitag vom 13. Mai 1927 und der vom 10. Juli 1931 sind schlagende Beweise hierfür.
In der Soziologie überzeugte uns Alexander Mitscherlich in »Vaterlose Gesellschaft« von der Abkehr vom Vater – und damit natürlich im symbolischen Sinne von der Abkehr von Strenge, Unterwerfung, Hierarchie. Wenige Prophezeiungen haben sich so drastisch bewahrheitet, aber Mitscherlichs Werk ist eher die großartig gelungene Symphonie des Abschieds, denn er blieb uns die Antwort schuldig, wohin denn nun die Reise gehen soll.
Nirgends jedoch war die Verunsicherung so grotesk wie bei den Psychologen. Hoffnungsvoll war man hundert Jahre vorher angetreten, die Seele langsam mehr und mehr zu ergründen. Messerscharf hatte man damals geschlossen, daß das Wissen um das Warum einer seelischen Störung – war es einmal dem Kranken gut kommuniziert – dann auch die psychisch Leidenden automatisch heilen würde. Aber die Realität sah ganz anders aus: Immer mehr Kranke lagen auf Sigmund Freuds berühmter Couch oder durchlitten die Hoffnungslosigkeit unserer psychiatrischen Anstal-

ten, ohne daß sich viel zum Besseren wendete. Zwar verdienten sich Analytiker wie Neurospezialisten goldene Nasen, aber als immer mehr Kranke auch nach drei, vier, fünf oder noch mehr Jahren zwar ärmer, aber nicht gesünder waren, empfand man denn doch, daß man offenbar in eine Sackgasse geraten war.
Da erschien der Matador der amerikanischen Psychologie, Burrhus Frederic Skinner. Er verfiel ins absolute Gegenteil dessen, was man bis dato für richtig gehalten hatte, und vollzog eine Wendung um 180 Grad. Die Seele, deren Ergründung so wenig Fortschritt machte, sollte nach Skinners Wunsch nun auf ewig eine »Black Box« bleiben, eine schwarze undurchsichtige »Kiste«, die bewußt menschlichem Zugriff entzogen bleiben sollte. Statt dessen empfahl er, nur noch zu registrieren, was zum ersten auf den Menschen als Reiz einwirkte und was zum zweiten als Handlung und Reaktion daraufhin erfolgte. Vielen wurde gar nicht klar, daß dies ungefähr so sinnvoll ist, wie wenn ein Ingenieur den Gesetzmäßigkeiten des Ottomotors dadurch näher kommen will, indem er sich darauf beschränkt, nur noch das verabreichte Benzin und die Geschwindigkeit des Autos zu messen, das Antriebsaggregat selber aber zum Tabu jeder weiteren Forschung erklären würde. Der Titel von Skinners wichtigstem Werk war eine zwar unbeabsichtigte, aber dafür um so treffendere Kritik seiner eigenen Arbeit: »Jenseits von Freiheit und Würde« (1971).

Fazit: Die denkende Menschheit hat in diesem Jahrhundert eine Phase der Enttäuschung durchlaufen, die dadurch gekennzeichnet war, daß auf allen Gebieten feste, einfache, scheinbar sichere Denkgebäude zusammenbrachen. Dadurch stellt sich die Frage unserer Hypothese X in ganz neuem Licht. Die schönsten Hoffnungen waren in Scherben gegangen. Was nun? War die Hypothese X nicht ein Wunschtraum – und sonst gar nichts?

3. Neuorientierung: Andere Paradigmen

Seit etwa 1960 erfolgte so etwas wie ein Wiederaufbau, gar nicht einmal so unähnlich dem Wiederaufbau des zerstörten Westdeutschlands. Es war ein Neubeginn in großer Bescheidenheit, bei dem der Mensch seine Siegerpose aus dem Fin de siècle aufgab und sehr bescheiden und zurückhaltend neue Leitlinien entwarf. Sie waren längst nicht mehr so sicher wie die alten, und sie waren – getreu dem großen Einstein – alle durch das Moment der Relativität gekennzeichnet.

Das von uns vorgetragene Mind-Profit Konzept reiht sich in aller Bescheidenheit in diese große, konstruktive Wiederaufbauphase ein und will das, was wir zum Beispiel in den Geisteswissenschaften durch Popper, Vester und viele andere erreicht haben, in die Wirtschafts- und Gesellschaftswissenschaften übertragen.

Einer, der besonders beherzt versuchte, den Scherbenhaufen aufzuräumen, indem er die große Veränderung faßbar zu machen suchte, ist Fritjof Capra. Wenn wir seine Botschaft verstehen wollen, müssen wir uns an das ziemlich unverständliche Wort »Paradigma« gewöhnen, aber da wir das wohlvertraute »Weltbild« dafür einsetzen können, entsteht daraus keine Schwierigkeit. Registrieren wir kurz das Allerwichtigste, denn Mind-Profit Management wäre ohne ihn nicht recht denkbar. Er sagt: »Innerhalb des alten Paradigmas (gleich ›Weltbild‹) war die wissenschaftliche Forschung von der Vorstellung geleitet, daß jedes noch so komplexe System wenigstens im Prinzip vollständig verstanden werden kann, indem man es auf seine elementaren Teile reduziert und nach den Mechanismen ihrer Wechselwirkungen sucht.«

Das Paradigma, für dessen Abschaffung Capra wirbt, ist das vom Teil, das uns hilft, das Ganze zu verstehen. Es geht auf Demokrit in der Antike zurück; später wurde es dann von dem Philosophen Descartes und dem Physiker Newton wieder begierig aufgegriffen, weil diese Vorstellung eine mechanistische Einfachheit aufweist, die jedem gelegen kommen muß, der die Welt auf simple Formeln zurückführen möchte.

»Die Dynamik des Ganzen wird in der alten, überholten Weltsicht durch die Eigenschaften seiner Teile bestimmt«, formuliert Capra und setzt dann im Blick auf den eingetretenen Wandel hinzu: »Im neuen Paradigma ist das Verhältnis zwischen den Teilen und dem Ganzen genau umgekehrt: Die Eigenschaften der Teile werden durch die Dynamik des Ganzen bestimmt.«

Ich werde im dritten Band der mit dieser Arbeit begonnenen Managementtrilogie auf die hier angeschnittene Problematik detailliert eingehen. Hier mag der Hinweis genügen, daß das sozio-

psychologische Feldmodell, in das wir auf den folgenden Seiten einführen wollen, genau dies im Visier hat: ganzheitliches Denken, bei dem das Teil durch die Gesamtheit bestimmt wird. Im Gegensatz dazu: Fast die gesamte Nationalökonomie ist bisher auf dem alten demokritschen, linearen Denken aufgebaut.
Erst die Struktur – also ein Merkmal der Ganzheit – schafft Ordnung, weil sie dem Einzelteil Sinn gibt. Früher sah man es mehrere Jahrhunderte genau umgekehrt. Der Ganzheit kommen also Eigenschaften zu, die über das Aufaddieren der Teile weit hinausgehen. Deshalb versagt zum Beispiel bei der Erklärung der Vision die sezierende Denkweise total. Diese fast zwanghafte Neigung zum Sezieren beherrschte aber ganz maßgeblich das große Zeitalter der Entdeckungen, der Erfindungen, der industriellen Revolution – und noch heute die Mehrheit der Manager. Mind-Profit Überlegenheitsmanagement ist der Versuch, das ganzheitliche, nach Sinn trachtende Denken zu stärken, aber den sezierenden Ansatz nicht einseitig und total zu verbannen. Capra war gegenüber der alten These vom sezierenden Analysieren gleichsam die Antithese, aber es ist Zeit, zur Synthese zu finden. Dennoch werden wir eine Einsicht, die Capra genauso wie Einstein und Heisenberg adelt, kompromißlos vertreten und nicht verwässern: die Einsicht, daß es keinen ruhenden Pol mehr gibt, daß alles in Bewegung ist und daß wir mit dieser dauernden Evolution leben müssen.

Fazit: Entweder wir beginnen, die Veränderung zu lieben – oder wir gehen unter. Das gilt für den einzelnen, es gilt aber nicht minder für die deutsche Industrie als Ganzes.

Was aber tritt an die Stelle des Alten? Was nimmt nun den verwaisten Platz des ruhenden Pols ein? Es ist dies die vielleicht tiefgründigste Frage der Menschheit am Ausgang des 20. Jahrhunderts. »Es scheint jetzt«, so versucht Capra diese Frage zu beantworten, »daß die Wissenschaft der Zukunft keine festen Fundamente mehr brauchen wird; daß die Metapher des Gebäudes durch jene des Netzwerks ersetzt werden wird.« Mind-Profit Management ist ein vernetztes Konzept.

4. Karl Popper – Geworfensein in Deduktion und Unabgeschlossenheit

Die neuen Auffassungen voll Unsicherheit, Relativität und ohne feste Struktur machen unsere Welt nicht gerade anheimelnder oder gemütlicher. Gerade deshalb müssen wir uns nach Denkern umsehen, die uns helfen, uns dennoch in unserer Welt wieder häuslich und einigermaßen kommod niederzulassen. Wie dies geschehen kann, dazu hat keiner so brauchbare Anweisung gegeben wie der Denker, dem ich im Reiche der Philosophie dieses Jahrhunderts uneingeschränkt den mit Abstand ersten Platz einräumen möchte und dessen Namen ich mit tiefer Ehrfurcht nenne, nämlich Karl Popper.

Er ist einer der wenigen Philosophen, der nicht nur von einer leibhaftigen Königin geadelt wurde, sondern der auch von praxisnahen Managern und schlitzohrigen Politprofis akzeptiert, ja bewundert wird. Das hängt vermutlich damit zusammen, daß er sowohl dem phantasievollen Visionär als auch dem agilen Macher ein wenig schmeichelt. Das liegt ihm als Philosoph einerseits zwar fern, andererseits ist er ein Pragmatiker. In dem einzigen Gespräch, mit dem er mich ausgezeichnet hat und das um die Psychoanalyse kreiste, wurde mir seine Diesseitigkeit und Weltverbundenheit deutlich. Ich vermute, daß ihn psychisch eine starke Furcht vor allem Chaotischen peinigt und daß es dieser Grundmechanismus ist, der ihn mit eisernem Besen im Reich der Gedanken aufräumen und »ausmisten« ließ.

Zwei Beiträge scheinen mir die wichtigsten; ohne sie wäre Mind-Profit Management nie aus der Taufe gehoben worden. Beide Neuorientierungen lassen den kleinen, eher etwas zerbrechlich wirkenden Mann zum Titanen im Reich des Geistes werden.

(a) *Die Entthronung der Induktion.* Einer seiner wichtigsten Beiträge ist der Nachweis, daß wir eigentlich nur deduktiv arbeiten können und daß die Induktion fast so etwas wie einen Irrglauben darstellt. Induktion, das ist der Gegensatz von Deduktion und beinhaltet ein ganzes Jahrhundert des Verständnisses vom Menschen, der sich forschend mit seiner Umwelt auseinandersetzt. Die von Popper befürwortete Deduktion beginnt damit, daß ich eine Hypothese formuliere oder eine Theorie aufstelle und dann hernach in der Realität nachprüfe, ob mein abstraktes Konzept der Wirklichkeit standhält, sich in ihr wiederfindet.

Bei der von Popper abgelehnten Induktion geht man gänzlich anders zu Werke, nämlich umgekehrt. Der Forscher schaut als erstes die Wirklichkeit an, die Natur, die Flora, die Gesteine, das Weltall, aber auch den Menschen, die Krankheit, die psychische Spannung. Er versucht in der Beobachtung so objektiv wie möglich zu sein. Dann versucht er – und dies hat Popper brillant widerlegt –, aus der Betrachtung heraus und zeitlich **nach** dieser Beobachtungsphase eine Theorie oder ein Gesetz zu entwickeln. Hinter der Induktion steht der Glaube an einen Dechiffrierprozeß von Botschaften, die in der Natur verborgen sind. Es blieb Popper vorbehalten, den Schabernack der Induktion als Unfug, zumindest jedoch als ganz seltene Ausnahme zu entlarven. Induktion unterstellt stillschweigend die Fähigkeit zu Objektivität; daß dies ein Grundirrtum der Menschheit ist, war schon seit Freud als bewiesen anzusehen. Über diese Objektivitätsunfähigkeit hinaus stellt Popper nun fest, daß in der beobachteten Natur, in den Strukturen, die der Psychologe, der Sozialforscher, der Techniker erkennt, nie und nimmer der Ansatz zur Theorie liegen kann. Wer hier tiefer einsteigen will, sollte sein Werk »Logik der Forschung« lesen.

Fazit: Popper weist überzeugend nach, daß wir gar nicht anders können, als in unserem Denken, tief in uns drin, eine Theorie zu formen. Natürlich sollen wir die dann an die Realität halten. Das Experiment wird durch Popper keinesfalls entthront, im Gegenteil, aber dies ist der zweite Schritt. Der erste und allein zu kreativen Neuansätzen führende ist der der Deduktion – ist der des phantasievollen Denkens.

Ich weiß nicht, ob Popper das nachfolgende Zitat eines seiner Anhänger für gut befunden hätte, aber es zeigt sehr treffend die ganze Armut der so lange (auch heute noch) vergötterten Induktion: »Wühlt noch so lange und so eifrig und so aufopfernd in der Mülltonne empirischer Daten, und beobachtet Euch zu Tode, Ihr werdet kaum je fündig werden. Erst Ihr selber, Euer Geist, kann das Chaos der Realität durch Ordnung und Gesetz verdrängen!«

Fazit: Popper hat uns den Fetisch der Induktion genommen, aber er hat dafür das Bild des kühnen Ideenkonstrukteurs, des herausfordernden Visionärs, der mutig das Bisherige in Frage stellt, glanzvoll zu neuem Leben erweckt. Diese Geisteshaltung ist es, die wir dankbar für Mind-Profit Management übernommen haben.

(b) *Die Unmöglichkeit der Wahrheitsfindung und die Unabgeschlossenheit unserer Erkenntnis.* Dieser zweite Beitrag Poppers ist die Krönung seines Philosophenlebens, und ich erblicke darin den wichtigsten Beitrag seit Kant.
Popper lehrt, daß es in dieser Welt keine endgültige Beweisführung gibt. Alle Gesetze sind unabgeschlossene, unfertige Erkenntnisse. Die Wahrheit ist uns verschlossen. Entdeckte Gesetze können wahr sein, jedoch zeigt die Wissenschaftsgeschichte, daß fast alle nach einer gewissen Zeit mehr oder weniger stark revidiert werden mußten, neue Akzente erhielten oder auf dem Scherbenhaufen abgelegter Denkkategorien verschwanden.
Die von Popper so stark herausgestellte Irrtumsmöglichkeit bedeutet natürlich nicht, daß wir von nun an alles vorschnell über Bord werfen. Natürlich können und müssen wir oft zunächst mit unvollkommenen Thesen leben. Etwas Besseres haben wir nicht. Eine gewisse Orientierung ist auch mit Unvollkommenem möglich. Solange wir solche Sätze nicht verabsolutieren, kein Dogma daraus machen, sind wir den schlimmsten Irrtumsmöglichkeiten entronnen.
Das eine Mal, wo ich Popper begegnen durfte, machte er in vorgerückter Stunde folgende tiefsinnige Bemerkung, die in ihrer Volkstümlichkeit mit den sonst bei ihm üblichen, anspruchsvollen Abstraktionen reichlich versöhnt. »Wir Philosophen«, so meditierte er, »sind wie ein schwarzer Mann, der in einem ganz und gar dunklen Tunnel einen schwarzen Zylinder sucht, den es vielleicht gar nicht gibt.« Wer so über Erkenntnis spricht, hat jegliches Dogma überwunden und beschreitet genau den Weg, den ich als einzig gangbar für eine Neubegründung der Lehre vom Management erachte: Wir wissen nicht, wir raten; aber wir müssen gut raten lernen.

5. Der Kerngedanke von Mind-Profit Überlegenheitsmanagement

Vergegenwärtigen wir uns Einsteins Relativität, erinnern wir uns an Capra und ergänzen es noch mit Frederic Vesters Konzept der Vernetzung, so will uns scheinen, daß die Einsicht Poppers in die Unabgeschlossenheit unserer Erkenntnis die gleiche Botschaft der Relativität beinhaltet, wie sie Einstein im Physikalischen und Capra im Geisteswissenschaftlichen gelehrt haben. Relativität, Vernetzung, Unabgeschlossenheit sind nur drei manifeste Erscheinungen der gleichen zugrundeliegenden Basiseinsicht.
Ich glaube deshalb, daß man später einmal dieses Jahrhundert nicht als das der Computer, nicht als das der Kommunikation noch als das der Dienstleistung bezeichnen wird, sondern als das der Relativität. Den Weg zu einem solchen relativen, geworfenen Verständnis des ökonomischen und des handelnden Menschen über das Konzept Mind-Profit Management für Wirtschaft und Verwaltung zu ebnen ist Grundanliegen dieses Buches – wie bescheiden der Beitrag auch immer sein mag.

X. SPF – Das sozio-psychologische Feldmodell

Nach der kurzen geistigen Standortbestimmung, die wir in den vorangehenden Abschnitten vorgenommen haben, gehen wir davon aus, daß wir bei Beachtung der neuen Paradigmen durchaus mit Optimismus den Versuch wagen dürfen, ein knappes Grundmuster, eine simple Struktur zu finden, die den Prozeß des Managements oder sogar den gesellschaftlichen Prozeß in seiner ganzen Breite besser und leichter verstehen läßt.

1. Universale Grundschemata

Wir bewegen uns im Denken eines Albert Einstein, dem so etwas wie eine physikalische Universalformel vorschwebte. In der letzten Phase seines Schaffens suchte er nach einer allgemeinen Feldtheorie, also einer einzigen, letzten Komprimierung physikalischen Wissens, die alles erklären und miteinander vernetzen würde.
War dies Übermut? Gibt es überhaupt derartige, universale Erkenntnismodelle? Wir wollen nachstehend auf einige Beispiele hinweisen, die es wahrscheinlich machen, daß wir durchaus hoffen dürfen, universale Weltregeln zu finden. Poppers Empfehlung, stets die Unabgeschlossenheit und Irrtumsmöglichkeit im Blick zu haben, widerspricht einem solchen Bemühen keineswegs.
Der Satz des Pythagoras, der uns allen aus der Schulzeit in mehr oder weniger klarer Erinnerung ist, stellt ein frühes Beispiel einer höchst knappen Formel dar, die Richtungweiser für die gesamte Erschließung der Geometrie war.

Sind a und b die Längen der beiden Katheten eines rechtwinkligen Dreiecks und ist c die Länge der Hypotenuse, so gilt: $a^2 + b^2 = c^2$. Auf die unbedarfte Weise, in der er uns in der Schule beigebracht wird, ist er nichts als eine Rechenregel. In Wirklichkeit war er

Symbol der politisch-religiösen Gemeinschaft der Pythagoreer, die davon überzeugt war, daß es eine göttliche Ordnung gäbe, die mathematischer Natur sei und der man sich durch asketische Übungen, zu denen die gedankliche Konzentration genauso wie das Ableiten von Rechenformeln gehörte, annähern könne, um so ihrer teilhaftig zu werden.
Vor diesem Hintergrund erhält dieser Satz seine über Mathematikbücher weit hinausragende Tragweite. Wir sehen: Die Suche nach knappen Formeln und damit die innige Hoffnung auf schöne, klare, einfache Strukturen beginnt bereits früh in unserer Kulturgeschichte. Ähnlich überzeugend ist, was viele Jahre später geschieht. Ende des 17. Jahrhunderts entwickelte Isaac Newton eine Formel, die das Zentrum eines ganzen philosophischen Gebäudes, einer physikalischen Weltanschauung darstellt:

Kraft = (Träge) Masse X Beschleunigung, $F = m \times a$.

Man spricht mit Recht bei dieser Formel nicht von einer Rechenanleitung, sondern versteht sie als Ausdruck einer physikalischen Generalanschauung. Die Formel setzt die fundamentalen Elemente Kraft, Masse und Beschleunigung in Beziehung zueinander; darüber hinaus konfrontiert sie unausgesprochen mit dem noch heute nicht zufriedenstellend erklärten Phänomen der allgemeinen Gravitation – dem Schicksal aller Bewegung innerhalb unseres Systems. Mit dem Weltbild Newtons lebten viele Generationen, bis wieder ein Genie auf den Plan trat, das die bisherige Anschauung durch ein neues physikalisches Weltbild ersetzte. Albert Einstein konfrontierte uns mit einem Gesetz, das durch seine knappe Eleganz geradezu ästhetisch anmutet. Obgleich die dahinterstehenden Einsichten so kompliziert sind, daß sie sich dem Verständnis breiterer Kreise verschließen, präsentiert er diese Komplexität in einer unerhörten Komprimierung:

$E = mc^2$. *Die Energie entspricht der Masse mal dem Quadrat der Lichtgeschwindigkeit. In das simple Deutsch des Nichtphysikers gebracht: Ein bißchen Masse besitzt eine gigantische Energiemenge.*

Lassen wir die Welt der Physik hinter uns, denn nicht nur dort gibt es jene knappen Universalformeln, die oft das ganze Weltbild von Generationen wiedergeben. Charles R. Darwin hat das Denken mindestens ebenso verändert wie Newton und Einstein. Und wiederum stellen wir fest: Auch seine Botschaft, nämlich die vom Überleben des Besseren, kann auf eine fast ebenso knappe Kurzformel gebracht werden.

The survial of the fittest. Der besser Angepaßte, der Lebenstüchtigere, hat die bessere Überlebenschance und bewirkt dadurch die Veränderung der Arten in der Natur.

Fast ebenso knapp läßt sich das Lehrgebäude Sigmund Freuds ausdrücken, das sicherlich so kompliziert und vielschichtig ist wie die Botschaften der bislang erwähnten Geister.

In der Entwicklung des Ich liegt der Sinn des Menschseins. Darin wird jeder durch die moralischen Forderungen des Über-Ich und durch die triebhaften Forderungen des Es gehemmt und eingeengt. Zu starke Kräfte aus Über-Ich und Es treiben in die Neurose. Die Bewußtmachung dieser meist unbewußten Übergriffe auf das Ich hat große Dringlichkeit. Die Fixierung auf bestimmte Kindheitsphasen prägt den Charakter späterer Neurosen, so daß die Aufdekkung dieser Kindheitsgeschehnisse bei seelischer Krankheit wichtig ist.

Manchmal nehmen Weltformeln auch die Form einer Graphik an. Dem Nationalökonomen ist aus seinem Studium stets ein

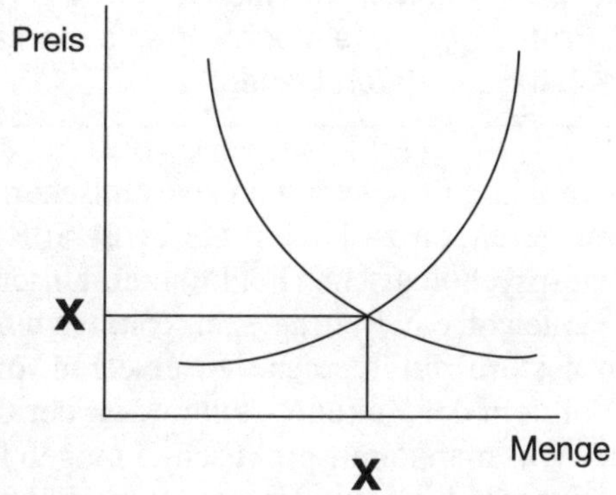

Abb. 61: Der Interessenausgleich im freiwirtschaftlichen Markt

Schaubild gegenwärtig, das eine ganze Wirtschaftsphilosophie und ein Bekenntnis zur liberalen Interaktion wiedergibt (Abbildung 61).
Oder schlagen wir Immanuel Kant auf. Sein »kategorischer Imperativ« ist die Kurzbotschaft eines gewaltigen moralischen Programms. Sich diesem Satz zu verschreiben bedeutet fast immer eine sehr dramatische Veränderung eines Menschenlebens.
Immanuel Kant: Handle so, daß die Maxime deines Willens jederzeit zugleich als Prinzip einer allgemeinen Gesetzgebung gelten könnte.
Man könnte diese Liste von Beispielen derart komprimierter Formeln universaler Prägung noch lange fortsetzen, aber wir würden dabei nicht mehr erkennen, als was uns ohnehin an diesen berühmten Exempeln klargeworden ist: Es gibt Basis- oder Weltformeln, die auf sehr knappe Weise eine gewaltige Komplexität einfangen und auf konzentrierteste Manier ganze Weltbilder wiederzugeben vermögen. Es gehört zu den ganz großen Menschheitsleistungen, solche Formeln entwickelt zu haben. Die intellektuelle Leistung liegt in der Reduktion von unüberschaulicher, oft chaotischer Vielfalt auf eine knappe Aussage.

Fazit: Wir werfen die Anker mit außerordentlich hohem Anspruch weit in die Zukunft, aber wir greifen vermutlich nicht nach den Sternen, wenn wir unterstellen, es könnte ein sehr knappes Grundschema geben, mit dem sich eine große Fülle ökonomischer, betrieblicher, menschlicher und zwischenmenschlicher Probleme auf einfache Weise darstellen und ihre Zusammenhänge erklären lassen.

In der Tat glauben wir, eine solche, von spartanischer Einfachheit geprägte Struktur gefunden zu haben. Sie heißt SPF – oder ausgeschrieben: Sozio-psychologisches Feldmodell. Unsere Hoffnung ist die, daß es vielleicht ein Beitrag sein könnte, um die Handwerkszeuge von gestern durch solche zu ersetzen, die nicht der Vergangenheit, sondern der Zukunft – zumindest der Gegenwart – angemessen sind. Was man damit praktisch anfangen kann, wie es das Verständnis unserer Welt, unserer Mitmenschen und unserer eigenen Persönlichkeit verbessert, davon sprechen wir im folgenden.

2. Was ist ein sozio-psychologisches Feld?

Hier erst einmal einige Formalitäten, ehe wir zum Inhalt gelangen.

Im Feld werden Energien dargestellt

Der Begriff des Feldes stammt aus der Physik und dort zunächst aus dem Bereich des Magnetismus. Zwischen den beiden Enden eines Hufeisenmagneten existiert ein Feld. Man spürt und sieht es nicht, aber wenn man Metallspäne auf ein Papier dicht beim Magneten schüttet, dann ordnen sich diese, und man erblickt das Kraftfeld – besser gesagt die Repräsentation des Kraftfeldes, denn das Feld selbst ist ja nicht sichtbar, sondern nur seine »Repräsentanten«, die Metallspäne. Genauso: Wenn sich unsere Kompaßnadel nach Norden dreht, spiegelt sie ein Kraftfeld wider, nämlich das unserer Erde. Ein Feld ist also Ausdruck von Energie. Um diese geht es.

Das Feld will Motivationen darstellen

Im sozialen und psychologischen Bereich interessieren uns natürlich nicht Metallspäne, sondern Menschen und deren Verhalten. Dabei treten vor allem zwei Formen von Energie auf: Einmal sind es die Energien, die einzelne Menschen dazu veranlassen, zum Beispiel den rechten Arm zu heben oder ein Brötchen zu kaufen oder jemanden freundlich anzulächeln. Man spricht in diesem Zusammenhang von motorischer Energie. Noch mehr interessieren uns die Energien, die von Sachen (zum Beispiel einem Konsumprodukt) dadurch ausgehen, daß Menschen diese Objekte ihrer Umwelt psychisch besetzen. Indem sich Menschen mit einem Objekt auseinandersetzen, entstehen Vorstellungen davon, und es erhält einen Wert. Je höher dieser Wert, desto höher die Anziehungskraft. Gleiches trifft auf Menschen zu: Wir bilden uns Vorstellungen von ihnen und empfinden sie anziehend oder abstoßend. Diese zweite Energie, die in der Literatur wechselweise als Imageenergie, Attraktivitätsenergie oder Besetzungsenergie bezeichnet wird, ist diejenige, die wir im Feldmodell bevorzugt darstellen werden.
Da man nun die meisten motorischen Handlungen aus der Besetzung von Sachen und Menschen im Umfeld erklären kann und

diese Besetzung zeitlich fast immer den motorischen Handlungen vorangeht, beschränken wir uns auf diese zweite Energieform. Sie ist die motivierende Energie – und um die Motivation zum Erfolg geht es.

Die Ellipse

So wie das elektrische Magnetfeld seinen Ausdruck in einer räumlichen, meist zweidimensionalen Darstellung graphischer Art findet, so ist auch unser Feld eine räumlich-graphische Darstellung, die durch ihre Bildhaftigkeit die Zusammenhänge besser verdeutlicht, als wenn man sie nur beschreiben würde. Die stets verwandte Darstellungsform ist die elliptische Fläche der Abbildung 62. Diese Gestalt erwies sich als besonders zweckmäßig; andere Formen wären denkbar gewesen.

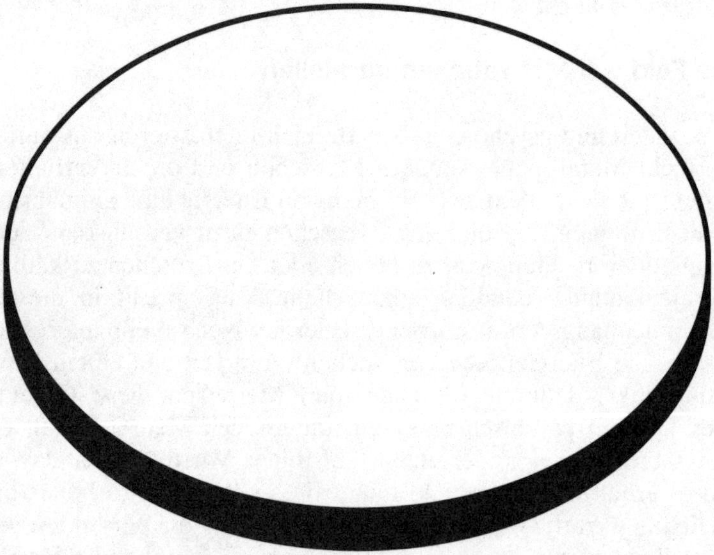

Abb. 62: Das Feld

3. Dem Modell Leben einhauchen

Wir wollen nun ein bestimmtes SPF erstellen – also beispielhaft vorführen, wie das sozio-psychologische Feldmodell bei konkretem Anlaß eingesetzt wird. Die Abbildungen 62 bis 66 helfen uns, den Gang der Dinge nachzuvollziehen. Damit wir nicht in der Abstraktion verharren, denken Sie als Bezugsfeld zum Beispiel an den Markt gehobener Mittelklassewagen.

Der Ursprungszustand

Es ist zweckmäßig, sich die Ellipsenfläche der Abbildung 62 wie einen noch nicht magnetisierten Eisenstab vorzustellen, in dem sich die Moleküle wie lauter kleine Magnete bunt, ungeordnet und chaotisch verteilen. Abbildung 63 zeigt die verstreuten, noch nicht ausgerichteten Minimagnete.

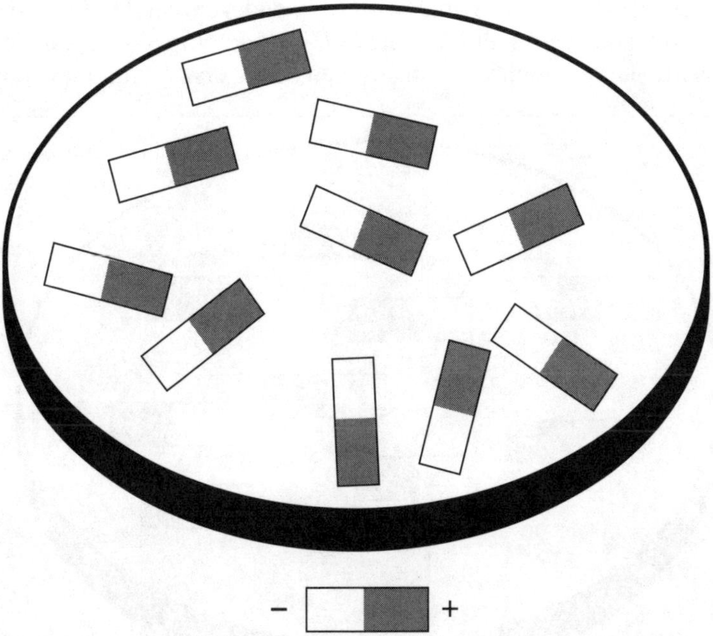

Abb. 63: Das Feld vor der Magnetisierung (Magnetisierung ist gleichbedeutend mit Polarisierung und Begriffsbildung)

Polarisierung und Begriffsbildung

So wie wir jeden Eisenstab magnetisieren können, wird nun das SPF mit einem Begriff gleichsam magnetisiert. Dadurch tritt eine Ausrichtung der Moleküle ein, wie wir sie in Abbildung 64 dargestellt haben. Diese werden aber nicht nur ausgerichtet, nein, es tritt nun auch gleichzeitig das Entscheidende im SPF ein: Es bildet sich die uns allen vertraute Polarität. Beim Eisenstab sind es auf der einen Seite der Plus- und auf der anderen der Minuspol. Hier ist es ein Begriff und am anderen Ende dessen Gegenteil, so wie in Abbildung 65 verdeutlicht.
Der von uns gewählte Begriff ist der der Eleganz, den wir mit dem Adjektiv »elegant« einfügen. Nun geschieht das, was im physikalischen Feld ganz selbstverständlich ist und auch im gedanklichen Bereich eine innere Logik besitzt. Dinge definieren sich weitgehend dadurch, daß man an deren Gegenüber, ihr Gegenteil oder ihre Negation denkt. Vieles wird erst dadurch verständlich, daß man sich gleichzeitig ein mögliches Gegenteil vorstellt, denn viele Begriffe haben mehrere Negationen, und erst wenn man eine

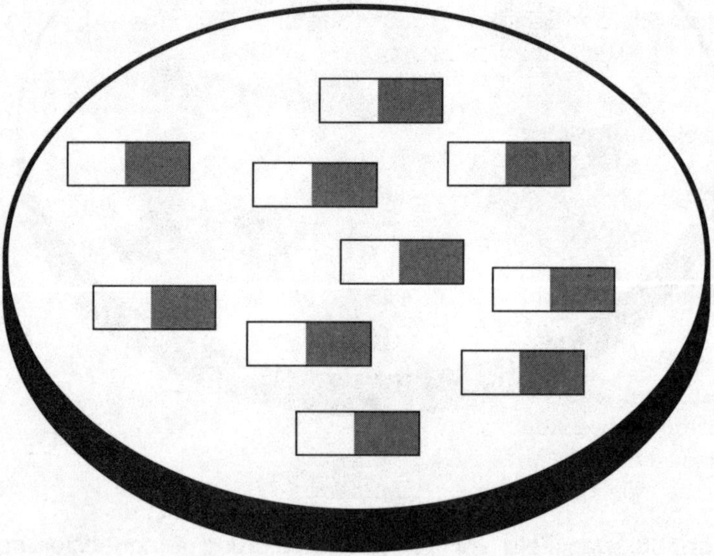

Abb. 64: Das Feld nach der Magnetisierung

davon ausspricht, weiß man genau, worum es beim Erstbegriff geht. Es scheint etwas Naturgesetzliches darin zu liegen, daß das Positive nicht ohne das Negative definiert werden kann; ein Pol ist etwas völlig Sinnloses ohne Gegenpol.

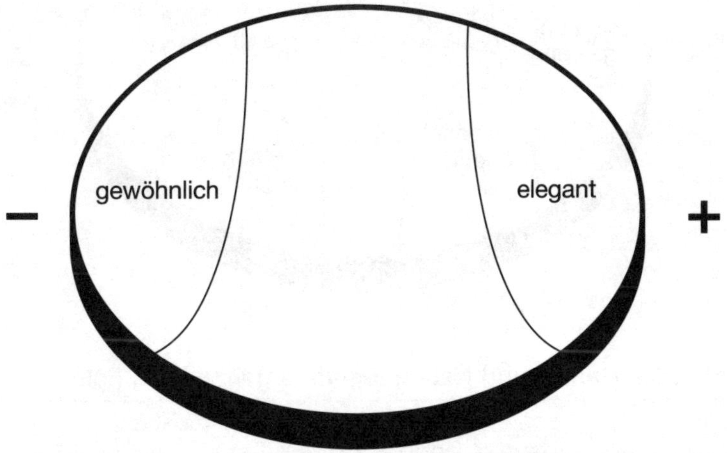

Abb. 65: Der Begriff »elegant« und sein Gegenpol »gewöhnlich« werden eingeführt

Ein Feld entsteht

In Abbildung 66 ergänzen wir die beiden Hauptbegriffe mit Nebenbegriffen. Dabei sehen wir, daß sich ein Gebilde formt, das man zutreffend mit dem Wort Netzwerk bezeichnen könnte. Wir gebrauchen bewußt dieses Wort, weil es sich im bildhaften Sinne um eine Art Netz handelt, darüber hinaus aber wollen wir darstellen, daß es hier auch konzeptionell im Sinne von Capra und Vester um eine Vernetzung geht.
Darum sei besonders unterstrichen, daß es ein relatives System ist. Wir sagen nicht: Mit dem Begriff Eleganz verhält es sich genau so und so. Vielmehr ist unsere Aussage: Nach unseren Erfahrungen und mit dem begrenzten Wissen, das wir haben, gibt es Affinitäten und Abstoßungen. Zwischen »elegant« und »gewöhnlich« gibt es Abstoßung, Widerspruch; zwischen »elegant« und »teuer« existiert Verwandtschaft, Ähnlichkeit, Affinität.

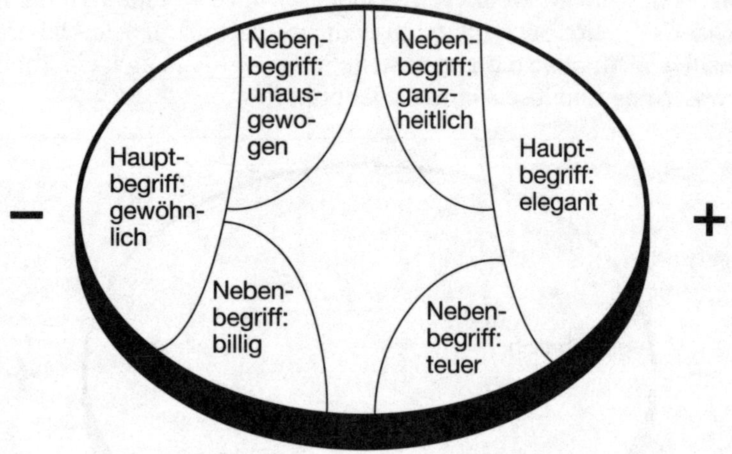

Abb. 66: Haupt- und Nebenbegriffe ergänzen das Feld

Man könnte versuchen, die Inhalte von Abbildung 66 in einem Koordinatensystem zu zeichnen und wiederzugeben. Wie wir alle wissen, ist das Koordinatensystem die beliebteste Darstellungweise in allen Wissenschaften. Millionenfach ist damit gearbeitet worden. Keine Frage, es wäre nicht so populär, wenn es nicht oft außerordentlich nützlich wäre. Bei allen exakt meßbaren Relationen ist es das auch. Hier aber geht es uns ja gerade um etwas anderes. Wir wollen ja doch bewußt nicht Exaktheit vortäuschen, wo wir es doch nur mit Annäherungen zu tun haben.
Das Feld der Abbildung 66 ist nur eine »Analogie«. Es will zum Ausdruck bringen: So oder ähnlich scheint es zu sein, und nun gehen wir hin und prüfen, ob sich das Modell bewährt, ob die Wahrscheinlichkeit seiner Korrektheit verbessert werden kann. Das Feld spiegelt die Realität einer ungefähren Zuordnung wider. Diese erscheint uns angemessen, weil jedes Mehr an vorgetäuschter Korrektheit dem neuen Weltbild nicht angemessen wäre. Nach völliger Richtigkeit zu schielen, trauen wir uns nicht, wollen wir nicht, können wir gar nicht! Erkennen Sie hier Popper wieder?

Mit Netz, aber ohne doppelten Boden

Einstein und andere haben uns beigebracht, daß es im Weltbild der Moderne keinen Fixpunkt mehr gibt. Auch im sozio-psychologischen Raum des SPF werden wir uns an dieses Grundgesetz gewöhnen müssen. Das Koordinatensystem ist gerade durch einen solchen Fixpunkt, nämlich die unzweideutige Schnittstelle der beiden Achsen, gekennzeichnet; vielleicht müssen wir jetzt sagen »gebrandmarkt«. Unser Feld kennt keinen Fixpunkt. Über ein Begriffsnetzwerk wird Eleganz auf eine relative Art und Weise definiert. Was wir aussagen, gilt zunächst einmal nur innerhalb unseres Feldes, das wie ein kleiner Luftballon vor sich hintreibt und – jede Minute platzen kann.

Umfeldorientierung

Ganz im Sinne von Poppers Gebot, daß es nur unvollständige Wahrheiten gibt, ist auch unser Feld unabgeschlossen. Wir hatten anfangs gesagt, daß wir uns als Umfeld den Markt der gehobenen Mittelklassewagen vorstellen wollen. Nehmen wir an, es kommt eine neue Modeströmung so wie die Swatch bei den Uhren. Die Dimension der Eleganz könnte einen ganz anderen Stellenwert bekommen. Die obige Darstellung wäre dann vermutlich nicht mehr haltbar und müßte revidiert werden.

Wir wollen damit verdeutlichen, daß das, was im SPF gezeigt wird, das Bild in uns ist. Es ist ein Porträt unserer subjektiven Vorstellungen. Sie sind in sich selbst relativ, aber diese Relativität besteht auch nach außen. Es erfolgt jeweils eine Anpassung an neue Umfelder. Ob es darüber hinaus dann vielleicht noch etwas gibt, was allen Feldern eigen ist, was sie im Sinne eines allgemeinen Grundmusters einer Weltformel prägt, genau das glauben wir, aber es soll uns erst später beschäftigen.

Strategische Nutzung

Letztlich bietet das SPF die Möglichkeit, **strategische Zielsetzungen** auszudrücken. Wir können uns mühelos in Abbildung 65 vorstellen, wie dort im Bereich »gewöhnlich« der gegenwärtige Situations- und Imagepunkt eines Produktes liegt. Dies ist der Ausgangspunkt; und nun nehmen wir uns als Strategie vor, das

Image unseres Produktes »aufzubessern«, bis es den Bereich »elegant« erreicht. Diese Darstellung ist möglich, weil das Feld topographische Qualitäten besitzt. Wie auf einer Landkarte kann ich meinen gegenwärtigen Lagepunkt eintragen, mein Ziel formulieren und dann später nachprüfen, ob ich diesen Zielpunkt auch tatsächlich mit Erfolg erreiche.

Fazit: Das sozio-psychologische Feldmodell ist ein Versuch, der unendlich komplexen Welt der sozialen, psychologischen und ökonomischen Beziehungen und Erscheinungen eine verdichtete, komprimierte und damit zum leichteren Verständnis beitragende Struktur gegenüberzustellen. Wie wir noch sehen werden, läßt sich SPF äußerst vielfältig einsetzen: Zur Beschreibung einer Einzelpersönlichkeit, einer Gruppe, eines Marktes, des Ablaufs des Managementprozesses, es kann zur Beschreibung einer Typologie herangezogen werden, für Probleme des Lebenszyklus und für die Definition von Strategien. Es ist ein Instrument, das geprägt ist vom Anliegen, ein Werkzeug zu benutzen, das der Konzeption des Mind-Profit Management entspricht und mit dem zeitgenössischen Denken über die Erkenntnismöglichkeiten des Menschen übereinstimmt.

Nach dieser Einführung wollen wir nun im nächsten Kapitel die für diese Arbeit wichtigste Perspektive des SPF darstellen, nämlich seinen Einsatz als »Landkarte der Persönlichkeit«.

XI. Manager – Menschen wie du und ich

Daß es Sinn macht, Manager im Hinblick auf ihre Persönlichkeit, ihr Rollenverständnis und ihre Werteskalen psychologischen Tests zu unterziehen, stellt heute kaum jemand in Frage. Den jungen Bewerber vermittels der unterschiedlichsten Analyseinstrumente zu überprüfen, ihn vielleicht sogar einem sogenannten Assessment Center auszusetzen, das ist zwar noch nicht von allen akzeptiert, wird auch immer noch seltener gemacht als erforderlich und wünschenswert, aber für nicht eben wenige ist es heute bereits eine »normale« Praxis, die kein sonderliches Aufsehen mehr erregt. Während also die Analyse des einzelnen keine Seltenheit darstellt, ist die Persönlichkeitsanalyse von Gruppen noch ziemlich ungewöhnlich. Gerade damit wollen wir uns nun beschäftigen.

1. Gruppenanalyse

Eigentlich ist diese Seltenheit der Untersuchung von Gruppen überraschend, denn die Methode des Einzeltests scheint doch weitgehend akzeptiert und arbeitet offenbar recht sicher. Warum also nicht Analysen vornehmen, die sich etwa an die Gesamtheit folgender Gruppierungen richten:

- alle Produktionschefs im Rahmen einer Industrieuntersuchung,
- alle Vorstandsvorsitzenden der Elektronikbranche,
- alle Jüngeren in einem bestimmten Unternehmen,
- alle, die dem Führungsteam einer Firma angehören (gerade dies dürfte besonders wichtig für gesundes Überleben sein),
- alle Intensivkäufer einer bestimmten Marke.

Sehen wir einmal von demographischen Aufteilungen ab, auf deren geringen Erklärungswert wir später noch einmal zu spre-

chen kommen, so darf festgestellt werden, daß derartige psychologische und soziologische Analysen von Gruppen selten bis gar nicht durchgeführt werden. Das Psychogramm einer Gruppe wird jedenfalls nicht mit der gleichen Selbstverständlichkeit erstellt wie das eines einzelnen Bewerbers. Warum?
Das hängt damit zusammen, daß die Schwierigkeiten bei Tests von Gruppen größer sind. Schon bei der Einzelperson, die man überprüft, gelangt man ja nur dann zu einem sinnvollen Ergebnis, wenn deutliche, sich nicht widersprechende Strukturen gefunden werden. Dies ist schon bei Einzelpersonen keineswegs immer der Fall. Bei Gruppen sollte nicht nur die Einzelanalyse »aus einem Guß« sein, vielmehr muß darüber hinaus die ganze Gruppe etwas Typisches zeigen, was auf alle oder doch die überwiegende Mehrheit einer Gruppe in gleicher Weise zutrifft.
Anders ausgedrückt: Ist es bereits schwierig, die Komplexität beim einzelnen »unter einen Hut« und auf einen Nenner zu bringen, so ist dies bei Gruppen weitaus mühevoller; bisweilen mißrät es und ist gar nicht zu erreichen. Mehr noch als diese in der Natur der Vielfalt einer Gruppe liegenden Schwierigkeiten hat es mit den uns heute zur Verfügung stehenden Testwerkzeugen zu tun. Diese tun sich zumeist schwer, wenn es um menschliche Gruppierungen geht. Das hängt mit dreierlei zusammen:

- Die Mehrheit der heute verfügbaren psychologischen Tests ist nicht auf Gruppenanalyse angelegt, sondern auf Individualuntersuchung.
- Die Aufgabe einer Gruppenanalyse wäre grundsätzlich um einiges einfacher, stünde hinter dem jeweiligen psychologischen Test eine Typologie, also ein festes Raster, in das der einzelne sozusagen »hineinfällt«. Dieser Automatismus erleichtert die Beschreibung ganzer Gruppen. Typologien sind aber heute unter Psychologen nicht gut gelitten. Sie gelten als zu naiv und simpel. Klammheimlich steht letztendlich doch hinter fast allen Tests ein typologisches Grundmuster, aber man geniert sich in Fachkreisen, dies zuzugeben. Tests haben heute offiziell nicht typologieorientiert zu sein.
- Drittens ist da noch ein Hindernis, wenn wir im wirtschaftlichen Bereich analysieren: Es gibt nur sehr wenige Tests, die speziell »managerbezogen«, das heißt auf die bei Managern besonders interessierenden Eigenschaften fokussiert sind, also etwa auf

Entscheidungsfreude, Anpassungsfähigkeit, Loyalität, oder Überzeugungskraft. Die überwiegende Mehrheit der Tests stellt eher auf allgemeine Kriterien ab, damit man vom Jugendlichen bis zur Urgroßmutter und von der Frau des Pizzabäckers bis zum Oberstudienrat auch alle und jeden damit überprüfen kann.

Fazit: Gruppenanalysen bei Managern sind schwierig. Auf der anderen Seite muß von ihnen ein substantieller Zuwachs unseres Wissens erwartet werden. Gelänge es, für einzelne Unternehmen, für ganze Branchen, für einzelne Berufsgruppen gemeinsame, interpretationsfähige Strukturen zu ermitteln, so darf angenommen werden, daß uns das Verhalten von Gruppen, Gemeinschaften, Klubs, Firmen und Interessengemeinschaften weit besser verständlich wäre.

Ich erblicke hier eine der nicht gar zu zahlreichen Möglichkeiten, unseren betriebswirtschaftlichen Wissensstand zu erweitern und um eine neue Dimension zu bereichern.

2. Eine neue Konstruktion

Da uns das vorgefundene Instrumentarium aus den obengenannten Gründen nicht genügte, bin ich den steinigen Weg einer eigenständigen Entwicklung gegangen. Was dabei herauskam, wird vielleicht die voreilige Kritik manches Psychologen herausfordern, ist doch der Ansatz in vieler Hinsicht unkonventionell, denn er will ja gerade die einseitige und auch sehr deutsche Tradition des Individualtests überwinden.
Die Stärken unseres Tests, den wir weiter unten ganz genau kennenlernen werden, liegen nach meiner Auffassung in folgendem:

- Er ist an Managertätigkeiten orientiert.
- Er arbeitet mit einem Typologieraster, das auf solchen Managertätigkeiten aufbaut.
- Er ist bewußt mit dem Blick auf Gruppenanalysen konzipiert worden.

- Er hebt besonders auf das Rollenverständnis ab.
- Schlußendlich will unser Test für Nichtpsychologen leicht verständlich sein, indem er die psychologische Fachsprache bewußt umgeht. Dadurch soll er für den Manager nachvollziehbar sein, und zwar für ihn selbst als Testperson wie auch in seiner Funktion als Entscheider in Personalsachen, wo er ihn zur Bewertung anderer einsetzt.

Wie fast alle psychologischen Rollen- und Persönlichkeitstests dieser Welt beansprucht auch dieser keine Alleinstellung. Die neueren psychologischen Analyseinstrumente sind allesamt mit beträchtlichem Schielen auf andere Tests und auf die Typologien der großen Vorbilder zustande gekommen – unserer natürlich auch. Dies ist durchaus kein Mangel, denn die Gültigkeit eines neuen Instruments läßt sich ohnehin immer nur dadurch feststellen, daß man die Resultate mit anderen, bereits bewährten Tests vergleicht. Wir haben den unsrigen unter Heranziehung des Lüscher-Farbtests und des Myer Briggs Type Indicators überprüft, beides bewährte diagnostische Verfahren, die sich seit langem großer Anerkennung erfreuen.

Die Gesamtheit der heute eingesetzten Verfahren stellt also eine Art Netzwerk dar. Es gibt kaum einen Test, in dem nicht die uralte griechische Lehre von den »Temperamenten« in irgendeiner Form fröhliche Urständ feiert, in dem Freuds Dreiertypologie (oral, anal, genital) nicht wiederkehrt oder wo sich C. G. Jungs Extra-Introversion, die Vierertypologien von Fromm, Horney, Frankl, Riemann oder die Sechsertypologie DeBonos mehr oder weniger verschämt widerspiegeln. Unser abendländisches Denken ist seit Jahrhunderten ein Denken in Typologien, und auch diejenigen, die sich davon heute abkehren, können ihrem Erbe kaum entfliehen. Wir haben das erst gar nicht versucht.

Wie heißt nun unser Wunderbaby? Leavitt-Berthscher Sechs-Phasen-Rollen-Audit oder kurz Rollen-Audit genannt. Das Baby ist wohlauf und gesund, denn es hat sich trotz seiner Jugend bei über 500 Managern bewähren müssen. Sein Innenleben haben wir in Abb. 67 dargestellt.

Die dort wiedergegebene Typologie wollen wir nun systematisch durchgehen. Dabei erklärt sich die Abbildung fast von selbst. Das jeweilige Statement innerhalb der Figur demonstriert auf eine kurze und prägnante Weise das Rollenverständnis der sechs Charaktere. Der Leser sollte sich hier die einleitende Vorstellung des sozio-psychologischen Feldmodells SPF ins Gedächtnis zurückrufen. In der Tat ist der Rollen-Audit eine der vielen Anwendungsmöglichkeiten des SPF. In den Abbildungen benutzen wir eine sechsmal unterteilte ellipsenförmige Darstellung, die uns auch weiterhin als Standard begleiten wird.

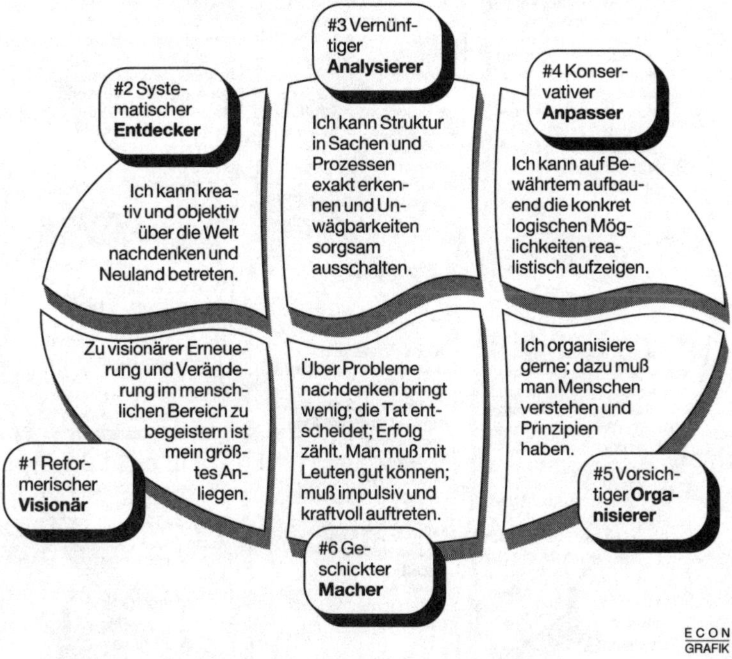

Abb. 67: Sechs-Phasen Modell: Sechs Neigungen

Abbildung 68 geht ein Stück weiter als Abbildung 67. Sie ist für denjenigen gedacht, der sich nicht mit einem einzigen Statement zufriedengeben möchte und sein Verständnis des jeweiligen Typs vertiefen will. In dieser Darstellung wird auf bestimmte Situationen oder Denkkategorien eingegangen, und wir zeigen, wie sich der jeweilige Typus unter bestimmten Umfeldkonstellationen verhält. So erfahren wir etwas über die Werte eines jeden Typs, welchen Träumen er nachjagt, was sein typisches Hauptverhaltensschema ist, wie er sich in Führungsrollen verhält und wie er

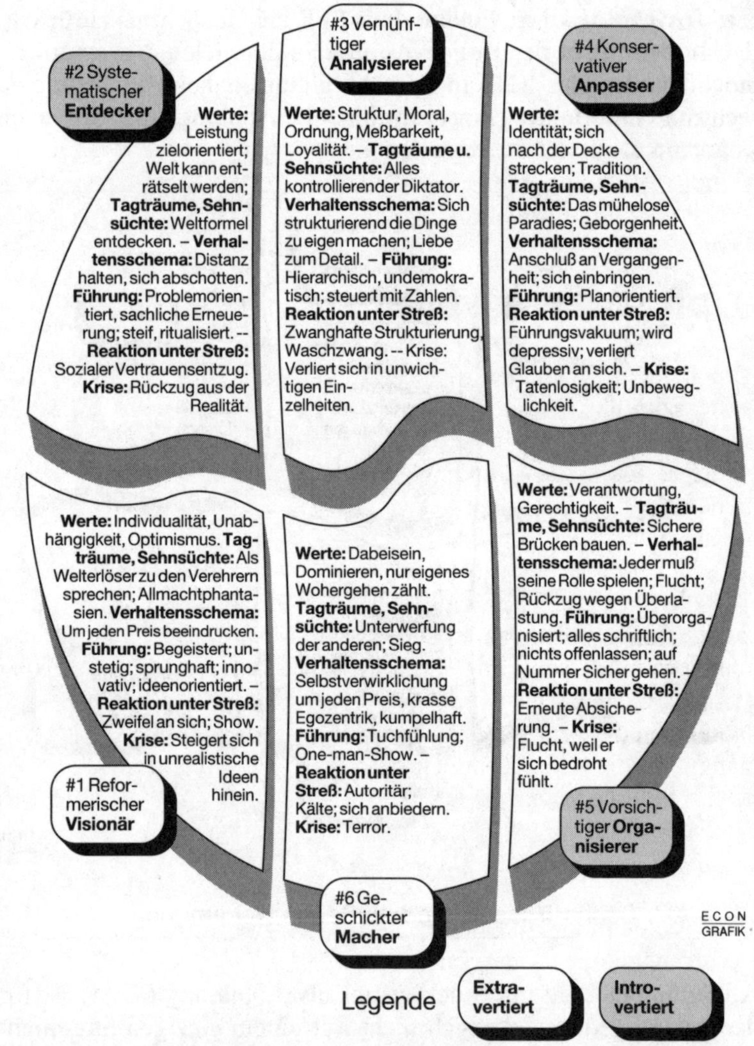

Abb. 68: Einstellungen, Verhaltensweisen und Streßreaktionen im Sechs-Phasen-Modell

unter Streß oder in einer allgemeinen Krise reagiert. In Abbildung 68 sind bereits die Neurosen eines jeden Typs eingeflossen. Dies macht die sechs Rollenbilder verständlicher, obgleich wir uns mit

den Problemen der Neurose intensiv erst im zweiten Band dieser Trilogie beschäftigen wollen.
Beim Durcharbeiten der sechs Typen oder Rollen hilft es vielleicht ein wenig, daß jeder Typus neben dem Namen mit einer Raute (#) versehen ist, hinter der eine gleichbleibende Typennummer folgt. Auch diese Nomenklatur wird uns von jetzt ab ständig begleiten. Ferner sei auf die quantitative Verteilung in Abbildung 69 hingewiesen..

3. Die Phantasievollen

Die beiden Typen des #1 reformerischen Visionärs und des #2 systematischen Entdeckers verkörpern die Innovatoren, die Kreativen, die Leute mit neuen Ideen. Sie sind es, die mehr als alle anderen für die gedankliche Veränderung unserer Welt getan haben. Der #1 Reformer verlegt seine Fähigkeiten mehr auf den menschlichen und sozialen Bereich, der #2 Entdecker neigt mehr zu sachlichen Problemen: Letzterer betätigt sich nicht selten in Wissenschaft und Forschung, soweit die Disziplinen sich nicht der zwischenmenschlichen, soziologischen, psychologischen Problematik widmen, sondern Materie, Stoffe, Arten, Gesetze der Natur zum Gegenstand haben.
Nun legen die beiden Bezeichnungen »Visionär« und »Entdecker« nahe, daß die dahinterstehenden Menschen im ersteren Fall vielleicht Politiker, Sozialreformer, hohe Beamte oder Funktionäre sind und im zweiten Fall Lehrer, Ingenieure oder Naturwissenschaftler. Dies kann der Fall sein, ist es wohl auch häufiger, aber es wäre falsch, im #1 Visionär und im #2 Entdecker ausschließlich den Akademiker zu suchen. Beide können ganz einfache und gering gebildete Leute sein. Es gibt Arbeiter mit einer technischen Neugier, die sie kontinuierlich zu betrieblichen Verbesserungsvorschlägen antreibt, oder einfache Angestellte, die mit Hingabe an einem innovativen Formular basteln. Gerade der ideenreiche Bastler ist oft die Schmalspurausgabe des großen Entdeckers, und Reformer gibt es in der kleinen Welt der Vereine, Klubs, Bürgerkomitees und in der Sozialarbeit, die oft eine Art Mikrokosmos darstellen, wo Menschen Rollen ausleben können, die ihnen im Makrokosmos der großen Politik oder an der Spitze von Unternehmen vielleicht versagt bleiben.

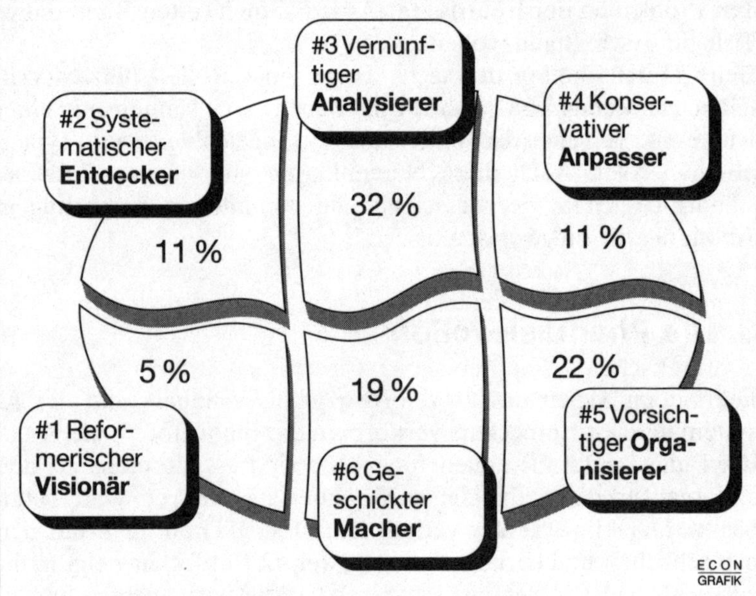

Abb. 69: Die quantitative Verteilung der sechs Rollen

Die beiden Typen des #1 Visionärs und #2 Entdeckers erschließen sich besonders gut, wenn man sich einer Unterscheidung bedient, die auf C. G. Jung zurückgeht. Der große Schweizer Psychologe hat die Menschen in extravertiert, das heißt nach außen gerichtet und auf die Welt zugehend, und introvertiert, das heißt nach innen gerichtet und in sich selbst versponnen, eingeteilt (siehe auch Abbildung 68). Benutzt man diese beiden Kategorien, so ist der #1 Visionär, der extravertierte Erneuerer, sein Gegenstück, der #2 Entdecker ist eher der Introvertierte. Der erstere will draußen mit dem großen Wurf beeindrucken; #1 reformerische Visionäre wollen glänzen; sie sind immer ein wenig Luftikus, Hansdampf in allen Gassen. Anders der #2 Entdecker: An eleganter Kommunikation liegt ihm nicht viel, er will mehr sachlich überzeugen; meist ist er ernsthafter, rationaler, aber auch von nicht ganz so vermessenem »Höhenflug« wie der #1 reformerische Visionär. Kommunikation ist für #2 Entdecker eine Notwendigkeit, nicht ein Genuß an sich wie für den mitteilsamen #1 Visionär.

Beschreibt man beide im Sinne Schmidbauers, dann würde man sagen, daß sie ein hohes Urvertrauen in die Welt haben, denn nur

dieses Grundvertrauen erlaubt es ihnen, den gewagten, von der Welt oft mißverstandenen Weg des Innovators zu gehen.
Es ist die Art und Weise, wie sie innovatorisch tätig werden, worin sie sich unterscheiden. Dabei entwickelt der #2 Entdecker nicht selten eine gewisse Menschenscheu, die ihn bei Streß und Ungemach wiederum gelegentlich in die Isolation treibt. Der #1 reformerische Visionär hat diese Probleme nicht: Er liebt das Bad in der Menge, ist oft ein glänzender Redner und spielt sich immer ein wenig auf. Der #2 Entdecker wird manchmal für seine Umgebung kompliziert, weil er gelegentlich den Rückzug aus dem menschlichen Kontakt antritt, wenn's für ihn schwierig wird. Bei #1 reformerischen Visionären sind es die Sprunghaftigkeit, die Übertreibung und das schnelle Gelangweiltsein bei allen Routinetätigkeiten, womit er manchmal seine Umgebung nervt.
Vorangebracht haben beide die Menschheit, denn die großen naturwissenschaftlichen Entdeckungen der einen Spezies sind genauso wichtig wie die sozialen Neuerungen der anderen. Ein neues Naturgesetz dem Kosmos abzuringen ist für den #2 Entdekker höchste Befriedigung; der #1 reformerische Visionär erlebt ähnliches, sollte es ihm gelingen, etwa das System der Demokratie zu verbessern oder eine psychologische Gesetzmäßigkeit zu erarbeiten.
Entdecker und Reformer kann man sehr plastisch durch den Vergleich mit berühmten Persönlichkeiten beschreiben. Natürlich war John F. Kennedy ein #1 reformerischer Visionär. Er rief seine Nation zum Weltraumflug auf und flößte damit den gegenüber den sowjetischen Sputniks mutlos gewordenen Amerikanern wieder Selbstbewußtsein ein. Ich meine, daß Willy Brandt ein Visionär war, als er zum blauen Himmel über der Ruhr aufforderte, als die Deutschen für solche Anliegen noch gar nicht reif waren. Typisch war für beide Visionäre, daß sie mit ihren Botschaften die Welt von morgen vorwegnahmen, bereits an Dinge dachten, die für die Masse erst viel später Relevanz bekamen.
Nun einige Beispiele #2 mutiger Entdecker: Sicherlich war Galileo Galilei einer von ihnen. Er wagte den Konflikt mit dem Bestehenden und mit den Mächtigen. Und wer würde bei dem Begriff mutiger Entdecker nicht an Robert Röntgen denken, der jene segensreiche Erfindung der Fotografie des Inneren ersann und realisierte, die ihn in tragischer Weise schließlich selbst vernichtete.

Aber Visionäre und Entdecker müssen keinesfalls Berühmtheiten von beherrschender Bedeutung sein. Es gibt sie im Kleinen, in der engen Welt des Alltags und des eher Bürgerlichen. Wenn sie die Veränderung anstreben und erfinden und entdecken wollen, bleiben sie auch ohne den Glanz der Nobelpreise und ohne geschichtlichen Ruhm vom Typus, vom Verhalten, von ihren Träumen und Visionen her echte Visionäre oder Entdecker.
In der Welt des Managements finden wir beide an der Spitze. Bei den etwas tiefer liegenden Positionen begegnet uns der Entdecker vermutlich oft im Labor und im Konstruktionsbüro, den Visionär treffen wir mehr im Kaufmännischen und Organisatorischen.

Visionäre und Entdecker in Nöten

Nun ist es eine alte Weisheit, daß man Menschen nicht nur an sonnigen, problemlosen Feiertagen kennenlernen sollte, sondern daß man sich ihnen auch dann stellen und sie verstehen muß, wenn ihnen der Wind ins Gesicht bläst und die Zeichen auf Krise und Konflikt stehen. Ja, die Größe einer Persönlichkeit zeigt sich erst so recht in prekären Situationen, wo man in Bedrängnis gerät, wo der Lack abblättert und sich elegante Überheblichkeit schwertut.
Also müssen wir auch betrachten, was für #1 Visionäre und #2 Entdecker typisch ist, wenn sie extrem gefordert sind, wenn sie sich in Krise und Panik zurechtfinden müssen. Hier zeigt sich nun der #1 reformerische Visionär nicht mehr ganz so glanzvoll; Zweifel an seiner eigenen Person und Sendung sind häufig. Mehr noch fällt seine Sprunghaftigkeit auf und seine große Irritation. Sind seine Ideen unter normalen Umständen zwar kühn, aber nicht unrealistisch, so flüchtet er unter Streß nicht selten in den Bereich des Tollkühnen oder nicht mehr Realisierbaren.
Noch stärker kommt die Kehrseite seiner visionären Fähigkeiten ans Tageslicht, wenn er sich unter dem Ansturm des Widerspruchs oder bei häufigem Versagen in die reine Theatralik flüchtet. Dann fehlt plötzlich die Substanz seiner sonst so phantasievollen Erfindungen, und die hohle Show kommt zum Vorschein. Er wirkt dann besonders erbärmlich, aber reformerische Visionäre sind andererseits auch Stehaufmännchen, die relativ leicht aus der Krise herausfinden – eben weil sie recht kreativ den befreienden Ausweg aus allen Situationen zu finden vermögen. Man sollte

deshalb auch nicht zu schnell den Stab über sie brechen, wenn ihnen die sonst so berechtigte Selbstsicherheit in der Krise einmal nicht zur Verfügung steht.
Anders der #2 systematische Entdecker: Er hat insofern schon einen gewissen Rückzug aus der realen Welt angetreten, als er in der Regel das volle Leben mit seinen menschlichen Problemen und Spannungen meidet und sich der unbelebten Materie zuwendet – Fließbändern, Bauplänen, Labors, chemischen Formeln, der Katalogisierung von Flora und Fauna. Hierin manifestiert sich die Introvertiertheit im Sinne C. G. Jungs: Er meidet die soziale Spannung, bevorzugt Sachen statt Menschen und horcht in sich hinein. Während der reformerische Visionär sein klatschendes Publikum genießt, erfreut sich der Entdecker in aller Stille an seiner Briefmarkensammlung oder an einem Buch über physikalische Gesetze. Briefmarken und physikalische Gesetze »beißen« nicht.
Darin erkennen wir die Schwäche des Entdeckers, die noch an Intensität zunimmt, wenn Streß und Krise ihm das Leben schwermachen. Seine Neigung zur Abschottung verstärkt sich dann, und er intensiviert seinen Rückzug, indem er soziale Beziehungen weiter reduziert, sich einigelt, sich eigenbrötlerisch ins Studierzimmer zurückzieht.
Erfordert sein Beruf gebieterisch, daß er ein Minimum an sozialem Kontakt nicht unterschreiten kann, so wird er die dafür notwendigen Begegnungen formalisieren, strengen Regeln unterwerfen. Wie sehr er sich selbst und anderen damit das Leben schwermachen kann, bedarf keines Kommentars. Er wird zum sozial verkümmerten Entdecker.

Das seltene Salz in der Suppe

Kehren wir nach diesem Ausflug in die weniger erfreulichen Aspekte zu den Stärken von Visionär und Entdecker zurück. Beider größte Stärke ist es, daß sie stets für den Gedanken offen sind, daß alles auf dieser Welt im Prinzip anders sein könnte. Die Welt, wie sie ist, schlägt sie nicht so in den Bann wie die meisten anderen Menschen, die sich vom Hier und Heute immer nur ganz mühevoll lösen können. Der Fortschritt ist das Kind von #1 reformerischen Visionären und von #2 systematischen Entdekkern. Wer an den Fortschritt glaubt, schuldet ihnen Dank. Unsere heutige Welt wäre ohne sie nicht, was sie ist. Von ihnen kamen all jene Beiträge, die unsere heutige Zivilisation ausmachen. Von so profanen Dingen wie Toaster und Automobil bis hin zu Konzepten wie Marktwirtschaft und Demokratie: alles ist weitgehend ihr Werk.

Wie häufig aber gibt es sie, die beiden Neuerer? Haben wir sie zuhauf? Sind sie seltene Edelsteine? Hier ist die Antwort. Wie uns Abbildung 69 zeigt, entsprechen #1 und #2 zusammen nur 16 Prozent der Grundgesamtheit; anders ausgedrückt: Erneuerer sind seltene Vögel. Vielleicht braucht man von ihnen auch gar nicht so viele, vermuten die einen; daß man sie erst recht und gerade für die Herausforderungen der nächsten Jahrzehnte in großer Zahl benötige, ist die Rede der anderen. Wie auch immer – sie haben einen gewissen Seltenheitswert. Dies trifft natürlich ganz drastisch auf die nur 5 Prozent starken Visionäre zu. Entsprechend elitär kommen sie sich denn auch gelegentlich vor.

4. Wo die Sonne der Ordentlichkeit nicht untergeht

Das obere rechte Drittel unseres Modells ist das Königreich von Vernunft, Ordnung, Moral, Tradition und Anpassung. Hier begegnen uns der #3 vernunftbegabte Analysierer und der #4 bewahrende, konservative Anpasser.

Sie, die die Mehrheit haben

Beginnen wir mit dem #3 Analysierer. Er ist der Prototyp der Ordentlichkeit, des steten Strebens nach übersichtlicher Struktur. Er verkörpert Logik und Verstand, zeigt aber damit auch nicht selten eine beträchtliche Kühle, wenig Sinn für Soziales und ist häufig der pedantische Zahlenmensch, der seine Umwelt auf die ihm eigene Weise »terrorisiert«.

Wenn man so stark an das Vernünftige, Rechenbare, Logische glaubt, dann weiß die Psychologie, daß sich eine gewisse Furcht vor dem überstarken Gefühl, vor der blinden Emotion oft im Gepäck des Analysierers findet. Und in der Tat, er ist immer etwas hilflos, wenn starke Gefühlswallungen auf ihn zukommen oder wenn sich etwas der Logik und Ratio verschließt. Deshalb ist der Analysierer meist kein guter Psychologe. Sollte er aber nun doch – entgegen seiner Veranlagung – den Beruf des Psychologen ergriffen haben, so hängt er vermutlich Theorien an, die die Welt der rätselhaften Gefühle und des Unbewußten eher leugnen. Der Verhaltensforscher B. F. Skinner, der die menschliche Psyche mit den Reflexen bei Hunden zu erklären versuchte, muß ein solch gefühlsarmer Analysierer gewesen sein. Ihm, genauso wie fast allen anderen Menschen dieses Typs, fehlte die Achtung vor der Vielfalt und Unergründbarkeit des Menschen.

Egal, ob dies seinem Untersuchungsgegenstand gemäß ist oder nicht, flüchtet der Analysierer in erklärbare Strukturen. Um den Preis einer rationalen, mechanistischen Erklärbarkeit scheut er auch nicht vor unsinnigen, ja menschenverachtenden Konstruktionen zurück. So leugnete der bereits genannte Skinner ganz einfach die Seele, bezeichnete sie als eine der Wissenschaft nicht eigentlich würdige »Black Box« und schloß sie aus der weiteren Betrachtung aus. Das war so grostek wie jener Philosoph, der verkündete, daß der Mensch das ist, was er ißt, womit sich jedes weitere Nachdenken erübrige. Glücklicherweise sind nicht alle Analysierer so.

Aber nicht nur ihr Einfluß und ihre hohe Wertschätzung in unserer Gesellschaft sollten uns animieren, uns mit diesem Typus besonders gründlich auseinanderzusetzen; man sollte die nach Vernunft süchtigen Analysierer schon deshalb zu verstehen suchen, weil man ihnen massenweise begegnet. Abbildung 69 zeigt uns, daß 32 Prozent der Manager in unserer Enquete Analysierer sind. Sie sind die häufigste Spezies in unserem sechsphasigen Modell. Nicht nur in unserer Managerstichprobe, auch generell in der Bevölkerung müssen sie sehr zahlreich sein. Dadurch bestimmen sie unsere Welt – so darf aus anderen Untersuchungen geschlossen werden – in einer dominierenden Weise. Es geht wohl auf sie zurück, daß unsere ganze Kultur in hohem Maße vernunftorientiert ist – oder so tut, als ob sie es wäre – und die zivilisierte Menschheit vor der Ratio einen besonders tiefen Kotau macht.

Sigmund Freud hat uns beigebracht, daß diese Rationalität nur die äußere, vorgespielte Hülle ist, mit der wir unser Verhalten nachträglich rechtfertigen, während wir in Wirklichkeit an den Drähten unserer Emotionen tanzen wie Marionetten. Aber gerade diese Einsicht, die Vernunft nicht überzubewerten, hat immer noch erst wenige Anhänger, und diese Zurückhaltung ist für waschechte #3 Analysierer ganz schwer nachvollziehbar. Daß die meisten Menschen, auch wenn sie noch so impulsiv handeln, im nachhinein vernünftig und planvoll agierend erscheinen wollen, obgleich sie dies überhaupt nicht sind, will nicht in ihren Kopf. Sie leugnen, daß die Rationalisierung einer der am häufigsten verwandten, seelischen Tarnmechanismen ist, mit denen wir die Realität nicht wirklich rational, sondern lediglich »vernünftelnd« zu bewältigen suchen: Für Analysierer muß es immer so aussehen, als ob wir alles in Ruhe überlegen, bei allem Nutz und Schaden sorgfältig auskalkulieren, um dann rational unsere Entscheidungen zu treffen. Daß dies eine Scheinwelt ist, wissen die Psychologen seit langem, aber der Fetisch der Vernunft wird mit allen Ränken und Kniffen und einem sehr hohen Energieaufwand hochgehalten. Wohlgemerkt, hier wird von uns nicht gegen die Vernunft ins Feld gezogen, denn sie ist unsere einzige Orientierungshilfe. Wir haben zuwenig, nicht zuviel davon. Wogegen wir argumentieren, ist die typische Krankheit vieler Analysierer, dort Vernunft vorzutäuschen, wo sie gar nicht zum Zuge kommt. Hier den Analysierern Paroli geboten zu haben ist Freuds historisches Verdienst, aber die Effizienz seiner Botschaft ist dennoch gering gewesen. Und so rationalisieren wir weiter lustig vor uns hin, in Doktorarbeiten, Festvorträgen und Sachbüchern. Wir spielen das Spiel eines Homo rationalis und sollten es doch besser wissen.

Aber wir wollen die Analysierer auch nicht schlechtmachen, denn wenn es um rationale Techniken geht, um Vorschriften und Regeln, steuern sie natürlich viel Segensreiches bei, denn die Welt in kleine Kästchen zu zerlegen und alles gut einzuordnen ist ihr Hobby. Nicht selten eines, das einen zur Verzweiflung treiben kann, wenn man ein #1 Visionär oder ein #6 Macher ist. Kleinkariertheit ist ihre Krankheit. Andererseits sind sie blendende Kritiker, weil sie jeden logischen Fehler von weitem sehen und mit sichtbarer Freude beredt anprangern.

Die für die #3 Analysierer unverkennbare Neigung, nach Strukturen zu suchen und geordnete Verhältnisse herzustellen, dürfen wir nun allerdings nicht nur auf Gegenstände begrenzt sehen. Wenn man mit Sachen so überaus ordentlich umgehen will, dann erstrebt man das ebenfalls hinsichtlich der zwischenmenschlichen Beziehungen. Hier sind es vor allem Moral und Hierarchie, wo der #2 Analysierer seine geliebte Ordnung herstellen möchte.

So kommt es, daß #3 Analysierer häufig Moralapostel sind, die alles gern in Regeln und Vorschriften kleiden, um damit gegen chaotisches Durcheinander anzukämpfen. Chaos ist ein rotes Tuch für sie, und viele sind von unmoralischem oder unsittlichem Treiben zutiefst befremdet. Menschen mit dieser Haltung fällt es meist ausgesprochen schwer, soziale Beziehungen mit einem gewissen liberalen Laisser-faire zu gestalten beziehungsweise sich frei entwickeln zu lassen. Ihre Sucht, alles zu kodifizieren, ist ein Bestreben, das unter gewissen Umständen (etwa im Falle einer Firmensanierung, wo alles drunter und drüber geht) recht hilfreich sein kann. Ansonsten wird vermutlich durch ihre Liebe zu ordnenden Paragraphen mehr Schaden als Nutzen gestiftet. Wenn sie im Schweiße ihres Angesichts einmal wieder neue Ordnungsgrundsätze erarbeitet haben, stellt sich bei ihnen das Gefühl ein, daß Gewaltiges geleistet und der Firma, vielleicht sogar der Menschheit, ein ungeheurer Dienst erwiesen wurde. Die soziale Bindung, die auf Vertrauen beruht und sich freiwillig der Kontrolle begibt, ist für sie schwer nachvollziehbar. Dies hängt unter anderem sicher damit zusammen, daß ihnen der Sinn für die Schönheit des Ungeordneten, die Toleranz für ein Stückchen freien Wildwuchses oder ein Quentchen Chaos fehlt. Freud hat dies mit einem überaus stark entwickelten Über-Ich zu erklären versucht, in dem der strafende, autoritäre Vater verinnerlicht wurde.

Ordnungsmacher unter Streß

Freuds Deutung erweist sich als hilfreich, wenn wir uns klarmachen, wie sich Analysierer in Streß und Krise verhalten. Auf der einen Seite haben sie eine gewisse Streßresistenz: Sie behalten – wie bei vernunftorientierten Menschen nicht anders zu erwarten – einen kühlen Kopf. Sie brechen nicht so schnell wie andere in Hysterie aus. Dadurch wirken sie oft beruhigend auf die Umwelt und sind Vorbild.
Aber alle Dämme brechen einmal, und so sind auch sie natürlich irgendwann stressigen Krisensituationen nicht mehr gewachsen. Dann wird der ihnen eigene Ordnungsdrang zur Plage, und sie sind sich selbst im Wege. Von ihrer Umsichtigkeit bleibt dann nicht viel, und sie versuchen, sich mit autoritärem Verhalten und einer Detailverbissenheit ohnegleichen aus der Situation zu ret-

ten. Nicht selten begeben sie sich in einen richtigen Teufelskreis: Anstatt von ihrem Kästchendenken in der Krise etwas abzulassen und den Griff zu lockern, verkrampfen sie sich immer mehr und versuchen, mit Über-Ordnung, Über-Struktur, Über-Formalität die Probleme zu meistern. Auch fällt auf, daß ihnen in schwierigen Situation der Sinn für das Wesentliche abhanden kommt und sie sich an Formsachen festbeißen. Ob der Text einer Anzeige denn nun auch ganz genau nach den hausinternen Gestaltungsregeln gesetzt wurde, bedeutet ihnen dann viel, während sie darüber die Frage, ob diese Anzeige denn auch die richtige Botschaft hat, fast vergessen. Ordnung ist halt ihr Leib- und Magengericht, oft zum Vorteil für die Gesellschaft und sie selbst, bisweilen aber auch zu Lasten beider.

Die aus der Vergangenheit leben

Kommen wir nun zum #4 konservativen Anpasser. Er ist derjenige, der an überkommenen Werten hängt; er ist der Bewahrer, der gar zuviel Experiment ablehnt und nicht selten jeden revolutionären Gedanken im Keime erstickt. Wenn wir wiederum Jungs Unterscheidung von introvertiert und extravertiert anwenden, dann ist der #3 Analysierer der extravertierte Ordnungsmensch und der #4 Anpasser der introvertierte.

Diese Introvertiertheit äußert sich vor allem in seiner einseitigen Ausrichtung an der Vergangenheit. Sie gibt ihm Sicherheit. Nur dort und nicht in der Zukunft hat er seine Wurzeln. Die positive Seite an dieser Haltung kann man mit dem bekannten Schillerwort verdeutlichen: »Was du ererbt von deinen Vätern, erwirb es, um es zu besitzen.«

Wer sich wie unser konservativer Anpasser der Zukunft verschließt und nur das Vergangene gelten läßt, hat zwar auf der einen Seite einen starken Halt, engt aber andererseits seinen Denk- und Handlungshorizont unnötigerweise drastisch ein. Mit dieser »eingeengten« Haltung erklären sich einige andere typische Merkmale des #4 Anpassers: So hat er – wie der Name andeutet – die Fähigkeit, sich nach der Decke zu strecken, sich anzupassen. Dies macht ihn zum idealen Untergebenen, der in der Lage ist, viel wegzustecken. Diese Haltung ist einer weiteren Eigenschaft des Anpassers ähnlich, nämlich der, nach Geborgenheit zu streben. Er mag nicht den Kopf mutig in den Wind strecken, sondern liebt es, sich gemütlich in die Ecke zu kuscheln.

Gerät er in eine Krise, so treten gefährliche neurotische Tendenzen auf, die ihn bei starkem Streß kennzeichnen, die man aber im spannungsfreien Zustand nicht an ihm wahrnimmt. Gerät er nämlich unter Druck, dann zeigt sich eine gewisse Neigung zur Depression. Dann verliert er leicht den Glauben an sich, zieht sich in sich zurück und sieht die Welt nur noch schwarz in schwarz und ganz ohne Hoffnungsschimmer. Wie stets, so sind auch beim #4 Anpasser die Tendenzen, die unter ungewöhnlichen, stressigen oder bedrückenden Umständen auftreten, bereits in der Normalität angelegt. Die Depression ist die dramatischere Form jenes Zurückweichens, das wir als Neigung zur Anpassung und zum Zurückstecken schon im Bereich des Normalen angedeutet haben.

Muß der Anpasser führen, dann richtet er sich an den überkommenen Wertvorstellungen aus. Loyalität, Gehorsam, Unterordnung sind für ihn ganz wichtig. Meist ist er progressiven, partizipativen Ordnungsformen verschlossen und sieht diese als Revolutionen schlimmster Art an. Während sein naher Verwandter, der #3 Analysierer, generell vor dem Chaos zurückschreckt, so stört den #4 Bewahrer besonders jedweder Bruch mit Vergangenheit und Tradition.

Gerät der #4 Anpasser in schwierige Situationen der Spannung und des Konflikts, so tut er sich mit den oben bereits angeklungenen Tendenzen natürlich schwer. Es entsteht schnell ein Führungsvakuum, und er verliert den Glauben an seine Vorbildhaftigkeit. Kein Wunder, daß ihn dann Unbeweglichkeit und lähmende Tatenlosigkeit kennzeichnen. Die Anpassung, mit der er sich unter normalen Umständen durchs Leben mogelt, ist dann nicht mehr verfügbar.

Noch ein Hinweis auf die Quantität, dargestellt in Abbildung 69: Der #3 Analysierer und der #4 Anpasser stellen zusammen 43 Prozent der Manager, also die gewichtigste Zweiergruppe, wobei es von den Anpassern 11 Prozent gibt, während die #3 Analysierer mit 32 Prozent bei weitem überwiegen und überhaupt die größte Einzelgruppe repräsentieren. Die Welt ist also voll von Ordnungshütern und rückwärts gerichteten Konservativen, die alle verzweifelt nach Struktur suchen. Es darf deshalb mit Fug und Recht angenommen werden, daß wir in einer bunt gemischten Gruppe immer damit rechnen müssen, daß das Struktur- und Ordnungsstreben eher ein wenig zu stark verbreitet ist. Und in der Tat hat

das Streben nach Ordnung, Gesetz und Struktur – zumindest offiziell und nach außen hin – die zwei letzten Jahrhunderte wie nichts sonst geprägt. Wie's dahinter aussieht – geht niemand was an.
Unsere Kultur ist eine Ordnungskultur – so steht's auf dem Aushängeschild. Andererseits ist es auch der Wille zu ebendieser Struktur, dem wir einen Teil unserer staatlichen Ordnung, unsere Gesetze und die vielen guten oder weniger guten Verhaltensregeln verdanken, die sich durch unser Leben ziehen, angefangen von der Mutti, die den Daumen verbietet, bis hin zum reinigenden Fegefeuer, das die göttliche Ordnung wiederherstellen soll.
Vermutlich sind wir – um mit Gertrud Höhler zu sprechen – »im Begriff, diese Einseitigkeit abzustreifen« und zu einer ausgeglicheneren Sicht der Dinge zu kommen, wo Ratio und Ordnung den ihnen gebührenden Platz bekommen, ohne daß sie immer nur unangefochten in der ersten Reihe sitzen. Dies wäre in der Tat ein erheblicher Fortschritt, vorausgesetzt, wir fallen nun nicht ins andere Extrem, schütten das Kind der Vernunft mit dem Bade aus und tauschen es gegen Esoterik, »Seid nett zueinander« und Meditation aus.

5. Wille zur Tat – Kraft zur Realisierung

Waren Wandel und Erneuerung die Kardinalthemen von Visionär und Entdecker und andererseits Struktur und Ordnung die Herzensanliegen der Analysierer und Anpasser, so betreten wir nunmehr das Land, wo Wille zur Tat und Drang zur Realisierung die Szene beherrschen.
Schließen wir also unsere Rundreise durch die Abbildungen 67 und 68 mit der letzten Doppelgruppe ab, nämlich mit den beiden nach Durchsetzung und Realisierung strebenden #5 vorsichtigen Organisierern einerseits und den #6 sich selbst verwirklichenden, autoritären und sozial geschickten Machern andererseits. Beide stellen mit zusammen 41 Prozent ebenfalls eine starke Fraktion dar. Es gibt 22 Prozent Organisierer und 19 Prozent Macher.
Der #5 vorsichtige Organisierer ist die introvertierte Version des #6 Machers, während letzterer das extravertierte Pendant des #5 Organisierers darstellt. Besonders interessant für unsere Betrach-

tung ist der #6 geschickte Macher, denn diese Rolle – mit all ihren Vorzügen, aber auch Schwächen – spielt besonders in der Wirtschaft, doch auch ganz allgemein in unserer Gesellschaft eine ganz gewichtige Rolle. Was helfen schließlich alle guten Ideen und Pläne, wenn sie nicht zum Erfolg geführt werden, zumindest jedenfalls zur Realisierung? Zunächst aber erst einige Worte zum #5 vorsichtigen Organisierer.

Die Eingeklemmten

Er befindet sich in dem elliptischen Gebilde der Abbildung 67 zwischen dem konservativen und bewahrenden Anpasser auf der einen und dem Macher auf der anderen Seite. Aus dieser »Eingeklemmtheit« versteht man ihn vermutlich am besten. Er steht irgendwo zwischen der Ratio, die die obere rechte Hälfte der Abbildung charakterisiert, und dem Drang zur Realisierung andererseits, der für das rechte untere Drittel bezeichnend ist. Er ist deshalb zwischen den beiden Möglichkeiten der vorsichtigen Anpassung und dem beherzten Losmarschieren ein wenig hin- und hergerissen und versucht, den Kompromißweg des Organisierens zu gehen. Er hat zwei Seelen in seiner Brust. Als Macher erstrebt er eine konstruktive Willens- und Gestaltungsreaktion auf Herausforderungen. Dabei fehlt ihm allerdings der nicht unterzukriegende Elan und Schwung des echten #6 Machers; er steht nicht so stark unter dem Zwang der Selbstverwirklichung wie dieser letztere. Andererseits verfügt er über ein ordnendes Denken und wird von der konservativen Solidität des Anpassers mitgesteuert. Deshalb geht er den relativ sicheren und ungefährlichen Weg des »Schreibtischtäters«. Er geht die Probleme an, aber doch lieber auf dem Reißbrett als auf dem Schlachtfeld. Er ist der typische Generalstäbler, der den Feind auf der Landkarte besiegt, nicht aber im Kanonendonner des Kriegsschauplatzes.
Die #5 Organisierer befinden sich also immer ein klein wenig auf der Flucht. Sie retten sich in Überorganisation und Planung bis ins letzte Detail und empfinden erhebliche Befriedigung, wenn alles exakt in Aufgaben eingeteilt ist, wenn Achselklappen genau verraten, wo jeder statusmäßig eingeordnet ist, und wenn im Sinne des gut geölten »Rädchens im Gesamtgetriebe« alles gut funktioniert.

Auf dem Weg zur Paranoia

Dieser Umgang mit den Problemen unseres Lebens arbeitet recht zufriedenstellend, bis aus irgendeinem Grunde zuviel Streß oder eine große Lebenskrise kommt: Dann zeigt der #5 furchtsam-vorsichtige Organisierer ein neurotisches Potential, das Psychologen mit dem Wort »paranoid« belegen. Das wird gern mit »Verfolgungswahn« übersetzt und erschreckt, weil es vom schwerkranken Neurotiker herkommt, der dringend behandelt oder sogar in eine Anstalt eingewiesen werden muß. Davon sprechen wir hier natürlich nicht, sondern von einer sehr abgemilderten und nur in der Tendenz ähnlichen Neurose, wie sie tausendfach unter sogenannten »Normalen« vorkommt.
Im Alltag drücken sich diese paranoiden Tendenzen dadurch aus, daß jemand übermäßig häufig davon spricht, »überlastet« zu sein. Nicht selten beklagen sich diese Menschen, daß alles auf sie einstürzt, sie richtiggehend überwältigt und fertigmacht. Sie erleben dann ein Gefühl der Bedrohung und sehen sich – weit mehr, als dies objektiv begründet ist – von anderen Menschen und von den Umständen heimgesucht, angegriffen – kurz, sie erleben sich als Opfer, die mit ihren Problemen nicht fertig werden.
Gemäß seiner Grundhaltung versucht der #5 Organisierer in den meisten Fällen mit viel Organisation diese Gefühle des Bedrohtseins einigermaßen erfolgreich abzuwenden. Sein Drang zur Organisation ist Kompensation seiner Schwäche. Wenn es schwierig wird, entwirft er einen neuen Schlachtplan, läuft aber nicht an die Front. Neue Planung und neue Organisation helfen aber nicht, wenn er in extremer Weise in Streß und Bedrängnis gerät. Kein Wunder also, daß #5 Organisierer stets nach Sicherheit, nach möglicher Vermeidung von Risiko streben. Daß so jemand als Führer ein Risiko darstellt, ist leicht verständlich; oft sehen dies auch die Organisierer selbst ein, denn viele von ihnen trachten danach, nicht allzu exponierte Rollen zu spielen – eben weil dies für sie leicht bedrohliche Ausmaße annehmen und wirkliches Risiko bedeuten könnte.
Wie unterscheiden sich nun die #5 vorsichtigen Organisierer von ihren »Nachbarn«, den #4 konservativen Anpassern? In der Tat haben sie manche gemeinsamen Züge, aber sie sind doch in zwei Punkten fundamental anders:

① Der Organisierer ist aktiver, gestaltender und paßt sich weniger gut an, während der Bewahrer sich gut nach der Decke strekken kann, also eher passiv reagiert.
② Der Fluchtweg des Bewahrers ist die Depression, das Sichversagen. »Ich bin nicht gut genug«, denkt er, wenn er unter Beschuß gerät. Der Organisierer sucht das Übel in der Umwelt, die ihn bedroht, quält und nicht in Ruhe läßt.

Entsprechend aggressiv können sie in prekären Situationen reagieren. #4 Bewahrer gehen eher aus dem Felde und schlagen sich in die Büsche; #5 Organisierer dahingegen werden eher autoritär, suchen aktiv nach einem Ausweg. Erst wenn es ganz hart auf hart kommt, ergreift sie eine unbestimmte, pananoide Angst, die ihr Handeln dann komplett lähmen kann.
So wie der #4 Anpasser leicht zur Depression neigt, so neigt der #5 Organisierer zu Angstzuständen. Für beide ist es typisch, daß sie introvertiert reagieren. Wir wissen bereits, daß dies die Tendenz bedeutet, sich nicht in der Konfrontation mit der Welt abzureagieren, also den Ausgleich in aktiver Weise draußen zu suchen, sondern die Probleme im Inneren lösen zu wollen, die Dinge in sich hineinzufressen. Die Isolation des #2 Entdeckers, die Depression des #4 Bewahrers und jetzt das Bedrohtsein des #5 Organisierers sind die drei großen Krankheiten der introvertierten Seele. Der nach Isolation strebende Autismus, die Depression und paranoide Verfolgungsangst sind die drei großen Geißeln der erkrankten Psyche. Sie beschäftigen die Psychologen und Psychiater seit vielen Jahrhunderten, ohne daß man sie wesentlich eindämmen konnte noch sie voll verstehen lernte. Kein Wunder, daß die abgemilderten Formen, die uns hier beschäftigen, in unser gesellschaftliches und wirtschaftliches Leben hineinspielen. Können wir sie schon nicht ausmerzen und müssen wir mit ihnen leben, so sollten wir die, die darunter leiden, nicht vorschnell verurteilen, sondern sie und ihre Verstrickung verstehen – manchmal mitfühlend bedauern.
Dies um so mehr, als die vorsichtigen Organisierer mit 22 Prozent die zweitgrößte Gruppe darstellen. Sie sind zahlreicher als die geschickten Macher, zu denen wir nun kommen. Letztere sind mit 19 Prozent auch noch häufig anzutreffen, machen sich aber doch rar im Vergleich zu den massenweise herumvernünftelnden Analysierern.

Wo »Action« regiert

Wer sind nun die #6 manchmal autoritären, immer sozial geschickten Macher? Sie sind das Salz der Industrie, aber auch – wie wir noch sehen werden – eine arge Gefährdung. #6 Macher setzen Dinge in Bewegung, brauchen die Herausforderung der Tat, lieben es nicht, Fragestellungen langatmig oder tiefschürfend-wissenschaftlich zu durchdringen. Sie wollen vielmehr schnell handeln – manchmal ein wenig vorschnell, aber immerhin, sie wissen, daß Unternehmer von »unternehmen« und nicht von »unterlassen« kommt. Ohne sie läuft nichts. In Mammutorganisationen tut es richtig wohl, ihnen zu begegnen, weil sie irgendwann das dreißigste Meeting satt haben, das endlose Gerede nicht mehr hören können und – ganz einfach – etwas tun wollen.

Schattenseiten der Macher

Wer von soviel Tatendrang durchpulst ist und sich damit durchsetzen will, kann vermutlich nicht zu den ganz zart Besaiteten gehören, die rücksichtsvoll nach rechts und links schauen und ängstlich versuchen, nirgendwo anzuecken. Nein, sie müssen schon aus etwas derberem Holz geschnitzt sein – und das ist ihr Problem. Ihre gelegentliche oder auch permanente Rücksichtslosigkeit macht sie nicht immer zu sympathischen, angenehmen Zeitgenossen. Ihre Mitarbeiter fordern sie meist heraus, nicht selten auf eine ziemlich bestimmende, wenn nicht gar diktatorische Weise. Ihr Sozialgeschick äußert sich auch dadurch, daß sie elegant und selbstsicher auftreten können; der volkstümliche Ausdruck »Jemand zieht die Show ab« paßt glänzend auf die #6 Macher. Der Applaus zählt viel für sie – aber für wen nicht?
#6 Macher wären wohl weniger erfolgreich, gäbe es da nicht ihre extreme Eigenliebe und Selbstbezogenheit. Dies sind ihre wahren Antriebskräfte. Aber wie wir alle wissen, kann Egozentrik – wenn zu stark entwickelt – eine wahre Heimsuchung sein. Wenn sich diese Neigung, die man auch gern nach Hermann Hesses Romangestalt des Narziß als »narzißtisch« bezeichnet, dann noch mit der eben schon angeklungenen Durchsetzungskraft paart, haben wir eine Persönlichkeit vor uns, vor der einem schon ein wenig bange werden kann. Und mit dieser Angst der anderen operieren auch nicht eben wenige von ihnen.

Diese Schattenseiten treten besonders intensiv hervor, wenn Macher in die Enge getrieben werden oder unter Streß geraten: Dann entstehen oft groteske Szenen der maßlosen Selbstliebe, brutaler Rücksichtslosigkeit und eines blinden Durchsetzungswillens, der vor nichts haltmacht.
Aber vergessen wir andererseits nicht: Ohne die #6 Macher wären all die vielen Theoretiker, Visionäre, Planer arm dran, denn ihre wunderschönen Ausgeburten an vernünftiger Struktur und zukunftsweisender Weltarchitektur wären weitgehend zum Scheitern verurteilt, gäbe es sie nicht, die #6 Macher, die all dies durchsetzen, durchfechten und sich dabei nicht beirren lassen. Man muß ihnen auch zugute halten, daß sie sich nie zu fein dafür sind, sich die Hände dabei ein wenig schmutzig zu machen.
Nun regieren #6 Macher nicht nur mit Befehlen, im Gegenteil, oft sind sie sozial sehr geschickte Leute. Eine gewisse Kumpelhaftigkeit ist für sie typisch. Sie »können« meist mit Leuten. Aber dies nicht mit dem Teamgeist des wahren Demokraten, der wirklich von Gemeinsamkeit überzeugt ist, sondern mehr »instrumentalisiert«, als Mittel zum Zweck.
Menschen gehen für #6 Macher oft regelrecht durchs Feuer und vergöttern sie. Trotzdem sollte man sich nicht täuschen: Der gekonnte Umgang des Machers ist nicht Liebe zum Menschen, es ist gerade nicht das wünschenswerte Aufeinanderzugehen. Der Macher öffnet sich dem Nächsten nicht wirklich.
Kein Zweifel, daß viele bedeutende Politiker in erster Linie Macher waren. Bismarck war es; die dem Macher zugeschriebene autoritäre, hochfahrende Art trifft auf ihn ganz gewiß zu. Ein Boris Jelzin dürfte ebenfalls dazugehören. Daß sie in der Industrie häufig anzutreffen sind, bedarf keiner weiteren Hervorhebung. Wo sie fehlen, mangelt es an Drive und konsequenter Realisierung. Nur »abgefedert« müssen sie sein, umgeben von Visionären, die ihnen die Hand führen, von Analysierern, die sie mit ihrer Vernunft im Zaume halten. Dann kommen die Stärken des Machers gut kanalisiert zum Tragen und machen diesen Typus zu einem erträglichen, sicherlich sehr wichtigen Zeitgenossen.

Fassen wir zusammen: Wir haben ein Rollenszenario kennengelernt und waren bestrebt, Menschen bestimmten Gruppen innerhalb dieses Szenarios zuzuordnen. Aber selbst wenn dieses System noch so gut ersonnen ist, selbst wenn es vieles von dem widerspiegelt, was die großen Psychologen der letzten hundert Jahre zu sagen wußten, so steht doch die kritische Frage im Raum: Wie funktioniert dieses Sechs-Phasen-Modell, wenn es in der Praxis eingesetzt wird? Können Menschen sich mühelos darin wiederfinden? Ist es verständlich? Vermag es die vielfältigen Eindrücke, die man von einem Menschen haben kann, auf einen einfachen Nenner zu bringen? Ist es einprägsam genug, um als hilfreiches Instrument in die Kommunikation zwischen und über Menschen aufgenommen zu werden?

6. 437mal gewogen – und nicht zu leicht befunden

Wir haben mit unserem Sechs-Phasen-Modell folgende Erfahrungen sammeln können:

① *Fast 600 Einsätze:* Es wurde – Stand Ende 1992 – 686mal eingesetzt, davon 437mal im Rahmen der Grundsatzenquete, auf der dieses Buch beruht, und weitere 249mal in anderem Zusammenhang, also in Beratungsaufträgen oder bei Seminarveranstaltungen. Wir glauben aufgrund des vorliegenden Erfahrungspotentials getrost feststellen zu dürfen, daß die empirische Basis ausreicht, um hier von den Ergebnissen zu berichten und sie auf die Welt des Managements verallgemeinernd projizieren zu dürfen. Daß noch viel zu lernen ist und der Entwicklungsvorgang noch zu keinem definitiven Ende gekommen ist, sei einschränkend angemerkt. Daß ich eine noch breitere, europäische Basis suche, habe ich einleitend deutlich gemacht.

② *Konfrontation:* Die Versuchspersonen lernten das Modell auf zweierlei Weise kennen:
Sie wurden zuerst mit Fragebatterien konfrontiert, deren Beantwortung dazu diente, sie einer oder mehrerer der sechs Kategorien zuzuordnen. Das Modell und sein logischer Zusammenhang waren ihnen dabei zunächst nicht geläufig.
In einem zweiten Schritt wurden alle Teilnehmer mit ihren Ergebnissen konfrontiert. Dabei wurde das Modell ausführlich

erklärt. Es wurde dann nachvollzogen, warum die Befragten in der von uns erfolgten Weise zugeordnet worden waren. In 91 Prozent der Fälle wurde bei diesen Gesprächen die Logik des Modells mühelos begriffen und die Zuordnung bejahend aufgenommen. In 9 Prozent der Fälle gab es Verständnisschwierigkeiten oder generelle Ablehnung von Resultat oder Methode. Dies hielt sich in den Grenzen des bei Tests dieser Art Üblichen.

③ *Zustimmung*: In 67 Prozent der Fälle wurde das Modell mit Begeisterung oder doch beträchtlicher Zustimmung aufgenommen und spontan als hilfreich für das Verstehen von Menschen interpretiert, die in den Managementprozeß eingebunden sind. Viele Manager an der Spitze haben von der Möglichkeit einer Überprüfung ihrer gesamten Führungsmannschaft Gebrauch gemacht. Sie haben daraus durchweg weitreichende Schlußfolgerungen für die weitere Personalpolitik und das Personalentwicklungsprogramm eingeleitet. Aus diesen Arbeiten entwikkelten wir das standardisierte Kienbaum-Beratungspaket »Wie gut ist mein Führungsteam wirklich?«

Fast alle Versuchspersonen wurden am Schluß des Interviews gebeten, die von uns vorgenommene Zuordnung zu beurteilen. 83 Prozent bezeichneten die Erst- und Zweitzuordnung als weitgehend zutreffend. Dies ist ein unerwartet hoher Prozentsatz; wir meinen ihn im Sinne einer leichten Verständlichkeit und guten Treffsicherheit interpretieren zu dürfen.

④ *Ungewollter Macho-Effekt*: Managerinnen sind – und ich bedaure dies ganz besonders – noch immer recht selten. Gezwungenermaßen und weil die Grundgesamtheit für eine profunde Analyse nicht gereicht hätte, mußten wir uns auf Männer beschränken. Schon aus diesem Grunde suche ich nach Finanzierungsmöglichkeiten für eine zweite Erhebungsstufe, die dann den Mangel der fehlenden Frauen korrigiert.

⑤ *Erst- und Zweitpräferenzen*: Es ist ein erfreuliches Ergebnis, daß die Selbstzuordnung ebenso wie die von uns vorgenommene Einstufung bei 74 Prozent eine starke Erstpräferenz erkennen ließ. Dies wurde dadurch deutlich, daß die Zweitzuordnung wesentlich weniger Punkte erhielt. Er scheint also statthaft, mit der präferierten Erstzuordnung Korrelationen herzustellen und sie für weitere Schlußfolgerungen heranzuziehen.

⑥ *Wir sind alle einseitig geprägt*: Es gab einen einzigen Befragten, der sich selbst als gleich stark in sechs Feldern bezeichnete. Alle anderen 436 wiesen ein Gefälle von der Hauptneigung zu den anderen Charakteristiken auf.

Fazit: Aus den Punkten 1 bis 6 kann folgende Erkenntnis abgeleitet werden. Wir haben einen erneuten Beweis für das, was uns die Psychologie bereits seit hundert Jahren predigt: Menschen sind keine Allroundgenies, die alles annähernd gleichmäßig stark können, ganz im Gegenteil, sie sind einseitig begabte Wesen, die fast immer in einer bestimmten Weise eine Hauptneigung haben, die ihr Verhalten dominiert. Wir haben bereits weiter oben daraus wichtige Schlußfolgerungen gezogen, vor allem die, daß das Team, wo sich diese einseitig orientierten Menschen gegenseitig ergänzen können, eine der wichtigsten Institutionen ist, um gemeinsam Höchstleistungen zu erreichen, die dem einzelnen fast immer aufgrund seiner Einseitigkeit verschlossen sind.

7. Warum und wie wir das Sechs-Phasen-Modell entwickelt haben

Das Sechs-Phasen-Schema, das wir hier vorgestellt haben, ist eine von vielen Typologien. Solche haben sich zu allen Zeiten großer Beliebtheit erfreut und gehen bis weit in die Antike zurück. Eine von ihnen, nämlich die des Hippokrates mit seiner Lehre von den vier Temperamenten, ist noch heute weitgehend bekannt. Der große Arzt von der Insel Kos unterschied – je nach der Verteilung der Körpersäfte – zwischen dem leichtblütigen Sanguiniker, dem schwermütigen Melancholiker, dem aufbrausenden Choleriker und schließlich dem schwer anzusprechenden, energiearmen Phlegmatiker.
Wir wissen, daß diese Typologie nur aus dem Umfeld der damaligen Zeit zu verstehen ist. Aber wenn sie auch heute nicht im Sinne eines naturwissenschaftlich richtigen und nachweisbaren Ansatzes als gültiges Konzept angenommen werden kann, so leistet sie trotz dieses Mangels noch Beträchtliches. Man kann

sich selbst in unseren Tagen mit ihrer Hilfe ganz gut über Menschen verständigen. Auch wissenschaftlich nicht Beweisbares kann normative Kräfte entfalten. So ist etwa der schwermütige Melancholiker ein so fester Bestandteil unserer Typologiekultur geworden, daß er selbst aus der Umgangssprache gar nicht mehr fortgedacht werden kann.

Eine ähnliche Lehre, die ebenfalls zwischen physischen Körpergegebenheiten und dem Charakter eine Beziehung herstellte, war die Typologie des Ernst Kretschmer, der vielleicht deshalb so ungewöhnlich hohe Wellen in Deutschland schlug, weil es so aussah, als ob jeder Laie in der Natur lesen könne wie in einem aufgeschlagenen Buch. Kretschmer unterschied je nach Körperbau den schmalwüchsigen, spitznäsigen und sehr feinsinnigen Leptosomen, den muskulösen, körperorientierten Athleten und den breiten, runden Pykniker, einen sozial orientierten Gemütsmenschen.

Beide Lehren, die des Hippokrates und die von Kretschmer, sind unhaltbar, weil es diese enge Verzahnung von Körpermerkmalen und Charakter einfach nicht gibt; dennoch ermöglichen sie eine vereinfachte Verständigung. Wenn wir von einem Choleriker sprechen, dann wissen wir, wo wir dran sind. Kommunikationshilfe also sowohl bei Hippokrates als auch bei Kretschmer.

Da alle Versuche der Herstellung einer nachweisbaren Körper-Seele-Beziehung gescheitert sind, stellen die intelligenteren Typologien eine Beziehung zwischen Charakter und bestimmten Erlebnisprozessen her. In diese Kategorie gehört Freuds Schema, aber auch das unsere. Dabei gründet sich unsere Systematik nicht auf eine psychologische oder soziologische Theorie, sondern sie sucht an etwas sehr Einfaches und dem Unternehmer Nahestehendes anzuknüpfen, nämlich an sechs Managementprozesse, die jedem geläufig sind, der jemals in einem Unternehmen gearbeitet oder ein solches geleitet hat. Abbildung 70 zeigt uns diese sechs Phasen, die jeder Manager unweigerlich an sich selbst bzw. im Verlauf seiner Managementtätigkeit erlebt.

Fazit: Die ganze, simple Weisheit unseres Verfahrens besteht darin, daß wir unterstellen, daß jeder Akteur im Unternehmen sich unterschiedlich stark und mit unterschiedlicher Neigung zu diesen sechs Prozessen hingezogen fühlt.

Und in der Tat: Fast keine der 700 überprüften Versuchspersonen hatte Probleme, die Existenz der sechs Prozesse zu akzeptieren, die wir jetzt in Abbildung 70 nachvollziehen.

Die Phasen

Daß am Anfang des Managementprozesses sehr häufig eine #1 Vision oder – etwas bescheidener – ein Konzept steht, ist jedermann einsichtig. Daß eine solche Vision meist nicht ohne #2 Verfahrensentwicklung auskommen kann, weil sie ja schließlich zu einem greifbaren Produkt, Dienstleistung etc. entwickelt werden soll, leuchtet fast allen ein. Daß das Ergebnis von Vision und Entdeckerarbeit in eine #3 analytische Prüfung einmünden sollte, wo wir alle unsere rationale Kraft zusammennehmen müssen, um eine argumentierbare und einleuchtende Erfolgsprognose zu geben, wird unmittelbar verstanden. Daß dann jede Maßnahme an die #4 Tradition und die bisherige Politik sind, das bisherige Marktverhalten anknüpfen muß, wird als selbstverständlich akzeptiert. Im Vorgang #4 wird versucht, das Neue in das gesamte bisherige Geschehen zu integrieren. Daß dann das #5 planende Organisieren losgehen muß, erkennt jeder. Schlußendlich muß das Projekt #6 durchgeboxt und realisiert werden.
Voilà: Hier sind unsere sechs Phasen. Und sie sind identisch mit unseren sechs Persönlichkeiten. Und auch noch ein Weiteres leuchtet ohne große Kopfschmerzen ein: Daß diese höchst differenzierten Facetten des Managementprozesses nicht von einem einzelnen mit Perfektion erledigt werden können, sondern daß unterschiedliche, in einer einzigen Person kaum anzutreffende Erfahrungen und Werdegänge notwendig sind, um all dies fachlich gut abzudecken, löst keine Verwunderung aus. Auch daß sich bestimmte Menschen höchstwahrscheinlich zu einem oder zweien der Prozesse mehr hingezogen fühlen als zu anderen, liegt in der Logik der Dinge. Von hier bis zu der Feststellung, daß es dann sehr wahrscheinlich einen #1 reformerischen Visionär geben muß, der eben zu jenen #1 Visionen zu Beginn des Managementkreislaufs Befähigung zeigt, ist es nur ein kurzer Weg. Es stellt auch keine unüberwindliche intellektuelle Schwierigkeit mehr dar, daß wir dann auch einen #2 Entdecker brauchen, der am liebsten Anwendungsprozesse entdeckt, einen #3 vernünftigen Analysierer, der sich gerade dieser Tätigkeit des #3 kritischen Überprüfens

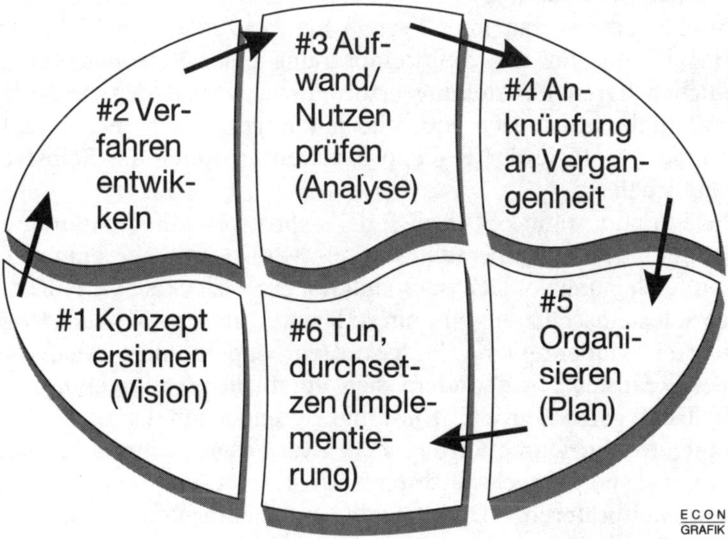

Abb. 70: Die sechs Phasen des Managementprozesses

gern zuwendet, und daß es dann auch einen #4 Bewahrer, einen #5 Organisierer und einen #6 Macher geben muß. Das löst fast nie Widerspruch, sondern schnelles Einverständnis aus.

Fazit: Es entspricht einer allgemeinen Vermutung, daß jeder Manager in sich ein kleines Stückchen #1 Visionär ist, daß ihm ein wenig #2 Entdeckertum nicht fremd ist, daß er ein Stückchen #3 Analysiererpersönlichkeit in sich trägt, ein wenig #4 Anpasser und #5 Organisierer ist und letztendlich ein Stück #6 Macher in sich hat. Daß dies aber genau gleichmäßig auf die sechs Felder verteilt ist, hat keine Wahrscheinlichkeit. Mehr noch: Der gleichmäßig von der Natur ausgestattete Alleskönner war in unserer Stichprobe nur ein einziges Mal und selbst dann nicht glaubwürdig anzutreffen. Er ist ein Phantasiegebilde. Mensch sein heißt einseitig sein.

Sind diese Überlegungen alle nachvollziehbar, so wird der Zugang zu unserem Modell noch zusätzlich durch den Umstand erleichtert, daß eine objektive Zuordnung wünschenswert, aber nicht unbedingt erforderlich ist. Es genügt schon die subjektive Selbsteinschätzung, woran man Freude hat, was man mit Liebe und Hingabe tut. Für die Selbsteinordnung einer Persönlichkeit ist lediglich deren Feststellung erforderlich, wo sie sich besonders stark fühlt, wo sie sich gern und mit Begeisterung engagiert. Es ist eine Typologie der Rollenprioritäten im Reich des Selbstverständlichen.

Die Funktionsfähigkeit des Modells wird wesentlich dadurch erleichtert, daß es keine sehr starken Motive gibt, die einmal erkannte Neigung vor sich oder anderen zu verstecken. Offenheit in der Selbsteinschätzung fällt um so leichter, als man ja in der Regel nicht ein »lupenreiner« Entdecker, ein »lupenreiner« Analytiker oder Realisierer ist, sondern sich durch die Zweitneigung dem Verdacht gar zu großer Einseitigkeit entziehen kann. Deshalb beinhaltet die Durchführung stets zwei Fragen: einmal die nach dem, was die Versuchsperson am liebsten tut, und dann die nach der Zweitpräferenz. Damit stellt das Endresultat einen sozial akzeptierten Typus dar; vehemente Ablehnung oder Verdrängung können nie ganz, aber doch recht weitgehend ausgeschlossen werden.

Eine weitere Grundregel, die wir immer beachten, wenn jemand die Testfragen zur Einordnung in die verschiedenen Typen beantwortet, ist die folgende: Es ist ganz wesentlich, daß der Test anonym ausgefüllt wird. Er arbeitet nur gut, wenn der Getestete mit absoluter Sicherheit weiß, daß nie und nimmer ein Dritter den Test seiner eigenen, der getesteten Person zuordnen kann. Darum erfolgten alle Analysen grundsätzlich ohne Namensnennung. Dieser »Beichtstuhleffekt« ist sehr wichtig, weil grundsätzlich bei allen Versuchspersonen, deren Tests mit Namensnennung etwa an Vorgesetzte oder Personalchefs weitergegeben werden, befürchtet werden muß, daß sie das Ergebnis zu schönen versuchen. Wir gehen so weit, zu sagen, daß jedes Testverfahren gefährdet ist, wenn der Getestete weiß, daß sich hinterher in Kenntnis der Person des Getesteten jemand ein Urteil bildet, womöglich noch eines, das auf Karriere und Einkommen Einfluß hat. Allein durch die Assessment Centres – die allerdings zwei bis drei Tage dauern – kann man die Täuschungsmöglichkeit auch dann auf null reduzieren, wenn nicht anonym gearbeitet wird, d. h. der Vorgesetzte das Resultat erfährt.

8. Ist die Doppeltriade mehr als ein Ansatz unter vielen?

Wie wir in Abbildung 71 zeigen, läßt sich unser sechsphasiges Schema auf drei ganz große Schicksalsfragen reduzieren, auf drei Essentials. Hier sind sie: Das menschliche Leben steht immer und ewig vor drei Grundfragen seiner Existenz. Es muß sich mit der Frage des Wandels und der Erneuerung auseinandersetzen. Daß dieser Wandel eine zwischenmenschliche und eine sachlich-forschende Spielart kennt, haben wir bereits erörtert, und dies hat uns zum #1 reformerischen Visionär und zum #2 systematischen Entdecker geführt. Beide sind natürlich verwandt und haben eine ähnliche, wenn auch nicht gleiche Welteinstellung. Was sie trennt, ist die extravertierte Spielart des Visionärs und die introvertierte des Entdeckers.

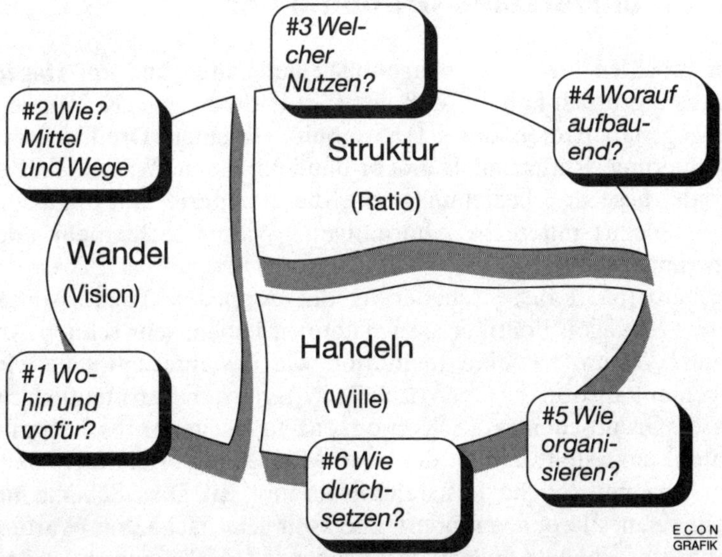

Abb. 71: Die drei Grundbefindlichkeiten zivilisatorischen Handelns

Der zweite große Komplex, dem wir unsere Zivilisation weitgehend verdanken, ist – neben der Erneuerung – unser Streben, Ordnung und Struktur in unserem Leben und in unserer Umwelt

zu verwirklichen und zu begreifen. Auch hier wieder eine Grundrichtung, bei der es zwei Spielarten gibt, die des vernünftigen Analysierers (extravertiert) und die des konservativen Anpassers (introvertiert). Beide sind Vettern, denn das Problem der Ordnung beherrscht beide. Nur die Blickrichtung ist jeweils eine andere.
Letztlich geht es dann – neben Erneuerung und Struktur – um die Frage des Willens zur Tat, die immer am Ende der zwei anderen großen Bemühungen steht. Auch hier wieder die beiden Spielarten des #5 Organisierens (mehr introvertiert) auf der einen und des #6 Machens (extravertiert) auf der anderen Seite. Die Zielrichtung ist die gleiche, aber dennoch gibt es zwei Ansätze und deshalb zwei Typen.

9. Ein universales Grundmuster

Wir möchten hier einen Augenblick innehalten und uns fragen, wie es eigentlich kommt, daß uns gerade diese sechs Komponenten gegenübertreten, die sich harmonisch in einem Dreiklang von Erneuerung, Ratio und Handeln bündeln lassen. Warum sind es gerade diese drei beziehungsweise die erweiterte und umfassendere Spielart mit sechs Alternativen? Warum nicht mehr oder ganz andere?
Weshalb findet diese Gliederung der doppelten Triade, sobald Leser, Manager, Politiker sie verstanden haben, sehr schnell Anklang? Warum hat eine Institution wie das Internationale Management Institut in Genf nach Leavitts erster Veröffentlichung dieses Grundschemas als Konsequenz fast sein ganzes Lehrprogramm umgestellt und an der neuen Einteilung orientiert? Wenn die ganz persönliche Feststellung erlaubt ist: Dies Schema hat mein eigenes Leben verändert, und zwar sehr nachhaltig. Warum? In unserer Enquete äußerten sich die meisten, die diesem Schema zum ersten Male begegneten, außergewöhnlich spontan im positiven Sinne, manchmal sogar richtig begeistert. Warum ist das so? Warum haben mir Manager und Studenten immer wieder gesagt: »Dies ist für mich ein Stück sinnvolles Weltbild!« oder: »Unbewußt ahnte ich diese Struktur bereits seit langem, aber jetzt ist es mir wie Schuppen von den Augen gefallen und hat wie selbst-

verständlich deutlich Gestalt angenommen!« oder: »Dieses Modell hat etwas Magisches an sich!«
Diese Reaktionen haben uns zu der Frage geführt: Ist dieses Muster von zweimal drei Rollen, Charakteren, Neigungen, Prozessen möglicherweise ein erschöpfendes Grundmodell der Orientierung in unserer Welt? Gibt es überhaupt mehr als diese sechs Basisverhalten? Wird hier die eingangs erwähnte Hypothese »X« voll und ganz bestätigt?
Wir können nicht umhin, zu der Annahme zu neigen, daß wir mit diesen sechs Feldern das Leben schlechthin umschreiben können – und nicht nur Management und Manager, was unser Ausgangspunkt war, den wir jetzt aber weit hinter uns lassen. Wir stehen unter dem Eindruck, daß es nichts gibt, was nicht in diese Doppeltriade unserer Kategorien einzuordnen wäre.

Entweder ich bin ein neugieriger Entdecker, der seiner Welt ins Gesicht schaut und sich fragt, welch andere, noch ungedachte Alternativen in ihr möglich sind. Dabei sind die beiden Fragen nach dem Wandel zwischen den Menschen einerseits (#1) und der Verbesserung der Einsicht in die physikalischen, chemischen und biologischen Gegebenheiten (#2) andererseits lediglich die beiden wichtigen Seiten der gleichen Medaille eines pionierhaften Zugehens auf Mensch und Welt.
Oder ich bin ein Analytiker, der die erkennbaren Alternativen gegeneinander abwägt und daran anschließend dem Wirrwarr eine Ordnung abringen will. Auch hier kann ich zwei Wege beschreiten: einmal den auf die Gegenwart bezogenen des energiegeladenen Analysierers (#3) oder den auf die Vergangenheit (#4) ausgerichteten, etwas weniger aggressiven, bewahrenden Anpassers.
Oder aber ich bin ein Realisierer, der etwas mit anderen Menschen bewirken will, der Resultate sehen möchte. Dabei ist die Grundrichtung des Organisierers (#5) nicht grundsätzlich verschieden von der des Machers (#6); es sind lediglich zwei Spielarten mit Blick auf das gleiche Endziel, einmal mit dem unbeugsamen Willen zur Tat (#6), das andere Mal mit der behutsameren Freude, diese vorzubereiten, ohne ganz aus der Reserve herauszutreten (#5).
Vielleicht täuschen wir uns, aber es liegt so nahe: Wir haben ein Grundschema des Lebens vor uns – hoffentlich. Wofür das gut ist? Überlassen wir einem großen und viel zu früh Verstorbenen die

Antwort, der für diese Art von Fragen und ihre praktischen Konsequenzen ein für einen Banker ungewöhnliches Verständnis gezeigt hat.

Vision No. 19
Alfred Herrhausen sagte bei einem Besuch in seinem Frankfurter Institut im Zusammenhang mit dem Thema Bildung für Topmanager zu unserer kleinen Delegation aus Genf: »Eigentlich dürfte es keinen Vorstandsvorsitzenden geben, dem nicht ein Coach dabei behilflich ist, seine schwierige Aufgabe dadurch besser zu meistern, daß er ihm ständig gleichsam einen Spiegel vorhält. Aber sich ständig zu fragen: ›Wer bin ich?‹, dazu haben noch die wenigsten den rechten Mut. Aber auch das kann man verstehen, denn wo ist der Spiegel, hinter dem ein wirklich großer philosophischer Wurf steht?«
Seit Ratschlag war damals richtig und ist heute und morgen von gleicher, ungebrochener Aktualität. Vielleicht sind wir dabei, die Frage nach dem richtigen Spiegel behutsam einer Antwort entgegenzuführen.

XII. Der praktische Einsatz des Modells

Nach den bisherigen, eher grundlegenden Ausführungen, die uns mit der Gesamtstruktur und den Größenverhältnissen unseres typologischen Feldmodells vertraut gemacht haben, wollen wir uns nun einige Beispiele anschauen, die zeigen, wie unser Modell in ganz konkreten Spezialfällen praktisch arbeitet und welchen Nutzen Manager und Behördenchefs daraus für sich ziehen können. Die sehr ausführliche Darstellung dieser vielgestaltigen Möglichkeiten ist dem zweiten Band dieser Trilogie vorbehalten, der den Titel »Aufbruch zur Überlegenheit« trägt. Hier wollen wir Kostproben dieses praktischen Einsatzes geben. Als erstes führen wir vor, wie man das Modell einsetzen kann, um eine bestimmte Berufsgruppe zu beschreiben.

1. Wanted! Steckbrief für einen Mauerbauer

Keine Angst, dies ist kein Steckbrief für Erich Honecker. Aber um welch geheimnisvollen Menschen geht es? Lassen Sie mir, lieber Leser, die kleine Freude, daß ich noch nicht preisgebe, um wen es sich handelt. Vielleicht macht es Ihnen ja ein wenig Spaß zu raten: Wer ist es?

Ein ganz besonderes SPF

Werfen wir als erstes gleich einen Blick auf die Struktur dieses Typs unter Zuhilfenahme unseres Feldmodells in Abbildung 72. Wenn wir uns die im Durchschnitt ermittelten Ergebnisse dieser besonderen Spezies anschauen, dann fällt sofort auf, daß diese Menschen zu einem ganz überproportionalenTeil aus #3 Analysierern und aus #2 Entdeckern bestehen; der Vergleich mit der daneben wiedergegebenen Normalverteilung macht dies beson-

ders deutlich. Wir haben es also mit Menschen zu tun, bei denen die Fragen der Ordnung ganz stark dominieren und bei denen weiterhin als zweitstärkste Kraft die Suche nach kreativen sachlichen Lösungen im Vordergrund steht. Demgegenüber sind alle anderen vier Neigungen stark unterrepräsentiert. Unser Typ X ist also kein zögerlicher Anpasser, sondern geht aktiv und beherzt an die Dinge heran. Er ist auch kein furchtsamer Organisierer, der mit vielen Ängsten leben muß. Aber ganz gewiß ist er auch kein Macher und überhaupt kein Visionär.
Wie wir bereits wissen, ist dies eine charakterliche Komposition, die starke Realitätsbezogenheit ahnen läßt; hier haben wir es nicht mit einem Schöngeist zu tun, sondern mit einem Realisten, der stark im Sachlichen verhaftet ist, der die Dinge sehr direkt anpackt und beim Namen nennt, aber weder die Ichbezogenheit des egozentrischen Machers besitzt noch die Phantasiefülle des Visionärs. Er wird sehr ordentlich, sehr akkurat, sehr penibel sein, oft kleinlich und detailversessen. Die Zurückhaltung und eher etwas ängstliche Rücksichtnahme, aber auch die Kompromißbereitschaft von Bewahrern und Anpassern sind ihm ziemlich fremd.
Ahnen Sie, wer sich dahinter verbergen könnte? Es sind wichtige, für unsere Industrie außerordentlich gefragte Leute. Aber schauen wir sie uns erst noch etwas gründlicher an, bevor wir den Vorhang hochgehen lassen.

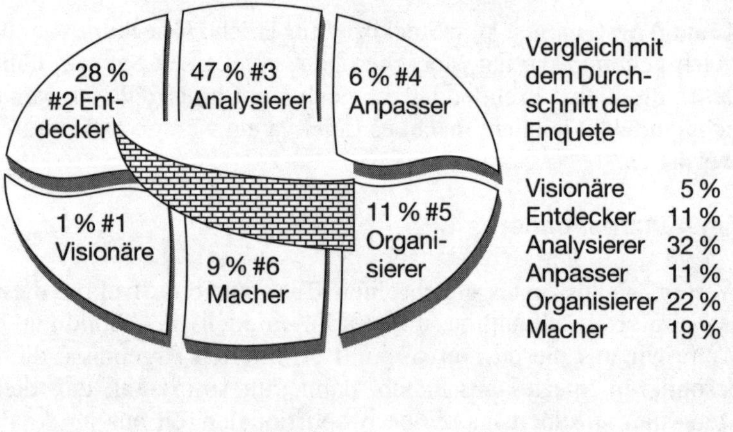

Abb. 72: Die durchschnittliche Struktur des Typus X

Was Sie natürlich als neues Element bemerkt und vermutlich noch nicht enträtselt haben, ist die »Mauer«, die sich hier durch das Feldmodell zieht. Was soll sie? Was drückt sie aus?
Mauern – das wissen wir Deutschen besser als alle anderen – sind Hindernisse, sind Barrieren, die ein freies, ungehemmtes Herüber und Hinüber hemmen. Sie sind etwas Unerfreuliches, Trennendes, eine Blockade. Was wird hier blockiert, wo stockt bei unserem Typ X der Transfer?
Er ist nicht nur beim Typus Visionär und Macher unterrepräsentiert – das sahen wir ja bereits –, er ist darüber hinaus von den Fähigkeiten dieser beiden abgeschnitten, ja – dies soll die Mauer ausdrücken –, er empfindet beide fast als Feindbild, als Gegenposition oder auch als etwas, das er nicht hat und das er den Machern und Visionären darum besonders neidet. Es steckt in seinem Verhältnis zu Macher und Visionär ein kleines Stückchen Haßliebe. Diese Mauer soll auch ein Stück Gespaltenheit zum Ausdruck bringen, ein Stück fehlenden Ausgleichs oder – ganz simpel – ein Stück Verklemmtheit.

Ingenieure – die netten, schwierigen Kerls

Ich will Sie nun nicht länger auf die Folter spannen: Es sind – die Ingenieure. Ihre Rolle in unserer so stark technologisch ausgerichteten Kultur ist von eminenter Bedeutung. Darum halte ich es auch für so wichtig, sie zu verstehen – und das ist für Nichtingenieure (wie etwa mich) gar nicht so einfach. Sie sind nämlich ein wenig schwierig, weil sie von den bereits angedeuteten Hemmungen sehr stark beherrscht werden.
Hat man sich als Psychoanalytiker häufig mit diesem Typ auseinandergesetzt, so fällt einem auf, daß sie bestimmte Erlebnishäufungen aufweisen, die vermutlich für das verantwortlich sind, was sie geworden sind.
Ingenieure sind meist stark bürgerlich ausgerichtete Leute, will sagen, daß die Werte, die den braven, soliden Bürger charakterisieren, bei ihnen besonders ausgeprägt sind. Oft kommen sie aus einem in der Tat sehr »anständigen« Bürgerhaus, oder wenn nicht, so ist ein solches, das sie gerade in ihrer Jugend vielleicht stark vermißt haben, ihr großer Traum. Familie, Kinder, eine ordentliche Ausbildung und eine echte, ehrliche Grundanständigkeit

rangieren hoch in der Werteskala von Ingenieuren. Man kann ihnen in ganz hohem Maße trauen; diese Ehrlichkeit und Verläßlichkeit schätze ich persönlich ganz besonders an ihnen. In ihrer Gegenwart denkt man nicht an Ränkeschmieden und Bösartigkeit; man kann sich beruhigt zurücklehnen und es sich gemütlich machen; es trifft einen kein Schlag von hinten, denn sie führen im allgemeinen nichts Böses im Schilde.
Sich nichts zuschulden kommen zu lassen, ist für sie sehr wichtig – denn welcher gute Bürger wäre nicht ehrpusselig und versessen auf das, was man früher »Reputierlichkeit« nannte. Das signalisiert aber auch eingeschränkte Freiheitsgrade. Die Ingenieure setzen sich schwer über etwas hinweg, ihnen fehlt jede Leichtigkeit und Unbeschwertheit. Sie nehmen die Dinge sehr ernst, was einerseits zu ihrer Berechenbarkeit führt, andererseits aber auch zu einer gewissen Erdenschwere, Unbeweglichkeit, Kompliziertheit, fehlenden Liberalität und Mangel an schweifender Phantasie. Lebenskünstler sind sie keine. Erkennen Sie einige Ihrer Ingenieursfreunde wieder?
Nochmals zurück zu der Mauer: Was die Ingenieure den Visionären und den Machern neiden und selbst wohl sehr gern hätten, aber nicht erreichen können, das sind die unbeschwerten Geisteskapriolen und die Farbigkeit der Visionäre, die kumpelhaftige Kontaktfreudigkeit und instinktive soziale Sicherheit der Macher. Sie wären so gern gute Witzeerzähler, gewandte Gesellschafter, geniale Ideenblitzer, stünden gern als Frauenbetörer im Mittelpunkt, sehnen sich auch einmal nach einem Stück Brillanz – aber all diese Dinge scheinen ihnen verwehrt, schwer erreichbar.

Warum sie wurden, was sie sind

Der Versuch einer Erklärung, warum diese Menschen den Ingenieursberuf ergriffen haben, ist in der angelsächsischen Literatur bereits oft unternommen worden. All diese Beschreibungen sind ungeheuer ähnlich, weil die Stärken und Schwächen bei diesem Typus so klar auf der Hand liegen. Auch die psychologische Erklärung ist ziemlich durchgängig und einheitlich. Es scheinen sehr oft starke Elternbindungen zu sein, von denen sich dieser Typus nicht freistrampeln kann, die seinen Charakter zeitlebens prägen. Sie segeln ihr Leben im Windschatten ihrer Väter und

Mütter, deren Botschaften ihnen nicht aus dem Sinn gehen. Dies macht sie – die so sympathischen, netten Kerle – ein wenig zu Gefangenen ihrer selbst. Sie können – wie der Volksmund richtig sagt – nicht aus sich heraus.

Aber richten wir nochmals den Blick auf das Struktogramm der Abbildung 72; es verrät uns eine ganze Menge und lädt zur Interpretation ein: Der Ingenieur wählt einen hochinteressanten, aber sich vom Menschen eher »abkehrenden« Beruf, der sich mit Maschinen, Energieströmen, Transport und Werkstoffen beschäftigt, also mit unbelebter Materie. Darin allein liegt schon etwas Symbolisches; diese Abkehr vom Menschen hängt gewiß mit jener oben bereits erwähnten Mauer zusammen. Diese Mauer hat Abwehrfunktion. Mauern schützen – und es ist vermutlich dieser Schutzwunsch, der den Ingenieur davon abhält, vielleicht Psychologe, Lehrer, Politiker, Rechtsanwalt oder Arzt zu werden, alles Berufe, die eine Hinwendung zum Menschen, ein Interesse am Menschen beinhalten und voraussetzen.

Dieser Problematik entzieht sich der Ingenieur mit seiner Berufswahl und wendet sich den klareren, ungefährlicheren, übersichtlicheren Dingen zu, bei denen sich Analysierer – und das sind ja sehr viele von ihnen – nun einmal wohler fühlen.

Andererseits ist die Sehnsucht nach gutem Kontakt und menschlicher Nähe in ihnen sehr lebendig. Bietet man sie ihnen, so gehen sie mit ganz großer Herzlichkeit und Wärme darauf ein. Aber den ersten Annäherungsschritt müssen die anderen tun. Ihnen fällt er schwer.

Umgang mit Ingenieuren

Ein abschließendes Wort noch zum Verhalten ihnen gegenüber, denn sie sind schließlich eine große und eminent wichtige Gruppe, die für das Gedeihen unserer Wirtschaft entscheidend ist:

- *Empfindsamkeit:* Da Ingenieure innerlich immer ein wenig aus dem Gleichgewicht sind – die Gründe wurden genannt –, sind sie empfindsam, leicht verletzbar. Dabei geben sie sich nach außen hin meist robust, spielen manchmal sogar ein wenig den Kraftmeier, der sie eigentlich gar nicht sind. Es ist im Umgang mit ihnen also stets Vorsicht und Behutsamkeit am Platze.

Freundlichkeit, Rücksicht, Hilfestellung – das alles registrieren sie stark. Seien Sie so richtig nett zu ihnen, das kommt Ihnen als ihr Partner doppelt und dreifach zugute, denn sie zahlen zurück – darauf dürfen Sie bauen. Sie sind die verläßlichsten Freunde, die man sich denken kann.

- *Verbohrtheit und Michael Kohlhaas:* Woran Sie sich bei Ingenieuren gewöhnen müssen, ist eine gewisse Unbeweglichkeit. Wenn sie sich einmal etwas vorgenommen haben, dann kommen sie davon nur schwer wieder herunter. Sie sind keine großen Kompromißler und Anpasser, sondern gehen eher ein wenig mit dem Kopf durch die Wand. Besonders unbeweglich sind sie im Sittlich-Moralischen. Das etwas zu leichtfertige Töchterchen, der etwas gar zu umtriebige Sohn, beide haben es schwer mit ihnen. Ihre Maßstäbe sind hart – allerdings auch gegenüber sich selber. Wenn sie sich etwas sittlich Gutes vorgenommen haben, steht dies unverrückbar fest. Sollten Sie, verehrte Leserin, mit einem Dipl.-Ing. verheiratet oder liiert sein, dann wissen Sie ein Lied von jener Unbeweglichkeit und Unverrückbarkeit zu singen, die den Umgang mit ihm nicht gerade einfach macht. Sie sind sich aber auch darüber im klaren, daß man mit ihm Pferde stehlen kann. Man weiß, wo man mit ihm dran ist – manchmal eher zuviel als zuwenig.
- *Den Entdecker in ihnen fördern*: Es leuchtet nach dem Gesagten vielleicht ein, daß die Entdeckertugenden und -fähigkeiten, die in den Ingenieuren schlummern, gefördert, angeregt werden müssen, denn ihre eigene Schwerblütigkeit hemmt sie oft, kreativer zu sein. Sie werden Ihnen dankbar sein, wenn Sie sie als Vorgesetzter zum Erfinden ermutigen, sie anspornen und herausfordern. Lassen Sie ihnen viel Zügel! Sie dürfen dies beruhigt tun. Sie schlagen nicht über die Stränge, mißbrauchen Ihr Vertrauen nie und nimmer. Im Grunde sind sie richtig nette Kerls.

Vision No. 20

Diese Gedankengänge haben viele kluge Professoren und noch klügere Studenten der Ingenieurwissenschaften in ihrem Herzen bewegt. Und sie zogen die einzig richtige und weitreichende Konsequenz: Sie studierten neben ihren Maschinen, Formeln und Apparaten viel Musisches. Sie beschäftigten sich mit bildender Kunst, Literatur, Schöngeistigem und Philosophischem. Und da merkten sie, wie sie ausgeglichener wurden, wie ihre Einseitigkeit schwand, wie sie beweglicher und zutraulicher wurden. Einer soll sogar Psychologie betrieben haben. Aber wie alle Märchen ist dies alles nicht – oder noch nicht – wahr. Und wenn sie nicht gestorben sind, alle diese plötzlich geisteswissenschaftlich so Beflissenen, dann leben sie noch heute – und zwar ohne Komplexe, leichtfüßig und unbeschwert.

2. Die »Geschäftigen« – Einstieg in die Typologie des Unternehmens

Wir haben die Einsatzfähigkeit unseres Feldmodells an einer Berufsgruppe demonstriert. Wir wollen jetzt zeigen, wie man es für eine Typologie des Unternehmens heranziehen kann. Aber bevor wir dazu aufbrechen, noch ein Hinweis zu der Art und Weise, wie wir dies machen werden: Die klassische Imagestudie resultiert in einer Riesenzahl von Tabellen und Korrelationen. Bei den von uns befragten Firmen waren solche dort vorliegenden Analysen im Durchschnitt 437 Seiten stark und enthielten 286 Tabellen. Wir wollen diese Art von Forschung nicht schelten, aber sie bietet genau das nicht, was wir hier versuchen werden: die Komplexität des Angetroffenen, die aus vielen Personen, Hunderten von Meinungen, Tausenden von Gefühlsregungen besteht, auf eine knappe Formel zu bringen. Das sozio-psychologische Feld wird uns auch hier wieder jene Kürze bringen, die ein ganzheitliches, gestrafftes Bild ergibt.
Lassen Sie mich in diesem Zusammenhang noch einen Gedanken äußern, bevor wir in die Analyse einsteigen: Eine der ganz großen Zivilisations- und Wissenschaftsaufgaben, die sich in dieser vernetzten, unendlich komplizierten und immer schwieriger zu begreifenden Welt stellt, ist die Arbeit an der Konzentration von Einsicht. Wir ersticken doch alle an Informationen, an neuen Büchern, an Artikeln, die wir eigentlich lesen müßten, aber nicht können, weil es viel zu viele sind. Unsere Fachgebiete explodieren förmlich. Da tut eines not: Konzentration, Reduzierung auf die kurze Formel.

Vision No. 21
Es wird Zeit, daß wir verstehen, daß wir in unserer Zivilisation nicht nur dadurch Fortschritte machen, daß wir unser Wissen immer mehr vergrößern, immer wieder ausbauen, sondern wir müssen begreifen, daß die Stunde gekommen ist, wo uns die Fülle zu ersticken droht. So wie wir längst eine Institution brauchen würden, die die Flut der Gesetze reduziert, aus der Unübersichtlichkeit zur Übersichtlichkeit zurückzufinden hilft, so brauchen wir einen Wissenschaftszweig, der an der Konzentration der Botschaften arbeitet. Dies findet seine Parallele in dem hochbezahlten Manager bei General Electric – den es wirklich gibt –, der nur dazu engagiert wurde, die internen Anweisungen auf die Hälfte zu reduzieren. Genau dies brauchen wir überall. Wir brauchen nicht nur eine Erkenntniswissenschaft, die uns sagt, wie wir immer weiter vordringen, wir brauchen eine »Reduktionswissenschaft«, wie wir uns vor der Sintflut der unüberschaubaren Vielfalt retten können.

Es geschieht in diesem Geiste, daß wir uns nun darum bemühen, Firmen typologisch zu ordnen. Wir werden ohne durchschnittlich 286 Tabellen auskommen und nur ein einziges Bild zeigen, das aber die gesamte Botschaft in sich trägt.
Das Modell SPF hat uns zu sechs Konstellationen geführt. Sie werden erst im zweiten Band dieser Trilogie vorgestellt. Einen einzigen Firmentypus möchten wir jedoch vorstellen, weil er die Möglichkeiten des Feldmodells besonders schön zur Geltung bringt. Dabei erkennen Sie leicht auf Anhieb, was sich Ihnen im Laufe der Betrachtung noch stärker erschließen wird.

Fazit: Die Welt der Unternehmen muß noch komplexer sein als die schon sehr vielfältige Buntscheckigkeit der einzelnen Person. Denn in der Gruppe addiert sich die individuelle Vielfalt zu Gruppenkomplexität auf. Und dennoch zeigt der praktische Umgang mit ebendieser verwirrenden, vielgesichtigen Buntheit, daß man bei einem kreativen, phantasievollen, aber gleichzeitig typologisch disziplinierten Ansatz die Vielfalt auf relativ einfache Strukturen reduzieren kann. Das nachfolgende Beispiel ist ein Beweis dieser These.

3. The Return of the Kölner Heinzelmännchen

Die Gebrüder Schmitz* sitzen in Westfalen und sind hochangesehene Unternehmer. Sie stellen eine breite Palette von Konsumgütern her. Die folgende Branchenzuordnung stimmt zwar nicht ganz, aber damit wir konkretere Aussagen machen können, nehmen wir einmal an, die Gebrüder Schmitz seien Hersteller von Backwaren, Keksen und Plätzchen, wie sie große und kleine Schlemmer gern mögen.

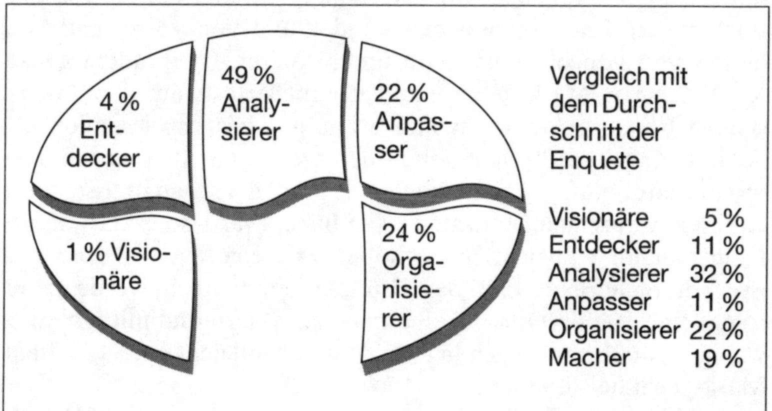

Abb. 73: Das Feld der »Geschäftigen«**

ECON GRAFIK

Die Gebrüder Schmitz sind eine Firma, die überproportional viele #3 Analysierer, #4 Anpasser und #5 Organisierer ihr eigen nennt. Dahingegen sind die #1 Visionäre und die #2 Entdecker nur schwach vertreten, und die #6 Macher glänzen gar völlig durch Abwesenheit (Abbildung 73).
Was bedeutet diese Konstellation? Sie besagt, daß phantasievolle, begeisternde Durchbruchsvisionen bei den Gebrüdern Schmitz selten sind. Noch seltener ist zielgerichtetes, energisches Durchsetzen. Wo sollte es auch herkommen? Die Macher fehlen ja. Dahingegen bilden die Analysierer, Anpasser und Organisierer

* Es handelt sich hier um einen sehr genau untersuchten Beratungsfall, der stellvertretend für viele ähnliche Firmen steht. Dem Verlag ist der Name bekannt. Aus naheliegenden Gründen wurde er verfremdet.

** Die Zahlen in der Abbildung sind die Durchschnittshäufigkeiten der sechs Typen bei den Firmen dieser Kategorie.

einen Klub der Bastler. Sie werkeln an allen Ecken und Enden, und ihre immer wieder neuen Variationen sind hoch angesehen. Froh und fleißig forschen und basteln sie fast wie die Heinzelmännchen zu Köln vor sich hin. Sie sind »Künstler«, und das ganze Haus gerät in Verzückung, wenn wieder eine neue Aromatisierung geglückt ist, eine Teigschnecke noch draller ausgefallen und die »Crème de patissier« noch ein wenig schmackhafter ist als bisher. Die überreichlich vorhandenen Analysierer stürzen sich dann freudig auf diese Ausgeburten der Leckerbäckerei und veranlassen ein Feuerwerk marktforscherischer Aktivitäten. So wie der Bäcker den Teig hin und her wendet und von vorne und von hinten und von oben und von unten knetet, so sprudeln ganze Kaskaden von Marktdaten und Verbrauchertests aus den Analysierern heraus. Und wenn mal etwas gut herausgekommen ist, dann tritt mit Sicherheit einer der vielen #5 übervorsichtigen Organisierer auf, der den klugen Einfall hat, man müsse noch ein klein wenig mehr forschen. Man habe zwar – so erklärt dieser Heinzelmann vielleicht mit erhobenem Zeigefinger – schon 98 Prozent Sicherheit, daß das Produkt einschlagen werde, aber irgendeine Randgruppe scheine noch zu zögern und mit nur ganz wenig zusätzlicher Forschung könne man vielleicht auf 99 Prozent Marktgewißheit kommen.
Die zahlreichen Analysierer, die sich immer gern mit Details herumschlagen und sich auch schon mal gern darin verlieren, sind dann meist relativ leicht dafür zu gewinnen, eine scheinbar voreilige Lancierung erst mal zu stoppen, denn Ordnung und sorgsames Abwägen müssen sein.

Fazit: Was bei den als »Geschäftige« apostrophierten Firmen fehlt, sind die #6 Macher, die die Ärmel aufkrempeln, Dinge durchboxen und sie zu Ende führen. Das Seltsame ist, daß in solchen Firmen ein neuer Bericht aus der Marktforschung oder eine neue, schrecklich unwichtige Variante eines Rezepts gefeiert werden wie große Markterfolge. Bei der Übermacht der Planer wird Planen wie Siegen gefeiert. Das Entscheidende dieser betulichen Heinzelmänner besteht darin, daß sich alle selber vormachen, daß sie unternehmerisch tätig sind, mit großem Fleiß ihre Sache betreiben, nur daß am Ende – nach tausendundeiner Nacht des Werkelns – zu ihrem ganz großen Erstaunen immer noch nichts Konkretes herausgekommen ist. Es sind halt Zwerge, die sich zwar gelegentlich als Giganten fühlen, aber sie bleiben halt, was sie sind – Zwerge.

Wenn man solche Unternehmen besucht, ist es eine Freude, sich mit den Leuten zu unterhalten. Sie verstehen es, kluge Dinge zu sagen, und man könnte meinen, daß sie ihr Geschäft gut im Griff haben. Die Vielfalt ihrer immer etwas theoretisch anmutenden Aktivitäten ist überwältigend, ihr Eifer vorbildhaft, und die Ordentlichkeit und Konsequenz, mit der sie alles anfassen, beeindrucken zunächst. Kommt man als Berater, so findet man reichlich Stoff zum Überprüfen und Nachdenken vor. Die Labors haben vieles entwickelt; die Marktforschung stürzt sich prompt darauf und analysiert prächtig; die langfristige Planung ist vorbildlich in ihrer Präzision, und man hat zunächst den Eindruck, daß dies eigentlich ein sehr passables, vielleicht sogar vorbildliches Unternehmen ist. In Wahrheit wird hier nur der Mangel an Machereigenschaften gut kaschiert und vorbildlich verwaltet – tausendundeine Nacht lang und immer noch ohne Ende. Man ist von lauter betulich herumhüpfenden Heinzelmännern umgeben, die alle schrecklich nett und lieb sind – aber kein Bein auf den Boden bekommen.

Kennen Sie auch so ein Unternehmen? Ich wette ja, denn es gibt mit 15 Prozent recht viele davon. Vielleicht arbeiten Sie sogar in so einer Firma. Ahnen Sie, was daran falsch ist, wo es nicht richtig tickt, trotz aller Projekte, Pläne, Vorhaben, Überlegungen?

Fazit: Es gibt einen häufig vorkommenden Firmentyp, die »Geschäftigen«, dem wir eine wenig fruchtbare, betuliche Aktivität zuschreiben, die draußen im Marktfeld geringes Echo findet. Die »Betulichen« sind die Opfer ihres Mangels an Durchsetzungskraft und ihrer Einseitigkeit in der Ausrichtung. Ihre stärkste Prägung erfahren sie durch die Abwesenheit der #6 geschickten Macher und durch die überstarke Repräsentanz vieler Introvertierter.

Die Werteskala unserer Backvirtuosen

Natürlich stehen die von den geschäftigen Kölner Heinzelmännchen geglaubten und gelebten Werte aus unserer Erfolgsfaktorenliste in Einklang mit den Rollenmerkmalen des Unternehmens. Tabelle 74 zeigt die Hierarchie der wichtigsten sechs Werte in dieser Typusgruppe.

1. No. 25, Querschnittsfunktionen
2. No. 19, Lernhaltung
3. No. 12, Humor, Leichtigkeit
4. No. 2, Vertrauensorganisation
5. No. 18, Moderne Mentaltechniken
6. No. 11, Technologiefans

Tabelle 74: Hierarchie der wichtigsten sechs Erfolgsfaktoren

Es überrascht nicht, daß die Querschnittsverantwortung hier so hoch im Kurs steht. Das verträgt sich gut mit ihrer Neigung, in alles und jedes die Nase hineinzustecken und endlos darüber zu quatschen. Man findet diese realisierungsfeindliche Struktur häufig dort, wo Schnelligkeit und Aktionsorientierung eher schwächer entwickelt sind. Lernen wollen sie, aber sie wissen nicht, wie sie all ihr Wissen in Marktaktion umsetzen können. Humor haben sie, diese fröhlichen Zuckerbäcker, denn sie haben ja Zeit und lassen sich nicht zur Hektik treiben. Und da, wo man so gemütlich einherwurstelt, ist es einfach, Vertrauen zu fassen. In dieses Bild passen auch die Mentaltechniken, bei denen man sich mit sich selbst beschäftigt. Die Betulichen sind Technologiefans – nur wie man im Markt mit diesem Technologiewissen »zu Potte« kommt, ist ihnen noch nicht aufgegangen. Ahnen Sie, warum? Weil der Erfolgsfaktor 15, die extreme Kundennähe, ihr schwächster Punkt ist.

Umgang mit Betulichen

Ihre Kardinalschwäche kann man den Geschäftigen kaum auf den Kopf zusagen, denn sie haben große Schwierigkeiten, sich selbst realistisch zu erkennen. Sind sie denn nicht ganz prima Kerle? Sind sie nicht hellwach, betreiben sie nicht tausenderlei Zukunftsprojekte, haben sie nicht die marktforscherische Hand am Pulse des Kunden? Und sie werden in solchem Selbstverständnis noch bestärkt, denn selten liegen ihre Finanzzahlen ganz im argen, oftmals sogar im oberen Drittel. Dennoch sind sie gefährdet.

Fazit: Die Gefährdung der Geschäftigen hat gerade damit zu tun, daß sie aktiv sind, daß sie alles aufgreifen, über alles nachdenken, tausenderlei Komitees haben und daß es ihnen nicht an intellektuellem Potential fehlt. Sie wollen mit der Zeit gehen, wissen um die neuesten Managementtechniken und waren letztes Jahr wieder zur Zwergenhauptversammlung in Davos. Nur merken sie nicht, daß ihr Output in keinem Verhältnis zu ihrer Mühe steht. Kommt es hart auf hart, zu drastischen Umfeldveränderungen oder Technologiewechseln, dann sind sie bedroht, weil die Macher fehlen.

Der Leerlauf, mit dem sie sich selber ad absurdum führen, ist ihre mit dem oben gezeichneten Bild eng verflochtene Tendenz, alles schon nach kurzer Zeit zu überarbeiten. Bei den Gebrüdern Schmitz, deren wahren Namen ich Ihnen leider vorenthalten muß, waren innerhalb eines Jahrzehnts von 26 Neulancierungen 21 wieder zurückgezogen worden, um dann in verbesserter Form wieder relanciert zu werden.

Hat man mit ihnen als Kunde zu tun, muß man auf ihre betuliche Art eingehen. Ihre pingelige, auf Daten und Begründung versessene Art läßt es nicht ratsam erscheinen, dort nur mit fröhlichem Herzen, mutigem Wort und viel Schwung aufzutreten. Für seine

Präsentation bedenkt man lieber zweimal, ob denn auch alle Argumente wasserdicht sind. Draußen im Markt sind ihre Waffen ein wenig stumpf, aber am Konferenztisch schlagen sie mit ihrer Verstandesschärfe brillante Bataillen.

Beispiel

Um das Gesagte noch transparenter zu machen, sei ein Beispiel bemüht. Ein Unternehmen, das aus meiner begrenzten Sicht des Branchenfremden in die Kategorie der betulich Geschäftigen paßt, ist NCR – allerdings nicht NCR von heute, sondern die amerikanische Muttergesellschaft um 1970. Sie wurde damals zum vielzitierten Paradefall für zu langsames Aufspringen auf eine neue Technologie. NCR galt Jahrzehnte als ein Spitzenunternehmen, als König der Registrierkassen-Hersteller. Dynamisch und durchaus mit einem Bein im Markt von morgen, war NCR aber doch zu betulich, um rechtzeitig zu merken, daß sich der Markt für mechanische Registrierkassen faktisch »über Nacht« auflöste und die elektronischen Kassen innerhalb weniger Jahre alle mechanischen Lösungen obsolet machen würden.
Typisch für NCR war, daß man den zu erwartenden Technologiewechsel durchaus voraussah, ihn aber als kontinuierlichen, betulichen Schritt-für-Schritt-Prozeß voraussagte. Beinahe wäre das Unternehmen daran zugrunde gegangen, aber ein schnelles, radikales Herumwerfen des Steuers mit einem neuen, eher visionären CEO ließ es mit knapper Not davonkommen. Später – und so etwas verdient hohe Anerkennung, weil es selten geschieht – konnte der alte Glanz fast wiederhergestellt werden, und man darf heute sagen, daß NCR in technologischer Hinsicht ganz vorn an der Front steht. Betulichkeit wird sicher nicht noch einmal deren Mausefalle werden. Die Zwerge von einst haben sich zu forschen Technologiemachern gemausert.

Die Botschaft dieses Abschnittes

Es ging in diesem Abschnitt darum, das sozio-psychologische Feldmodell in Gestalt der Sechs-Phasen-Typologie ein weiteres Mal in Aktion zu zeigen. Wir haben es als brauchbares Instrument vorgeführt, um Gruppenstrukturen aufzuzeigen. Die enge Verzahnung von Erfolg und Profil dürfte niemandem verborgen geblieben sein. Dabei ist es wichtig, den geistigen Bogen nicht aus dem Auge zu verlieren, den wir gespannt haben. Wir haben eine Brükke geschlagen

① vom individuellen Rollenprofil der Einzelpersönlichkeit
② über das Gruppenprofil einer einzelnen Firma
③ weiter zu typischen Gruppenprofilen mehrerer Firmen oder Berufsgruppen
④ bis hin zu Werteprofilen, die wiederum der Ausdruck ebendieser typischen Charaktermerkmale sind.

Diese Kette oder – wie wir mit Frederic Vester vielleicht besser sagen sollten – diese Vernetzung ist bezeichnend für das neue Denken von Mind-Profit Management. Eins ist hier mit dem anderen verwoben. Eines erklärt sich aus dem anderen. Und wie wir noch sehen werden, hat es dabei keinesfalls bereits sein Bewenden. Diese Kette setzt sich weiter in der noch vor uns liegenden Marktanalyse und der Zusammenführung von Profil- und Erfolgsfaktoren.
Man kann sich bei all diesen Bemühungen des Eindrucks einer Konstanten nicht erwehren, einer sechsfächrigen Grundstruktur, die immer und immer wiederkehrt und uns auch weiterhin begleiten wird.
Gerade diese – wie es scheint – universelle Gültigkeit der einmal entdeckten Struktur hat uns bei Kienbaum ermutigt, die daraus erwachsenen Instrumente in der Unternehmensberatung regelmäßig einzusetzen. Die Anwendung des Sechs-Phasen-Rollen-Tests kann bei der Beratung einzelner Manager hilfreich sein. Wird er auf ganze Gruppen im Unternehmen angewandt, so führte das sehr oft zu Erkenntnissen, die so bedeutsam sein können, daß sie die wichtigste Erklärung für den Erfolg oder das Versagen eines Unternehmens abgeben. Dieser Audit der Rollen in der Führungsmannschaft fördert Zusammenhänge zutage, die mit anderen Mitteln nicht erforscht werden können und sich deshalb bislang oft dem Blick entzogen.

Eine nachdenkliche Pause

Erlauben Sie mir an dieser Stelle eine Frage: Überlegen Sie doch bitte einmal, ob es etwas gab, das allen Überlegungen gemeinsam zu eigen war. Gab es da so etwas wie eine Generaleinsicht? Und gab es da etwas, von dem man sagen könnte, daß es generell zur Verbesserung unserer industriellen Welt beitragen könne? Vielleicht sind Sie ja auf eine ähnliche Antwort gekommen:

Fazit: Man kann sich nicht ungestraft der Visionäre entledigen und dann hoffen, progressives Profil zu bekommen. Man kann nicht auf die Macher verzichten und sich dann wundern, daß man in Betulichkeit verkommt. Man kann auch nicht ohne die introvertierten Bremser auskommen, ohne die Anpasser und Organisierer, wenn man nicht an allzuviel Neuem scheitern will. Ja, es ist so: Wir brauchen sie allesamt!

Damit sind wir wieder beim Königsweg des Managements, nämlich bei Management via Complement. Wird er nicht betreten, verpuffen unendlich viel Energien nutzlos, sind unendlich viele Anstrengungen Schall und Rauch.

Fazit: Die Schwächen, Marotten, Unbeholfenheiten und Übertreibungen eines jeden von uns durchgesprochenen Firmentyps und die Realitätsferne, mit der sie sich selbst sehen, lassen sich alle auf eine einzige Krankheit zurückführen. Sie heißt fehlende Ausgewogenheit. Der Industrie den Weg dorthin vermittels der hier ausgewiesenen Techniken zu ebnen erscheint uns als besonders große Herausforderung für Berater.

Wir haben bei Kienbaum diese Herausforderung aufzugreifen versucht. Sie hat als erstes in Form eines Beratungspakets konkrete Gestalt angenommen. Es wird angeboten als Untersuchung unter dem Titel *Wie gut ist meine Führungsmannschaft wirklich?* Hierbei verbinden wir den Rollentest mit unserem Wertetest und einer Klimauntersuchung sowie mit einem Imagetest, der aussagt, wie Außenstehende und vor allem Kunden die Firma sehen. Das Ergebnis ist eine kritische Analyse der Attraktivität und des Grades an Ausgewogenheit des Unternehmens, wobei das Ineinandergreifen von

- Markt,
- Image,
- Gruppenprofil und
- Einzelpersönlichkeit

ganzheitlich aufgezeigt wird und ein Hauptaugenmerk der Frage gilt, ob die beschriebenen gefährlichen Einseitigkeiten vorliegen. Und falls ja, wie sie verringert oder ganz beseitigt werden können. Die Resultate münden in Empfehlungen für Stil und Qualität der Führung, für längerfristige Personal- und Weiterbildungspolitik und für strategische Entscheidungen. Der große Vorteil gegenüber anderen Methoden ist der, daß sich jede Einzelanalyse eines Unternehmens an die 116 Vergleichsfälle unserer Enquete anlehnen kann. Da somit die schwierigste Vorarbeit bereits getan ist, kann dieser Service mit vergleichsweise geringen Mitteln geleistet werden, während isolierte Einzeluntersuchungen, wie sie jeder durchführen muß, dem ein solches empirisches Material nicht zur Verfügung steht, meist etwa das Vierfache an Kosten verursachen.

Aber kehren wir zu unserem Modell zurück, mit dessen Hilfe wir die Einheit von Persönlichkeit und Markt kennenlernen wollen. Unsere Welt ist ein vernetztes System, sagt Frederic Vester, »sie ist ein Gefüge fächerförmig ineinandergreifender Beziehungen, wobei jedes Ding erst durch seine Relation zu den anderen Elementen und Strukturen seine Rolle und seinen Sinn zugewiesen bekommt«. Genau dies wird uns im folgenden begegnen.

4. Märkte sind Spiegelbilder psychologischer Realitäten

Die Firma FSB im westfälischen Brakel ist ein grundanständiges und dazu auch noch phantasievolles Unternehmen, das Türklinken und die dazugehörigen Armaturen herstellt. Phantasievoll, weil sie in ihrer Werbung etwas vorweggenommen hat, was wir gleich besprechen wollen. In einer ebenso originellen wie werbewirksamen Kampagne stellen sie ihre Türverschlüsse wie kleine Persönlichkeiten vor. Die eine Klinke symbolisiert Eleganz und ist deshalb für elegante Menschen gedacht, eine andere ist ultramodern und für die Extravaganten etc.

Diesen Gedanken haben wir aufgegriffen und bei 160 Befragten gründlich untersucht. Was dabei herauskam, ist eine Tabelle, wo sich Produkte und Typen gegenüberstehen. Dort sind die Korrelationen zwischen den angebotenen Türklinken und den sechs Typen sowie die sich daraus zwangsläufig ergebenden Affinitäten wiedergegeben. Wollen Sie, bevor Sie auf Tabelle 75 blicken, erst einmal Abbildung 76 betrachten und prüfen, wie Sie selbst die sechs Produkte zugeordnet hätten?
Vergleichen Sie Ihr Ergebnis nun mit unserer Marktforschung. Es ist schon beeindruckend, mit welcher Treffsicherheit Menschen die ihnen adäquaten Produkte wählen.

Jeder Typus = 100 %	Klinke A	Klinke B	Klinke C	Klinke D	Klinke E	Klinke F
#1 Visionäre	70 %	7 %	5 %	9 %	6 %	3 %
#2 Entdecker	–	66 %	9 %	14 %	–	11 %
#3 Analysierer	7 %	19 %	72 %	10 %	8 %	–
#4 Anpasser	3 %	7 %	–	72 %	4 %	14 %
#5 Organisierer	17 %	15 %	–	7 %	61 %	–
#6 Macher	–	7 %	4 %	21 %	4 %	64 %
	100 %	100 %	100 %	100 %	100 %	100 %

Tabelle 75: Bevorzugung verschiedener Türklinken

Fazit: Das Beispiel Türklinken zeigt, daß wir recht haben, wenn wir im Sinne Vesters den Markt als eine gegenseitige »Verschränkung« begreifen, bei der letztlich der interessierte Verbraucher und das Produkt so etwas wie eine Einheit bilden, wobei eines das andere bedingt.

Nun ist die Bedeutung Türklinke – Verbraucher natürlich nur ein kleiner, recht unbedeutender Lebensausschnitt, aber gerade das ist es, was nachdenklich stimmt: Selbst dort, wo es gar nicht so wichtig ist, prägt die Persönlichkeit den Markt, und die Produkte des Markts wiederum prägen die Persönlichkeit. Man könnte deshalb formulieren:

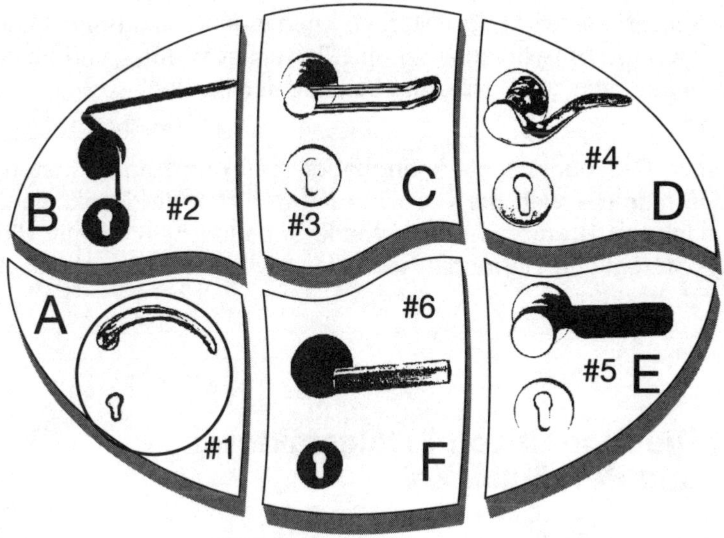

Abb. 76: Sechs Typen – sechs Klinken

Fazit: Man kann davon ausgehen, daß sich jede Persönlichkeit aufgrund der ihr eigenen typischen Zugehörigkeit zu einer sozio-psychologischen Kategorie die ihr entsprechenden Erzeugnisse im Markt sucht. Dadurch entstehen starke Anziehungsenergien. Damit steht hinter den ganz direkten Bedürfnissen (ich brauche ein Auto, ich will einen Plattenspieler, ich brauche für mein Badezimmer eine Türklinke) die weitaus prägendere Kraft existentieller Persönlichkeitsbedürfnisse. Wir sehen in ihr die wichtigste Energie für alle strategischen und gestalterischen Entscheidungen. Sie liegt auf einer höheren Ebene als Kaufkraft, Marktzugang, Preis oder ist den genannten Größen zumindest ebenbürtig, wenn nicht sogar für die Managementpraxis entscheidender. Dies ist ein wesentlicher Inhalt von Mind-Profit Überlegenheitsmanagement; er bewirkt, daß dem Unternehmer völlig neue, zusätzliche Handlungsparameter an die Hand gegeben werden, die seinen Aktionsradius gewaltig ausweiten.

Selbst bei so relativ unbedeutenden Dingen wie Türklinken wirkt diese Kraft. Sie wirkt noch stärker, wenn es um bedeutsame Dinge geht wie die Entscheidung für eine Partei am Wahltag und für die Wohnung oder die Berufsentscheidung der Kinder.

Fazit: Das oberste Marketinggebot muß demzufolge lauten, daß man die Welt der Produkte mit der Welt der Persönlichkeiten zur Harmonie bringt. Markt schaffen heißt damit: die größtmögliche Harmonie herstellen zwischen Persönlichkeit und Produkt.

5. Die Einheit von Erfolgsfaktoren und Persönlichkeit

Wir wollen die Betrachtung des sozio-psychologischen Feldmodells ausklingen lassen mit einer Einsicht, die so etwas wie den Höhepunkt dieses ersten Buches der Trilogie darstellt. Wir werden sehen, daß wir eigentlich über das gleiche sprechen, wenn wir bei einer Einzelpersönlichkeit unterschieden zwischen

hier Erfolgsfaktoren	und dort Persönlichkeit.

Unsere Untersuchungen ergaben, daß sich dies nicht nur im Einzelfalle bei Ihnen und mir so verhält – das wäre mühelos einzusehen –, sondern auch generell in der Gruppe. Dort ergänzen sich

hier die dominant gewählten Erfolgsfaktoren	und dort die dominant anzutreffenden Persönlichkeitsstrukturen.

Um diese Parallelität unter Beweis zu stellen, haben wir die 437 Manager unter den 27 Werten (= Erfolgsfaktoren), die der Leser noch aus Abbildung 29 in Erinnerung hat, diejenigen auswählen lassen, die sie besonders schätzen, die zu leben ihnen ein Bedürfnis ist, denen sie sich eng verbunden fühlen.

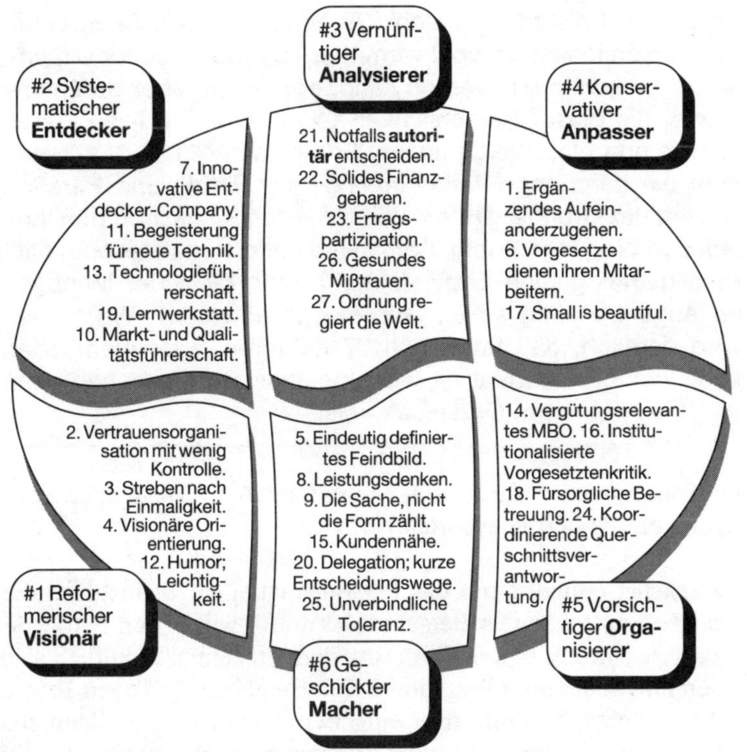

Abb. 77: Die bevorzugten Werte der sechs Persönlichkeitstypen

Das in Abbildung 77 dargestellte Ergebnis war in seiner Eindeutigkeit verblüffend: Man kann für jeden der 27 Erfolgsfaktoren eine »typologische Heimat« aufzeigen. Mit anderen Worten und jetzt sozusagen »spiegelbildlich« betrachtet: Jeder Wert hat seine ganz bestimmte Anhängerschaft. Werte suchen sich ihre Klientel und die Menschen, aber auch die Organisationen drücken sich durch ihre typischen Werte aus. Die oben zugeordneten Erfolgsfaktoren wurden alle von 46 bis 81 Prozent der jeweiligen Typen als »für mich sehr wichtig« beziehungsweise als »für mich wichtig« eingestuft. Dabei zeigten sich starke, nicht zu übersehende Häufungen. Bei der umfangreichen Wahl zwischen 27 Items ist das auch mathematisch gesehen eine starke, signifikante Zuordnung.

Fazit: Der Kreis schließt sich: Wir erkennen, daß die Struktur der Persönlichkeit sowohl vermittels psychologischer Dimensionen beschrieben werden kann, ebensogut aber durch die Werte, die dieser Persönlichkeit teuer sind. Da diese Werte aber ja nun gleichzeitig unsere Erfolgsfaktoren sind, erkennt man die ganz enge Verflochtenheit von Erfolg und Persönlichkeit. Im Grunde gibt es also für jeden Menschen den ihm eigenen Weg zum Erfolg. Damit wird unsere Feststellung, daß es allgemeingültige Erfolgsfaktoren gibt, die jeder Manager im Auge behalten sollte, keineswegs entwertet. Wohl aber wird deutlich, daß unter den 27 Faktoren jeder mehr oder auch weniger adäquat für einen bestimmten Menschen oder für eine bestimmte Organisation ist.

Die Konsequenzen daraus sind vielfältiger Art. Wir nennen nachfolgend einige besonders wichtige.

1. Zunächst einmal kann das Personalmanagement nicht an diesen Erkenntnissen vorbeigehen. Es muß – will es den Erfolg des ganzen Unternehmens fördern – dem einzelnen behilflich sein, den ihm adäquaten Weg zum Erfolg zu gehen, und zwar so, daß dies möglichst konfliktfrei eingebettet wird in die allgemeine Strategie der Firma. Merken Sie, wie meilenweit wir jetzt von Befehl und Gehorsam entfernt sind, wie verzweifelt primitiv sich diese simplen Kategorien ausnehmen gegenüber der superben Einsicht in die Realität von Erfolg, Sinn und Menschsein?
2. Es ergibt sich aus dem Wissen um diese Zusammenhänge und die Einsicht, daß Markterfolg stets die Resultierende aus der Harmonie zwischen Angebotswerten und umworbener Persönlichkeit darstellt, eine nicht geringe Gestaltungsmöglichkeit. Denn wenn es mir gelingt, mit meinem Angebot wirklich den Umworbenen bei seinen existentiellen Grundbedürfnissen zu fassen, dann ist er fast so etwas wie mein »Opfer«. Wir alle sind unseren Neigungen ausgeliefert. Trifft jemand diese hundertprozentig, dann müssen wir als Kunde – auch als industrieller Einkäufer – zugreifen,* es sei denn, starke Gegenenergien

* Den Ökonomen und Marktwissenschaftlern schlage ich vor, für die aus der hier beschriebenen Marktmacht sich ergebenden Renditen den Begriff der »temporären sozio-psychologischen Grenzrendite« einzuführen.

werden irgendwie mobilisiert. Nun hat der Nachfrager zwar durch die Vielfalt des Markts Alternativen, und insofern ist es mit der Rolle des »Opferlamms« nicht ganz so weit her. Dennoch: Wenn mein Angebot den Nachfrager bei seinen Präferenzen, bei seinem Rollenverständnis, bei seinen Werten wesentlich stärker trifft als meine Konkurrenz, kann er gar nicht anders, als eben genau dieses Angebot anzunehmen.

Es ist den nächsten Bänden dieser Trilogie vorbehalten, diese Machtfülle des geschickten Anbieters noch viel detaillierter darzustellen. Hier liegen viele ungenützte Potentiale. Ich würde sogar noch viel weiter gehen, weil die hier nur skizzenhaft aufgezeigten Möglichkeiten völlig neue marktstrategische Chancen beinhalten: Vor dem Hintergrund des sozio-psychologischen Feldes ist der gesamte werbliche Kommunikationsprozeß derzeit in steinzeitlicher Simplizität befangen. Wir werden im zweiten Band zu einer ganz neuen Werbelehre ansetzen und dabei den Nachweis führen, daß die meisten Werber heute nicht einmal ahnen, was sie tun, noch daß sie auch nur annähernde Kenntnis von den Erfolgschancen besitzen. Dies alles erschließt sich allerdings nur, wenn man im Sinne von Mind-Profit Management diejenigen Dinge studiert, auf die es ankommt:

- die Persönlichkeit derer, die ich gewinnen will (anstatt simple, manchmal geradezu läppische demographische Daten zu erheben).
- Es kommt auf den Wertekosmos der Zielgruppe an, denn jedes Angebot ist in erster Linie ein Werteraster (und erst in zweiter Linie ein Sammelsurium physischer Eigenschaften).
- Drittens kommt es auf die Harmonie an, die zwischen einem Produkt- oder Serviceangebot und der umworbenen Persönlichkeit erreichbar ist. Es muß diese Harmonie sein, die zum Gegenstand von Marktforschung gemacht werden sollte, anstatt endlose Eigenschaftslisten über das Produkt abzufragen.

Im Gegensatz zu Gerd Gerken, der ja den »Abschied vom Marketing« gekommen sieht, möchte ich allen Marketing- und Vertriebsleuten zurufen: Macht endlich eure Schulaufgaben! Nutzt die vorhandenen Möglichkeiten, bevor Ihr Abschied von etwas nehmt, das Ihr erst zu 20 Prozent verstanden habt. Die Chancen

für erfolgreiche Werbung sind bei weitem größer, als Ihr ahnt. Aber man muß schon ein wenig zum Psychologen werden, wenn man Menschen über die Ansprache ihres Werterasters gewinnen will; als Marktmacher allein und mit flotten Sprüchen funktioniert es nicht.
Ich werde in den späteren Bänden dieser Trilogie den Nachweis führen, daß nicht stimmt, was einmal der Vorstandsvorsitzende von Unilever gesagt hat: »Die eine Hälfte meines Werbeetats ist immer umsonst; ich weiß nur nicht, welche.« Der Mann irrte; es ist bei weitem schlimmer. Es sind 80 bis 90 Prozent der Budgets, die zum Fenster hinausgeworfen werden, weil die werbliche Aussage eben gerade nicht darauf Rücksicht nimmt, daß wir es bei jedem einzelnen Umworbenen mit einem unterschiedlichen Wertesystem zu tun haben. Dies vereinfacht sich dadurch, daß wir es – wenn ich recht habe – nur mit sechs typischen Rastern zu tun haben. Aber es gibt noch etwas ganz anderes zu berücksichtigen – und dies ist das Geheimnis zukünftiger Kommunikation: Jeder hat seine Präferenzen, aber die Wertesysteme jeden einzelnen Typs widersprechen denjenigen der fünf anderen. An dieser Klippe scheitern fast alle und – verlieren 80 Prozent ihres Streuetats. Sind Sie neugierig geworden? Großartig! Freuen Sie sich mit mir auf den Folgeband der Trilogie unter dem Titel »Aufbruch zur Überlegenheit«.

3. Auswirkungen auf die Besetzung von Spitzenpositionen. Die bisher gewonnenen Einsichten machen es sehr wahrscheinlich, daß jeder Manager – ganz besonders die an der Spitze – nicht einfach austauschbar ist und daß es einfach nicht angeht, jedem Manager jede nur denkbare Firmenstrategie aufzuoktroyieren. Ganz im Gegenteil: Es läßt sich folgendes schon aus dem bisher Erarbeiteten ableiten, und wir werden es an anderem Ort beweisen:

Fazit: Menschen können nur gewisse Wege erfolgreich gehen. Ihre typologische Festlegung macht es unmöglich, auf jeder Hochzeit erfolgreich zu tanzen, jede Aufgabe erfolgreich zu bewältigen und jede x-beliebige Strategie so einfach – fiedeldibums – umsetzen zu können. Für das Reüssieren – das ist das nachgewiesene »Naturgesetz« – ist Voraussetzung jene von uns vielfach beschworene Harmonie zwischen dem Weg und der Persönlichkeit. Daraus folgert, daß Manager nicht einfach jede Strategie erfolgreich verfolgen können, sondern nur diejenige Strategie, die in Harmonie steht mit den Werten, Fähigkeiten und Präferenzen des Betreffenden. Eine bestimmte Managerpersönlichkeit kann also immer nur eine ganz bestimmte Strategie optimal ausfüllen. Anders ausgedrückt: Ist eine bestimmte Strategie vorgegeben und sucht der Aufsichtsratsvorsitzende nun die geeignete Persönlichkeit, dann dürften zwei Drittel aller Manager erst einmal ausfallen, weil sie eine andere, der Strategie feindliche Werteskala haben, eine dieser Strategie entgegengesetzte typologische Zuordnung besitzen. Nur wenige können eine gegebene strategische Linie mit Erfolg realisieren.

Es braucht nicht betont zu werden, daß in dem eben beschriebenen Sinne in der Regel heute eben noch nicht vorgegangen wird. Im Gegenteil, absolut törichte Merkmale, wie das, ob jemand aus einem »guten Stall« kommt, stehen im Vordergrund. Auch die **Erfahrung,** auf deren zweifelhafte Überbewertung wir weiter oben hingewiesen haben, steht meist viel zu sehr im Vordergrund. Selbst in jenen Fällen, wo man mutig zum Assessment Center greift und den Kandidaten auf Herz und Nieren prüft, kenne ich Dutzende von Fällen, wo diese entscheidendste aller Fragen, nämlich die Harmonie von Charakter und Strategie, gerade nicht genau untersucht wurde.* Ich schätze, daß es nicht einmal 5 Prozent der Vorstandsbesetzungen sind, wo tatsächlich eine Persönlichkeitsanalyse vorgenommen wird, und ich vermute, daß es davon nicht einmal ein einziges Prozent ist, wo die Untersuchung der Verträglichkeit von Strategie und Mensch nachdrücklich angestellt wird.

* Die meisten Assessment Center arbeiten immer noch ohne ein spezielles Werkzeug, das den Persönlichkeits-Strategie-Match gut erfaßt.

Da kommt einem wieder die Hauptthese dieses Buches in den Sinn, daß wir mit den Werkzeugen und Mentalitäten der sechziger Jahre die Fragen des 21. Jahrhunderts angehen.
Bevor wir nun zum Abschluß dieses Buches gelangen, nämlich dem Entwurf einer neuen Betriebs-, Markt- und Managementlehre, wollen wir Ihnen – wenn es Sie interessiert – die Möglichkeit geben, sich selbst einmal in unser typologisches Netzwerk einzuordnen.

XIII. Test: Lernen Sie Ihre guten Seiten kennen

Es ist Zeit, daß Sie unser Feldmodell nicht nur aus der Distanz auf andere »Dritte« anzuwenden lernen, sondern daß Sie nun einmal ganz persönlich Gebrauch von diesem Instrument machen. Einerseits ist es immer ganz interessant, einmal in die eigene »Seelenwohnung« hineinzuschauen, aber darüber hinaus gibt es einen zweiten Grund, warum ich Ihnen diesen Testdurchgang besonders empfehle: Erst ihre eigene Positionierung läßt Sie wirklich hautnah an unser Modell heranrücken.

Vorbereitung

Im Vergleich zu anderen Testverfahren, die noch mehr maßgeschneidert aber hinsichtlich Kosten und Zeit wesentlich aufwendiger sind, ist dies eine relativ einfache Methode. Sie hat jedoch einen ganz großen Vorteil, nämlich daß der Vergleich mit 437 anderen Testpersonen möglich ist. Was immer Sie an Punkten erzielen, wir geben Ihnen immer die Chance, Ihr persönliches Resultat diesem hochinteressanten Vergleich auszusetzen. Ihr Resultat schwebt folglich nicht »frei in der Luft« wie bei sehr vielen anderen Testverfahren, sondern es gibt immer einen Maßstab, eine Meßlatte, mit der Sie sich vergleichen können. Es ist diese komparative Möglichkeit, die dieses Instrument bei unseren Industriekunden so beliebt macht, denn es kann stets ermittelt werden, wie ein einzelner Manager oder eine Gruppe im Vergleich zum deutschen Durchschnitt oder im Vergleich zu den anspruchsvollen Vorbildpersönlichkeiten beziehungsweise Vorbildfirmen abschneidet.
Andererseits gebietet es die Fairneß, zu sagen, daß es andere Verfahren gibt, die sicherlich wesentlich gründlicher sind. Wenn Sie etwa an einem sogenannten »Assessment Center« teilnehmen, dann werden Sie zwei Tage lang etwa zwanzig Tests und Simulationen unterworfen – das ist dann natürlich etwas anderes. Was wir

hier machen, ist also eine erste Einschau. Es ist eine gut abgetestete, bewährte Methode, aber sicher nur ein erster Schritt. Wenn Sie von diesem ersten Versuch nun Heißhunger auf mehr bekommen sollten, sollten Sie einen Psychologen um eine maßgeschneiderte, umfassendere Überprüfung bitten.
Bevor Sie nun zur Tat schreiten, empfehle ich Ihnen, folgendes kleine Experiment zu unternehmen. Werfen Sie einen Blick auf die Ihnen bekannte Abbildung 68 auf Seite 344. Dort sind Neigungen, Präferenzen und Entgleisungen unserer sechs Typen beschrieben. Wem ordnen Sie sich zu:

- Ich bin in erster Linie # ______________________.
- In zweiter Linie # ______________________.
- Eventuell in dritter Linie ein # ______________________.

1. Anleitung für das erste Spiel

In diesem Kapitel finden Sie 24 Karten, mit denen wir Sie »auf ein Spiel« bitten möchten. Die Karten und die Spielanordnung sind ähnlich wie bei dem Wertetest, aber nicht völlig gleich. Deshalb das Nachfolgende bitte sorgfältig durchlesen!
Machen Sie sich von den Karten (vergrößerte) Fotokopien, und schneiden Sie diese aus. Am Ende sollten Sie 24 Spielkarten in der Hand halten.
Aufgabe I:
Dazu werfen Sie bitte einen Blick auf eins der beiden Legeschemata das Rollen-Audit, und zwar auf das mit dem Titel »Aufgabe I«.
Sie sollen nun Ihre Spielkarten so legen, daß in die oberste Reihe diejenigen Karten gelangen, die am allerstärksten auf Sie zutreffen. In die nächste Zeile diejenigen, die ziemlich stark auf Sie zutreffen, und so fort bis hinunter zu »Ich bin genau das Gegenteil«.
Im Gegensatz zum früheren Wertetest ist die Zahl der Karten pro Reihe unbegrenzt! Legen Sie also so viele Karten, wie Sie möchten, in jede beliebige Reihe.

Mit der Rangfolge, die Sie wählen, beschreiben Sie sich und Ihre Stärken und Schwächen. Deshalb noch ein kurzer Durchgang der fünf möglichen Einstufungen:

- »Trifft ganz stark auf mich zu«: Ganz oben, in die oberste Reihe, kommen also die Karten, die Sie besonders treffend beschreiben, wo Sie vielleicht zu sich selber sagen: Das trifft mich hundertprozentig, genau so bin ich.
- »Trifft zu«: In die zweite Reihe kommen Karten, die nicht den allerersten Platz bekommen sollen, die aber doch recht wichtig sind.
- »Trifft geringfügig zu«: In diese Reihe kommen Karten, wo Sie das Empfinden haben, daß es Sie ein wenig trifft, aber sicherlich nicht zu einem wesentlichen Element Ihrer Persönlichkeit zu zählen ist.
- »Trifft überhaupt nicht auf mich zu«: Wenn Sie das Empfinden haben, daß der Karteninhalt nichts mit Ihnen zu tun hat, dann überlegen Sie, ob Sie die Karte hier ablegen oder ob es so ist, daß Sie gerade das Gefühl haben, daß Sie dies nicht nur nicht sind, sondern daß die Karte das komplette Gegenteil von dem wiedergibt, was für Sie typisch ist. Trifft letzteres zu, dann kommt die Karte in die folgende, letzte Reihe.
- »Ich bin genau das Gegenteil davon«.

Legen Sie bitte sämtliche Karten ab. Es sollte am Ende keine mehr frei herumliegen.

Machen Sie nun bitte das erste Spiel! Lesen Sie die Anweisung für die Auswertung erst hinterher.

Persönlichkeitstest 1. Seite

Rollen-Audit

(die ersten 6 Karten)

Schneiden Sie diese 24 Spielkarten bitte aus, so daß Sie ein Kartenspiel erhalten

¿ Meine Individualität und Eigenständigkeit sind mir sehr wichtig (VN5).	# Menschen, die nicht immer tadellos und pieksauber gekleidet sind, wirken auf mich von vornherein sehr unsympathisch (AN1).	Σ Ordnung in unklare Zusammenhänge zu bringen und neue Strukturen zu entdecken, das reizt mich ungeheuer und ist meine Stärke, gleich, ob in Wissenschaft oder Alltag (EN4).
# Wenn ich wegen Unpäßlichkeit einmal zu Hause bleibe, dann habe ich immer das ungute Gefühl, daß ich meiner Pflicht nicht nachkomme. Ich glaube eben sehr an Ordnung und Pflichterfüllung (AN3).	Σ Ich habe viel lieber mit Sachen als mit Menschen zu tun, weil man da viel objektiver etwas Neues nachweisen kann. Menschen sind mir oft zu irritierend (EN1).	# Es gibt mir eine große Befriedigung, wenn ich durch gute Argumente belegen kann, welche von mehreren Alternativen die eindeutig bessere ist (AN4).

Rollen-Audit

(Karten 7 bis 15)

Fortsetzung, bitte ebenfalls ausschneiden

Σ Auch wenn ich wirklich etwas zu sagen habe, halte ich mich lieber zurück, wenn es noch nicht ganz ausgereift ist (EN2).	Σ Es ist sehr reizvoll, knifflige Probleme zu lösen. Darüber vergesse ich manchmal wichtige Dinge (EN3).	# Bei Konflikten soll man objektiv die echten Sachprobleme klarstellen; neunmalkluge Psychologen oder Einfühlung helfen da wenig oder überhaupt nichts (AN2).
∞ Revolutionäre, die alle erprobte Ordnung auf den Kopf stellen möchten, kann ich nicht ausstehen, denn sie sind gefährlich und zerstörerisch (APN1).	¥ Ich muß rasch zupacken; ich werde ganz krank, wenn man von mir langwieriges Überlegen und Vorausplanen will (MN4).	∞ Ich bin ein konservativer Mensch, weil es meine tiefste Überzeugung ist, daß man auf Bewährtem aufbauen sollte (APN3).
¿ Ein Leben ohne anspornendes Leitbild ist nichtssagend und wenig lebenswert (VN2).	Ω Ich habe ein untrügliches Gefühl dafür, an welchen Platz man Menschen stellen muß, damit sie richtig funktionieren (ON2).	Ω Es macht viel Freude, menschliche Aktivitäten zu ordnen und in ein Schema zu bringen (ON3).

Rollen-Audit

(Karten 16 bis 24)

Fortsetzung, bitte ebenfalls ausschneiden

Ω Wenn jeder wie ein nützliches Rädchen im großen Uhrwerk seine Rolle spielt, dann ist die Welt in Ordnung (ON4).

∞ Um Konflikte zu vermeiden, kann ich mich sehr mühelos dem Vorgesetzten ganz und gar unterordnen (APN4).

¥ Es gibt nur einen einzigen Lebenssinn: sich selbst verwirklichen (MN1).

¥ Ich kann Leute ganz schön herumkommandieren. Wenn es der Sache dient, kann ich auch sehr väterlich tun, echt ist das jedoch nicht (MN2).

∞ Menschen sind mitunter nicht gern mit mir beisammen, weil ich sie mit meinen Äußerungen gelegentlich deprimiere (APN2).

¥ Ich habe ein untrügliches Gefühl dafür, wie man Menschen im richtigen Augenblick anpacken muß (MN5).

¿ Ich habe nie Mangel an neuen Ideen; die fallen mir fast von selbst zu. Ich bin vermutlich kreativer als andere (VN1).

Ω Die methodische Planung eines Projekts ist fast immer viel interessanter als die praktische Durchführung mit ihren tausenderlei Widerständen (ON5).

¿ Mich beschäftigen immer wieder ganz ungewöhnliche Ideen, wie Menschen ihr Miteinander ganz anders und besser gestalten könnten (VN3).

Persönlichkeitstest 4. Seite

Legeschema Rollen-Audit, Aufgabe I

Hier liegen . . . . Karten mit **3** malnehmen! **Resultat:** [ ] **Punkte**		Oberste Reihe **»Trifft ganz stark auf mich zu«** **Zahl der Karten ist beliebig**
Hier liegen . . . . Karten mit **2** malnehmen! **Resultat:** [ ] **Punkte**		Zweite Reihe **»Trifft zu«** **Zahl der Karten ist beliebig**
Hier liegen . . . . Karten **Resultat:** [ ] **Punkte**		Dritte Reihe **»Trifft geringfügig auf mich zu«** **Zahl der Karten ist beliebig**
Hier liegen . . . . Karten **Resultat:** [–] **Punkte**		Vierte Reihe **»Trifft überhaupt nicht auf mich zu«** **Zahl der Karten ist beliebig**
Hier liegen . . . . Karten mit **2** malnehmen! **Resultat:** [–] **Punkte**		Unterste Reihe **»Ich bin genau das Gegenteil davon«** **Zahl der Karten ist beliebig**

Alle Kästchen aufaddieren. Bitte aufpassen:
Die beiden letzten Resultate sind negativ,
müssen also abgezogen werden!

Endsumme

2. Auswertung der ersten Aufgabe

Vor Ihnen liegt nun das Resultat Ihrer Arbeit, nämlich eine Rangfolge aller Karten, geordnet nach dem Grad, wie diese auf Sie zutreffen. Oben, wenn sie stark zutreffen, und weiter unten, wenn sie wenig oder gar nicht zutreffen.
Das Legeschema Rollen-Audit erste Aufgabe dient dazu, eine Zahl zu errechnen, die Ihnen etwas über den Grad Ihrer inneren Spannung berichtet. Aber machen Sie sich erst einmal ans Rechnen: Addieren Sie für jede Reihe auf, wie viele Karten darin liegen. Dabei zählt jede Karte stets lediglich einen Punkt. Bei drei Karten in einer Reihe tragen Sie also links die Zahl 3 ein.
Folgen Sie der jeweiligen Anweisung links im Kästchen. Es steht dort, mit welcher Zahl Sie multiplizieren müssen. Ganz oben mit 3, in der nächsten Zeile mit 2, dann überhaupt nicht mehr.
Aufpassen bei der dritten und vierten Zeile: Dort wird der Wert negativ beziehungsweise muß mit minus 2 multipliziert werden.
Errechnen Sie dann den Gesamt-Abschlußwert. Es ist klar, daß Sie dabei alle Zahlen aufaddieren und dabei natürlich die negativen Zahlen aus Kästchen vier und fünf abziehen.
Rein theoretisch könnten Sie – falls Sie alle Karten in die oberste Reihe »packen« – einen Wert von 72 erreichen, aber das wäre ebenso unsinnig, wie wenn Sie alle 24 Karten auf die letzte Reihe legen würden und dann – 48 herausbekommen würden. Bleiben wir realistisch: Die meisten Probanden liegen zwischen 30 und 10 Punkten. Besonders kreative Persönlichkeiten liegen im Durchschnitt bei 24,7, Langweiler mit wenig Einfällen bei 16,1 Punkten.
Was besagt nun die Punktzahl? Welche Bedeutung hat sie?
Wenn Sie die folgenden Punkte links erzielen, gilt das rechts über Sie Gesagte:

Fazit:

Punkte	Spannung
28 und mehr	hochgespannte Persönlichkeit
21 bis 27	ziemlich gespannt
14 bis 20	wenig gespannt, wenig gegensätzlich
13 oder weniger	extrem einseitig, uninteressant

Erfolgreiche Persönlichkeiten erzielten in unserer Stichprobe durchschnittlich 26,7 Punkte, die weniger Erfolgreichen 14,2.

Innere Spannung und Gegensätzlichkeit sind ein wesentliches Persönlichkeitsmerkmal. Der Horizont eines vielfältigen Menschen ist fast immer breiter. Wer hingegen eine geringe innere Spannung aufweist, kann Routinearbeit glänzend leisten, wird aber bei kreativ-schöpferischen Anforderungen eher versagen.
Der hoch Gespannte ist vielfältiger und hat damit von Natur aus ein größeres und besseres Einfühlungsvermögen, denn es fällt ihm leicht, sich in andere hineinzuversetzen. Er ist neben seiner Vielfalt aber auch regelmäßig stärkeren Stimmungsschwankungen unterworfen, eher mal himmelhoch jauchzend oder zu Tode betrübt. Er ist sicherlich die interessantere, aber auch die etwas schillerndere Persönlichkeit.
Der weniger Gespannte hat es schwerer, sich in der Welt zu orientieren, sich in andere hineinzuversetzen, Gegensätze fruchtbar in sich auszutragen. Er ist etwas langweiliger, aber verläßlicher, solider.
Wichtig ist folgender Zusammenhang: Gehören Sie zum gespannten Typ, dann ist es viel wahrscheinlicher, daß Sie neurotischen Gefährdungen erliegen. Die Neurose ist der Preis, den der Gespannte dafür zahlt, daß er mehr von der Welt sieht und ein interessanteres Leben führt. Der Spannungslose entgleist fast nie seelisch. Der Gespannte »entgleist« leichter. Welches die charakteristischen Entgleisungsmöglichkeiten jeden Typs sind, haben wir weiter oben beschrieben.

3. Anleitung für das zweite Spiel

Die Blätter mit den Spielkarten sind die gleichen, aber das Legeschema ist ein anderes. Benutzen Sie bitte das Legeschema Rollen-Audit Aufgabe II auf der übernächsten Seite.
Sie halten zu Beginn wieder die 24 Spielkarten in der Hand.
Für diese Aufgabe II verwenden Sie nur einen Teil der gelegten Karten, und zwar ausschließlich diejenigen Karten, die Sie in der ersten Übung auf den beiden oberen Reihen ablegten. Legen Sie also alle übrigen Karten beiseite, die nicht auf den obersten beiden Reihen positioniert waren!
Sie legen nun die übriggebliebenen Spielkarten aus den beiden obersten Reihen so, daß sie in die jeweiligen Reihen auf dem

Legeschema zu Aufgabe II gelangen, die das gleiche Merkzeichen aufweisen, wie es auf jeder Karte rechts oben abgebildet ist. Alle Karten, die das Merkzeichen »¿« tragen, kommen also in die oberste Reihe, die mit dem Merkzeichen »Σ« in die zweite und so fort. Am Ende haben Sie alle Karten irgendwo richtig untergebracht.
Machen Sie nun bitte das zweite Spiel! Lesen Sie die Anweisung für die Auswertung zweckmäßig erst hinterher.

4. Interpretation der Aufgabe II

Wir können uns hier sehr kurz fassen, denn die jeweiligen Felder geben Ihnen erschöpfend Auskunft. Die Grundregel ist sehr einfach: Wo Sie die meisten Karten liegen haben, da sind Sie besonders ausgeprägt, das ist die Rolle, die Ihnen liegt. Das ist mit hoher Wahrscheinlichkeit auch die Rolle, in der Sie am erfolgreichsten sind.
Liegen drei oder gar mehr Karten auf einer der sechs Schienen, dann ist das Ihre stärkste Ausprägung. Sind es weniger, dann sind Sie auf diesem Persönlichkeitsbereich schwächer. Die Rangfolge ergibt sich also ganz einfach aus der Häufung Ihrer Karten. Sie können in dem jeweiligen Feld direkt nachlesen, was Ihr »Steckbrief« ist. Bei drei Karten trifft er sehr stark, bei vier Karten trifft er extrem zu.
Es ist nicht sonderlich häufig, kommt aber auch vor, daß sich die Karten gleichmäßig über alle Felder verteilen. Dann ist folgendes entscheidend: Entweder haben Sie eine hohe Spannungszahl, dann ist dies eine positiv zu beurteilende Vielfalt Ihrer charakterlichen Anlagen: Sie können viele Rollen spielen, können sehr vielfältig beruflich eingesetzt werden und können gut mit den unterschiedlichsten Leuten.
Ist Ihre Spannungszahl aber niedrig, dann ist zu befürchten, daß Sie diese Vielfalt nicht recht einsetzen können, es fehlt dann einfach die Energie, sozusagen der »Dampf«, von diesen an sich günstigen Anlagen den rechten Gebrauch zu machen. Menschen mit Vielfalt, aber mit geringer Spannung sind einfach ein wenig blaß und undifferenziert.

Legeschema Rollen-Audit, Aufgabe II

Legen Sie alle Karten, die das jeweils links zu sehende Merkzeichen tragen, in die dazugehörige Reihe. Wenn Sie in einer Reihe eine **einzige** Karte liegen haben, dann trifft das rechts Gesagte **etwas** auf Sie zu. Haben Sie dort **zwei** Karten, dann trifft es **stark** zu. Sollten Sie drei oder mehr Karten in dieser Reihe haben, sind Sie von dem, was dort gesagt wird, **ganz stark dominiert**, und es ist wahrscheinlich der Schlüssel zu Ihrem Charakter. Liegt in einer Reihe überhaupt keine Karte, sind Sie eher das Gegenteil von dem, was rechts steht.

¿	• 1 Karte • 2 Karten • mehr Karten	Sie wollen erneuern, verändern; Ihnen fällt dazu viel ein; Sie haben Ideen und wollen andere dafür begeistern; Menschen interessieren Sie mehr als Sachen; Ihnen ist viel daran gelegen, daß man auf Sie aufmerksam wird, von Ihnen spricht. Sie sind ein wenig sprunghaft, und es wird Ihnen schnell etwas langweilig. Sie träumen davon, einmal etwas ganz Großes zu leisten. Alles Ungewöhnliche reizt Sie sehr.
Σ	• 1 Karte • 2 Karten • mehr Karten	Sie wissen, was Sie wollen, und Sie erreichen es mit vielen guten Einfällen. Andere Leute stören Sie bisweilen, und deshalb sind Sie bei Ihrer kreativen Arbeit gerne allein. Sachliche Probleme reizen Sie mehr als menschliche. Sie drängen sich den Leuten nicht auf, sondern halten lieber Distanz. Sie knobeln gern an einem Problem herum; gelegentlich sind Sie auch schon mal ein wenig eigenbrötlerisch.
#	• 1 Karte • 2 Karten • mehr Karten	Ordnung ist für Sie etwas Entscheidendes, und Sie stört nichts mehr als Unordnung, Chaos und Schmutz. Es ist wichtig für Sie, alles im Griff zu haben und es durch Anweisungen zu regeln. Sie wollen alles gerne bis ins letzte Detail klären und sind erst dann zufrieden, wenn etwas logisch klar und möglichst mit Zahlen belegt ist. Anständigkeit, Loyalität und moralisches Verhalten sind für Sie wichtig.
∞	• 1 Karte • 2 Karten • mehr Karten	Sie haben richtig erkannt, daß man sich anpassen, nach der Decke strecken muß. Dabei orientieren Sie sich gern an der Vergangenheit, weil früher vieles besser gewesen ist. Es ist wichtig für Sie, ein Gefühl der Geborgenheit zu haben. Meist sind Sie sicher, wohin der Weg geht, aber es kommt auch häufiger vor, daß Sie ein klein wenig mutlos werden, wenn gar zu vieles auf Sie einstürmt und die Leute Sie überfordern.
Ω	• 1 Karte • 2 Karten • mehr Karten	Sie planen und organisieren gerne und haben ein sicheres Gefühl, wie man Leute richtig einsetzt; dazu gehört Einfühlungsvermögen. Aber weil Sie sensibel sind, ist Ihnen auch klar, daß die Welt und die Menschen manchmal sehr böse sein können und einen manchmal quälen und nicht in Ruhe lassen; deshalb sollte man vor ihnen auf der Hut und etwas mißtrauisch sein und sich immer absichern.
¥	• 1 Karte • 2 Karten • mehr Karten	Gar zuviel und theoretisch über Probleme nachzudenken bringt nichts: Handeln ist entscheidend. Darum gibt es Ihnen auch so große Befriedigung, wenn Sie was erreicht haben. Sie entwickeln viel Geschick, wenn es darum geht, Menschen für sich und Ihre Ziele zu gewinnen. Sie können gut mit den Leuten, können aber auch hart mit ihnen ins Gericht gehen. Sich zu verwirklichen ist entscheidend.

Negativprobe

Werten Sie den Test auch negativ aus, indem Sie sich fragen: »Was bin ich denn nicht?« Denn die Felder, wo keine oder nur eine Karte liegen, sind vermutlich auch die, wo es Ihnen schwerfallen wird, eine positive Rolle zu spielen oder eine gute Leistung zu erzielen.

Soweit unser Rollentest. Ich hoffe, es hat Spaß gemacht und Sie haben nun ein etwas persönlicheres Verhältnis zu unserem sozio-psychologischen Feldmodell.

Wir kommen nun zum vorletzten Kapitel, und es wird Zeit, das bisher Vorgetragene zu verdichten. Wir wollen dies dadurch erreichen, daß wir nachfolgend den Entwurf einer neuen Betriebs-, Markt- und Managementlehre im Sinne des Mind-Profit Überlegenheitsmanagements vorlegen und uns zum Abschluß in einem »offenen Brief an einen kreativen Vorstandsvorsitzenden« über Fragen der praktischen Verwirklichung im Unternehmen austauschen.

XIV. Das Mind-Profit Managementkonzept – Ende des linearen Denkens

Die von mir geleitete Akademie für Führung und Innovation in Wirtschaft und Gesellschaft, die in Düsseldorf beheimatet ist, hat es sich zur Aufgabe gemacht, das gedankliche Gerüst einer neuen, zeitgemäßeren Betriebs- und Managementlehre zu entwickeln. Diese Bemühungen spiegeln sich in den nachstehenden Ausführungen wider, wobei ein wichtiges Anliegen bereits am Anfang vorweggenommen sei: Wir sind nicht angetreten, die Arbeit mehrerer Generationen mit Schmutz zu bewerfen und nun so zu tun, als sei alles bisher guten Glaubens Geleistete Unfug gewesen. Ganz im Gegenteil!
Was Mind-Profit Management (MPM) sich zum Ziel gesetzt hat, ist dies: aus der These des Bisherigen und der Antithese all dessen, was im letzten Jahrzehnt an neuen Gedanken auf uns zugekommen ist, eine Synthese zu formen, die einerseits das Neue integriert, aber auch nicht das Bewährte leichtfertig über Bord wirft, sondern versucht, daran anzuknüpfen. Dies sollte aber im Sinne intellektueller Redlichkeit nicht ausschließen, daß wir Schwächen ohne Umschweife beim Namen nennen und Ergänzungsbedürftigkeit klar herausstellen.

1. Das traditionelle Ziel des Wirtschaftens

Das klassische Ziel des Unternehmens, so wie man es uns an Wirtschaftsschule oder Universität der sechziger Jahre beigebracht hat, besteht darin, am Markt soviel Gewinn wie eben möglich zu erwirtschaften, und dies bei einem möglichst geringen Kapitaleinsatz.

Die berühmte Formel aller Formeln,

Formel 1

$$\text{Return on Capital (ROI)} = \text{Kapitalrendite} = \frac{\text{Gewinn} \times 100}{\text{Kapital}},$$

spiegelt dies wider.

Die Maximierung des Returns – in diesem einen Punkt wollen wir das Ziel unbeirrt im Auge behalten und keinen Millimeter von der Tradition abweichen – scheint mir auch nach wie vor als erstrebenswertes Ziel unangefochten im Raum zu stehen. Gewiß haben wir zwischenzeitlich gelernt, daß diese Ausrichtung nicht mehr das absolute, ganz und gar alleinige Ziel ist, denn Rücksichtnahmen auf die Gesellschaft, auf den Arbeitsfrieden, die Gewerkschaften, auf ökologische Gegebenheiten, auf die derzeitige Wirtschaftspolitik und schließlich ethische Erwägungen, all dies spielt in die betrieblichen Zielsetzungen hinein, schränkt die Absolutheit der Forderung nach Renditemaximierung etwas ein. Wir wollen deshalb das Zugeständnis machen und von dem unnachgiebigen Maximieren zum Optimieren wechseln und uns mit dem Optimieren des Returns zufriedengeben. Dies reduziert aber doch letztendlich nicht den Grundauftrag gegenüber den Kapitalgebern, nämlich – wenn die biblische Formulierung recht ist – »mit dem uns anvertrauten Pfunde zu wuchern«.
Daran will das Mind-Profit Konzept eisern festhalten. Ja, nicht nur das. Wir halten nicht viel davon, dem Unternehmer tausenderlei Rücksichtnahmen, Mitverantwortlichkeiten und Restriktionen aufzubürden, die ihn von seiner Hauptaufgabe nur ablenken, mit deren perfekter Erfüllung er bereits der Gesamtheit einen unschätzbaren Dienst erweist: Er soll die Ressourcen optimieren. Gelingt dies, so hat er mehr als genug geleistet. Versuchen wir nicht – wie das in letzter Zeit leider Mode geworden ist –, ihn zu einem Philosophen in Ethik, zum Chefökologen oder gar zum Verfechter ordnungspolitischer Grundsätze zu machen. Seine Verantwortung ist sein Unternehmen; Wirtschaftspolitik, ökologische Programme und gesetzlich verbriefte Ethik sind nicht seine eigentliche Aufgabe. Das alles ist in erster Linie Sache des Staates, und bei dieser Arbeitsteilung sollte es bleiben. Der soll gefälligst kontrollieren, Vorschriften und Gesetze erlassen und den Unternehmer sowenig wie möglich in seinem Freiraum einengen, den er braucht, um dafür zu sorgen, daß angelegtes Geld guten Zins und

gute Rendite bringt. Hier sind wir also eher konservativ und halten es mit Adam Smith.

Dennoch schlagen wir vor, die obige Formel – die wir als Symbol einer ganzen ökonomischen Denkschule ansehen – ihrer Naivität zu entkleiden und mit ihr das ganze lineare und fast menschenfeindliche Denken, das hinter dieser – wie auch fast hinter allen anderen ökonomischen Formeln – steht, zu aktualisieren und ganzheitlich zu ergänzen. Und wenn wir »ganzheitlich« sagen, dann ist es nicht das übliche Geschwätz, das in der Regel diesem schwammigsten und abgenutztesten aller Begriffe folgt, sondern es ist ein klarer, wohldefinierter Wertekosmos, den wir gleich entwickeln und in obige Formel einbauen werden.

Die Welt hat sich seit 1953 geändert, vieles in unserem Staate und in unserem Denken leider nicht. Wir meinen feststellen zu müssen, daß die Denkansätze der Betriebswirtschafts- und der Volkswirtschaftslehre leider zu den vielen Dingen gehören, die in unserem Lande keinem sehr fundamentalen Wandel unterworfen waren. Eine Revolution des Denkens – wie sie die Physik und die Philosophie erlebt haben – fand nicht statt. Der Verdacht, daß die Mehrzahl der Praktiker von der Leistungsfähigkeit der Betriebswirtschaft enttäuscht ist, stellt keine bloße Vermutung dar, sondern wurde durch unsere Befragungsergebnisse voll bestätigt. Der Vorwurf der Weltfremdheit und geringer praktischer Nützlichkeit ist weiter oben aktenkundig geworden. Daran zu zweifeln hieße, sich etwas vorzumachen.

Die Gründe dafür liegen unseres Erachtens in zweierlei, nämlich in einer zu konservativen Beibehaltung klassischer Denkansätze, was wir als die kardinale Systemkrise unserer Zeit zu erkennen glauben. Der schlimmste ist der Versuch der Wertfreiheit. Ferner ist für die schwer zu begreifende Einseitigkeit ein lebensfremdes Menschenbild oder ein totales Fehlen desselbigen und das Ausklammern neueren Wissens über menschliches Verhalten verantwortlich.

Sagen wir's ganz konkret und grad an: Daß Betriebs- und Volkswirte heute ins Leben entlassen werden, ohne daß sie sich intensiv mit den Wissenschaften vom Menschen – also vor allem Psychologie und in etwas eingeschränktem Maße mit Soziologie – beschäftigt haben, scheint uns als ein Vergehen an den bedauernswerten Menschen, mit denen diese Volks- und Betriebswirte später zusammenarbeiten, die sie beeinflussen und schließlich führen sollen. Das Defizit an Führungswissen ist schlichtweg erschreckend. Die Zahlen weiter oben lassen leider keinen Zweifel daran. Das Verständnis für Kreativität ist entsprechend gering. Wirtschaftliches Handeln ist auf den Menschen zugeschnitten, ihm hat es zu dienen, sein Glück gilt es zu mehren, ihm zu dienen ist alleiniger Zweck der Wirtschaft. Wer dies vergessen hat, hat sich weit von den Werten unserer Kultur entfernt. Es ist ein Irrweg, nicht ganz so drastisch wie der des Kommunismus, aber in seinen Folgen nicht minder tragisch. Und dies noch eben als ergänzende Bemerkung zu diesem Thema: Finden wir nicht zu diesen humanistischen Werten, zur Frage nach Sinn und Zweck zurück, so haben wir keinerlei Chance, die Herausforderungen unserer Nation zu meistern. Was wir hier vortragen, hat existentiellen Charakter. Darum bitten wir um Verständnis für eine offene Sprache und für den Ernst und ein wenig Leidenschaft, mit dem wir die neuen Gedanken zu Gehör bringen. Es geht um Deutschland, vielleicht sogar um Europa.

Fazit unserer Absicht: Was wir vorhaben, ist die Relativierung des Bisherigen und die Einbeziehung sozio-psychologischer Einsichten in die Lehren vom Markt und vom Betrieb. Es ist Zeit, den Glauben an eine lineare Rechenhaftigkeit durch ein neues Verständnis des Managens zu ersetzen. Wir sind der Auffassung, daß gutes Management heute mehr mit einem Kunstwerk zu tun hat als mit einem wohlkalkulierten Plan. Es geht darum, der Rolle des Menschen mehr Raum zu geben und Faktoren wie Klima, Begeisterung und Vision in ein modernes Managementkonzept einzubauen, ohne damit bewährte Grundanliegen – wie etwa die Optimierung der Rendite und eisernes Kostenmanagement – leichtfertig zu schmälern oder gar über Bord zu werfen.

2. Parallelen zur Physik

Manchmal gelingt es, eine Botschaft dadurch besser zu kommunizieren, daß man nach Parallelen in anderen Wissensbereichen sucht. Wir meinen, daß der Blick auf die Physik da weiterhelfen

kann, der uns weiter oben bereits behilflich war. Es scheint so, als ob die Situation der Physik vor Einstein und Heisenberg viel Ähnlichkeit mit der heutigen Situation der Wirtschaftswissenschaften hätte.
Der große Physiker Newton hat uns wichtige Zusammenhänge erschlossen, deren Wert unumstritten ist. Nach ihm aber ereignete sich eine Revolution des physikalischen Weltbildes, und im Zeichen dieser neuen Gedanken blicken wir auf Newtons Welt als auf einen Sonderfall, der eher eine Ausnahme darstellt, nicht die umfassende Regel. Newtons Physik zeigt uns einen Teilausschnitt und nicht das Ganze. Newtons Lehre ist damit weder falsch noch wertlos, aber die Welt Einsteins und Heisenbergs ist breiter angelegt, hat aber trotzdem noch einen – wenn auch eingeschränkten – Platz für das Denken Newtons.
Der Leser vergleiche hierzu die Ausführungen, die wir weiter oben gemacht haben. Wir erkannten, daß

Isaac Newton: Kraft = (Träge) Masse X Beschleunigung, F = m x a,

eine sinnvolle Arbeitsanweisung für die meisten Problemstellungen auf dieser Erde abgibt, daß wir uns jedoch mit Einsteins Weltformel näher an die zu vermutende Wahrheit herantasten können:

Albert Einstein: $E = mc^2$. Die Energie entspricht der Masse mal dem Quadrat der Lichtgeschwindigkeit.

Wir erkannten im gleichen Atemzug mit Popper, daß wir auch mit Einstein keine Chance haben, jemals die Wahrheit mit todsicherer Gewißheit am Zipfel zu packen, aber wir kommen der vermuteten Wahrheit mit Einstein eben doch näher, machen relative Fortschritte.
Gleiches oder zumindest Ähnliches scheint uns vorzuliegen, wenn wir nun versuchen, uns aus der herkömmlichen Betriebs-, Markt- und Managementlehre zu verabschieden, um neue Räume zu betreten. Wir meinen, daß die Wirtschaftswissenschaften von den großen geistigen Strömungen der westlichen Welt, die wir weiter oben ja zu skizzieren versuchten, wenig oder gar nicht berührt wurden. Popper, Einstein, Capra und Vester scheinen kaum Spuren hinterlassen zu haben. Man könnte noch viele

andere Namen nennen, aber mit diesen vieren haben wir uns oben schon auseinandergesetzt.
Bei diesem Integrationsversuch wollen wir uns natürlich nicht voller Selbstüberschätzung mit Einstein vergleichen. Nur die Rolle und Art der Aufgabe zeigt Parallelen. Das Neue, das wir zu sagen haben, erscheint uns ebenfalls umfassender, breiter angelegt. Den Vergleich mit dem Genie Einstein wollen wir auch allein deshalb nicht zu weit treiben, weil wir keineswegs so grundstürzend Neues anzubieten haben wie das atemberaubende Lehrgebäude des großen Mannes. Wir haben vielmehr im wesentlichen andere Vordenker aufgegriffen und versucht, sie in ein ganzheitliches Bild zu integrieren.
Aber wenn wir schon Parallelen zur Physik Einsteins ziehen, so soll nicht verschwiegen werden, daß wir es in einem Punkte etwas leichter gehabt haben: Das neue sozio-psychologische, nichtlineare Denken wird in relativ einfache Formen gegossen. Zumindest Oberschülern müßte es faßlich sein. Das Problem von Quantenphysik und Relativitätstheorie liegt darin, daß 98 Prozent aller Bürger aufgrund des intellektuellen Schwierigkeitsgrades beides eben gerade nicht nachvollziehen können. Ich selbst rechne mich zu diesen 98 Prozent, jedenfalls soweit es das mathematische Gerüst angeht, das hinter beiden Einsichten steht. Was wir hier betreiben, hat – im Gegensatz zur neueren Physik – wenigstens eine Chance, von den Interessierten verstanden werden zu können.
Wenn wir nun schon so gewagte Vergleiche ziehen wie den zwischen Newton und seinen geistigen Nachkommen, dann müssen wir natürlich schon ein wenig exakter sagen, was wir meinen. Warum ist die klassische Nationalökonomie ein Sonderfall? Was ist das fehlende Element, dessen Abwesenheit wir so sehr beklagen? Was macht die Volkswirtschafts- und Betriebslehre so einäugig?

3. Die Ausklammerung des Menschen

Unser Vorwurf oder die Kritik gegenüber der herkömmlichen Betriebs- und Volkswirtschaftslehre ist, daß sie sich aus schwer erfindlichen Gründen zu Beginn dieses Jahrhunderts dazu entschlossen hat, den Menschen aus ihrem Reich zu verbannen oder zumindest sträflich zu vernachlässigen und die Vielfalt soziologischer und psychologischer Abläufe unter einer sterilen Rationalität und Nutzenhaftigkeit zu begraben. Seit Sigmund Freud muß jeder Versuch der Wertfreiheit und jede einseitig rationale Konstruktion scheitern. Seit Popper ist dies zur unumstürzlichen Gewißheit geworden. Dieser Fehler ist nie wirklich aus voller Überzeugung selbstkritisch berichtigt worden.

Dies wiegt schwer, denn wir sind uns vermutlich alle darin einig, daß die Wirtschaft dem Menschen zu dienen hat, daß sie kein Wert an sich ist, sondern daß sie dem Menschen, dem Kunden, so verpflichtet ist wie die Demokratie dem Bürger. Fehlt die klare Ausrichtung an ebendiesem Menschen, der der Originator jedes wirtschaftlichen Handeln ist, dann ist die Gefahr groß, daß man an dem, was die Welt wirklich bewegt, vorüberläuft. Die Irrtumsmöglichkeit ist zumindest so groß wie die von Newton, dessen heile Welt verläßlicher Formeln eben ins zweite Glied zurücktreten mußte angesichts der Relativität, angesichts des Geworfenseins des Menschen in die – seit Popper offensichtliche – Unfähigkeit, Wahrheit jemals erreichen zu können.

Die notwendige Korrektur wäre natürlich schwierig und schmerzhaft gewesen. Ausbildung und Tradition in diesem Bereich versperren eher den Weg zum unberechenbaren Menschen, dessen Subjektivität, Gefühlshaftigkeit und Triebschicksal ihn jedem suspekt macht, der mit doppelter Buchhaltung mehr als mit der Nachdenklichkeit des Philosophen, mit Kostendegression mehr als mit der Neurose, mit Statistik und Gesamtrechnung mehr als mit Adorno und Maslow aufgewachsen ist. Wer aber ebendies typisch Menschliche ausklammert, hat vergessen, was der Wirtschaft überhaupt ihre Existenzberechtigung verleiht, nämlich der nachfragende Bürger und Konsument.

Der Volks- und Betriebswirt, der sich um die Komplexität menschlicher Regungen und Verhaltensweisen herumdrückt, handelt genauso unverständlich und destruktiv wie der abstruse, lange Zeit führende US-Psychologe Skinner, der die Seele ausklammerte, weil sie ihm zu komplex war, und sie durch eine Input-Output-Analyse von Reiz und Reflex ersetzte und dabei gar nicht bemerkte, wie er den Menschen dabei immer mehr aus den Augen verlor. Nein, wir wollen ihn – wie weiter oben geschehen – in den Mittelpunkt stellen und Versäumtes nachholen.

Man kann sich das Festhalten daran, daß die Wirtschaft ein rational-mechanistischer Prozeß sei und partout kein sozio-psychologischer, sinnvoll nur mit der Angst erklären, die alle analytisch ausgerichteten Menschen empfinden, wenn sie sich mit dem launenhaften, gefühlsbetonten, irrenden, irrationalen und oft seelisch kranken Homo sapiens auseinandersetzen müssen. Der fehlende Wille, sich dieser schillernden Buntheit, Chaotik und Triebhaftigkeit zu stellen, hat die Wirtschaftswissenschaften in jene »Splendid isolation« getrieben, die heute 79 Prozent aller Manager sagen läßt: »Es ist eine weltfremde Abstraktion, die wenig dazu beiträgt, den wirtschaftenden Menschen und sein Umfeld besser und leichter zu verstehen.«

4. Gewogen und zu leicht befunden

Wir wollen uns die behauptete Begrenztheit der klassischen Wirtschaftswissenschaften an einem ganz berühmten Beispiel verdeutlichen, das mit Sicherheit jedem Volks- oder Betriebswirt noch aus der Studienzeit in Erinnerung ist.
Die Abbildung – auf Seite 329 zeigt jene bekannten, gekreuzten Kurven, die uns sagen, wie denn ein ausgeglichener Marktpreis in einer freien Wirtschaft zustande kommt.
Niemand bestreitet den erklärenden Wert und die äußerst kreative, ja geniale Darstellung der hier vorgetragenen Zusammenhänge, die uns etwas über die Geheimnisse der freien Marktwirtschaft mitteilen, und dennoch ist dies ein Sonderfall, nicht der wirklich verallgemeinerungsfähige Normalfall von Wirtschaftstransaktionen.
Nun wissen wir alle, daß die Annahme eines einheitlichen, nicht differenzierten Gutes eine seltene Besonderheit ist, die vielleicht bei der Handelsklasse B III von Frischeiern zutrifft, auch bei anderen Rohprodukten vom Stahl bis zum Betonmix, sogenannten Commodities, aber die Regel bei kaufmännischen Transaktionen ist es beileibe nicht, daß wir jene etwas theoretische Einheitlichkeit und Vergleichbarkeit vorfinden. Im Gegenteil: Über 85 Prozent aller Käufe und Verkäufe beruht auf der Differenzierung der Güter. Diese ist es, die häufig überhaupt erst den Kaufwunsch auslöst.

Auch die Unterstellung, daß ein Käufer mehr nachfragt, wenn etwas billiger wird, ist eben ein Sonderfall, der zwar vorkommt, aber selten. Wenn Audi tausend Achsen nachfragt, dann werden eben tausend Achsen benötigt, kein Stück weniger und kein Stück mehr; und die Frage ist dann nur, wer relativ zur Qualität (die sich hier vermutlich in besonders geringen Fertigungstoleranzen ausdrückt) dann den günstigsten Preis anbietet. Und dieser letztere spielt auch dann nur eine sehr relative Rolle, denn langfristige Lieferantenbeziehungen, Lieferpünktlichkeit und allgemeines Standing spielen da hinein. Genauso, wie wir Newtons Formeln eben als etwas Begrenztes – nicht Falsches – erleben, können wir nicht umhin, einen nicht geringen Teil dessen, was aus den Wirtschaftswissenschaften zu Markt, Strategie, Unternehmensführung und Erfolg gesagt wurde, als durchaus zutreffend, aber zu engbrüstig angelegt zu empfinden.

5. Abschied vom Mechanismus – die neue Mind-Profit Formel

Kehren wir also zum Ausgangspunkt zurück nämlich zu der Formel von der zu optimierenden Kapitalrendite als der primären Unternehmeraufgabe. Wir bringen sie hier noch einmal, und zwar geringfügig abgewandelt durch die Aufschlüsselung des Gewinns in die Resultierende aus Erlösen und den Kosten. »Ω« bedeutet »Optimieren!« Die Formel lautet dann:

Formel 2

$$\Omega \text{ Return on Capital} = \text{Kapitalrendite} = \frac{(\text{Erlöse} - \text{Kosten}) \times 100}{\text{Kapital}}$$

Um von dieser natürlich nicht »falschen«, sondern lediglich ergänzungsbedürftigen, einseitigen Formel wegzukommen, wollen wir uns fragen, was denn hinter den Begriffen Kosten, Erlösen und Kapital steht, wenn wir uns eine dynamische, konkurrenzwirtschaftliche Sicht der Dinge zu eigen machen, die den launischen, irrenden, kämpfenden Menschen nicht ausschließt, sondern ihn in den Mittelpunkt stellt.

Dabei ist unser Denken natürlich stark geprägt durch Poppers Mahnung, uns durch nichts dazu verleiten zu lassen, endgültige Wahrheit anzustreben oder sie zu behaupten. Die eherne Unbezweifelbarkeit allzu vieler Formeln, die den Geruch endgültigen Wissens verbreiten, ist uns suspekt, und wir mögen als Poppers ebenso wie Vesters Schüler ohnehin die Metapher, die offene, lose Beziehung, ja sogar die Allegorie lieber als etwas, das sich gibt, als wäre es die letzte unangreifbare Weisheit. Solche unumstößlichen Fundamentalformeln rumoren zwar immer noch in den Hirnen einiger unbelehrbarer Studienräte und Politiker, und leider sind sie selbst im Denken sonst ganz progessiver Wissenschaftler noch nicht ganz ausgestorben. Es ist halt schwieriger, mit Ahnungen als mit Gewißheiten zu leben, aber in einer Population, die eben zu 43 Prozent aus Menschen besteht, die von scheinbaren Gewißheiten magisch angezogen und von Chaos abgestoßen werden, ist das einfacher gesagt als getan.
Im Sinne des eher bescheideneren Erkenntnisanspruchs ersetzen wir deshalb in der Formel das Gleichheitszeichen »=« durch das »eine Funktion von« (f). Sie sehen, wir bemühen die Gleichungssprache der Mathematik in einer etwas anderen, eher relativen Weise. Wenn der Mathematiker links etwas hinschreibt, dann muß rechts das Äquivalent von links stehen; wir fragen eher: Wenn links etwas steht, also zum Beispiel ROI, dann soll rechts nicht das gleiche, nur anders ausgedrückt, stehen, sondern ich will wissen: Was ist »essentiell« für ROI? Diese Frage von dem, was ist, zu dem, worauf es vermutlich ankommt, symbolisiert den Wechsel vom linearen zum dynamischen Denken.
Wir wollen nicht die Genauigkeit von rechts und links, sondern die Beschreibung dessen, was für verantwortlich handelnde Menschen entscheidend ist. Um mit Capra zu sprechen: Wir suchen nicht das, was ist, sondern den Prozeß, die Auseinandersetzung. Dabei begeben wir uns ein wenig der Exaktheit der Mathematik und gewinnen die Ganzheitlichkeit der miteinander vernetzten Wirkfaktoren. Letzteres ist chaotischer als ersteres, aber dafür auch anspruchsvoller, so wie modernes Führen um den Preis einer gewissen Chaotik die Vision anstrebt, die Freude und das Erlebnis der Gemeinsamkeit anstelle des Gehorsams und der Disziplin.
Kommen wir nun zu etwas ganz Entscheidendem, unserem Vorschlag zu einer Dynamisierung, Vermenschlichung obiger Formel: Wir meinen, daß Wirtschaftseinheiten unter Konkurrenzbedin-

gungen nur dann befriedigende Erlöse erzielen, nur dann konkurrenzfähige Kosten aufzuweisen haben und auch nur dann Kapital zu günstigen Bedingungen erhalten, wenn sie etwas aufweisen, das wir nennen wollen:

relative Überlegenheit

Fazit: Mit diesem Begriff führen wir in die Statik von Erlös, Kapital und Kosten die Dynamik der – teils kämpferischen – Auseinandersetzung des Marktes ein, die dort – so sehen wir es jedenfalls – gefehlt hat.

Oder will jemand behaupten, Rendite hätte mit der Konkurrenzsituation nichts zu tun? Wir haben damit auch den Faktor **Macht** beim Wickel und fragen nochmals: Auch wenn die klassische Theorie der freien Marktwirtschaft den Machtbegriff nur wenig kennt bzw. sich damit nur halbherzig auseinandergesetzt hat, wer könnte übersehen, daß es in der Wettbewerbsauseinandersetzung in unseren »unvollkommenen« Märkten einer der wichtigsten, vielleicht sogar der wichtigste Faktor ist. Seine Integration ist deshalb unabdingbar.

Wir formulieren also neu: »Optimaler Return of Capital ist eine Funktion der relativen Überlegenheit« und schreiben:

Formel 3

Ω ROI = f (relativer Überlegenheit).

Wenn es richtig ist, daß wir gut daran tun, die Verflochtenheit aller Dinge untereinander in unser Kalkül einzubeziehen, dann fühlen wir uns bei dieser Formel schon einmal grundsätzlich wohler, weil wir hier gar nicht mehr von absoluten und ehernen Wertrelationen sprechen, sondern lediglich eine relative, funktionale Beziehung feststellen.

Noch ein Wort zur Überlegenheit: Ist es denn etwa nicht richtig, daß man nur bei Überlegenheit (zum Beispiel einer technologischen zum Marktumfeld) günstige Kosten erzielen kann? Und ist es etwa nicht richtig, daß günstige Preise nur durch Überlegenheit als Nachfrager im Markt zu erreichen sind? Und welcher Geschäftsmann wüßte es nicht, daß man Kapital nur dann leicht und zu günstigen Bedingungen von den Banken und von den

Anlegern bekommt, wenn die Vermutung der Überlegenheit – natürlich immer relativ zu den anderen – gegeben ist.
Vielleicht sind wir damit einen kleinen Schritt vorangekommen. Wir halten fest, daß wir vom Gebot der Optimierung der Kapitalrendite nicht abgerückt sind, aber wir haben die Dinge operationaler gemacht, sie dem täglichen Handeln des Kaufmanns etwas näher zu bringen versucht. Zins, Kapital und Kosten sind etwas Statisches. Dahingegen schwingt in »Überlegenheit« die Spannung des Kampfes, die Auseinandersetzung mit. Das ist freilich nur ein erster Schritt, denn Sie werden jetzt mit Recht fragen, was denn diese Überlegenheit letztendlich ist. Und Sie haben völlig recht: Auch wenn die Formel vielleicht so richtig ist und das Herz des Marktgeschehens stärker berührt als so trockene Worte wie Profit und Kapital, wir müssen schon ein wenig mehr wissen, was Überlegenheit bedeutet. Wie kommt sie zustande? Wann ist sie erreicht? Was sind die Faktoren, die darauf einen Einfluß haben?

6. Der relative Vorteil

Machen wir es uns noch einmal ganz klar: Wenn wir Anbieter sind, arbeiten wir nicht auf einen absolut günstigen Kostenrahmen hin, sondern auf eine Kostenüberlegenheit. Was ein Ding kostet, ist im Grunde in einer Konkurrenzwirtschaft fast gleichgültig, aber die 2 Pfennige, die ich vielleicht günstiger anbieten kann als mein Konkurrent, diese und nur sie sind entscheidend.
Oder sprechen wir einen Augenblick über das so wichtige Thema Qualität. Das Qualitätsniveau, das meine Produkte erreichen, ist völlig unwichtig, nur, daß es ein klein wenig besser in der Qualität ist, also Qualitätsüberlegenheit besitzt, das zählt (Siehe S. 95). Niemand braucht schnell zu liefern, aber etwas schneller als der Konkurrent zu sein, das gibt den Ausschlag. Sehen Sie den gravierenden Unterschied? Nicht, ob der Wagen des Anbieters X schnell oder langsam ist, hat Bedeutung, nur wenn er 5 Kilometer schneller ist als der der Konkurrenz, bekommt Geschwindigkeit eine Wertigkeit. Bewußt etwas auf die Spitze getrieben: Geschwindigkeit existiert eigentlich überhaupt nicht als Marktfaktor, aber Geschwindigkeitsüberlegenheit ist wichtig!

Nun können wir natürlich endlos über unsere seit Einstein »relativ« gewordene Welt reden, aber das muß dann auch in unserer Formel seinen Ausdruck finden. Darum fragen wir uns, was das denn eigentlich heißt: Überlegen sein? Unsere Antwort: In der Konkurrenzwirtschaft ist Überlegenheit stets Macht. Genauer: Ich bin überlegen, wenn meine Macht höher, stärker, besser, ausgeklügelter ist als die der Konkurrenten.
Um also nun die Überlegenheit zu relativieren und sie ein Stück meßbarer zu machen, setzen wir die eigene Macht (a) in Beziehung zum Konkurrenzfeld. Dabei bedienen wir uns einer Vereinfachung, die heute schon weitgehend – besonders in den USA – akzeptiert ist. Wir machen nämlich eine Anleihe bei dem sogenannten »relativen Marktanteil«, von dem wir aus empirischer Forschung (PIMS-Projekt) wissen, daß er wesentlich wichtiger ist als der absolute; letzterer erfreut sich bei unseren Maketingleuten immer noch großen Ansehens, obgleich er höchst ergänzungsbedürftig ist.
Traditionell sagt man, jemand hat 20 Prozent Marktanteil. Diese Nomenklatur ist oft nicht sehr aussagekräftig, eben weil die Relativität fehlt. Es kommt eben nicht darauf an, ob ich 20 oder 40 Prozent Marktanteil habe, sondern darauf, wie sich dieser eigene Marktanteil mit dem der Konkurrenten vergleicht.
Für alle, denen der Begriff des relativen Marktanteils fremd ist: Wenn ich 20 Prozent Marktanteil habe und mein nächster Konkurrent nur 5 Prozent, so ist das eine völlig andere Situation, als wenn ich über 20 Prozent verfüge, mein Gegner aber 35 Prozent hat.
Darum definiert man den relativen Marktanteil seit der großen PIMS-Untersuchung dadurch, daß man den eigenen, absoluten Anteil mit hundert multipliziert und dann durch die drei Marktanteile der drei wichtigsten Mitbewerber teilt. Das Ergebnis ist dann keine Prozentzahl mehr, sondern eine Art Index, der durchaus die Hundert übersteigen kann.
Kalkulationsbeispiel: Wir haben 30, die nächsten Mitbewerber verfügen über 15, 10 und 5 Prozent absoluten Marktanteil. Die Berechnungsformel für unseren relativen Marktanteil RM 1 finden Sie nachstehend an erster Stelle. Oder wir haben selbst 30 Prozent, die drei nächsten Gegner aber 40, 20 und 10 Prozent, so gilt RM 2 rechts daneben:

$$RM\,1 = \frac{30 \times 100}{15 + 10 + 5} = 100 \qquad RM\,2 = \frac{30 \times 100}{40 + 15 + 5} = 50$$

Wir sehen, daß die Situation im zweiten Falle schlechter ist, logo, denn wir haben im ersteren Fall eine marktbeherrschende, im zweiten Fall **keine** marktbeherrschende Stellung. Es hat sich nun gezeigt, daß dieser relative (nicht der absolute) Marktanteil mit der Rendite ganz stark korreliert. Für den Erfolg ist also der relative Marktanteil wichtiger als der absolute. Wir sehen auch hier wieder den Ersatz einer statisch absoluten Größe durch eine relative und dynamische.
Wir können nun unsere Formel aufgrund dessen, was wir eben erarbeitet haben, ein Stückchen aufschlußreicher schreiben, und zwar formulieren wir:

Formel 4

$$\Omega\,ROI = f\left\{\frac{Macht_a \times 100}{Macht_{\Sigma\,x,\,y,\,z}}\right\}$$

(Ω) ist unser Zeichen für »optimieren«; (a) stellt unser eigenes Produkt dar; (x), (y) und (z) sind die drei Konkurrenzprodukte. Wir vergleichen also unsere eigene Macht a mit der Summe der Macht von x, y, z. Ist sie groß, so haben wir es mit Überlegenheit von a zu tun; x, y und z sind die drei wichtigsten Konkurrenten.
(a) kann unser Produkt sein, muß es aber nicht. Es können sich hinter a (und entsprechend hinter x, y, z) alle Fakten verbergen, die mit der Wettbewerbsauseinandersetzung unserer Firma und den entsprechenden Gegenpositionen im Markt zu tun haben. (a) könnte unsere Einkaufsstärke sein, dann würden wir unsere Macht mit der der drei Konkurrenten vergleichen. Ebensogut könnte (a) ein Service sein, zum Beispiel der After-sales-Service – generell oder auch nur für Produkt a. Unter a können wir auch die Firma als Ganzes zusammenfassen.

7. Empirisches Material

Der Leser mag vielleicht bis hierher denken, daß es sich um eine zwar ganz interessante, neue Aspekte bescherende Sicht der

Dinge handelt, daß sich dies aber doch wohl mehr im Rahmen theoretischer Überlegungen abspielt. Weit gefehlt: Unsere Überlegenheitsformel mit dem Vergleich unserer eigenen Machtposition mit der von drei Konkurrenten hat einen empirischen Hintergrund, den wir sehr sorgsam in unserer Enquete überprüft haben. Wir haben schon bei der Besprechung des relativen Marktanteils auf den Berechnungsmodus hingewisen, den man hier verwendet. Wenn meine Macht a mit dem Zahlenwert 10 ausgedrückt wird und x = 2, y = 3 und z = 4 beträgt, dann bekommt der ganze Bruch den Wert:

$$\frac{12}{2+3+4} = \frac{12}{9} = 1{,}3$$

Der Wert ist also besser als 1. Das Erreichen von 1 ist die anspruchsvolle Zielsetzung im Mind-Profit Management. 0,3 ist das Minimum, unter das man nicht fallen sollte.

Welcher Zusammenhang besteht aber denn nun mit dem Return, mit der Kapitalrendite, um die es doch hier schlußendlich geht?

Wir haben bei allen von uns untersuchten 116 Firmen ermittelt, wie diese Geschäftseinheiten von den eigenen Managern eingeschätzt werden. Den Durchschnitt haben wir errechnet und mit dem angetroffenen Return vor Steuern der letzten sieben Jahre verglichen. Die Tabelle 78 zeigt die Resultate: Wir weisen den »durchschnittlichen ROI« in Korrelation mit den Werten aus, die bei jeder von uns untersuchten Geschäftseinheit im Sinne obiger Formel der relativen Überlegenheit erreicht wurden:

Überlegenheitswert	Durchschnittlicher ROI v. St. der jeweiligen Geschäftseinheit
1 bis 2	16 %
0,5 bis 1	11 %
0,3 bis 0,5	8 %
0,1 bis 0,3	4 %
0,05 bis 0,1	1,3 %

Tabelle 78: Return und Rating der gesamten Geschäftseinheit

Wir haben ferner 311 Produkte dem gleichen Rating unterworfen und dann in Tabelle 79 die Werte mit dem Return verglichen. Die Zahlen waren unterschiedlicher, streuten auch mehr, fielen aber doch ziemlich ähnlich aus.

Überlegenheitswert	Durchschnittlicher ROI v. St. der jeweiligen Geschäftseinheit
1 bis 2	13 %
0,5 bis 1	10 %
0,3 bis 0,5	6 %
0,1 bis 0,3	5 %
0,05 bis 0,1	0,7 %

Tabelle 79: Return und Rating von 311 Produkten

Wir wollten damit aufzeigen, daß es zwar keine Relation zwischen den Ratings und dem Return gibt, die man wie cine Gleichung behandcln kann, wo also rechts und links das gleiche steht; wenn wir aber die Funktionsgleichung benutzen, die ja unseren gesamten Überlegungen zugrunde liegt, dann gibt es immerhin eine hochinteressante Annäherungskorrelation.

Für denjenigen, der ein wenig von Marktforschung versteht, ist klar, daß man das Rating nicht nur über die Meinung der eigenen Mitarbeiter erfragen kann. Es ist natürlich viel besser, wenn man so etwas durch Befragung der Kunden, der Öffentlichkeit, der Käufer etc. ermittelt.

Fazit: Wir haben in der Mind-Profit Formel, so wie wir sie bislang entwickelt haben, ein nicht nur theoretisch interessantes, sondern auch ein ganz praktisches Instrument vor uns. Wenn der Bruch auf der rechten Seite den Wert von 1 annimmt, dann heißt das, daß meine eigene Firma oder mein eigenes Produkt a gleichwertig der zusammengefaßten Angebotsenergie der drei Konkurrenzprodukte x, y, z ist. Dieser Wert 1 für diese Gleichung ist das große Ziel, das man bei Mind-Profit Management anstrebt. Wer diesen Wert 1 erzielt, fährt in der Regel in unserem Wirtschaftssystem exzellente, weit überdurchschnittliche Renditen in die Scheuer. Zumindest ein Wert 1 : 3 muß angestrebt werden. Wer darunter liegt, befindet sich in einer schwierigen Lage, und seine Renditehoffnungen sind weniger gut.
Märkte und Konstellationen, wo 1 : 3 undenkbar oder extrem schwierig ist, sollten gemieden werden. Daraus erwächst eine bedeutungsvolle, ja vielleicht die entscheidendste Unternehmeraufgabe: Marktmöglichkeiten zu suchen und sie dort zu etablieren, wo ein Machtverhältnis besser als 1 : 3 möglich erscheint.

8. Eine noch genauere Definition der Überlegenheit

Die Formel 4 war unser letzter Stand in der Entwicklung einer ganzheitlichen Gleichung der Unternehmensführung. Bei der Version 4 wollen wir aber nicht stehenbleiben, denn wir glauben, daß wir das zwar entscheidende, aber eben doch etwas schwammige Wort »Überlegenheit«, ausgedrückt durch das Machtverhältnis, stärker präzisieren können und müssen, wenn unser Mind-Profit Ansatz wirklich Sinn machen und uns voranbringen soll.
Deshalb nehmen wir jetzt eine Differenzierung vor: Überlegenheit hat im wesentlichen mit zwei Bereichen zu tun, nämlich mit

- guter Strategie (nach außen gewandt, zum Markt hin)
- und mit guter interner Organisation (nach innen gewandt)

Die Macht von uns und den anderen, womit wir die Überlegenheit dokumentieren, ist eine Zusammenfassung von zwei Faktoren, die in sich selber Macht darstellen, aber bereits etwas spezifizierter, operationaler.
Wir schreiben deshalb unsere Formel jetzt:

Formel 5

$$\Omega \text{ ROI} = f\left(\frac{\text{Strategie}_{a} + \text{interne Organisation}_{a}}{\text{Strategien}_{\Sigma x, y, z} + \text{interne Organisation}_{\Sigma x, y, z}}\right)$$

Wir hätten vielleicht ebensogut »Macht der Strategie« schreiben können oder »Macht der internen Organisation« oder jeweils »Kraft der...«, aber daß es sich hier um Stärken handelt, die sich im freien Wettbewerb bewähren und durchsetzen müssen, versteht sich vermutlich von selbst.
Auch bei der Formel 5 bleiben wir nicht stehen. Wir machen nun den Versuch, diese Begriffe, die ja durchaus in der klassischen Wirtschaftslehre üblich sind, durch jene Vorstellungen zu ersetzen, die die moderne Managementdiskussion bewegen, als da sind:

Im Strategiebereich	Im Organisationsbereich
• Vision	• Sicheinbringen der
• Erlebniskommunikation	• Mitarbeiter
• Persönlichkeitsstruktur	• Planvolles Vorgehen
• Energiestruktur des	• Kostenmanagement
• Angebotsfeldes	• Sachkompetenz
• Preis oder Preiswiderstand	

Sie sehen hier unser Anliegen, das Anknüpfen am Bisherigen durch wohlbekannte Begriffe wie Preis, Sachkompetenz und Kostenmanagement zu dokumentieren, aber dann eben auch die anderen Werte, von denen heute viele Manager meinen, daß sie der Schlüssel zum Erfolg sind, einzubeziehen.

9. Die Definition der überlegenen Strategie

Wir werden jetzt systematisch die in Formel 5 benutzten Begriffe vertiefen. Beginnen wir mit der Definition der Strategie. Diese sollte einen Begriff einschließen, der das Bemühen darstellt, mit Originalität, Kreativität, Innovationsgeist am Markt aufzutreten. Wir meinen dies mit der Vokabel des »Grades an Einmaligkeit des Angebotes«, abgekürzt Einmaligkeit, am besten ausdrücken zu können. Einmaligkeit muß für jede moderne Strategie gefordert werden. Wir haben bereits herausgearbeitet, daß das weit mehr ist als bloße Qualität. Darum ist sie sehr konservativen Managern auch fremd. In der Volkswirtschaftslehre gibt es diesen Begriff überhaupt nicht, dabei ist er ein Schlüsselwert unserer Kultur und in einer Wettbewerbszivilisation eine der wichtigsten Zielvorstellungen.

Die etwas weniger anspruchsvolle Schwester der Einmaligkeit heißt »Differenzierung«, aber dieses Wort ist zu schwach für das, was gute Strategien zum Inhalt haben, nämlich die Entschlossenheit, einen so hohen Einmaligkeitsgrad zu erreichen, wie es eben geht.

Die Bedeutung dieses Ziels von Einmaligkeit wird sicherlich mitbestimmt durch die Schnellebigkeit unserer Zeit, die akzelerierenden Technologieveränderungen und Technologiesprünge, die Einmaligkeit zu jenen Zielen machen, bei denen man hoffen darf, ein gewisses Maß an Sicherheit zu erlangen; Einmaligkeit muß auch vor dem immer lauter werdenden Informations- und Werbekonzert gesehen werden. Alles Faktoren, die danach rufen, eine möglichst starke Eigenstellung für das eigene Angebot zu erreichen.

In diesem Zusammenhang rufen wir Peter F. Druckers Wort vom Manager in Erinnerung, der versagt habe, wenn es ihm nicht gelungen ist, sein Produkt oder sein Serviceangebot wenigstens auf einer einzigen Dimension einmalig zu machen. Und in der Tat, wir glauben ebenfalls, daß Manager ihre Hausaufgaben nicht gemacht haben, wenn sie nicht in einer einzigen Hinsicht von ihrem Angebot sagen können: »Da sind wir Weltspitze!«

Es gibt eine Reihe von Ausnahmen, wo Einmaligkeit durch die Besonderheit des Marktes kein sinnvolles Ziel ist. Das ist zum Beispiel der Fall bei sogenannten Commodities. Hier muß – wenn das Produkt das nicht hergibt – nach Möglichkeiten eines einmaligen Firmenimages gesucht werden. Da dieser Ausweg stets

offensteht, sollte unsere Forderung nach Einmaligkeit als imperativ und generell möglich erkannt werden.
Einmaligkeit ist also das erste Moment, aber sicher nicht das einzige, das wir in einem direkten Zusammenhang mit guter, überlegener Strategie sehen. Bevor wir hier weiterarbeiten und Strategie umfassend definieren, wollen wir Einmaligkeit noch etwas schärfer herausstellen und diesen für MPM ganz entscheidenden Begriff durch drei andere ersetzen.

- Das vielleicht wichtigste Teilelement von Einmaligkeit ist die Vision. Das Charakteristikum der Vision besteht darin, daß sie das höchstmögliche Maß an Einmaligkeit schaffen kann. Vision muß allerdings nicht unbedingt zu Einmaligkeit dazugehören. Sie ist zweifellos die ideale Form von Einmaligkeit, aber man muß Realist bleiben und klar erkennen, daß es auch Einmaligkeit gibt, wo Vision fehlt. Nehmen wir die meisten Verbesserungsinnovationen, die selten visionär sind, aber durchaus Einmaligkeit erreichen können. Andererseits gilt umgekehrt: Jede Vision ist per Definition einmalig, sonst ist es keine Vision.

---

* Wir hatten bereits erkannt, daß sich die simple Volkswirtewahrheit, daß sich nämlich im Markt immer ein Nachfrager und ein Produkt gegenüberstehen, vermittels unserer Felder wesentlich eleganter und einsichtiger dargestellt werden kann. Beidem können wir vermittels unserer sechsphasigen Strukturen Leben einhauchen und Verständnis, warum Nachfrage zustande kommt. Die größte Einmaligkeit – in dem von uns verwendeten Sinne – ist dadurch definiert, daß sich eine maximale Harmonie zwischen Persönlichkeit und Angebot ergibt.
Beispiel: Der um Differenzierung bemühte #1 Visionär unseres Modells findet ein Angebot, das ihm die eigene Differenzierung (zum Beispiel im Betrieb) maximal gestattet. Gehen wir in den Konsumgüterbereich, so ist das Beispiel der Braun-Musiktruhe, die in den fünfziger Jahren fast so etwas wie ein Religionsersatz für Visionäre war, vermutlich noch bekannt. Oder betrachten wir den Fall eines #3 Analytikers, der als industrieller Nachfrager ein absolut narrensicheres Produkt sucht und in dem Coregarn, das auf seiner Maschine besonders wenig anfällig für Störungen ist, dann auch findet. Wir definieren nun Einmaligkeit als die Harmonie zwischen Persönlichkeitsfeld und Produktfeld. Natürlich ist diese Harmonie nicht immer so intensiv wie in diesen beiden Beispielen; das macht aber nichts. Wir müssen die dadurch entstehenden Anziehungskräfte natürlich aufaddieren, wenn wir es mit einem ganzen Markt zu tun haben, wo sich viele Nachfrager um dieses oder ein Konkurrenzprodukt bemühen. Daß diese Harmonie kommuniziert werden muß, darüber sprachen wir bereits, und dafür bleibt in der Formel der Faktor Erlebnis erhalten.

- Wenn weitgehende Übereinstimmung zwischen der Persönlichkeitsstruktur und dem Angebotsprofil vorliegt,* ist Einmaligkeit weitgehend gegeben. Diese Deckungsgleichheit ist die Maximierung des Angebotes schlechthin. Visionäre Kraft kann diese Einmaligkeit dann noch überhöhen, aber die weitgehende Deckungsgleichheit zwischen den elementaren Kundenbedürfnissen und den Bedürfnisbefriedigungsqualitäten des Produktes sind so selten, daß man da schon von Einmaligkeit sprechen darf.

Wo stehen wir? Wir haben anstelle des entscheidend wichtigen, aber eben auch sehr allgemeinen Begriffs der »Einmaligkeit« drei Unterbegriffe bemüht, die Einmaligkeit operationaler machen, die verdeutlichen, wo und wie etwas geschehen kann, um dieses Ziel der Einmaligkeit zu erreichen. Formel 6 zeigt den Begriffstausch.

Formel 6

Einmaligkeit = {∞Persönlichkeit, Angebotsfeld} + Vision.

Damit glauben wir jedoch den Strategiebegriff noch keineswegs ausreichend abgedeckt zu haben. Neben Vision, Persönlichkeit und Angebotsfeld ergänzen wir mit zwei weiteren Elementen und kommen so zu einer Neudefinition des Strategiebegriffs, wie wir ihn ursprünglich in Formel 4 benutzen und nun in Formel 7 ausgebaut haben.

- Der vierte Faktor, der zur Definition von überlegener Strategie dazugehört, heißt bei uns Erlebnis. Man könnte auch vom Produkterlebnis + Firmenerlebnis sprechen. Dahinter steht die Notwendigkeit, das werbliche Geschehen, die Corporate Identity (CI), die ganzen kommunikativen Abläufe und alle Medienarbeit in den Strategiebegriff einzubeziehen. Denn was nutzt Einmaligkeit, was nutzt das Eingehen auf die Persönlichkeit, wenn diese wohlmeinenden Absichten nicht wahrgenommen werden, wenn es nicht gelingt, sie zur Zielgruppe hinüberzukommunizieren? Das kann die klassische Werbung sein, aber auch alles andere, was bewirkt, daß sich im Denken und Empfinden der Zielgruppe etwas bewegt. Dabei ist nicht der Streubetrag entscheidend, sondern das Auslösen von Erlebnis. Es gibt winzige Anzeigen, die einen aufhorchen lassen, und es gibt riesige Werbekampagnen, denen man es schon von weitem ansieht, daß sie hinausgeworfenes Geld sind. Wenn Werbung oder andere Kommunikation nicht mehr hinüberbringt als »Hier bin ich – also kauft mich bitte«, dann hat sie ihre Aufgabe verfehlt. Das Auslösen eines möglichst lange nachklingenden Erlebnisses ist imperativ und muß klares Ziel sein. Eine Strategie, die dies übersieht, ist keine.

- Der letzte Faktor, der nach unserer Auffassung zur überlegenen Strategie dazugehört, ist der Preis. Das wird konservative Ökonomen hoffentlich erfreuen, denn an ihm wurde ja fast das ganze theoretische Gerüst der bisherigen Ökonomietheorie aufgehängt. Hinter der Einbeziehung des Preises steht die einfache und jedermann verständliche Einsicht, daß etwas
  - noch so einmalig sein kann,
  - daß der Erlebniswiderhall im Nachfrager noch so stark ist,
  - das Angebot noch soviel visionäre Zukunftsvorwegnahme beinhaltet,

  trotz alldem gibt es da dennoch irgendwo eine Preisschwelle, von der an die Überlegenheit eines Produktes zunichte wird. Der Preis, von dem wir hier reden, ist allerdings nicht der Fetisch, um den sich bei Nationalökonomen alles und jedes dreht. Wir halten den Preis längst nicht für so wichtig, aber es wäre sicherlich auch unrealistisch zu beschönigen, daß sich in unserer Geschäftswelt nicht eben doch sehr vieles um den Preis dreht. Deshalb darf das Moment »Preis« nicht fehlen, aber es ist bei uns der Preiswiderstand, den wir in unserer Formel einfügen. Das muß allein deshalb so sein, weil wir den Preis nicht mehr als ein Moment begreifen, dem alle anderen Produkteigenschaften sozusagen »gegenüberstehen«, sondern als eine Negativkraft unter vielen anderen Produkteigenschaften, die die Kaufbereitschaft einschränkt, so wie eine schlechte Verpackung eben auch ein Kaufhindernis sein kann.

Wir haben also den sehr breiten Begriff Strategie durch fünf Unterbegriffe ersetzt und können die Gleichung (7) nun folgendermaßen ausdrücken:

Formel 7

$$\Omega \text{ROI} = f \frac{\dfrac{\left\{ \text{Deckungsgleichheit von}_a \left(\text{Persönlichkeit} \right)_a \left(\text{Produktenergie} \right) + \text{Vision}_a \right\} \times \text{Erlebnis}_a \times \left\{ \Omega \text{ interne Organisation}_a \right\}}{\text{Preiswiderstand}_a}}{\dfrac{\left\{ \text{Deckungsgleichheit von}_{\Sigma x,y,z} \left(\text{Persönlichkeit} \right)_{\Sigma x,y,z} \left(\text{Produktenergie} \right) + \text{Vision}_{\Sigma x,y,z} \right\} \times \text{Erlebnis}_{\Sigma x,y,z} \times \left\{ \Omega \text{ interne Organisation}_{\Sigma x,y,z} \right\}}{\text{Preiswiderstand}_{\Sigma x,y,z}}}$$

Legende: Die oberen zwei Zeilen beziehen sich auf die Überlegenheit des Angebotes a, das ich vergleiche mit der Überlegenheit der drei wichtigsten Konkurrenzangebote x, y und z. – In der Formel (7) wurden unverändert übernommen: Die Optimierung des Returns »Ω ROI« und der internen Effizienz »Ω interne Organisation«..

Die Definition der überlegenen internen Organisationseffizienz

Wir sind fast am Ziel, denn die dem Markt zugewandte Seite einer Geschäftseinheit ist abgedeckt; aber nun wollen wir die interne Organisationseffizienz noch weiter gliedern, denn ähnlich wie im Falle Einmaligkeit ist der Begriff sehr breit und etwas verwaschen. Wir wollen ihn deshalb – genauso wie bei Einmaligkeit – durch Besseres und Aktuelleres ersetzen.

Wir meinen ganz rechts in Formel 7 die Organisationseffizienz oder optimale interne Organisation Orga, die so auch in einem Lehrbuch der fünfziger Jahre stehen könnte.

Was also ist neu in diesem »internen« Bereich des Managements? Die Formel 8 zeigt die vier Begriffe, mit denen wir das althergebrachte Wort »Organisationseffizienz« ersetzen wollen.

Im vormals rechten Teil der Formel 7 schreiben wir jetzt:

Formel 8

$$\text{Organisationseffizienz} = \frac{(\text{Sicheinbringen} + \text{reduktive Planung}) \times \text{Sachkompetenz}}{\text{Kosten}}$$

Gehen wir alle vier der Reihe nach durch:

- Am traditionellsten ist der Faktor Kosten. Es entspricht der Logik, daß er unter dem Bruchstrich steht, denn meine Organisationseffizienz steigt, wenn die Kosten geringer werden, und sinkt ab, wenn diese steigen. Und es liegt ganz auf dieser bekannten Linie, wenn wir feststellen, daß natürlich nicht nur Organisationseffizienz bei niedrigeren Kosten steigt, sondern – weil »Orga« ja ein Teil der großen Renditeformel 7 ist – sich automatisch auch die Gesamtrendite verbessert. Sie sehen: Es geht also gar nicht nur um hypermoderne Managementbegriffe, sondern bewährte Relationen, die wir hier im Mind-Profit Konzept festschreiben.
- Etwas anders ist das schon bei dem Begriff der »reduktiven Planung«, denn das ist gewiß nicht die Planung der fünfziger Jahre. Wir meinen, daß Planung ein Faktor ist, der ganz entscheidend auf die Organisationseffizienz einwirkt. Der Plan darf allerdings nicht überhandnehmen, darf nicht ausufern. Dicke Folianten und endlose Planungssitzungen sind nicht das, was wir meinen. Im Gegenteil, wir benutzen deshalb den Begriff der reduktiven Planung. Plan ist nicht gut an sich; nur der Plan, der die Komplexität der Wirklichkeit auf einen knappen Nenner bringt und definiert, was an genereller Richtung angestrebt wird, ist wünschenswert. Die Mehrheit der Firmen sind »überplant«. In unserer Enquete hatten nicht mehr als 23 Prozent ein ausgewogenes System, das den Wunsch nach einem Zahlengerüst mit der Notwendigkeit verband, das Unternehmen auf einige wenige Essentials zu fokussieren. Liegt eine Firmenmission vor, so gehört es zur reduktiven Planung, daß diese gut kommunizierbar formuliert wird.
- Nun zu dem Begriff des Sicheinbringens. Dies ist ein Faktor, um den die Betriebswirte bislang einen riesigen Bogen gemacht haben. Sicheinbringen ist ein typisches Element des neuen

Denkens; für lineare Auffassungen ist er schwer verdaulich und paßt nicht ins Weltbild. Wir gehen davon aus, daß jeder Mitarbeiter ein bestimmtes Potential an Know-how, Intelligenz, Problemlösungsfähigkeit und Anpassungsfähigkeit mitbringt. Aber mitbringen heißt noch nicht einbringen. Der gute Wille ist gefragt. Zwar kann ich durch Schulung jedes Potential verbessern, aber kurzfristig ist es eine statische Größe. Worauf es ankommt, ist, daß diese »Schätze« gehoben werden. Je mehr man erreicht, daß sich die Menschen in einem Unternehmen einsetzen, ihr Letztes geben, desto höher der Grad meiner Organisationseffizienz. Steigt diese insgesamt – und zwar stärker als die der Konkurrenz –, so müssen positive Einflüsse davon auf unsere generelle Überlegenheit und damit auf unsere Rendite ausgehen, denn wir nutzen die wichtigste Ressource, die uns zur Verfügung steht – den Menschen. Dieses Sicheinbringen der Mitarbeiter ist Teil dessen, was wir Firmenkultur nennen. Man könnte argumentieren, daß Firmenkultur noch viel stärker hier aufscheinen müßte; immerhin ist Sicheinbringen vielleicht die erfreulichste und vielleicht sogar die wichtigste Konsequenz einer guten Firmenkultur. Auf diese Art und Weise kommt das Moment Firmenkultur in unsere Formel hinein, ohne als solches speziell aufgeführt zu werden. Aus der Formel folgt, daß ein verstärktes Sicheinbringen Kosten spart. Niemand wird daran zweifeln, daß ein Mitarbeiter, der sich zurückhält, der nur seine Zeit absitzt oder gar in die innere Emigration gegangen ist, ein sehr teurer Mitarbeiter ist.

- Schließen wir mit Sachkompetenz oder Sachwissen ab. Das ist nichts Neues, aber es steht stellvertretend für:
  - Personalentwicklung, die vermutlich über die kommenden Jahre drastisch an Bedeutung zulegen wird, weil Wissen immer schneller obsolet wird,
  - technologisches Wissen, das zwar nicht in allen, aber doch den meisten Industrien ausschlaggebend für Erfolg ist,
  - organisatorisches Wissen gehört natürlich im weitesten Sinne auch dazu.

Bevor wir die endgültige Formel 9 vorstellen, noch eine Besinnung aufs Methodische.

10. Die Verwendung und Gestaltung von Vernetzungsformeln

Formeln, wie wir sie hier benutzen, sind in erster Linie nicht Rechenanweisungen, obgleich das Vorbild natürlich auf die Anwendung von Mathematik in der Physik zurückgeht. Was wir hier wollen, ist anders orientiert, und deshalb sollte sich kein mathematisch Gebildeter daran stoßen, denn die Formelsprache ist zwar der Mathematik entlehnt, aber die hier benutzten Vernetzungsformeln haben eher allegorischen denn mathematischen Charakter.

Sie dienen dazu, wesentliche Relationen aufzuzeigen, und dies auf eine knappe, diszipliniertere Weise als das kursive Wort. Hier wird ein Stück Strenge gewählt, ohne daß die Exaktheit und Vollendung einer echten mathematischen Formel erreicht noch angestrebt wird.

Manchmal kann man in Vernetzungsformeln auch Zahlen einsetzen, aber meistens nicht, und das sollte niemanden stören, denn es geht um **Abhängigkeiten** (f), und wir wollen erst gar nicht den Anschein erwecken, wir könnten hier überall mit exakten Zahlenwerten aufwarten. Dennoch beinhalten solche Bedeutungsformeln auch eine gewisse »Rechenhaftigkeit«.

Blättern Sie bitte noch einmal zurück zur Formel 7. Greifen wir das Element Preiswiderstand heraus. Wenn ich den Preiswiderstand verdoppele, indem ich den Preis erheblich heraufsetze, so sinkt die Überlegenheit meines Produktes a proportional ab. Die Formel zeigt dann aber auch sehr schön, wie wir etwas gegen ein solches Absinken unternehmen können. Das wäre zum Beispiel durch eine Verstärkung des »Erlebnisses« möglich. Damit kann ich ein Gegengewicht schaffen. Gelingt es, das kommunikative Erlebnis wesentlich zu verstärken, so darf der Preis schon ein wenig heraufgehen.

Sinkt die Erlebnisqualität auf Null oder wird sie sehr gering, so hilft auch der günstigste Preis wenig, die Überlegenheit geht drastisch zurück. Ganz ohne Erlebnis gibt es überhaupt keine Überlegenheit, denn etwas, was ich nicht wahrgenommen habe, kann ich auch nicht erwerben wollen.

Oder ein anderer Zusammenhang, der ebenfalls durch die Struktur der Formel verdeutlicht wird: Bleibe ich in dem Bemühen um Einmaligkeit oder Differenzierung völlig erfolglos, so helfen kein noch so starkes Werbegetrommel und auch kein noch so günstiger Preis. Warum?

Nun, weil eine Null, dort eingesetzt, wo Einmaligkeit steht, die Überlegenheit auf Null reduziert. Man kann solche »Quasirechenspiele« auf vielerlei Art durchführen. Wir wollten hier nur auf diese Möglichkeit aufmerksam machen, mit der man die Logik der Formel hinterfragen kann.

Der Leser wird festgestellt haben, daß wir in Formel 7 mal mit einem Multiplikationszeichen (x) und mal mit einem Plus (+) gearbeitet haben. Eine Multiplikation heißt, daß, wenn einer der beiden Multiplikatoren auf Null kommt, die ganze Generalgleichung in sich zusammenfällt, denn Null ist kein handhabbarer Wert. Wenn also – nur einmal hypothetisch angenommen – die Sachkompetenz, zum Beispiel das technologische Wissen, auf Null sinken würde, wäre auch die Rendite Null, was längerfristig gewiß zu erwarten wäre. Andererseits ist das »Sicheinbringen« nur mit einem Plus mit den Nachbarwerten verbunden, das heißt, daß man sich Rendite auch noch dann vorstellen kann, wenn dieser Faktor völlig unterentwickelt ist oder gar Null erreicht. Und weil viele andere Faktoren sozusagen einspringen und die Schwäche wettmachen können, würde selbst eine Null nicht den Gesamtwert der Renditeformel auf Null stellen.

11. Die Gesamtformel von Mind-Profit Überlegenheitsmanagement

Schreiben wir nun unsere »Monsterformel« – deren Nutzen wir uns gleich nochmals klarmachen wollen – in ganzer Vollständigkeit nieder. So also lautet unser »Rezept« für optimale Renditeerzielung:

Formel 9

$$\Omega\ \text{ROI} = f\ \frac{\dfrac{\left\{\text{Deckungsgleichheit von}_a \begin{pmatrix}\text{Persönlichkeit}\\ \text{Produktenergie}\end{pmatrix}_a + \text{Vision}\right\} \times \text{Erlebnis}_a \times \left\{\text{Sicheinbringen}_a + \text{Reduktiver Plan}_a\right\} \times {}_a}{\text{Preiswiderstand}_a \times \text{Kosten}_a}}{\dfrac{\left\{\text{Deckungsgleichheit von}_{\Sigma x,y,z} \begin{pmatrix}\text{Persönlichkeit}\\ \text{Produktenergie}\end{pmatrix}_{\Sigma x,y,z} + \text{Vision}_{\Sigma x,y,z}\right\} \times \text{Erlebnis}_{\Sigma x,y,z} \times \left\{\text{Sicheinbringen}_{\Sigma x,y,z} + \text{Reduktiver Plan}_{\Sigma x,y,z}\right\} \times \text{Sachkompetenz}}{\text{Preiswiderstand}_{\Sigma x,y,z} \times \text{Kosten}_{\Sigma x,y,z}}}$$

Halten wir hier einen Moment inne, und fragen wir uns: Was wollten wir erreichen? Unser Ziel war es, die 9 Essentials von Mind-Profit Überlegenheitsmanagement auf eine knappe Weise auszudrücken und deren Relation untereinander annähernd zu beschreiben. Um es noch einmal ganz deutlich zu sagen: Dies ist keine traditionelle Rechenformel, sondern ein auf telegrammstilhafte Kürze getrimmter Hinweis auf besonders entscheidende Relationen. Was hier auf wenigen Quadratzentimetern zusammengefaßt ist, hat ein ganzes Buch gefüllt. Die jetzt erreichte, ganz knappe Darstellung ist mehr als eine Laune des Autors, es ist nach unserer Auffassung eine Notwendigkeit im Zeitalter der Überinformation, der Zahlenfriedhöfe und gleichzeitig der Ungeduld. Das Problem unserer Kultur und unserer Sprache ist die Reduzierung. Vor diesem Hintergrund sollte unser Versuch kritisch gesehen werden.

Was wir mit der Formel aussagen, könnte in simplen Sätzen so lauten:

Fazit: Die besten Renditen werden erzielt,

- **wenn die Kunden echte Einmaligkeit erleben, und zwar stärker und intensiver als bei den drei wichtigsten Konkurrenzprodukten, weil Typus und Angebot sich ideal decken und visionäre Voraussicht das Angebot adelt,**
- **wenn dies alles perfekt kommuniziert wird,**
- **wenn die eigene Organisationseffizienz durch ein starkes Sicheinbringen vom Menschen, Sachkompetenz und gemäßigte Planung besser ist als die der Konkurrenz**
- **und wenn dies alles durch zweierlei gekrönt wird, nämlich durch**
  - **einen Preis, der weniger Kaufwiderstand hervorruft als die Preisgestaltung der Wettbewerber,**
  - **durch Kosten, die mithelfen, diesen Preiswiderstand zu minimieren.**

Dies alles oder ein guter Mix von alledem vorausgesetzt, sind die Renditechancen hervorragend.

Das wußten Sie schon immer? Dann um so besser. Dennoch wette ich, daß Sie – wenn Sie nicht gerade zu den 10 bis 15 Prozent ganz Progressiven gehören, die in der Tat danach handeln – in dieser Formel Faktoren begegnen, über die Sie nachdenken sollten, vermutlich mehr, als Sie das bislang gemacht haben.
Warum? Weil dies alles überhaupt nicht vorausgesetzt werden kann! Weil unsere Enquete eine einzige große Anklage ist, daß die Mehrheit der Manager mit den Elementen aus unserer Gesamtformel nicht umgehen kann.

- Das Wissen um Persönlichkeit ist verschwindend gering, und es fehlen etwa 81 Prozent der Manager die simpelsten Grundvorstellungen, um planvoll und verständnisvoll mit Menschen umgehen zu können.
- Daß man Visionen braucht und daß die Ausrichtung des Unternehmens auf die Vision von größter Bedeutung ist, wird von 83 Prozent in Abrede gestellt beziehungsweise von 91 Prozent überhaupt nicht gesehen.
- Die Fragen der werblichen Kommunikation sind in Band 1 unserer Managementtrilogie nicht Gegenstand der Betrachtung gewesen. Deshalb sei hier Band 2 vorweggenommen,

der nachweist, daß die Gestaltung kundenorientierter Kommunikation in genau gleichem Maß im argen liegt wie das Grundverständnis für die Basisanliegen der Persönlichkeit, für Entgleisung und Neurose. Bei ebenfalls 83 Prozent unserer Befragten fehlte es an Verständnis und Einfühlungsvermögen. So wie das Streben nach Einmaligkeit von 92 Prozent als nicht erforderlicher Luxus abgetan wird, erscheint den meisten die werbende Kommunikation als ein linearer Input-Output-Prozeß mechanistischer Art. Diese Auffassung – so werden wir demnächst nachweisen – bewirkt, daß wir allein in Deutschland Milliarden nutzlos vertun, weil kommerzielle Kommunikation weder gut erforscht ist noch im Mittelpunkt des betriebswirtschaftlichen Interesses steht. So wie man nicht verkaufen kann, wenn einen der Mensch nicht interessiert, so kann man auch nicht ohne dieses Wissen kommunizieren.

- Firmenkultur wird zwar in Sonntagsreden beschworen, aber die Bemühungen, die ich zusammen mit sieben namhaften Journalisten seit Jahren anstelle, führen stets zum selben Resultat: Es gibt seit zwanzig Jahren etwa dreißig Unternehmen mit **herausragender Firmenkultur,** die deren Mitarbeiter in ihren Bann schlägt, wirklich etwas bewegt und ganz eindeutig große Wettbewerbsvorteile ermöglicht. Diese Zahl ist über zwei Jahrzehnte nicht merklich angestiegen. Die Folge ist, daß wir heute annehmen müssen, daß sich über 80 Prozent der Mitarbeiter wenig oder gar nicht einbringen. Warum sollten sie auch. Was hier an ungenütztem Potential schlummert, ist gewaltig. Es zu heben, fehlen den meisten Firmen und Managern die Voraussetzungen.
- Modernes reduktives Planen ist immer noch eine Seltenheit, obgleich die gedanklichen Voraussetzungen dafür vorhanden sind, denn jedermann weiß um die Nachteile ausufernder Bürokratie. Aber wo ist in unserem Staate schon einmal seit 1947 ein Gesetz gestrafft, eine unnütze Regel abgebaut worden? Die Realität ist, daß etwa 15 Prozent der Unternehmen über eine völlig unzureichende Planung verfügen und etwa 45 Prozent inflexible Mühlsteine mit sich herumschleppen, die in vieltausendseitigen Zahlenfriedhöfen ihren Niederschlag finden und nur eines bewirken: nämlich die letzten Reste von kreativem Wollen zu ersticken.

Dies ist die Bilanz und die Antwort auf die Frage, ob man über unsere Formel nachdenken sollte. Man kann das auch bleiben lassen, aber dann reduziert sich die Welt auf Kapital, Erlöse und Kosten, und das kann – so hoffe ich Sie überzeugt zu haben – doch wohl heute und morgen nicht mehr genügen.

Und was geschieht nun?

Gut – wir verfügen nun über einen auf Kürze getrimmten betriebswirtschaftlichen Ansatz mit dem Ziel einer guten Rendite klar vor Augen und haben ein Gleichgewicht zwischen Profit und Geist, zwischen harten und weichen Faktoren geschaffen. Aber was geschieht nun?

Der offene Brief – das letzte Kapitel – ist der Versuch einer Antwort. Aber eines sei anhand der Abbildung 80 schon hier vorweggenommen, weil es eine tröstliche Nachricht und eine Herausforderung zu gleicher Zeit ist.

Die Abbildung 80 sagt uns, daß sich die richtigen Menschen und die richtigen Strategien finden müssen. Jeder der neun Faktoren hat seine besonderen Freunde. Und jeder der sechs Typen hat zumindest ein Gebiet, zu dem er von Natur aus neigt und wo zu erwarten steht, daß er sich damit leicht und effizient identifizieren kann.

Die in der Abbildung gezeigte Aufteilung auf die sechs Charaktere unseres Systems will freilich keineswegs sagen, daß es nun ausschließlich die #3 Analytiker sein sollten, die sich um Kosten, Preise und Sachkompetenz kümmern sollten. Aber sie sind es, die sich von Natur aus zu diesen drei Fragen hingezogen fühlen, mehr jedenfalls als unser #1 Visionär, der sich natürlich der ihm auf den Leib geschriebenen Innovation und Veränderung widmen wird.

Fazit: Gutes Management heißt heute viel weniger als früher die Nase in alles hineinstecken, sondern das Umfeld schaffen, daß die richtigen Leute die richtigen Aufgaben finden. Wer den Freiraum der Begegnung schafft, wer die Hungrigen nicht abhält, diejenigen Aufgaben zu finden, die ihnen liegen, der hat fast ausgesorgt. Wichtig ist jedoch, daß all diese Typen die Bewegungsfreiheit haben, das ihnen Gemäße auch wirklich aufgreifen zu dürfen, es entwickeln zu können. Alle Einseitigkeit verhindert diesen Such-und-finde-Prozeß.

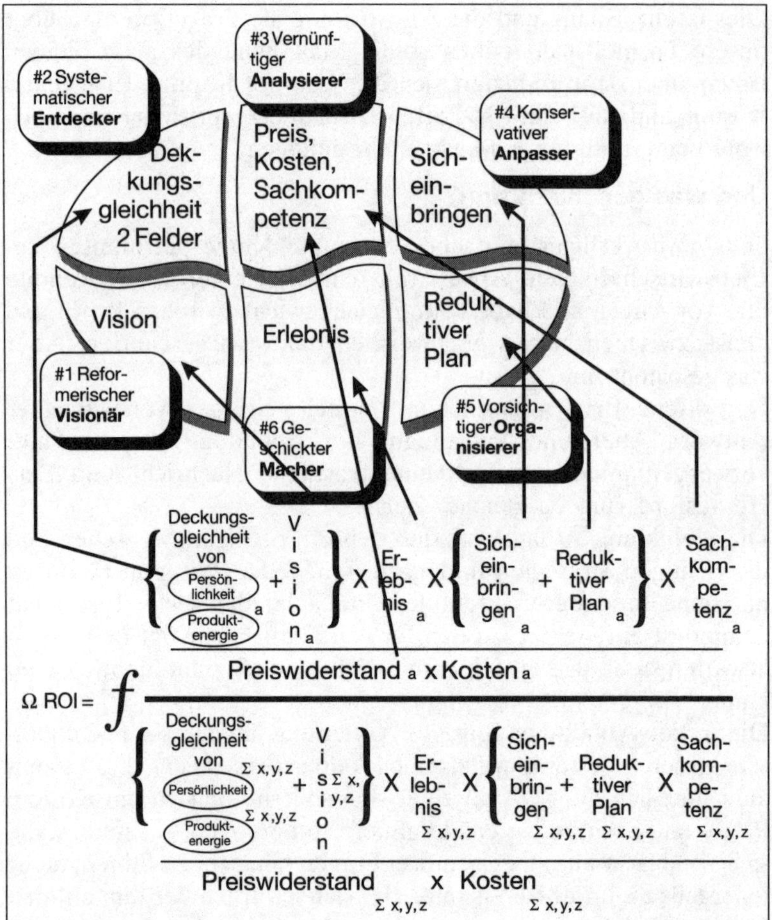

Abb. 80: Wer nimmt sich der neun Elemente des Mind-Profit Managements an?

Was diese Abbildung aussagt, ist lediglich, daß unsere Erfolgsregel des ergänzenden Managements hier nochmals bestätigt wird.

Es wird den Leser nicht entgangen sein, daß wir uns auf drei Denkschienen der gleichen Sache genähert haben:

① Zu Beginn dieses Buches sind wir den Erfolgsfaktoren auf der Spur gewesen, indem wir bestimmte Verhaltensweisen mit 7 Erfolgsindikatoren korreliert haben. Wir erhielten ein ziemlich klares Raster mit der Botschaft: Erfolg ist machbar! Leichter und eleganter, als wir uns das vorgestellt hatten.

② Zu den selben abgeschlossenen Betrachtungen wählten wir einen anderen Ansatz, indem wir bewährte, aber vielleicht etwas zu einseitige und mechanistische Begriffe aus der Betriebswirtschaft durch modernere ersetzten, die mehr auf Verhalten, Kommunikation, Macht und Auseinandersetzung abstellen. So gelangten wir zu einem Bouquet von Begriffen, das dem Profil der Erfolgsfaktoren nicht unähnlich ist. Der erste Ansatz ist in seiner betriebswirtschaftlichen Logik überzeugender, der zweite ist von größerem praktischen Nutzen, weil er meßbare Erfolgschancen vorgibt.

③ Beide Ansätze haben wir mit dem typologischen Feldmodell konfrontiert. Wir erkannten, das jede Handlungsanweisung den Filter der persönlichen Neigung kassieren muß. Erst in der typologischen Vernetzung erfährt Erfolg seine Machbarkeit.

Diese drei Phasen einer relativistischen und dennoch pragmatischen Bemühung um Rendite sind das Herz unseres nicht-mechanistischen Netzwerks, genannt Mind-Profit Management.

Wir hoffen, damit das lineare Denken hinter uns gelassen zu haben. Und dennoch ist trotz modernistischer Begriffe und Techniken aus unserem Bemühen keine einseitige Grünen- und Hippieparty geworden, kein Festival von Softpower. Was wir glauben erreicht zu haben, ist eine Zusammenführung betriebswirtschaftlicher Binsenweisheiten mit jenen »weichen« Werten, die uns unsere Kultur und unsere abendländische Zivilisation nahelegen und deren betriebswirtschaftliche Bedeutung wir glauben erkannt zu haben. Der Mensch ist damit in den Mittelpunkt gerückt, ohne daß wir darüber Kosten, Preise und natürlich das Endziel Rendite aus dem Auge verlieren.

Fazit: Bringen wir es auf einen kurzen Satz, so erwächst aus alldem die Empfehlung,

- visionäres Management zu praktizieren,
- die Begeisterung der Mitarbeiter durch aufrichtige und nicht heuchlerische Delegation nach Kräften zu wecken,
- gute Werbung und gutes Design an zukunftsweisende Angebote zu binden, die sich nicht an der Anonymität des Marktes, sondern an der Einmaligkeit des Menschen orientieren.

XV. Offener Brief an einen kreativen Vorstandsvorsitzenden

Sehr geehrter Herr Vorsitzender,
Sie haben mich gefragt, auf welche knappe, griffige Formel Mind-Profit Management gebracht und wie es verwirklicht werden könne.
Ihrer ersten Forderung nach der griffigen Formel habe ich mich bereits gestellt. Der zweiten nach der operationalen Verwirklichung komme ich jetzt nach und greife deshalb nochmals auf eine der ersten Abbildungen zurück, mit der wir auf die zwölf Botschaften hingewiesen haben, die den Inhalt dieses Buchs ausmachen. Die gleiche Grafik erscheint als Abbildung 81 nachstehend erneut, allerdings erweitert um das, was wir an strategischen Maßnahmebündeln erarbeitet haben. Stellen die Kreise jeweils dar, was wir anstreben, so zeigen die Vierecke auf, welcher **Weg** zum Ziel führen könnte.
Bei der Fülle dessen, was wir durchdiskutiert haben, fragen Sie zu Recht, wo man denn anfangen soll, wo Prioritäten zu setzen sind, was weniger eilt und wie man es anstellen müsse, damit ein geschlossener »Kosmos« an miteinander harmonierenden Maßnahmen entsteht.

Strategie 1

Management als ein »Gesamtkunstwerk« anzusehen ist für alle linear Denkenden und alle Phantasielosen dieser Welt etwas Gruseliges, Unsolides, nicht wirklich Ernsthaftes. Dabei hat gutes, vorbildliches Führen (im Gegensatz zu mittelmäßigem Verwalten) weit mehr mit dem Musiker zu tun, der um den vollendeten Ausdruck seines Werkes ringt und den die Angst vor dem Banalen peinigt, als mit dem Kalkulieren einer Rechnung. Es hat weit stärker mit dem Leidensdruck des kreativen Malers oder Bildhauers zu tun als mit der Routine einer Auftragsbearbeitung. Es ist dem um Ausdruck ringenden Schriftsteller ver-

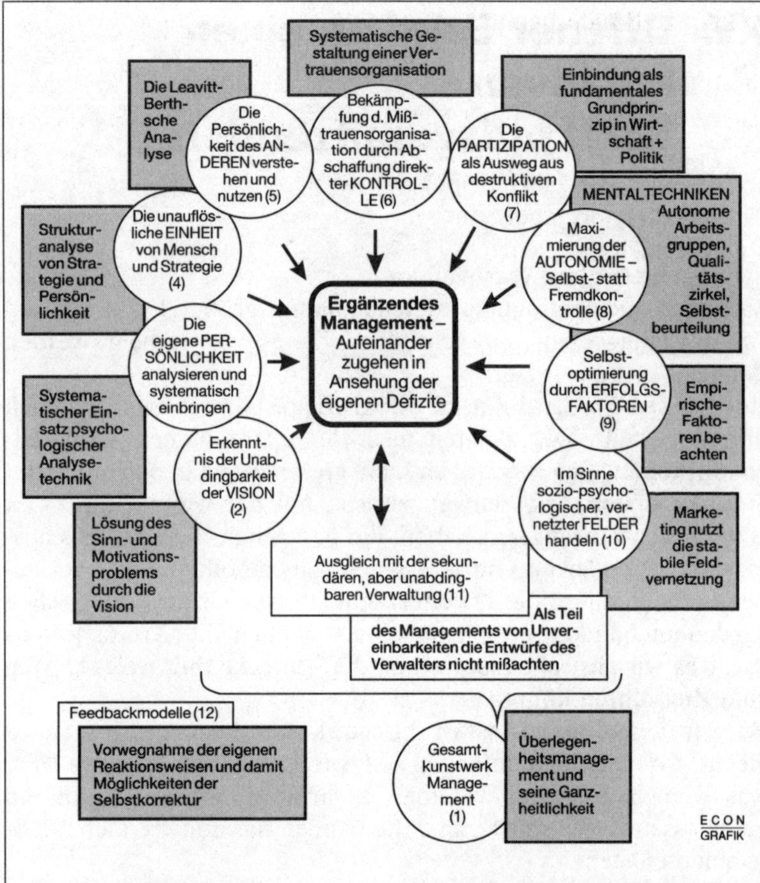

Abb. 81: 12 Botschaften und die Strategien zu ihrer Umsetzung

wandter als dem Texter einer Gebrauchsanweisung. Warum eigentlich?

Weil dies das Zeitalter der Kommunikation ist, weil alles Nachricht und Botschaft ist, ja sein muß, wenn es überhaupt zur Geltung kommen und etwas verändern will. Darum sollte ein Jahresbericht ein Kunstwerk sein, darum sollte, ja darf Ihre Rechenschaftslegung vor der Aktionärsversammlung keine Wasserstandsmeldung sein, sondern eine dramatische Apotheose auf die Zukunft. Und all die Überraschung, die Differenzierung, die man

von einem Bundesbahnfahrplan kaum, von einem Kunstwerk aber immer und zu Recht verlangt, muß entscheidender Bestandteil Ihres Tuns werden.
Ist dies zu hoch gegriffen? Überspitzt? Gewollt? Unangemessen? Nur für den, der atomistisch denkt, der Einzelmaßnahmen noch als isolierte Einzelerscheinungen ansieht. Jede Handlung, jede Entscheidung ist aber ein Pinselstrich an dem Gesamtporträt. Nur dies zählt in seiner Gesamtheit, nicht das Detail. Und ob der Pinselstrich richtig oder falsch war, wird sich Ihnen nur erschließen, wenn Sie ihn werten an dem, was Sie als Ganzes zustande gebracht haben.
Beispiel: Daimler-Benz beging kurz vor Ausbruch des Zweiten Weltkrieges eine »Jugendsünde«. Das war ein dreisitziger Pkw, in dem man hinten quer zur Fahrtrichtung Platz nehmen mußte. An diesem Wagen war eigentlich nichts falsch oder minderwertig oder abwegig. Als Hanomag hätte er vielleicht sogar gefallen, aber als Teil des anspruchsvollen, prestigeträchtigen Mercedes-Programms, als Teil eines Programms, das immerhin des Führers Automobil umfaßte, war er ein Ausrutscher, und in Untertürkheim wird er bis heute schamhaft versteckt. Als Wagen durchaus passabel, als Teil des Gesamtkunstwerks Mercedes so etwas wie eine Trillerpfeife in der Wagner-Ouvertüre – eine Dissonanz, die die Schmerzgrenze erreichte.

Fazit: Beginnen Sie, sich nicht mehr im Detail zu verlieren. Überlegen Sie, ob die Sache mit der Sie sich gerade abmühen, ein Thema sein könnte, das an Ihrem Grabe lobende Erwähnung finden könnte. Dann wissen Sie – so ungefähr, was eigenständige Verfolgung verdient. Alles andere ist Detail.

Strategie 2

Wenn Sie, sehr verehrter Herr Vorsitzender, das Konzept des Gesamtkunstwerks akzeptieren können, dann möchte ich Ihnen – gleichsam als Steigerung – die **Vision** ans Herz legen. Wenn Sie nicht völlig unsensibel sind, dann werden Sie bereits erfaßt haben, daß Sie die Menschen, die jungen allzumal, in ihrem Hunger nach Sinn und Orientierung nie und nimmer zufriedenstellen werden,

wenn Sie nicht die Nüchternheit eines Geschäftsplans mit dem Bild einer Vision zu überhöhen und zu adeln vermögen.
Visionen anzustreben ist längst nicht mehr nur ein schöner Zusatz, eine zierende Arabeske, es ist Teil guten Managements. Es ist Ihre Unternehmerpflicht, Emotionen auszulösen, Menschen aufhorchen zu lassen. Wenn es ein Zukunftsbild ist, das sogar Begeisterung auslöst, ist das optimal, aber ein Stück Sympathie reicht auch schon aus. Konkurrenz spielt sich heute auf zweierlei Ebenen ab: einmal auf der unerbittlichen harten des Preises, und gleichzeitig ist daneben ein zweiter Kriegsschauplatz entstanden, nämlich der der Zukunftsentwürfe.
Wenn Sie, verehrter Herr Vorsitzender, auf diesem Klavier nicht spielen können, wenn es in Ihrem Unternehmen, Ihrer Behörde, Ihrem Verband nicht eine einzige Vision gibt, dann, befürchte ich, haben Sie versagt. Denn die kardinale Aufgabe des Vorsitzenden im Rahmen von Überlegenheitsmanagement ist – neben der gleichwertigen der Sicherung einer Rendite – das Setzen von Zeichen, die Menschen bewegen. Die Rendite ist die Existenzsicherung im Materiellen, die Vision die **Existenzsicherung im Geistigen.** Wenn Sie selbst keine Visionen haben, so tragen Sie zumindest die Verantwortung dafür, daß an Ihrem »Hofe« Talente gefördert werden, die Ihnen diese Visionen zutragen.
Haben Sie auch dies versäumt, so sind Sie – verzeihen Sie mir – für Ihr hohes Amt ungeeignet. Wer im geistigen Konkurrenzkampf nicht mithalten kann, verspielt die wunderbare Herausforderung, Unternehmer sein zu dürfen, und hat die heutige Version des Konkurrenzkampfs nicht begriffen. Auch königliche Renditen sind keine Entschuldigung, falls Sie es bis heute unterlassen haben, Ihren Mitarbeitern Sinn und Ziel anzubieten.
Ein Beispiel: Hewlett Packard rückte als erstes Unternehmen weltweit einen kleinen, eher unscheinbaren Satz in seine Firmenverfassung ein. Dieser Satz besagt, daß Mitarbeiter Regeln und Anweisungen mißachten dürfen, wenn sie glauben, daß dies im Interesse des Unternehmens sei. Die meisten Manager, die dies zum erstenmal lesen, trauen ihren Augen nicht. Es ist die totale und absolute Vertrauenserklärung an die Mitarbeiter. Es ist der Vorstoß in eine vermutlich bessere Welt, vor der heute noch fast jeder Topmanager zurückschreckt. Es ist ein großartiges Beispiel für visionäres Management. Daß die graduierten Studenten, die sich nach dem Examen über den Einstieg in die Praxis Gedanken

machen, dieses Unternehmen seit Jahren an die erste Stelle plazieren, ist die Folge.

Fazit: Denken Sie in Zukunft mutiger! Und wenn Sie's nicht können, lassen Sie denken. Tun Sie um Ihrer Firma und deren Zukunft willen Dinge, die die alten Fahrensleute gegen Sie aufbringen, die bei den Betonköpfen Fassungslosigkeit auslösen, aber leisten Sie sich ein kleines Stück Utopie!

Wie Sie sich diese Welt der Vision, diese nächste Generation von subtilerer Konkurrenz erschließen? Was Sie konkret tun sollten, wenn Sie ein visionäres Defizit feststellen und nicht wissen, woher Zukunfts- und Leitbilder nehmen? Hier ist die Antwort.

Strategie 3

Betreten Sie jenen Raum, den wir die **Persönlichkeit** nennen. Wir berühren hier eine der sträflichen kulturellen Vernachlässigung abendländischer Bildung, nämlich daß sie keine inwendige Bildung ist, sondern immer nur nach draußen blickt. Sie findet in den Naturgesetzen und den sich drehenden Gestirnen ihr Genüge, während sie das Wunder des inwendigen Menschen, das doch mindestens so aufregend ist, viel weniger interessiert und es auf weiten Strecken links liegenläßt.
Es ist eine eigentlich nicht zu verstehende Mißbildung unserer Kultur, daß die Bücher, die Lehrpläne, die Geldaufwendungen – daß schlechthin alles, was Ausdruck von Lern- und Bildungsbemühen ist, etwa zu 90 Prozent der Außenwelt gewidmet ist und allerhöchstens zu 10 Prozent sich jener Welt zuwenden, wo sich entscheidet, ob wir glücklich sind, ob uns Zufriedenheit im Gesicht steht, ob wir von Ängsten gepeinigt dem Leben nichts mehr abgewinnen können oder ob uns ein Stückchen Glück zuwächst. All dies, das doch überhaupt erst dem Leben Wert gibt, finden wir kaum draußen, sondern innerhalb der Persönlichkeit.
Darum machen Sie sich auf zu jener atemberaubenden Entdekkungsreise, die da heißt, sich selbst kennenzulernen. Ich verspreche Ihnen, daß diese Exkursion nie langweilig wird, weil Sie nie am Ende ankommen. Sie werden dabei einem Fremden begegnen, von dem Sie nicht wußten, daß er Ihr Ego ist. Und je mehr Sie

suchen, desto hungriger werden Sie danach werden, diese Entdekkungsreise immer wieder anzutreten und sich immer weiter vorzuwagen.

An den Interimshaltepunkten dieses Vorstoßes steht ein steigendes, niemals perfektes, aber wachsendes Verständnis für Sie selbst, aber damit eben oft auch automatisch das Verständnis für das Gegenüber. Es wächst die Bereitschaft, dem anderen zu verzeihen, weil Sie gar nicht umhinkönnen, es sich selbst gegenüber zu tun. Die Werkzeuge, die Sie für diese Entdeckungsreise zum Ego brauchen, haben wir umrissen. Sie liegen bereit. Es ist Ihre Schuld, wenn sie in der Ecke verrosten.

Fazit: Haben Sie den Rollentest in diesem Buch mitgemacht? Warum melden Sie sich nicht anschließend zu einem ausführlichen Assessment Center bei Kienbaum an. Dort versteht man sich darauf. Sie meinen, das wäre doch eine sehr persönliche Sache und ich sollte mich raushalten? Bitte.

Beispiel: Thomas Becket war ein Junker, nicht viel anders als der junge Bismarck, und ein Playboy dazu. Franz von Assisi nicht anders. Aber von allen dreien ist glaubwürdig überliefert, daß sie eines Tages sich selber sahen. Daß sie von diesem Zeitpunkt an Energien entfalteten, die sie zum Reichsgründer, zum Herausforderer eines Königs, ja zum Heiligen werden ließen. Der Blick auf die eigene Persönlichkeit ist eines der nachhaltigsten Erlebnisse. Er zwingt fast dazu, sich auszurichten, sinnvolle Ziele ins Auge zu fassen, aus sich etwas zu machen. Gewiß, Herr Vorsitzender, Sie haben recht, das waren keine Manager – oder vielleicht doch, weil sie sich von einem bestimmten Moment an selbst zu managen begannen. Dieser Moment liege noch nicht hinter Ihnen, sagten Sie? Vielleicht sollten Sie sich beeilen.

Strategie 4

Aufbauend auf der teilweisen Erkenntnis Ihrer selbst, beginnt dann die Einsicht zu reifen, daß die Handlungsmuster, vor allem die Strategie, die Sie und andere verfolgen, nicht zu trennen sind von Ihrer Persönlichkeit. Sie erkennen jene Vernetzung, die Ihnen sagt, daß Sie nicht Visionen vom Macher, nicht Ordnung noch

Struktur vom Kreativen, nicht Fröhlichkeit vom Depressiven fordern dürfen, sondern daß Sie sich und anderen nur in den **Grenzen Ihrer typologischen Flexibilität** – und nicht darüber hinaus – Forderungen stellen dürfen.

Fazit: Wenn Sie dies verinnerlichen, könnte es Ihr größtes Aha-Erlebnis werden. Sie begreifen, was Ihnen vorher nie und nimmer verständlich werden konnte, nämlich daß Erfolg eine Resultierende aus Charakter und Aufgabe ist und daß das Umfeld dabei eher eine untergeordnete Rolle spielt.

Die Umstände haben nur wenige scheitern lassen, weil die Suchenergien und Gestaltungskräfte in dem, der seiner Neigung gemäß wirken kann, hundertmal größer sind als die ärmlichen Reserven, die dem zur Verfügung stehen, der entgegen seinem innersten Wesen in Widerstreit mit seinen Neigungen tätig sein muß. Damit sind Menschen auf eine völlig andere Weise in Ihre Hand gegeben, als Sie das früher gesehen haben. Sie können überwältigend starke Energien auslösen, und Sie können sie zum kläglichen Versiegen bringen, je nachdem, wie Sie Leute einsetzen – und sich selbst!

Strategie 5

Liegt dies hinter Ihnen und liegt es hinter Ihren Mitarbeitern, denen Sie dieses Wissen ja nicht vorenthalten, sondern systematisch durch Training vermitteln werden, dann beginnt der nächste Schritt, der darin besteht, den anderen auf eine Weise zu nutzen, die ebenfalls weder antrainiert noch geübt wird und uns an kräftigen Impulsen vorbeigehen läßt, anstatt sich daran zu stärken. Wir sprechen davon, den anderen als Gegenpol zu sehen, ihn als Gegenbild zu begreifen, als die Ergänzung dessen, was wir nicht sind, um auf diese **ergänzende Weise einen Schritt zu Vollkommenheit** zu tun – wenn auch einen bescheidenen, aber einen in die richtige Richtung.

Jesus von Nazareth lehrt uns, den Nächsten zu lieben. Wer lehrt uns eigentlich, den Nächsten zu nutzen, ihn als Korrektiv unserer Einseitigkeit zu erkennen, als Komplementierung unseres Schicksals, kein Allroundtyp zu sein? Niemand, und darum ist es Zeit, diese Möglichkeit an sich auszuprobieren und dann die frohe

Botschaft weiterzugeben. Dieses Konzept ist nicht so anspruchsvoll, nicht so zu Herzen gehend wie das Gebot des Nazareners, aber es ist mindestens so dramatisch und fast so wohltuend.

Fazit: Es ist eine neue Haltung gegenüber dem Mitmenschen, eine, die uns lehrt, uns ihm mit Respekt für das, was wir selbst nicht haben, zu nähern und ihn für das, was ihm fehlt, nicht zu verachten. Er hat, was wir brauchen. Er könnte Träger dessen sein, was uns selbst fehlt. Es ist eine Symbiose der Menschlichkeit und der Zuwendung.

Gewiß, unser Modell ist zunächst einmal egoistischer Art, denn wir wollen uns ergänzen. Aber Sie, verehrter Herr Vorsitzender, werden erfahren, daß aus dem Mitmenschen, mit dem ich mich ergänze, so etwas wie ein Bruder wird, fast so etwas wie der Nächste, den der Zimmermannssohn im Kopf hatte.
Vielleicht »menschelt« es Ihnen jetzt ein bißchen zu reichlich. Gut, da ist etwas dran. Aber Sie haben – wenn Sie diese Arbeit gründlich lasen – verstanden, daß wir zu Menschlichkeit im Unternehmen, zu Rücksichtnahme, Toleranz und fürsorgender Betreuung eine etwas veränderte Haltung einnehmen sollten. Wir haben gelernt, daß diese großartigen, von Humanität getragenen Werte, die man um ihrer selbst willen erst einmal schätzen und fördern sollte, im Begriff sind, aus dem Dunstkreis gefühlsduseliger Extravaganzen, aus dem Bereich des allzu Schönen, Guten, Wahren in den der nackten Nützlichkeit hinüberzuwandern. Diese von der Ethik zwar herkommenden, aber mittlerweile gewandelten oder angereicherten Werte haben plötzlich – so unsere Erkenntnis aus der Enquete – etwas mit Rendite, Gewinn, Innovationserfolg und Zukunftssicherung zu tun. Glücklicherweise, denn nun bedarf es nicht nur des guten Menschen von Sezuan, sondern auch ein kluger Rechner kann nun eben gar nicht anders, als sich nach einer menschlichen Form des sozialen Miteinanders umzusehen.

Strategie 6

Wovon wir sprechen, Herr Vorsitzender? Nun, von der **Vertrauensorganisation,** die mit Strategie 6 anzustreben eigentlich auch ohne nachgewiesene Erfolge eine Selbstverständlichkeit abendländischen Geistes sein sollte. Aber der letztere hat manchmal Ladehemmung; deshalb ist eine kleine Zusatzunterstützung im Sinne rationaler Aufklärung vielleicht gar nicht so schlecht.

Fazit: Unsere Einsichten besagen nämlich, daß Sie versagt haben, wenn Ihr Unternehmen, Ihre Behörde, Ihr Verein Tummelplatz der Intrige und des Grabenkampfes ist. Nicht, weil Sie ein ethisch verantwortungsloser Mensch wären, aber in erster Linie, weil Sie kein kühler Rechner sind, denn Sie haben eine Erfolgschance vertan, die diese soziale Welt gratis und franko für uns bereithält. Und das können Sie eigentlich doch ganz und gar nicht wollen.

Wenn Sie mich nun fragen würden, wie man das denn anstellt, eine Vertrauensorganisation zu schaffen, dann gebe ich Ihnen das einfachste Rezept aller Rezepte und das schwierigste zugleich: Leben Sie's vor!

Strategie 7

Dieses Vertrauen, das – unsere Umgangssprache lehrt es uns – ein Geschenk ist, denn Vertrauen »schenkt« man, kann nur dort entstehen, wo »die oben« denen weiter unten die **Partizipation** anbieten, die Teilhabe. Dies ist ein weiterer Baustein im Gesamtgebäude von Überlegenheitsmanagement. Dabei soll man sich bewußt sein, daß es Teilhabe und nicht Ganzhabe heißt! Wir sollten nicht alles vergeben. Niemand verlangt von uns, in Sack und Asche herumzulaufen, nur weil wir allzumal Egoisten sind. Es geht nicht darum, im Betrieb alle alten Strukturen völlig aufzulösen.

Beispiel: Wenn wir unsere langsam ersterbende Demokratie des Politüberdrusses mit frischem Leben erfüllen wollen, dann müssen wir nicht zum germanischen Thing zurückkehren und alles und jedes in Gemeinsamkeit entscheiden. Aber es ist erforderlich, in Teilen (und bitte nicht in ganz und gar unwichtigen) Autorität zu teilen, Mitsprache einzuräumen. Früher, als die Menschen noch ärmer waren, war es der Mantel, den der heilige Martin zerschnitt, um ihn zum Teil weiterzugeben. Bezeichnenderweise war es nicht der ganze Mantel, sondern nur die Hälfte. Aber den Mantel – den können sich die meisten heute selber kaufen. Die neue Nächstenliebe besteht darin, die Autorität zu teilen. Sie ist das eigentlich knappste aller Güter.

Fazit: Ich halte es für das Grundgesetz des 21. Jahrhunderts, daß Motivation in zunehmendem Maße nur mehr durch Partizipation zu erreichen sein wird. Wir werden nur noch dann Menschen gewinnen können, wenn wir den Altruismus unserer Zeit praktizieren – und das heißt Teilhabe.

Das bedeutet folglich, dem Mitarbeiter Meier nicht noch irgendeinen Tausender irgendwohin zu stecken oder ihm zu den vielen Goodies noch weitere nachzuwerfen, sondern mit ihm diese kostbare Pretiose der Autorität, des Entscheidens zu teilen.

Der Narziß und Egoist unserer Tage sitzt nicht mehr auf dem Pfeffersack von Lustgewinn und Hab und Gut, sondern weigert sich, Mitregenten zuzulassen. Er hortet Handlungsfreiheit, dort, wo man früher Goldstücke hamsterte. Der Raffgierige klammert sich nicht mehr an den Goldesel, sondern an sein Entscheidungsmonopol. Der Heilige des 21. Jahrhunderts zertrennt den Mantel seiner ihm verliehenen Rechte.

Daß es Situationen geben kann, wo er um des Erhalts des Ganzen willen zeitweilig die so vergebenen Freiheiten wieder voll an sich zieht, haben wir als unabdingbare Notwendigkeit kennengelernt. Wenn wir aber im Prinzip zu dieser modernen Mildtätigkeit bereit sind, dann wird es uns auch niemand zum Vorwurf machen, wenn wir in Gefahr Härte vor Freundlichkeit und Unnachgiebigkeit vor dann nicht mehr zu rechtfertigende Nachgiebigkeit stellen.

Strategie 8

Diese hier skizzierte Rolle zu spielen ist nicht einfach. Niemand hat gesagt, daß man die innere Freiheit, die zum Überlegenheitsmanagement gehört, mühelos erreicht. Der Weg dorthin wird jedoch durch Strategie 8 geebnet. Eine ganze Reihe von Maßnahmen und Verhaltensweisen steht uns zur Verfügung. Die **Mentaltechniken,** die wir im ersten Band der Trilogie nur andeuten konnten, nehmen da einen wichtigen Platz ein. Sie sind ein bedeutsamer Schritt auf dem Wege zu mehr innerer Autonomie, erschließen sie doch Möglichkeiten, mit der Unbill des Alltags leichter und besser fertig zu werden und sich oberhalb der Alltagslaunen mit ihren entnervenden Frustrierungen zu bewegen. Ob es der Autostau ist, der uns die gute Laune nimmt, oder der Vorgesetzte, der uns zu nerven droht, oder selbst wenn es darum geht, sich mit größeren Schicksalsschlägen wie Leid und Krankheit abzufinden, dann verfügen wir über kraftvolle Instrumente, deren praktische Anwendung wir trainieren können und müssen. Wer um diese Möglichkeiten einen Bogen macht, begibt sich eines der wichtigsten Werkzeuge, das eine Art Eintrittskarte in die Welt des nach Überlegenheit trachtenden Managements darstellt. Mentaltechniken sind wichtige Begleiter auf dem Wege zu Mind-Profit Management, denn dieses bedarf ihrer nicht zuletzt, weil seine Realisierung kein Zuckerschlecken ist, sondern Teil einer stillen Revolution.

In die Rubrik von Techniken, die die eigene Autonomie und die der eigenen Gruppe steigern, fallen auch jene gruppendynamischen Organisationsformen, die uns unter dem Namen »autonome selbststeuernde Gruppen« oder – ein wenig anspruchsloser – als Qualitätszirkel bekannt sind. Beide zielen darauf ab, die Gruppe zu stärken und in der Gemeinschaft **Selbststeuerung** zu erreichen. Insofern kann man sie durchaus den Mentaltechniken im weiteren Sinne zugesellen. Sie wollen alle das gleiche, auch wenn der praktische Ansatz unterschiedlich ist.

Beispiel: Die selbststeuernde Gruppe ist der kühne Aufbruch zu innerbetrieblicher Demokratie und Selbstbestimmung. Den ersten großangelegten und sehr mutigen Versuch dieser Art in Deutschland habe ich in meinem Buch *Visionäres Management* (ECON 1990) ausführlich beschrieben. Hewlett Packard in Böblingen gab einer Arbeitergruppe von 42 Personen die Freiheit, ihren eigenen Koordinator zu wählen und den Meister – und damit jedwede Form des Vorgesetzten – völlig abzuschaffen. Abgesehen von bestimmten Leistungsvorgaben waren sich diese Menschen weitgehend selbst überlassen. Zu welchen Leistungssteigerungen sie gelangten, wie sie durch andere Methoden kaum je erreicht werden können, habe ich geschildert. Sie liegen zwischen 20 und 30 Prozent. Man muß vermutlich selbst einmal für eine Produktion verantwortlich gewesen sein, um die ganze Tragweite dieser Zahl zu verstehen. Sie ist erstaunlich. Aber viel erstaunlicher und vor allem viel innerlich bewegender war es, als ich einige dieser

Gruppenteilnehmerinnen befragte. Da sagten altgediente Arbeiterinnen unter Tränen: »Zum erstenmal in meinem Leben macht die Arbeit Spaß. Es ist richtig schön hier.« Ich entsinne mich noch gut, daß ich mich damals abwandte, weil ich mich meiner feuchten Augen nicht erwehren konnte und mir schlagartig bewußt wurde, daß ich hier der verändernden Kraft der Freiheit und dem vielleicht höchsten Gut unserer Kultur begegnet war – und das auf eine ganz schlichte, aber dennoch ergreifende Weise: »Freiheit, die ich meine ...«

Lassen wir uns jedoch von diesem Beispiel nicht allzusehr forttragen. Die Leistungsreserven, die völlig ungehoben in Ihren Mitarbeitern schlummern, sind gewaltig. Man schätzt, daß die allgemeine Einführung solcher autonomen Gruppen, geschähe sie gleichzeitig in der gesamten Industrie, die Produktivität so steigern könnte, daß das Bruttosozialprodukt binnen Jahresfrist mit Sicherheit einen Sprung von 10 Prozent machen könnte und dann auf dem erhöhten Niveau nochmals zusätzlich 1 Prozentpunkt pro Jahr zulegen könnte. Dies scheint angesichts von 20 bis 30 Prozent nachgewiesener Produktivitätssteigerung nicht überoptimistisch. Das sogenannte »Volkseinkommen, das gegenwärtig bei rund 2 Billionen DM liegt, würde also um 200 Milliarden wachsen. Würde dieser Betrag dazu verwandt, die Lohnnebenkosten zu senken, so würde mich Deutschland weit weniger um den Schlaf bringen, wenn ich – wie Heine – nächtens daran denke. Ist Ihnen klar, verehrter Herr Vorsitzender, was dies für Sie, für Ihr Unternehmen, aber auch für unser Vaterland mit seinen Vereinigungsbauchschmerzen und Standortproblemen bedeuten könnte? Verzeihen Sie, wenn ich jetzt etwas nostalgisch werde – manchmal habe ich es halt mit den Emotionen. Ich denke an meine Schulzeit. Da gibt es ein Gedicht, das Sie vielleicht auch auswendig lernen mußten; es war die Story vom Winzer, der auf dem Sterbebett seine Söhne rief: »In unserm Weinberg liegt ein Schatz ...« Und die Söhne beackerten den Weinberg Tag und Nacht, und in Gestalt doppelter Erträge wurde ihnen klar, auf welchen Schatz der Vater sie eingeschworen hatte.

Fazit: Ich meine, wir sind alle aufgerufen, unseren Schatz zu heben. 200 Milliarden wären genau das, was wir brauchen. Würde diese Summe der Senkung unserer Produktionskosten zugute kommen, der Standort Deutschland stünde schlagartig in einem helleren Licht. Wir brauchen nur zuzugreifen. Aber wie der kluge Eugen Roth gesagt hat: »Auch wollen können ist schon Gnade.«

Strategie 9

Solch neue, noch ungewöhnliche Wege zu gehen wäre um vieles schwieriger, stünden uns nicht ab sofort jene Faktoren zu Gebot, die wir als **Erfolgsfaktoren** so ausführlich besprochen haben. Wir dürfen uns ihnen schon heute anvertrauen. Zwar sollten wir sie noch einmal anhand einer großangelegten europäischen Studie überprüfen (wozu Sie, Herr Vorsitzender, durchaus ein Scherflein beisteuern könnten), aber schon jetzt haben wir einigermaßen festen Boden unter den Füßen.

Fazit: Nichts hindert uns daran, die merklich erhöhten Erfolgschancen zu nutzen. Und da Ihre Kollegen vermutlich genauso betulich und träge sind wie Sie selbst, werden es in den nächsten fünf Jahren mit Sicherheit erst kleinere Eliten sein, die sich wirklich entschieden daran ausrichten. Der Konkurrenzvorteil ist also bei geistiger Beweglichkeit billig zu haben. Action ist angesagt, Herr Vorsitzender!

Wenn Sie allerdings warten, bis alle dies begriffen haben und auf den neuen Kurs eingeschwenkt sind, dann ist es schon wieder zu spät, denn dann ist es mit Sicherheit schon wieder etwas völlig anderes, mit dem Sie jene Einmaligkeit erreichen können, der Sie sich laut Erfolgsfaktor 5 ohnehin verschreiben sollten.
Warum das alles so schnell gehen muß? Vielleicht hätten Sie doch lieber im Postkutschenalter zur Welt kommen sollen, Herr Vorsitzender, aber das läßt sich jetzt nicht mehr korrigieren.

Strategie 10

Und nun habe ich noch ein Zuckerl für Sie. Denn wir haben – wenn Sie dem Gedankengang des Buchs aufmerksam gefolgt sind – Zusammenhänge besprochen, die all unseren veränderungswütigen Plänen erneut den Weg ebnen. Die vernetzte Struktur der menschlichen Beziehungen zu nutzen ist die Strategie 10. Weil die Menschen alle nicht aus ihrer Haut herauskönnen, weil ihre essentiellen und existentiellen Bedürfnisse ein Leben lang feststehen, haben wir unerhörte Beeinflussungsmöglichkeiten – weit stärkere, als wir gemeinhin einschätzen. Wir sind alle an unsere grundlegenden Persönlichkeitsbedürfnisse angekettet und handeln so, daß uns diese Grundanliegen führen wie der Draht die Marionette. Diesen Mechanismus zu nutzen – was derzeit in höchst rudimentärer Weise und mehr instinktiv als bewußt geschieht – ist die Chance, auf die wir hingewiesen haben und die wir im nächsten Band der Trilogie zum Hauptthema machen werden. Beispiel: Die scheinbare Leichtigkeit, mit der Sekten ihre Jünger einfangen, und die Willenlosigkeit, mit der diese dann zum Werkzeug in deren Hand werden, ist das allen gegenwärtige Beispiel, wie man existentielle Bedürfnisse nutzen kann. Es ist ein eher erschreckendes Beispiel, aber es zeigt die Brisanz des Themas und die Energien, die wir mobilisieren können.
Natürlich ruft die Kraft, die uns aus einer typologisch gelenkten Kundenbeeinflussung erwächst, nach einer verantwortungsvollen Selbstdisziplin. Andererseits sollten wir uns auch im klaren darüber sein, daß es das ungeschriebene Gesetz freier Marktwirtschaft ist, daß wir auf die Bedürfnisse der Klienten eingehen. Die meines Erachtens kaum ins Gewicht fallenden Mißbräuche wiegen leicht angesichts der grundgesunden Haltung, überhaupt auf Bedürfnisse einzugehen. Wer sie nutzt, kommt dem entgegen, der sie hat. Daß dies segensreicher ist als jede Form von bedürfnisferner Planwirtschaft, sollte uns hinreichend bewußt sein.

Strategie 11

Daß wir zu guter Letzt nicht übersehen dürfen, daß neben allem visionären Eifer der planende **Verwalter** zu Worte kommen muß, ist nicht unwichtig, wenn man dem Überlegenheitsmanagement das Wort redet. Dieser Typus bestimmt immer noch in unheilvoll

rückständiger Weise die Szene der deutschen Wirtschaft. Aber ihm den richtigen Platz zuzuweisen ist und bleibt verdienstvoll. Wir sollten vermeiden, das Kind mit dem Bade auszuschütten. Wir sollten ihn nicht mißachten, sondern seine Entwürfe stets einfordern, denn wir benötigen ihn, um mit den Füßen auf der Erde zu bleiben, um uns nicht an all das Neue und Aufregende zu verlieren.
Diese Strategie ist Teil des Managements der Unvereinbarkeiten dieser Welt. Visionär und Verwalter werden Gegenspieler bleiben. Wenn wir immerhin so weit kommen, daß sie sich nicht gegenseitig anschreien, sondern (natürlich fast mitleidig mit dem Schwachsinnigen am anderen Ufer) überhaupt miteinander sprechen und gelegentlich einmal hinhören, haben wir schon viel Ballast aus dem Wege geräumt.

Strategie 12

Und nun zu dem I-Tüpfelchen, zur Krone auf dem Haupt des Überlegenheitsmanagements, der abschließenden Strategie 12: Nachdem Sie, Herr Vorsitzender, sicherlich schon mehr oder weniger wissen, welcher Typ Sie sind, darf ich Ihnen noch eine letzte Hilfe offerieren. Wenn sie aufgepaßt haben, dann sagt Ihnen nämlich Ihre typologische Selbstzuordnung im voraus, wie Sie auf all das, was hier besprochen wurde, reagieren werden. Das ist die Hohe Schule des Überlegenheitsmanagements: daß unser Konzept einen in den Stand versetzt, die Zukunft jeweils ungefähr vorherzusagen. Nein, Herr Vorsitzender, das ist keine Schwarze Kunst. Sie können – so Sie denn wissen, wer Sie sind – sich stets selbst zurechtlegen, wie Sie wahrscheinlich reagieren werden, und dies gibt Ihnen dann genügend Abstand, diese Reaktionen zu beeinflussen.
Sind Sie ein #1 Visionär, dann stürmen Sie auf die eben besprochenen Inhalte mit Hurrarufen zu. Ich brauche Sie nicht zu ermuntern noch zu ermutigen. Im Gegenteil, ich würde Sie bitten, nicht gar so stürmisch loszulaufen; lassen Sie lieber Ihren kleinen Bruder, den Verwalter, gelegentlich auch einmal zu Worte kommen, denn Ihnen hat er etwas zu sagen, weil er Sie vielleicht vor Unbedachtsamkeiten bewahren kann.
Sind Sie ein #2 Entdecker, dann haben Sie ebenfalls leichteren Zugang zum Neuen. Sie wissen dann um den Reichtum Ihrer

Kreativität, aber auch um Ihre sozialen Defizite. Coaching kann Ihnen hier viel geben und Ihnen Korrekturen erleichtern.
Als #3 Analysierer wissen Sie um Ihre tausendfachen Bremsen, Ihre Kleinkariertheit und Ihr Problem, ganzheitlich zu denken. Sie haben aber Ihren ungewöhnlich klaren Verstand, und da Überlegenheitsmanagement unter anderem ein Gebot der Vernunft ist, sollte es Ihnen möglich sein, über diese Schiene Zugang zu gewinnen. Je selbstkritischer Sie sind, desto leichter wird Ihnen alles fallen.
Sind Sie hingegen ein #4 Anpasser, so werden Sie es besonders schwer haben, denn Überlegenheitsmanagement ist soviel mehr und soviel anspruchsvoller als eine bloße Anpassung. Sie brauchen unter diesen Umständen Ergänzung und Komplementierung wie kaum ein anderer. Suchen Sie sich einen visionären Stellvertreter, wenn Sie die Größe dazu haben; er könnte Ihnen behilflich sein, wenigstens etwas über Ihren eigenen Schatten zu springen.
Als #5 Organisierer können Sie sich durchaus auf Überlegenheitsmanagement einstellen. Sie können es organisieren, aber Sie brauchen extravertierte, weniger furchtsame Menschen um sich. Sie erinnern sich: Extravertierte sind Visionäre, Analysierer und Macher. Allein schaffen Sie es vermutlich nicht, aber als organisierender Wegbereiter werden Sie vielleicht trotz allem Freude an Überlegenheitsmanagement bekommen, denn es muß planmäßig organisiert werden – und das können Sie ja.
Als #6 Macher haben Sie die Kraft des Handelns auf Ihrer Seite. Daß Sie mit Ihrem Aktionismus sich nicht verzetteln dürfen, wissen Sie bereits, aber es fehlt Ihnen wenigstens nicht an Handlungsenergie. Schaffen Sie sich genügend Stab, der Dinge langfristig durchdenkt, denn darin sind Sie ziemlich mäßig. Und dann nutzen Sie die Gabe, mit der gerade Sie gesegnet sind – Dinge bewegen zu wollen.

Fazit: Die Welt liegt offen vor uns. Die Ermutigungen, die die jüngsten Forschungen und Konzepte für uns bereithalten, sind Legion. Wir brauchen eigentlich nur beherzt zuzulangen. Wir stöhnen vor den Problemen und Schwierigkeiten, und dennoch wachsen uns die Trauben fast in den Mund, wenn wir bereit sind, sie zu pflücken. Ich meine, daß dies auch und gerade auf die drei großen Herausforderungen des deutschen Standorts, der japanisch-asiatischen Billigmacher, ja selbst auf unsere bislang so schmerzlich danebengeratene Wiedervereinigung zutrifft. Es liegt an uns.

Dennoch will ich nicht verhehlen, daß der Weg zum Schlaraffenland auch seine Tücken hat und daß Sie sich, Herr Vorsitzender, mit Geduld wappnen und die Bereitschaft zu leiden mitbringen müssen.
Selbst wenn Sie nicht in die Geschichte der großen Unsterblichen eingehen und lediglich auf eine weniger spektakuläre Weise einen kleinen Beitrag zum Management von substantieller Überlegenheit leisten, so werden Sie dennoch am eigenen Leibe spüren und erleiden, was noch keinem kreativen Veränderer erspart blieb. Sie werden die zementierten Strukturen der Verhärtung, das ängstliche Kleben an längst überholten Traditionen, die Furcht vor jedem nur geringfügig wagemutigen Schritt in Neuland noch viel penetranter und entmutigender erleben, als wir es in diesem Buch angedeutet haben.
Aber geben Sie nicht auf! Bei der schmerzlichen Einsicht, daß einem schöpferische Neuerungen keinesfalls freundlich oder gar dankbar abgenommen werden, sondern daß man in der Regel hart und oftmals erfolglos dafür kämpfen muß, mag folgendes ein gewisser Trost sein: Sie wissen aus unseren Erörterungen, daß der Veränderer nicht eigentlich gegen Dummköpfe anrennt, nicht eigentlich gegen Beschränktheit streitet, sondern daß er auf Menschen trifft, deren starre Haltung, deren Unbeweglichkeit und Resistenz mit **Angst** zu tun hat. Bei jedem Typ sind es andere Ängste, deren Inhalte wir hier nicht erneut aufzählen wollen, aber es sind innere Verklemmungen, die letztlich alle auf die Verletzlichkeit der Psyche zurückgehen. All ihre zukünftigen Widersacher sind nicht eigentlich »schuld« an ihrem ungnädigen Verhalten. Sie sind mehr Opfer als bewußt Handelnde. Sie rufen mehr

nach Ihrer Kraft, zu verzeihen und verstehen zu können, als daß sie echten Zornes oder offener Verachtung wert wären.
Das macht es nicht einfacher, aber kann Ihnen dennoch zum Trost gereichen. Dies vor allem dann, wenn Sie wieder und wieder erkennen müssen, daß die schöpferische Veränderung immer ein Ärgernis ist, daß sie mit der ganzen Kraft eines Naturgesetzes Widerstand statt spontaner Zustimmung auslöst.
Seien Sie auf dem nicht einfachen Weg zum Überlegenheitsmanagement aber auch der Hilfe und echten Freundschaft all derer versichert, die darum wissen, daß Utopia der Motor unseres Zeitalters ist. Auch wenn es nur ein winziges Stückchen von diesem Utopia ist, das Sie zu realisieren vermögen: Sie wissen, daß Sie beigetragen haben zu dem, was unsere Zivilisation begründet und ausmacht.
»Wir heißen euch hoffen!« hat ein Großer seinen Mitmenschen zugerufen. Erlauben Sie mir die kleine Korrektur: *Wir heißen euch handeln!*

In diesem Sinne
Ihr Rolf Berth

Literaturverzeichnis

Adams, John D.: *Transforming Leadership,* Virginia, 1986
Adams, John D.: *Transforming Work,* Virginia, 1984
Adler, Alfred: Menschenkenntnis, Frankfurt, 1954
Albach, H./Gabelin, T.: *Mitarbeiterführung*, Wiesbaden, 1977
Albert, Hans: *Theorie und Prognose in den Sozialwissenschaften,* in: Topitsch, Ernst, 1965, S. 126–143
Albert, Hans: *Traktat über kritische Vernunft,* Tübingen, 1980
Albert, Hans: *Die Wissenschaft und die Fehlbarkeit der Vernunft,* Tübingen, 1982
Alexander, Franz: *La médicine psychomatique,* Payot, Paris (ohne Jahresangabe)
Ammon, Günter: *Gruppendynamik der Kreativität,* München, 1974
Antons, Klaus: *Praxis der Gruppendynamik,* Göttingen/Toronto/Zürich, 1976
Attems, Rudolf/Holzer, Adalbert: *Spitzenleistungen in die Praxis umsetzen,* Wien, 1989
Bandler, Richard/Grinder, John: *Refraiming,* Paderborn, 1992
Barron, Frank: *Creativity and psychological health,* New York, 1963
Barron, Frank: *Creativity and personal freedom,* New York, 1968
Barron, Frank: *Creative person and creative process,* New York, 1969
Barrow, John D.: *Theorien für alles,* Heidelberg, 1992
Barrow, J. C.: *Basale Aspekte partizipativer Führung,* Bern/Stuttgart, 1980
Bateson, Gregory: *Geist und Natur,* Frankfurt/M., 1987
Baugut, Gunnar/Krüger, Siegfried: *Unternehmensführung,* Opladen, 1976
Bechtler, Thomas W. (Hrsg.): *Management und Intuition,* Zürich, 1986
Bergson, Henri: *Zeit und Freiheit,* Frankfurt, 1949
Berne, Eric: *Transactional Analysis in Psychotherapy,* New York, 1961
Berne, Eric: *Games People Play,* Grove Press, New York, 1964
Berne, Eric: *Spiele der Erwachsenen,* Rowohlt Verlag, Hamburg, 1967
Bertalanffy, Ludwig von: *General System Theory,* New York, 1968
Berth, Rolf: *Visionäres Management,* Düsseldorf/Wien/New York, 1990
Berth, Rolf: *Erfolg,* Düsseldorf, 1993
Berth, Rolf: *Auswege aus einer unglaubwürdigen Demokratie,* Stuttgart, 1969
Berth, Rolf: *Kreativitätsorientierte Marktanalyse,* in: Jahrbuch der Absatz- und Verbraucherforschung, Heft IV, Nürnberg, 1980
Berth, Rolf: *Kreativtechniken in der Marketingpraxis,* in: Marketing, Zeitschrift für Forschung und Praxis, Frankfurt/München, 1980
Berth, Rolf: *Management zwischen Vision und Mittelmäßigkeit,* Stuttgart, 1981
Berth, Rolf: *Marktforschung zwischen Zahl und Psyche,* Stuttgart, 1959
Berth, Rolf: *Der Topmanager von morgen,* Wiesbaden, 1987
Berth, Rolf: *Wähler- und Verbraucherbeeinflussung,* Stuttgart, 1963
Berth, Rolf: *Zum gegenwärtigen Stand der Kreativforschung,* in: Harvard-Manager, Heft II, Hamburg, 1980

Berth, Rolf: *Social Networks,* Düsseldorf, 1993
Berthel, Jürgen: *Personal-Management,* Stuttgart, 1979
Beyer, H.-T.: *Die Lehre der Unternehmensführung,* Berlin, 1970
Beyer, H.-T.: *Wissenschaftstheorie und Managementlehre,* in: Zeitschrift BfuP, 24. Jg., 1972, S. 336 ff.
Birkenbihl, Vera/Blickhan, Claus/Ulsamer, Bertold: *NLP – Einstieg in die Neuro-Linguistische Programmierung,* Köln, 1987
Birkenbihl, Vera F.: *Kommunikationstraining,* München, 1978
Blake, R. R./Mouton, J. S.: *The managerial grid,* Houston, 1964
Biedenkopf, K. H.: *Im Dienst der Gemeinschaft,* in: 150 Jahre Bertelsmann, Gütersloh, 1985
Bleicher, K.: *Chancen für Europas Zukunft,* Frankfurt/Main, 1989
Bleicher, K.: *Führung durch Vorbild,* in: 150 Jahre Bertelsmann, München 1985
Bleicher, K.: *Unternehmenspolitik und integrierte Führung,* St. Gallen 1988
Bleicher, K./Meyer, E.: *Führung in die Unternehmung,* Hamburg, 1976
Bono, Edward de: *Konflikte,* Düsseldorf/Wien/New York, 1987
Bono, Edward de: *New think,* New York, 1967
Bower, G. H./Hilgard, E. R.: *Theorien des Lernens I,* Stuttgart, 1983
Bretz, H.: *Unternehmertum und fortschrittsfähige Organisation,* München, 1987
Bühl, W. L.: *Die Ordnung des Wissens,* Berlin, 1984
Buzzell, R. D./Gale, B. T.: *Das PIMS-Programm,* Wiesbaden, 1989
Capra, F.: *Wendezeit,* Bern/München/Wien, 1987
Carlzon, Jan: *Alles für den Kunden – Jan Carlzon revolutioniert ein Unternehmen,* Frankfurt/Main, 1989
Carse, James P.: *Endliche und unendliche Spiele,* Stuttgart, 1987
Cramer, Friedrich: *Chaos und Ordnung,* Stuttgart, 1989
Crutchfield, R. S.: *Schädliche Auswirkungen von Konformitätsdruck auf kreatives Denken,* Psychologische Beiträge, Nr. 6
Crutchfield, R. S.: *Conformity and creative thinking,* in: Contemporary Approaches to Creative Thinking, New York, 1962
Csikszentmihalyi, Mihaly: *Das Flow-Erlebnis,* Stuttgart, 1987
Davies, Paul: *Gott und die moderne Physik,* München, 1989
Demmer, K. H.: *Aufgabe und Praxis der Wertanalyse,* München, 1969
Demmer, Christine: *Frauen ins Management,* Wiesbaden, 1988
Deutsche Bundesbank: Jahresabschlüsse westd. Unternehmen 71 bis 91, Frankfurt 1993
Dörner, Dietrich: *Vom Umgang mit Unbestimmtheit und Komplexität,* Bern/Stuttgart/Wien, 1983
Dörner, Dietrich: *Die Logik des Mißlingens,* Reinbek, 1989
Drescher, Siegfried: *Markterkenntnis und Marktpolitik,* Bielefeld, 1968
Drucker, Peter F.: *Praxis des Managements,* Zürich, 1972
Drucker, Peter F.: *Neue Management-Praxis,* Düsseldorf, 1974
Drucker, Peter F.: *Innovations-Management für Wirtschaft und Politik,* Düsseldorf, 1986
Drucker, Peter F.: *Neue Realitäten – Wertewandel in Politik, Wirtschaft und Gesellschaft,* Düsseldorf, 1989
Drucker, Peter F.: *Die ideale Führungskraft,* Düsseldorf, 1967
Drucker, Peter F.: *Managing the Non-Profit Organization,* New York, 1992
Duncker, K.: *Zur Psychologie des produktiven Denkens,* Berlin, 1935
Eccles, John C.: *Die Psyche des Menschen,* München, 1990
Einstein, Albert/Infeld, Leopold: *Die Evolution der Physik,* Hamburg, 1959
Einstein, Albert: *Mein Weltbild,* Berlin, 1934

Etzioni, Amitai: *The Active Society,* London/New York, 1968
Festinger, Leon: *A Theory of cognitive dissonance,* Evanstone, 1957
Feyerabend, Paul: *Erkenntnis für freie Menschen,* Frankfurt/M., 1980
Fiedler, F.: *A Theory of Leadership Effectiveness,* New York, 1967
Fischer, Ernst P.: *Die zwei Gesichter der Wahrheit,* München, 1990
Fischer-Winkelmann, Wolf F. (Hrsg.): *Paradigmawechsel in der Betriebswirtschaftslehre?,* 1983
Fisher, Roger/Ury, William: *Das Harvard-Konzept,* New York, 1984
Flik, Heinrich: *The Ameba Conzept,* in: Simon, H. (Hrsg.), Herausforderung Unternehmenskultur, Stuttgart, 1990
Frankl, Viktor E.: *Der Mensch vor der Frage nach dem Sinn,* München, 1989
Franz, Marie Louise von: *Psychotherapie,* Einsiedeln, 1990
Franz, Marie Louise von/Hillman, James: *Zur Typologie C. G. Jungs,* Fellbach-Oeffingen, 1980
Freud, Anna: *Das Ich und die Abwehrmechanismen,* London, 1952
Freud, Sigmund: *Gesammelte Werke,* London, 1941
Friedman, Meyer/Ulmer, Diane: *Treating Type A Behavior – and Your Heart,* New York, 1984
Fromm, Erich: *Anatomie der menschlichen Destruktivität,* Hamburg, 1977
Gardner, Howard: *Dem Denken auf der Spur,* Stuttgart, 1989
Gerken, Gerd: *Management by Love – Mehr Erfolg durch Menschlichkeit,* Düsseldorf/Wien/New York, 1990
»Sozialpsychologisches Klima«, Gruner + Jahr-Marktforschung; Hamburg 1987
Gerken, Gerd: *Geist,* Düsseldorf, 1991
Gerken, Gerd: *Die Geburt der neuen Kultur,* Düsseldorf/Wien/New York, 1988
Gerken, Gerd: *Der neue Manager,* Freiburg, 1988
Gerken, Gerd: *Die Zukunft des Handels,* Freiburg, 1987
Gerken, Gerd/Luedecke, Gunther: *Die unsichtbare Kraft des Managers,* Düsseldorf/Wien/New York, 1988
Geyer, Erich: *Kreativität im Unternehmen,* Landsberg, 1987
Ghiselin, B.: *The creative process,* Los Angeles, 1952
Glasersfeld, Ernst von: *Wissen, Sprache und Wirklichkeit,* Braunschweig, 1987
Goeudevert, Daniel: *Die Zukunft ruft – Manager, Märkte, Motoren,* Herford, 1990
Gordon, William J. J.: *Synetics,* New York, 1961
Graumann, Carl: *Denken,* 1965
Griscom, Chris: *Zeit ist eine Illusion,* München, 1988
Groen, J./Smit, E./Eijsvogel, J. (eds.): *The Discipline of Curiosity – Science in the World,* Amsterdam, 1990
Guilford, J. P.: *Creativity,* American Psychologist, Heft 5, 1950
Guilford, J. P.: *Personality,* New York, 1959
Guim, Heinz/Mohler, Armin: *Einführung in den Konstruktivismus,* München, 1985
Haber, Heinz: *Die Zeit,* München, 1987
Habermas, Jürgen: *Strukturwandel der Öffentlichkeit,* Frankfurt/Main, 1990
Habermas, Jürgen: *Theorie des kommunikativen Handelns,* Frankfurt/M., 1988
Habermas, Jürgen: *Theorie des kommunikativen Handelns,* Bd. 1: *Handlungsrationalität und gesellschaftliche Rationalisierung,* Frankfurt, 1981
Habermas, Jürgen: *Theorie des kommunikativen Handelns,* Bd. 2: *Zur Kritik der funktionalistischen Vernunft,* Frankfurt, 1981
Hadamard, J.: *The psychology of invention in the mathematical field,* Princeton, 1949

Haferkamp, Hans/Schmid, M.: *Sinn, Kommunikation und soziale Differenzierung,*Frankfurt, 1987
Haken, Hermann: *Erfolgsgeheimnisse der Natur,* Stuttgart, 1986
Halberstam, David: *Die Abrechnung,* Frankfurt, 1988
Handy, Charles: *The Age of Unreason,* London, 1989
Harris, Thomas A.: *I'm o.k. – You're o.k.,* New York, 1969
Harris, Thomas A.: *Ich bin O.K. – Du bist O.K.,* Hamburg, 1980
Hartmann, Rolf: *Planung mit Unternehmensmodellen,* Bern, 1980
Hawking, Stephen W.: *Eine kurze Geschichte der Zeit,* Reinbek, 1988
Hayek, Friedrich v.: *Die Theorie komplexer Phänomene,* Tübingen, 1972
Heidegger, Martin: *Sein und Zeit,* Halle, 1941
Heinen, Edmund: *Grundlagen der entscheidungsorientierten Betriebswirtschaftslehre,* München, 1976
Heinen, Edmund, (Hrsg.): *Betriebswirtschaftliche Führungslehre,* Wiesbaden, 1984
Heisenberg, Werner: *Das Teil und das Ganze,* München, 1969
Henderson, Hazel: *Das Ende der Ökonomie,* München, 1987
Henzler, Herbert (Hg.): *Handbuch Strategische Führung,* Wiesbaden, 1988
Hersey, P./Blanchard, K. H.: *Management of Organizational Behavior,* New Jersey, 1982
Hersey, P./Blanchard, K.: *Situational leadership,* Manager Magazin, Nr. 11, Hamburg, 1979
Hill, Wilhelm/Fehlbaum, Raymond/Ulrich, Peter: *Organisationslehre,* Band 1 + 2, Bern/Stuttgart, 1974
Hinde, Robert A.: *Energy models of behaviour,* New York, 1960
Hinder, Walter: *Strategische Unternehmensführung in der Stagnation,* München, 1986
Hinterhuber, Hans H.: *Strategische Unternehmensführung,* Berlin/New York, 1984
Hirn, W.: *Warten auf Krieg,* in: Manager Magazin, Nr. 6, 1988
Höhler, Gertrud: *Spielregeln für Sieger,* Düsseldorf, 1991
Höhler, Gertrud: *Das Glück – Analyse einer Sehnsucht,* Düsseldorf/Wien/New York, 1986
Höhler, Gertrud: *Offener Horizont – Junge Strategien verändern die Welt,* Düsseldorf/Wien/New York, 1989
Höhler, Gertrud: *Spielregeln des Glücks,* Düsseldorf/Wien/New York, 1988
Höhler, Gertrud: *Virtuosen des Abschieds – Neue Werte für eine Welt im Wandel,* Düsseldorf/Wien/New York, 1989
Höhler, Gertrud: *Die Zukunftsgesellschaft,* Düsseldorf/Wien/New York, 1986
Höhn, Reinhard: *Führungsbrevier der Wirtschaft,* Bad Harzburg, 1966
Hoffmann, Friedrich: *Führungsorganisation,* Bd. 1, Tübingen, 1980
Hofstadter, Douglas R.: *Gödel, Escher Bach,* Stuttgart, 1985
Hofstätter, Peter R.: *Gruppendynamik – Kritik der Massenpsychologie,* Hamburg, 1986
Hofstetter, Helmut: *Die Leiden der Leitenden,* Köln, 1988
Hübner, Kurt: *Die Wahrheit des Mythos,* München, 1985
Hutchison, Michael: *Megabrain,* Basel, 1989
Jackson, P. W./Messick, S.: *Begriffliche Bestimmung der Kreativität,* Journal of Personality, 1964
Jacobi, Jolande: *Die Psychologie von C. G. Jung,* Frankfurt, 1978
James, Tad: *Time Line Therapy,* Kalifornien, 1988
Jantsch, Erich: *Die Selbstorganisation des Universums,* München, 1982

Johnson, Barry: *Polarity Management,* Amherst
Jonas, Hans: *Das Prinzip Verantwortung – Versuch einer Ethik für die technologische Zivilisation,* Frankfurt/Main, 1989
Jung, C. G.: *Gesammelte Werke, Band VI (Psychologische Typen),* Olten, 1986
Kahan, Gerald: *Einsteins Relativitätstheorie,* Köln, 1987
Kahn, Herman/Wiener, Anthony: *Ihr werdet es erleben,* Reinbek, 1971
Karamanolis, Stratis: *Phänomen Zeit,* München, 1989
Kaufmann, A./Fustier M./Drevet, A.: *Moderne Methoden der Kreativität,* München, 1974
Keirsey, David/Bates, Marylin: *Please Understand Me – Character and Temperament Types,* Del Mar, 1984
Kets de Vries, Manfred: *The Neurotic Organisation,* London, 1987
Kets de Vries, Manfred: *Chef Typen,* Wiesbaden, 1990
Kienbaum, Jochen: *Visionäres Personalmanagement,* München, 1992
Kirsch, Werner: *Entscheidungsprozesse,* Bd. I: *Verhaltenswissenschaftliche Ansätze der Entscheidungstheorie,* Wiesbaden, 1970
Kirsch, Werner: *Entscheidungsprozesse,* Bd. II, *Informationsverarbeitungstheorie des Entscheidungsverhaltens,* Wiesbaden, 1971
Kirsch, Werner: *Entscheidungsprozesse,* Bd. III, *Entscheidungen in Organisationen,* Wiesbaden, 1971
Kirsch, Werner: *Die Betriebswirtschaftslehre als Führungslehre,* München, 1978
Kirsch, Werner: *Evolutionäres Management und okzidentaler Rationalismus,* in: Probst/Siegwart (Hrsg.): *Integriertes Management,* Bern/Stuttgart, 1985
Kirsch, Werner: *Wissenschaftliche Unternehmensführung,* 2. Handbuch, München, 1989
Kirsch, Werner: *Unternehmenspolitik und strategische Unternehmensführung,* München, 1990
Kirsch, Werner/Esser, Werner M./Gabele, Eduard: *Das Management des geplanten Wandels,* Stuttgart, 1979
Kirsch, Werner/Roventa, P.: *Bausteine eines Strategischen Managements,* Berlin/New York, 1983
Koestler, Arthur: *Der göttliche Funke,* Bern/München/Wien, 1966
Koestler, Arthur: *Die Armut der Psychologie,* Bern/München/Wien, 1980
Kotler, Philip: *Marketing Management,* Stuttgart, 1974
Kotter, John: *Abschied vom Erbsenzähler – Leadership: A Force for Change,* Düsseldorf/Wien/New York, 1991
Krämer, H.: *Chancen, Grenzen und Gefahren der Verhaltensmodifikation,* 1974
Krebs Hirsh, Sandra: *Using The Myers-Briggs Type Indicator in Organizations,* Palo Alto, 1985
Kris, Ernst: *Psychoanalytic explorations,* in: Art, London, 1953
Kroeger, Otto und Thuesen, Janet M.: *Tape Talk,* Delacorte Press, New York, 1988
Kubie, Lawrence S.: *Psychoanalyse und Genie,* Hamburg, 1966
Laing, Ronald D.: *The Self and Others,* London, 1961
Laing, Ronald D.: *Mystification, Confusion and Conflict,* in: Boszornenyi-Nagy, I./Framo, J. L. (Herausgeber): *Intensive Family Therapy: Theoretical and Practical Aspects, with Special Reference to Schizophrenia,* New York, 1965
Laing, Ronald D./Aaron Esterson: *Sanity, Madness, and the Family, Volume I: Families of Schizophrenics,* London, 1964
Laing, Ronald, D./Philipson, H./A. Russell Lee: *Interpersonal Perception,* London, 1966
Landau, Erika: *Psychologie und Kreativität,* München, 1969

Langer, Susanne: *Philosophie auf neuen Wegen,* Frankfurt, 1965
Lattmann, Charles: *Die verhaltenswissenschaftlichen Grundlagen der Führung des Mitarbeiters,* Bern/Stuttgart, 1982
Lawrence, Gordon: *People Types and Tiger Stripes,* Gainsville, 1982
Lay, Rupert: *Grundzüge einer komplexen Wissenschaftstheorie,* 1. Band, Frankfurt/M., 1971
Lay, Rupert: *Dialektik für Manager,* München, 1974
Lay, Rupert: *Führen durch das Wort,* München, 1978
Leavitt, Harold J.: *The Corporate Pathfinders,* Homewood, II., 1986
Leavitt, Harold J.: *Der Manager als Pionier im Unternehmen,* Landsberg, 1986
Le Bon, Gustave: *Psychologie der Massen,* Stuttgart, 1961
Lorenz, Konrad: *Die Rückseite des Spiegels,* München/Zürich, 1983
Luhmann, Niklas: *Soziale Systeme,* Frankfurt, 1984
MacKinnon, Donald W.: *The studies of lives,* New York, 1962
MacKinnon, Donald W.: *An overview of assessment centres,* CCC-Report, Nr. 1, 1975
Magyar/Prange: *Zukunft im Kopf,* Freiburg, 1993
Magyar, Kasimir M.: *Das Marketing Puzzle,* Zürich, 1985
Majaro, Simon: *The Creative Gap,* London/New York, 1988
Mann, Rudolf: *Das ganzheitliche Unternehmen,* Bern/München/Wien, 1988
Mann, Rudolf: *Praxisstrategisches Controlling,* Landsberg, 1983
Maturana, Humberto R.: *Erkennen: Die Organisation und Verkörperung von Wirklichkeit,* Braunschweig, 1985
McCaulley, Mary H.: *Jung's Theory of Psychological Types and the Myers-Briggs Type Indicator,* Gainsville, 1981
McClelland, D. C.: *Macht als Motiv,* Stuttgart, 1978
McClelland, D. C.: *Die Leistungsgesellschaft,* Berlin, 1966
McClelland, D. C.: In: Contemporary Approaches to Creativity, New York, 1962
McGregor, Douglas: *The human side of the enterprise,* New York, 1960
Mednick, S. A.: *The associative basis of the creative process,* in: Psychological Review, Nr. 69/3, 1962
Meffert, H.: *Strategische Unternehmensführung und Marketing,* Wiesbaden, 1988
Meffert, H.: *Marketing,* Wiesbaden, 1977
Metzger, Wolfgang: *Psychologie,* Darmstadt, 1975
Miles, C. D.: *Wertanalyse,* München, 1964
Mintzberg, Henry: *Mintzberg on Management,* New York, 1989
Mintzberg, Henry: *Die Mintzberg-Struktur,* Landsberg/Lech, 1991
Mintzberg, Henry: *Strategie als Handwerk,* in: *Harvard Manager I/88*
Mitroff,Ian I.: *Stakeholders of the Organizational Mind,* San Francisco, 1983
Mitscherlich, Alexander: *Auf dem Wege zur vaterlosen Gesellschaft,* München, 1963
Mohn, Reinhard: *Erfolg durch Partnerschaft,* Berlin, 1986
Moss-Kanter, F.: *The Change Masters,* New York, 1983
Myers, Isabel Briggs: *Gifts Differing,* Palo Alto, 1980
Myers, N.: *Writing Off the Environment,* in: Green Pages: The Business of Saving the World, Routledge, 1988
Nadolny, Sten: *Die Entdeckung der Langsamkeit,* München, 1987
Naisbitt, John/Aburdene, Patricia: *Megatrends 2000,* Düsseldorf, 1990
Neuberger, Oswald: *Führungsverhalten und Führungserfolg,* Berlin, 1976
Neuberger, Oswald: *Führung,* Stuttgart, 1985
Neumann, Gerhard: *China, Jeep und Jetmotoren,* Planegg, 1989
Nieschlag, Robert/Dichtl, Erwin/Höschgen, Hans: *Marketing,* Berlin, 1985

Nimmergut, Jörg: *Regeln und Training der Ideenfindung,* München, 1975
Odiorne, George S.: *Management by Objectives – Führungssysteme für die achtziger Jahre,* München, 1980
Ohmae, Kenichi: *Macht der Triade,* Wiesbaden, 1985
Ohmae, Kenichi: *Die neue Logik der Weltwirtschaft – Zukunftsstrategien der internationalen Konzerne,* Hamburg, 1991
Osborn, A. F.: *Applied imagination,* New York, 1953
Pack, L.: *Lehre der Unternehmensführung,* in: Grochla/Wittmann, Handwörterbuch der Betriebswirtschaft, 1976
Peters, Tom: *Jenseits der Hierarchie,* Düsseldorf, 1993
Peters, Tom: *Kreatives Chaos – Die neue Management-Praxis,* Hamburg, 1988
Peters, Thomas J./Waterman, Robert H. jr.: *Auf der Suche nach Spitzenleistungen,* Landsberg/Lech, 1989
Pinchot, Gifford: *Intrapreneuring,* Wiesbaden, 1988
Popper, Karl R./Eccles, J. C.: *Das Ich und sein Gehirn,* München, 1982
Popper, Karl R.: *Logik der Forschung,* Tübingen, 1984
Popper, Karl R.: *Objektive Erkenntnis,* Hamburg, 1984
Popper, Karl R.: *Das Elend des Historizismus,* Tübingen, 1987
Porter, Michael: *Diversifikation,* in: Harvard Manager, Heft IV, Hamburg, 1987
Powers, Rhea: *Zeit zur Freude,* Planegg, 1987
Prigogine, Ilya: *Vom Sein zum Werden,* München, 1978
Prigogine, Ilya:/Stengers, I.: *Dialog der Natur,* München/Zürich, 1990
Probst/Siegwart (Hrsg.): *Integriertes Management,* Bern/Stuttgart, 1985
Probst, Ulrich: *Anleitung zum ganzheitlichen Denken und Handeln,* Stuttgart/Bern, 1988
Propst, Gilbert J.: *Kybernetische Gesetzeszhypothesen als Basis für Gestaltungs- und Lenkungsregeln im Management,* Bern/Stuttgart, 1981
Pümpin, Cuno: *Managementsstrategische Erfolgspositionen,* Bern/Stuttgart, 1983
Pümpin, Cuno: *Das Dynamik-Prinzip,* Düsseldorf, 1989
Quiske, H./Skirl, J./Spiess, G.: *Arbeit im Team,* Stuttgart, 1973
Raffée, Hans: *Grundprobleme der Betriebswirtschaftslehre,* Göttingen, 1974
Raffée, Hans: *Gegenstand, Methoden und Konzepte der Betriebswirtschaftslehre.* In: *Vahlens Kompendium der Betriebswirtschaftslehre,* Band 1, München, 1984
Raffée, Hans: *Marketing in sozialer Verantwortung,* Arbeitspapier Nr. 70, Mannheim, 1989
Reddin, W. J.: *Das 3-D-Programm zur Leistungssteigerung des Managements,* Landsberg, 1981
Reevers, W. J.: *Der thematische Apperzeptionstest,* Bern, 1973
Riedl, Rupert: *Evolution und Erkenntnis,* München/Zürich, 1987
Rifkin, Jeremy: *Uhrwerk Universum,* München, 1988
Röpke, Jochen: *Die Strategie der Innovation,* Tübingen, 1977
Rosenstiel, Lutz von: *Motivation im Betrieb,* München, 1974
Rosenstiel, Lutz von/Nerdinger, Friedemann W./Spieß, Erika: *Was morgen alles anders läuft,* Düsseldorf/Wien/New York, 1990
Russell, Peter: *Die erwachende Erde,* München, 1984
Scheflen, Albert E.: *Regressive One-to-One Relationships,* in: *Psychiatric Quarterly 23*
Scheflen, Albert E.: *A Psychotherapy of Schizophrenia: Direct Analysis,* Springfield, III., 1961
Scheflen, Albert E.: *Quasi-Courtship Behavior in Psychotherapy,* in: *Psychiatry 28*
Scheflen, Albert E.: *Stream and Structure of Communicational Behavior,* in: Behavioral Studies Monograph, Nr. 1, Philadelphia, 1965

Schelling, Thomas C.: *The Strategy of Conflict,* Cambridge, 1960
Schily, Konrad: *Der staatlich bewirtschaftete Geist,* Düsseldorf, 1993
Schmidbauer, Wolfgang: *Vom Es zum Ich,* München, 1978
Schneider, Erich: *Einführung in die Wirtschaftstheorie,* Tübingen, 1949
Scholz, Christian: *Strategisches Management,* Berlin, 1987
Schultz-Hencke, Harald: *Lehrbuch der analytischen Psychotherapie,* Stuttgart, 1951
Sculley, John: *Meine Karriere,* Düsseldorf, 1987
Seiffge-Krenke, Inge: *Probleme und Ergebnisse der Kreativitätsforschung,* Bern, 1974
Semmel, Markus: *Die Unternehmung aus evolutionstheoretischer Sicht,* Bern/Stuttgart, 1984
Sheldrake, Rupert: *Das schöpferische Universum,* München, 1983
Siegwart, M./Probst, G. J. B.: *Unternehmensführung und gesellschaftlicher Wandel,* Bern/Stuttgart, 1983
Sikora, Joachim: *Handbuch der Kreativitätsmethoden,* Heidelberg, 1976
Simon, Hermann: *Simon für Manager,* Düsseldorf, 1991
Simon, Hermann (Hrsg.): *Markterfolg in Japan,* Wiesbaden, 1985
Simon, Hermann (Hrsg.): *Wettbewerbsvorteile und Wettbewerbsfähigkeit,* Stuttgart, 1988
Simon, Hermann (Hrsg.): *Herausforderung Unternehmenskultur,* Stuttgart, 1990
Simon, Hermann: *Preismanagement: Analyse, Strategie, Umsetzung,* Wiesbaden, 1991
Spiegel, Bernt: *Die Struktur der Meinungsverteilung im sozialen Feld,* Bern, 1961
Spinner, W.: *Pluralismus als Erkenntnismodell,* Frankfurt/M., 1974
Staehle, Wolfgang H.: *Management,* München, 1985
Stafford, B.: *Kybernetische Führungslehre,* Frankfurt/New York, 1973
Stange: *Erfolgreiche Vorgesetzte,* Düsseldorf/Wien, 1978
Stegmüller, W.: *Hauptströmungen der Gegenwartsphilosophie,* Bd. 1 u. Bd. 2, Stuttgart, 1978/1979
Stogdill, R. M.: *Handbook of Leadership,* New York/London, 1974
Taylor, I. A.: *The nature of the creative process,* New York, 1959
Thommen, Jean P.: *Die Lehre der Unternehmensführung,* Bern/Stuttgart, 1983
Toffler, Alvin: *Der Zukunftsschock,* München, 1983
Toffler, Alvin: *Previews & Premises,* New York, 1983
Toffler, Alvin: *Machtbeben,* Düsseldorf, 1990
Topitsch, Ernst: *Logik der Sozialwissenschaften,* Köln/Berlin, 1965
Türk, Klaus: *Personalführung und soziale Kontrolle,* Stuttgart, 1981
Tumm, Günter W.: *Die neuen Methoden der Entscheidungsfindung,* München, 1972
Ulmann, Gisela: *Kreativitätsforschung,* Köln, 1973
Ulrich, Hans: *Die Unternehmung als produktives, soziales System,* Stuttgart/Bern, 1970
Ulrich, Hans: *Management-Philosophie für die Zukunft,* Bern/Stuttgart, 1981
Ulrich, Hans: *Management,* Bern/Stuttgart, 1984
Ulrich, Hans/Malik, F./Probst, G./Semmel, M./Dyllick, Th./Dachler, P./Walter-Busch, E.: *Grundlegung einer Allgemeinen Theorie der Gestaltung, Lenkung und Entwicklung zweckorientierter sozialer Systeme,* St. Gallen, 1984
Ulrich, Hans/Probst, Gilbert J.: *Anleitung zum ganzheitlichen Denken und Handeln,* Bern, 1988
Ulrich, Hans: *Unternehmenspolitik,* Bern, 1987
Veblen, Thorsten: *Theorie der feinen Leute,* Frankfurt/M., 1987

Vester, Frederic: *Neuland des Denkens,* München, 1984
Vester, Frederic: *Zeitmotiv vernetztes Denken,* München, 1988
Virilio, Paul: *Der negative Horizont,* München, 1989
Vogel, Ezra: *Japan as Number One,* Cambridge, 1980
Wallace, Doris/Gruber, Howard (eds.): *Creative People at Work – Twelve Cognitive Case Studies,* New York/Oxford, 1989
Warnecke, Hans J.: *Die Revolution der Unternehmenskultur,* Springer, 1993
Waterman, Robert H. jun.: *Leistung durch Innovation,* Hamburg, 1988
Watson, Thomas jun.: *Father, Son & Co.,* New York, 1990
Watzlawick, Paul: *A Review of the Double Bind Theory,* in: *Family Process 2,* 1963
Watzlawick, Paul: *An Anthology of Human Communication* in: Science and Behavior Books, Palo Alto, 1964
Watzlawick, Paul: *Paradoxical Predictions,* in: *Psychiatry 28,* 1965
Watzlawick, Paul: *A Structured Family Interview,* in: *Family Process 5,* 1966
Watzlawick, Paul (Hrsg.): *Die erfundene Wirklichkeit,* München/Zürich, 1985
Watzlawick, Paul: *Wie wirklich ist die Wirklichkeit?* München/Zürich, 1987
Watzlawick, Paul: *Anleitung zum Unglücklichsein,* München, 1983
Watzlawick, Paul: *Münchhausens Zopf oder Psychotherapie und »Wirklichkeit«,* Bern, 1988
Weakland, John H.: *The Double-Bind Hypothesis of Schizophrenia and Three-Party-Interaction,* in: Jackson, Don D. (Herausgeber): *The Etiology of Schizophrenia,* New York, 1960
Weakland, John H./Jackson, Don D.: *Patient and Therapist Observations on the Circumstances of a Schizophrenic Episode,* in: *Archives of Neurology and Psychiatry 79,* 1958
Weber, Max: *Gesammelte Aufsätze zur Wissenschaftslehre,* Tübingen, 1968
Weber, Max: *Die protestantische Ethik II,* Gütersloh, 1987
Weick, Karl E.: *Der Prozeß des Organisierens,* Frankfurt, 1985
Wettig, Herbert: *Die unberechenbaren Verbraucher,* in: Werbewoche, April, 1975
Wiener, Norbert: *Time, Communication, and the Nervous System,* in: Miner, R. W. (Herausgeber): *Teleological Mechanisms, Annals of the New York Academy of Scienes,* Band 50, 1947
Wieser, Wolfgang: *Organismen, Strukturen, Maschinen,* Frankfurt/M., 1959
Wild, Jürgen: *Grundlagen der Unternehmensplanung,* Berlin, 1967
Willke, Helmut: *Systemtheorie,* Bern/Stuttgart, 1982
Wiswede, Günter: *Motivation und Verbraucherverhalten,* München, 1965
Witt, Ulrich: *Individualistische Grundlagen der evolutorischen Ökonomik,* Tübingen, 1987
Wittgenstein, Ludwig: *Logisch-philosophische Abhandlungen,* New York, 1951
Wittgenstein, Ludwig: *Bemerkungen über die Grundlagen der Mathematik,* Oxford, 1956
Wözhe, Günter: *Einführung in die Allgemeine Betriebswirtschaftslehre,* München, 1978
Worpitz, H. G.: *Führungsmodelle der neunziger Jahre,* in: *Markenartikel,* 5/88
Worpitz, H. G.: *Wie lernfähig sind die deutschen Unternehmen?* in: *Markenartikel,* 5/84
Worpitz, H.: *Wissenschaftliche Unternehmensführung,* Frankfurt, 1991
Wunderer, R. (Hrsg.): *Betriebswirtschaftslehre als Management- und Führungslehre,* Stuttgart, 1985
Zwicky, Fritz: *Entdecken, erfinden, forschen,* Glarus, 1989

Personen- und Sachregister